2007

清华哲学年鉴

TSINGHUA
PHILOSOPHICAL
ALMANAC

万俊人 主编

当代中国出版社
Contemporary China Publishing House

图书在版编目(CIP)数据

清华哲学年鉴. 2007/万俊人主编. —北京：当代中国出版社，2008. 12
ISBN 978-7-80170-777-2

Ⅰ. 清… Ⅱ. 万… Ⅲ. 哲学—2007—年鉴 Ⅳ. B-54

中国版本图书馆 CIP 数据核字(2008)第 184282 号

出 版 人　周五一
责任编辑　毛颖捷
责任校对　郭　雪
封面制作　古　手
出版发行　当代中国出版社
地　　址　北京市地安门西大街旌勇里 8 号
网　　址　http://www.ddzg.net　邮箱:ddzgcbs@sina.com
邮政编码　100009
编 辑 部　(010)66572152　66572264　66572154　66572155
市 场 部　(010)66572281 或 66572155/56/57/58/59 转
印　　刷　北京润田金辉印刷有限公司
开　　本　880×1230 毫米　1/32
印　　张　12.75 印张　1 插页　330 千字
版　　次　2009 年 2 月第 1 版
印　　次　2009 年 2 月第 1 次印刷
定　　价　32.00 元

编辑室联络 北京市清华大学哲学系　白彩凤
邮政编码:100084
电话/传真:(010)62782777
电子邮箱:zhe@mail.tsinghua.edu.cn

目　录

Contents

美德伦理的现代意义*

——以麦金太尔的美德理论为中心

万俊人

一、引言：美德伦理及其现代衰落

美德伦理学（the Ethics of Virtue）是几乎所有中外传统伦理学的经典形态，它以人类个体或群体的道德品格和伦理德性为其基本研究主旨，意在通过具体体现在某些特殊人类个体或社会群体的行为实践之中的卓越优异的道德品质，揭示人类作为道德存在所可能或者应该达成的美德成就或道德境界。与之相关的是所谓“美德伦理”（the Ethic of Virtue）的概念，该概念最基本的含义是指：作为

* 本文的原形是一篇学术演讲稿。它是我在2006年11月17日浙江财经学院学术演讲的录音整理稿基础上修订、充实而成的。2007年3月中旬，我在首都师范大学以相同的题目又做了一次演讲，一些新增的主要内容基本上也充实到这篇文稿中了。因此，这篇文章实际上是我在上述两所大学演讲内容的集成、充实和改写。我感谢参与这两次演讲的听众！他们的许多提问促使我在修订这篇论文时，思考了一些此前未曾注意到的问题，可以说，正是他们的积极反应，使本文得以有所改进，有所发见。本文的压缩版发表在《社会科学战线》2008年第5期。

道德行为主体的个人在与其独特的社会身份和“人伦位格”直接相关的道德行为领域或方面所达成的道德卓越或者优异的道德成就。“美德伦理”与个体的道德人格和道德目的有着根本性的内在价值关联，同时也与个体所处的特殊伦理共同体及其文化传统和道德谱系有着历史的实质性文化关联，因而美德伦理及其呈现方式总是“地方性的”、特殊主义的、历史的或语境主义的，甚至是道德谱系化的，而不是普遍（普世或者普适）主义的、非历史的或超历史语境的，更不存在任何可普世化的单一的美德伦理图式。

现代社会被认为是日趋公共化的公共结构主导型的“开放社会”。[①] 进入经济全球化时代后，这一趋势无疑更加凸显。民主政治、市场经济、科学理性、文化多元和基于科学理性的进步主义历史观念等等，已被看作是现代社会之“现代性”（modernity）的基本特征甚或基本价值标准。自18世纪欧洲“启蒙运动”（the Enlightenment Movement）以降，人类生活的公共领域与私人领域之间的分界日益明晰和严格，而且，与社会公共领域不断扩张的趋势形成鲜明对照的是，个人的私人生活领域已然受到越来越强大的公共化社会的挤压，呈现不断萎缩的“私密化”（privacy）状态。在此情形下，社会的政治制度和法律规范系统作为“正式的制度”要素和“显性规范”的制约作用越来越受到人们的重视，而社会风俗礼仪和道德伦理、宗教信仰等隐性规范系统或“非正式的制度”，却被看作是缺乏普遍公共性的地域性或具有文化共同体特殊属性的文化价值因素，甚至是个体的“私人性”道德事务，因而逐渐被现代人和现代社会所轻视。更为严重的是，就社会道德伦理本身而言，现代社会和现代人——包括绝大多数的现代伦理学家——越来越注重可普遍化的社会规范伦理的作用和研究，甚至逐渐形成了我所谓之的“制度依

① 详见［德］哈贝马斯：《公共领域的结构转型》，曹卫东等译，上海，学林出版社，1999。

赖”①，而对于传统的美德伦理及其现代意义则越来越忽略不计，以至于被视为纯粹的“私人事务”而置于伦理学的主题视阈之外。所有这些都不约而同地导致美德伦理及其研究无可挽回地成为了现代道德文化实践和现代伦理学理论研究的边缘课题。

然而，1981 年美国著名伦理学家麦金太尔出版了《追寻美德》一书，即刻引起西方伦理学界乃至整个西方哲学界的关切和热烈讨论，其情其景之盛，以至许多西方学者将之同 1971 年罗尔斯的《正义论》出版后所引起的强烈反应相提并论。是书中，麦金太尔开宗明义地断言：“启蒙运动”以降的西方“现代性道德谋划”已然彻底失败，而挽救西方现代性伦理败局的惟一出路，只能是重返由亚里士多德所开创的美德伦理学传统，并在这一美德伦理学传统中，寻求西方现代性一直执迷不悟的所谓普遍理性主义规范伦理学的解毒剂，从而找到消解这一宰制性规范伦理之内在痼疾的有效良方。②

---

① 参见拙文《政治如何进入哲学?》，载《中国社会科学》，2008（2）。

② 参见［美］麦金太尔：《追寻美德》，宋继杰中译本，南京，译林出版社，2003，尤其是该书的“导论”部分。顺便再次强调一下：此书最早的中译本将其名译为《德性之后》，我以为不妥。学界的许多学人亦持同感。因此，我专此给麦金太尔教授写信求证。他在给我的回信中所给出的回答是：其书确实含有“……之后”的意指，但是（1）那只是他表面的意思，其真实的意图是警示现代人注意所谓“普遍理性主义规范伦理学”的理论误区和实际困境；（2）即使是表面的意思，也主要是指作为一种伦理学理论类型的美德伦理学之后，所谓“普遍理性主义规范伦理学”的过度自诩——即：后者以为，在“现代性社会”里，惟一合理有效的伦理学理论论证方式只能是“普遍理性主义的规范伦理学”论证，此一立场必须改变。麦金太尔教授本人的解答坚定了我的学术判断，故此，我特别向麦金太尔教授提出重译 *After Virtue* 一书的建议，并很快得到他的赞同和授权支持。幸运的是，当时我刚好调到来清华哲学系工作不久的宋继杰博士，请他来重译此书。不久，宋译的《追寻美德》新译本由江苏译林出版社出版，其准确晓畅、甚至不乏优雅灵秀的译文受到读者的广泛好评。退一步来说，若要将此书书名译为“……之后”，也应译为《美德伦理学之后》才合符中文文法。因为“德性之后”既不合原书作者的本意，在中文表达中也说不通：说“德性之后”如同说“黄色之后”或“正当之后”一样令人费解，作为表示事物性质的名词（“德性”或“黄色”或“正当”等等）是无所谓“之前”或“之后”的。翻译关乎两种语言和两种语法的转换，而非一种语言的字面直译，容不得望文生义。

现在，我们需要反思和探讨的基本问题是：(1) 西方普遍理性主义规范伦理（学）作为一种“现代性道德谋划”是否真的已然失败？若果真如此，又是为什么？(2) 作为一种经典的传统伦理类型，美德伦理（学）是否能够替代现代普遍理性主义规范伦理（学），并成为现代社会道德文化建设和现代人道德实践方式的替代性选择？(3) 现代人和现代社会是否只能在规范伦理与美德伦理之间做出两者必居其一的伦理抉择？(4) 姑且假定麦金太尔教授的断言是正确的，那么，现代人和现代社会又该如何重构美德伦理？何处寻求美德伦理？寻求何种美德伦理？换句话说，传统美德伦理的现代意义或现代价值究竟何在？究竟多大？究竟若何？对这些问题的初步解答将构成本文的基本议题，它们看似多样分散，实则不过是同一主题的不同侧面或者主题的多相分延而已。这一主题便是：现代美德伦理的现代意义究竟何在？

麦金太尔通过其《追寻美德》(1981)、《谁之正义？何种合理性?》(1988) 和《三种对立的道德探究观》(1990) 这三部美德伦理学的系列探究，[①] 揭示了美德伦理的本性（主体人性的目的实现)、美德伦理的生成根源和依存基础（各种社会文化的或道德伦理的共同体)、美德伦理的传承方式（传统或历史叙事学或道德谱系)、美德伦理的构成特征（基于多种文化传统和道德谱系的特殊主义多元化)、以及美德伦理实践的社会文化语境（道德主体的独特“实践”和社会伦理关系互动)，等等。这些既是麦金太尔美德伦理学的基本理论思路或原则，也是他给我们提供的如何思考现代社会道德文化语境中的美德伦理之主要方法和路径。

然而，麦金太尔同时又警示我们：(1) 文化多元论和道德谱系

① 有趣的是，尽管他从未明确点明，作为麦金太尔的理论挑战对象，罗尔斯也发表了自己的伦理学和政治学三部曲：《正义论》(1971)、《政治自由主义》(1993) 和《万民法》(1999)。

多样性，不仅是人类社会及其道德生活中的客观事实，而且也是无法改变和克服的原始事实，因此，各个不同的文化传统和道德谱系之间是“不可公度的”，因而也是难以相互通约的——此即是他所谓的多元道德谱系或道德文化传统之间的“无公度性”（“incommensurability”，亦可译为“不可通约性”）。（2）各种道德文化传统之间的价值“无公度性”，同时意味着各种不同的道德语系或道德话语之间的“不可翻译性”（“un-translatability”），因而在文化解释学和哲学解释学的意义上说，真正的文化翻译或文化价值之间的通约本质上是不可能的。（3）是故，惟一可能的是，不同文化传统和道德谱系之间的相互对话、相互理解、相互宽容和相互接近，而不是相互趋同、整合，甚至是“通吃”式的一体化。也就是说，文化认同和道德价值认同最终也只能是相对的、有限的，用中国传统哲学的术语来说，“和而不同”才是多元文化和道德传统之间的现代存在方式和互动可能。（4）结论：对于现代人和现代社会来说，最为重要的是在文化宽容的环境下，厘清我们各自的文化传统和道德谱系之内在脉络，并从中寻求解决我们实际生活中各种道德困境的有效方法和丰富多样的可用资源，而不是奢求某种普遍统一的或“同质化的”理性主义伦理规范。在文化和道德上，任何强求一律的企图都将注定失败。

然而，我们的问题是：（1）不用说是在经济全球化趋势日益强化的当今人类世界，即使是在既定的“民族－国家”范围内，面对民主社会里文化多元的文化现实，如何寻求哪怕是仅仅适合于“民族－国家”内部的普遍有效的社会伦理规范？假若没有这种普遍有效的社会伦理规范，即便是“民族－国家”内部的社会伦理生活秩序又当如何建立？（2）如果不同文化传统和道德谱系之间无法达成它们相互之间哪怕是较低限度的价值公度和规则共识，那么，生活在不同文化传统之中、并拥有着不同道德谱系的社会共同体成员之间，又如何处理他们之间的道德问题和伦理关系？如何料理他们的社会公共伦理生活和行为？（3）如果不同文化传统和道德谱系之间永远是“不可公度的”，那么，道德相对主义就将极有可能是不可避免的道德文化后果，对此，我们又当如何化解因道德相对主义所可能产生的各种非道德主义文化后果？（4）文化传统和道德谱系的多样性和“不可公度性”是否意味着尼采的道德精英主义是合理的、必然的？易言之，不同文化传统和道德谱系的多样性是否蕴涵着它们之间存在着某种价值等级的高低秩序？这样的价值等级秩序是否与现代民主社会的基本要求相容？如若不可相容，当如何解决这一重大的理论难题和实践难题？这些都是需要我们认真思考并回答的问题，当然，它们首先是麦金太尔本人的伦理学理论尚未解决却又必须面对的理论难题。

上述议题和问题就是我所要谈到的主要内容，我愿意同伦理学界的同道们一起共同探讨这些问题并有所深入和收获。当然，在一次短暂的学术演讲或者一篇哪怕是篇幅不短的论文中，我不可能对上述所有问题或议题都做出比较充分的解释、分析和论证，只能围绕其中的某些问题或议题发表我个人的看法，是否妥当在理，只能由各位方家评说。下面我就分三个专题分别来谈谈我个人的研习体会，并在最后概括性地总结我个人的基本观点，以献益于有关美德伦理（学）的主题研究。

二、我们为何仍然需要美德伦理？

提出这个问题之所以是有意义的，原因似乎不仅仅在于麦金太尔先生所指正的那样，因为西方现代性道德或启蒙运动以降的“普遍理性主义规范伦理学”已然失败，以及现代规范伦理的失败对传统美德伦理所产生的现实吁求；而且还在于一种更为严峻的道德生活现实，以及导致这一既定道德事实的深层原因：由于现代社会和现代人越来越屈从于社会公共化生活日趋强大的压力，因而导致私人生活领域日趋萎缩的大势，使得现代人逐渐形成了某种越来越明显强烈的对公共生活秩序的“路径依赖”或“制度依赖”。就我个人的理解而言，我们似乎很难说现代性的“普遍理性主义规范伦理学”已然完全失败，毋宁说，现代人和现代社会的生活实践越来越依赖于某种（而非一种）普遍理性主义的规范伦理，一如在现代都市——作为现代性生活的典型场所——中，人们的出行越来越依赖于公共交通，即便是那些拥有私家车的都市中产阶级，非但没有因为其拥有自家的汽车而获得出行的自由，反而比那些步行者更依赖于公交道路和公共交通规则的引导一样。我在最近的研究中，把这类对公共制度或生活秩序的行为“路径依赖”现象称为现代人和现代社会的“制度依赖”。①

一个基本的事实是，随着现代社会生活秩序的确立和强化，公共生活领域与私人生活领域之间的界限和分化日益明显，而且，前者的不断扩张与后者的不断萎缩几乎是同时发生、不断加剧的。这一点已经被视为现代社会及其发展的基本特征之一。按照著名的社会学家费孝通先生的释义，所谓“公共领域”即是“陌生人领域”；而所谓“私人领域”则是“熟人领域”。此种界说虽然多少有些比附之嫌，却实在是一种颇为高明的、极有解释力的隐喻：“私人”并不全等于“个人”，“公共”也不只是就“场域”或“公众”的共同分有或者分享而言；问题的关键在于人们生活领域的结构性关系的实质意义：陌生还是熟悉？家族和邻里可以有相当广大的空间扩展，以至于人们可以联想到中国古代政治秩序的“家天下”情形，但这种空间的扩张并不具备“公共”的特性。相反，即使是两个陌生人的邂逅或者遭遇，也可能产生“公共性”问题，比如，狭路相逢情形下谁先让路谁先过路的问题，即使是“他乡遇故知”也未必会产生这样的“公共性”问题，后者可能出现的情形恐怕更多的是减轻

① 参见拙文《政治如何进入哲学?》，载《中国社会科学》，2008（2）。

“文化乡愁”（the cultural nostalgia）后的情感激动，甚至是“老乡见老乡，两眼泪汪汪”一类的亲情难禁的自然流露。由是可见，现代人的生活其实多半是在“公共生活领域”里展开的，若从小孩上幼儿园算起，到年迈时进入养老院为止，一个人的人生大多数时间是在公共生活领域里度过的。了解这一点，也就不难理解为什么日本的产业工人退休回家后普遍感到惶然生疏，为什么现代人对公共生活已然养成了越来越强的“制度依赖”的内在原由了。

因此，我们可以做出这样的结论：现代社会的公共结构性转型所导致的对于传统社会结构的颠覆，根本的意义还不在于其空间区域的扩张，而在于社会关系的结构性的公共转型。这也就是说，不仅传统社会固有的那种自然亲情式人际关系被日趋社会化、制序化和理性化的社会交往关系所取代，而且前者所遵循的“主——奴”关系和等级差别结构（黑格尔语），也被一种基于自然秩序或自然法则之哲学预设的“天赋权利——对等义务”之人格平等关系和由此推出的正义的社会制度安排与普遍有效的规则秩序所替代。社会关系的本质是利益相关或利益交换。在现代社会里，任何利益关系的互动首先是、且最终必然是利益博弈，因而必须是基于公共规则——哪怕仅仅是在两个陌生人之间——之上的合乎理性的相互交换。因之，公共规范体系及其制定便成为现代公共生活领域具有头等意义的事情。正是这一具有普遍实质意义的社会生活现实，使得西方社会契约理论和马克思的“阶级利益和阶级斗争”学说，成为了迄今为止两种主要的、也是较有解释力和说服力的社会公共（政治）哲学原理。

制度与秩序是公共规范体系的显形呈现。制度经济学的先驱康芒斯曾经把“制度”视为“显形”的社会规范系统，并给予“制度”以非常积极的理解。他指出，所谓制度，即“集体行动控制个体行动”，而“集体行动不仅是对个体行动的控制——它通过控制个体的行为，……是一种对个体行动的解放，使其免受强迫、威胁、歧视或者不公平的竞争，由于对其他个体加以控制。”更有甚者，“……集体行动还不仅是对个体行动的控制和解放——它是个体意志的扩张，扩张到远远超过靠他自己的微弱的行为所能做的范围。”①毫无疑问，就现代社会的结构性特征而言，康芒斯对制度及其社会功能的解释基本上是真实可信的。如果我们深入了解了现代社会日趋公共化、同质化的结构性转型和制度发展史实，就不会简单诊断“现代性的道德谋划”已然彻底失败，更不能简单认同麦金太尔由此推出的必须返回传统美德伦理以拯救现代社会和现代人的道德危机这一多少有些一厢情愿的结论。

单纯从个体的角度看来，任何“制度”或“规范”或多或少都意味着强弱不一的行为约束。因为“制度”和“规范”所指示的基本信息是：人们能够做什么或者应该做什么，其消极否定的表述则是：人们不能做什么或者不应该做什么。然而，若从人类的群体生活和社会公共交往的角度来看，问题就没有这么简单。试设想：若无社会基本制度的制约，我们是否只能生活在霍布斯曾经描述的“一切人对一切人的战争”状态，也就是弱肉强食的“人狼状态”？除非我们退回到人类原始生活的“自然状态”，否则，我们的答案只能是肯定的！再比如说，假如没有确定通用的公共交通规则，驾驶者如何能够放心自在地驾驶各自的车辆行进？我们当然无法想象，如果没有红绿灯的交通指示，拥挤的十字路口将会出现怎样的情形！最后让我们从积极的意义上考量一下无限扩张的市场交易情形：正是因为有了一整套行之有效的商业信用制度，我们作为交易者才能因此较少、甚至完全避免大量货物和货币的直接交换而降低交易成本；也正是因为建立了严格有序的国家法制系统，人们才能在遭受诸如偷盗、诋毁、暗杀等财产侵犯和人身伤害的不幸情形下，通过

---

① ［美］康芒斯：《制度经济学》上册，87、92页，于树生译，北京，商务印书馆，1997。

诉诸于诸如警察、法庭和政府干预等制度规范化的社会方式，讨回公道，实现社会正义；仍然是因为建立了健全的政治民主体制，人们才能通过诸如投票选举、"公民违抗"或"公民不服从"、自由言论、结社、游行等合法正当的方式，表达并实现自己的政治意愿；最后还是因为人类社会创立了大量既定有效的社会风俗礼仪和伦理道德规范，人们才能创造并享受诸如友谊、爱情、仁慈等人道伦理的生活秩序和精神生活。所有这一切都表明，制度、规范和秩序对于人类社会生活和个体行为实践的意义不仅是必要的、消极被迫的、纯粹道义性的或具有责任或义务负担的，同时也是合乎人类自身人性目的的、积极的甚至是理想的。

由此看来，麦金太尔对现代普遍理性主义规范伦理的激进批评，显然只能归于某种过度的反现代主义理论反应。然而，如果我们因此便轻易忽略甚至否认麦金太尔对"现代性道德"的批评，他对传统美德伦理的吁求，尤其是他针对现代"普遍理性主义规范伦理学"所提出的文化多元论和道德文化谱系学主张，那就太过于轻率了。事实上，他的批评和吁求不仅是有意义的，而且是颇具深远意味和重大价值的现代性道德文化诊断和学理指正。也许，我们没有充分的理由断定启蒙运动以来的西方"现代性道德谋划"已经彻底失败，但其理论局限和实践困境却是显而易见、不容否定的！

首先，现代普遍理性主义规范伦理在根本上是基于现代科学理性的知识论或认识论模式而推导出来的，而事实上，由于现代科学理性逐渐形成了一种科学主义的定见，[①]即：基于"事实－价值的两

① 这一科学主义的定见肇始于18世纪英国哲学家休谟，甚至更早一些的培根。休谟在其《人性论》一书中提出了人们无法合乎逻辑地从"是然"（to be）中过渡到（必然地推出）"应然"（ought to be）的问题。这一问题被后来哲学界（主要是道德哲学和逻辑学）大致地称为"休谟问题"。（见其《人性论》，509—510页，关文运中译本，北京，商务印书馆，1981）。尔后，马克斯·韦伯又通过其知识社会学研究，提出并论证了所谓

分”（the dichotomy of fact and value）定式，科学主义者们坚信，一切有关文化价值或意义的见解都不可能成为“科学的知识”，最多只能是人类心理、情感和意愿的集中表达。所以，包括伦理学在内的传统人文学实质上也被渐渐逐出了“科学知识”的领域。为了重新获取自身的知识合法性，自20世纪伊始以降，有关道德伦理的研究便开始越来越明显地偏向所谓普遍合理性或普遍规范化的论理理路。

其次，现代规范伦理学的一个主要缺陷，是由于其过分倚重甚至屈从现代政治和法律的单向公共化理解，因而导致对现代社会和现代人道德伦理生活世界的简单程序-规则主义一致性的片面理解，严重忽略了人类道德伦理生活和行为实践过程中的复杂多样性和特殊性。我们看到，一方面，现代法律和政治本身越来越远地游离于道德伦理之外，在追逐所谓政治的“价值中立性”（the neutrality of value）或“价值无涉”（value free）的同时，逐渐将道德伦理的因素排除在现代政治和法律的基本考量之外。绝大多数现代政治思想家和法学家们都相信，道德伦理仅仅是纯粹的“私人事情”，而政治

（接上页注）“价值中立”的知识社会学主张，进一步强化了这一科学主义的定见。（参见其著《社会科学方法论》，韩水法、莫茜中译本，北京，中央编译出版社，1999，第三篇等处）。贯穿于整个20世纪的西方“元伦理学”（meta-ethics）思潮，直接承接并且系统扩展了“休谟问题”的视阈，前后经历了一个从道德认知主义到道德非认知主义、再返回道德认知主义的复杂演变过程。但是无论如何，伦理学作为一门科学知识的学术身份已然动摇，并长期受到质疑，以至于一些当代学者常常将伦理学归于所谓“非科学的知识”（non-scientific knowledge）范畴，同时又不断向现代政治哲学、法学、社会学，甚至是现代公共管理科学攀援求助，因之其普遍规范主义的诉求也日见强烈。在某种意义上，我们甚至可以这样说，时至今日，伦理学作为一门经典人文学的学术身份已经陷入了空前的知识认同危机，原有的知识范畴和学术范式也已经被大大突破。这一方面当然是当代知识世界多学科（interdisciplinary）交叉发展所带来的必然而积极的知识成果，另一方面却又使得伦理学自身不得不重新为确认、乃至重建其知识规范并勘定其知识边界而承受前所未有的理论压力。可惜的是，并非所有伦理学工作者都清醒地意识到了这一问题及其理论严重性。参见拙文《现代性视阈中的伦理学和伦理学家》，载《道德与文明》，2007（4）。

和法律只需要、也只能够料理社会公共领域的“公共事件”。另一方面，让现代伦理学家多少有些尴尬的是，在明知现代政治学和法学思想家们的这种多少显露着“公共优越性”的理论傲慢和思想偏颇的情况下，仍然执著地追随着这些把道德伦理和伦理学（家）视为社会公共秩序之传统负担的政治学家和法学家，企图仰仗现代政治和法律的公共秩序建构体系，构建某种单一的或一体化的、具有普遍约束力的伦理规范体系，结果是东施效颦，反而使伦理学自身渐渐失去了对大量丰富而深刻的、被现代政治学和法学判决为纯粹“私人事情”的特殊人格道德和特殊人际伦理的理论敏感性，而这种理论敏感性的失却，反过来导致现代普遍理性主义规范伦理学丧失了（如果说不是全部也是大量的）确切理解和解释现代人和现代社会之道德伦理生活复杂性和深刻性的道德文化语境，从而导致伦理学和伦理学家面对现代社会中大量道德行为的两难困境或伦理冲突时的理论失语。对此，麦金太尔、伯纳德·威廉姆斯等伦理学家都有清醒的反思和指正。①

再次，一个更为深刻和复杂的问题是，无论是现代政治哲学和法学，还是现代“普遍理性主义规范伦理学”，都严重地误解了现代社会和现代人的“公共性”本身，他们似乎都不约而同地把“公共性”混同为了“公共理性”，因之也严重地误解了所谓公共伦理和规范伦理的价值意义。现代西方著名政治哲学家阿伦特在其《论人的条件》一书中，深入细致地分梳了古希腊人对“公共性”观念的独

---

① 详见［美］麦金太尔：《追寻美德》（宋继杰中译本，南京，译林出版社，2003）、《谁之正义？何种合理性?》（万俊人等中译本，北京，当代中国出版社，1996）、《三种对立的道德探究观》（万俊人等中译本，北京，中国社会科学出版社，2004 年修订再版）；Bernard Williams，*Ethics and the Limits of Philosophy*，Cambridge，Mass.：Harvard University Press 1985，esp. ch. 5 – 7；*Moral Luck*，Cambridge University Press 1981，esp. ch. 1 – 2，4 – 5；*Morality*：*An Introduction to Ethics*，New York：Harper Torch Books，Harper & Row，Publishers 1972，esp.“Preface”.

特理解。她富有洞见性地指出，在古希腊人的政治观念和政治哲学语境中，“公共性”或“公共化”并不是一个平面性的空间概念，而是一个蕴涵着深厚文化价值意味和政治理想的政治-伦理概念：所谓“公共性”，是指城邦-国家的公民或“自由民”通过自身有价值的“行动”（vita activa）——与“劳动”和“工作”相区别，在“公共领域”（koine）——与“私人领域”（idia）相对——或通过“公共领域”所公开展示出来的卓越美德和具有公共示范意义的“言”（lexis，指对话、沟通或交流，可理解为“对话”、“商谈”之“言”）和“行”（praxis，指具有公共意义的实践行动，而非一般的、私人性的或家庭的行为活动）。因此，古希腊人的公共性概念的真正意义，并不在于现代人所理解的所谓“普遍性”、“广泛性”、“可公共分享性”之类，而在于独具个性的卓越成就和超出常态的优异、优雅、优秀、高尚、尊贵和富有尊严的超拔品质。在古希腊人的理解中，平庸、渺小、俗见、低下、粗陋的东西是不可能也不应该获得社会公共意义的，因而也是难以获得社会公共性的，只有那些表现卓越、成就优秀的“言”与“行”——比如，苏格拉底的“雄辩术”或“辩证法”；奥林匹克运动会上荣获竞赛锦标的运动员；或者是在重大战役中英勇善战的英雄；等等——才有可能获得公共示范的典型代表意义，从而获得其公共价值意义。[①] 很显然，古希腊人所建立起来的古典公共性观念及其理解模式，同现代人所标榜的基于公共理性或“现代性”理解之上的“公共性”观念及其理解模式是迥然不同的，后者主要是建基于现代科学理性主义、市场经济的普遍有效和开放共享，因而由此前提推出的只能是所谓“普遍理性主义的规范伦理（学）”，而前者恰好与之相对，它寻求的只

---

① 参见 Hannh Arendt, *Human Condition*, Chicago, The University of Chicago Press 1998, second edition, esp. part II.；另参见［德］哈贝马斯：《公共领域的结构转型》，第一章，尤其是第3—9页，曹卫东等译，上海，学林出版社，1999。

是那些超脱平面、超脱俗化或者一般普世意义之上的优异卓越——而这恰好就是古希腊道德文化语境中的“美德”概念的本义之所在，并以此作为引领整个城邦国家和社会公民去追寻卓越和高尚的价值典范，因而由此所推导出来的，也只能是古典意义上的美德伦理和美德伦理学。理解了这一历史文化语境和事实，我们才会真正理解从苏格拉底、柏拉图到亚里士多德，直至文艺复兴时代的西方美德伦理学传统。与之相对照，肇始于希伯莱－基督教的律法主义传统，并经过近代社会契约论的改造和惟理论的理论完善（尤其是康德）而得以成型的普遍理性主义规范伦理学，则反映照西方道德理论的另一条颇为不同的“公共性”理论路径。

最后，我想强调指出的是，即便我们认可现代社会结构的公共性转型事实，并且认可由这一基本事实所带来的社会公共伦理，实际上已然比私人性的美德伦理更为重要，也更具有实践规范的普遍有效性，我们也还需要进一步追问：社会公共伦理规范的普遍有效性是如何实现的？难道仅仅从理论上证成某一套伦理原则和伦理规范的普遍理性基础或者是它们的普遍可接受性就已然足够了吗？麦金太尔提醒我们：“理性是计算性的，它能够确定有关事实和数学关系的真理，但仅此而已。所以在实践领域，它只能涉及手段。对于目的，它必须保持缄默。”① 又说：“美德与法律还有另一种至关重要的联系，因为只有那些拥有正义美德的人才有可能知道如何运用法律。所谓公正也就是给予每一个人其应得的东西；从而正义美德在一个共同体里兴盛的社会前提是双重的：关于应得赏罚有合理的标准，同时关于这些标准是什么也存在着社会性地建立起来的认同。”② 事实上，难以揭示人们道德行为——比如说，他们为什么会遵循某种伦

① ［美］麦金太尔：《追寻美德》，69页，宋继杰中译本，南京，译林出版社，2003。

② 同上书，192页。

理规范——的主体道德动机，[①] 难以充分说明人们的道德伦理生活的目的意义——比如说，人为什么要有道德地生活？人为什么要追求善？等等——正是现代“普遍理性主义规范伦理学”的理论“短板”所在。现代普遍理性主义规范伦理学大师康德对此做过艰苦的理论论证，然而，他所最后证成的“为义务而义务”的纯道义论动机理论，却一直受到西方诸多伦理学家的诟病。康德纯道义论的动机理论的主要困难在于，他忽略了麦金太尔等当代共同体主义伦理学家们（甚至，在某种意义上也包括马克思）所坚持强调的人的社会生活语境和特殊文化语境，以及这些社会的和文化的特殊语境对于人们逐渐形成其道德意识和伦理观念所具有的复杂影响，因而无法找到确保人们道德动机之纯粹性和持久有效性的方式，以至于最后还是不得不把所有道义原则的普遍有效性和绝对性诉诸于“自由、上帝、不朽”三大假设。换言之，当人们被要求遵循某种普遍正义原则——比如说，罗尔斯所证成的两个正义原则——去行动时，他们不得不首先问“谁之正义？何种（合）理性？”。

对“谁”和“何种”的追问，实质上是对正义原则的特殊属性的追问。正如不存在任何脱离某一特殊历史阶段、某一特殊社群、某一特殊文化传统的纯粹个人一样，我们也无法在没有了解具体的社会历史情景和文化传统语境的情况下，真正确认、接受并履行某一普遍的道德伦理规范，因而后者的普遍有效性必定是有条件的、具体语境化的。正是在此意义上，我们才会确信，无论现代社会结构的公共化转型多么彻底，只要我们注意到这样一种基本的事实，即：任何时候，在任何情况下，人才是一切伦理行为和道德意义的主体，而任何人都只能是特属于某一特殊社会历史并承诺某一（或

① 对于这一点，慈继伟教授在其名著《正义的两面》（北京，三联书店，2001）一书中有过精彩的分析。该书的英文版同中文版略有不同，对人们正义行为的动机分析和论证更为细致入微。参见 Jiwei Ci, *The Two Faces of Justice*, Cambridge, Mass.: Harvard University Press 2006。

某些）特殊文化传统和道德谱系的，那么，所谓“普遍理性主义规范伦理（学）”就只能是有条件的、相对的，反过来说，美德伦理就是其不可逾越、不可超越的主体前提！因此，一种较为恰当合理的结论应该是、也只能是：个体美德伦理和普遍（社会）规范伦理都只是人类道德生活的一面，两者的相互补充、相互支撑，甚或相互攀援，才是对人类道德生活意义图像的完整揭示。

三、何处寻求美德伦理？

然而，如果上述结论成立，一个随之而来的问题便是，在现代社会的基本结构日趋公共化、现代人的生活日趋社会化的情况下，何处寻求并建立美德伦理？或者，用麦金太尔的话来说，“美德在人类生活的更大领域里的位置又是什么呢?”① 提出这一问题的前提是，诚如几乎所有的美德伦理学家所承认的那样，美德伦理所附骊的实践语境只能是特殊的，甚至是地域性的文化社群、文化传统和道德谱系，它是牢牢镶嵌在某个特殊的文化共同体及其独特的历史和文化语境之中，并通过其独特的历史和文化文本、各种特殊的伦理关系或伦理秩序，甚至是通过独特的道德典范（人物或者事件）所体现出来的具体道德生活方式和道德行为方式，才得到践履、传承和流布的。因此，美德伦理的基本评价标准不是、也不可能是某种形式的“普遍规范”或“普世原则”，而只能是某个特殊文化共同体或伦理社群在长期的道德伦理生活“实践”中所形成、传衍和积淀下来的独特的道德生活经验和“道德谱系”，它们往往通过某种或某些独特的风俗、习惯、礼仪、人格典范，甚至是“地方性”或“区域性”的神祉和道德习语表达出来，不仅规导和引领其文化共同体

---

① ［美］麦金太尔：《追寻美德》，254页，宋继杰中译本，南京，译林出版社，2003。

内部成员的道德伦理言行，而且也自然而然地演化成为他们用以评判各种人事言行的美德伦理标准。

可是，现代社会结构的公共化转型即使不是全部，也在根本上改变了美德伦理所赖以存在和发展的基本社会条件：所谓特殊的文化共同体或文化伦理社群，正在被日趋同质化的现代公民社会所取代。在现代社会的公共化浪潮冲击下，几乎所有特殊主义或地域主义的文化传统和道德谱系都被严重地消解了，现代人所能公共分享的文化价值理念更多的是诸如自由、平等、公正、文明礼貌（civility）这样一些具有普遍意味的大众化、世俗化的“现代性”的价值理念或“底线伦理”，而不是诸如完美、完善、卓越、优异、崇高……一类的传统美德伦理的理念。在此情况下，面对被现代公共化社会发展趋势不断解构的道德文化共同体，现代人该到何处寻求美德伦理？或者换言之，在日趋公共化的现代社会里，美德伦理何处才能找到自我寄生和绵延发展的文化母体？

根据多数现代化理论研究者的公认见解，社会现代化的主要标志和趋势之一，即是现代社会的“城市化”或“都市化”水平。他们的研究依据主要是欧美国家的现代化实际经验。早在20世纪末叶，主要欧美国家的城市化水平都已达到90%以上，乡村人口在整个国民人口总量中仅仅占到不足10%，有的发达国家的农村人口甚至只占整个国民人口总数的3%左右。绝对优势的现代城市化或都市化发展，从根本上改变了现代社会的组织结构，城市成为现代社会的中心和枢纽，农村则成为现代社会的边缘地带。城市居民的组织结构不仅不再具有马克思曾经感叹过的那种传统乡村的“田园诗歌”般的悠然恬静，而且也失去了传统乡村组织结构中那种自然生成的伦理亲缘关系、亲情团体秩序和心理－情感连结，取而代之的是，带着五湖四海、千差万别的伦理根源差异性和道德文化多样性的、以城镇社区的区域划分为界限的“城市居民”社群，他们相互之间不仅有着道德伦理文化的巨大差别，而且也缺乏基本的政治认同和社会共识，我们最多也只能依据某种经济收入或物质生活条件的差别来判断某一城镇区域的居民身份，比如说，所谓“富人区”、“中产阶级”、“穷人区”之类的说法，而无法清晰地辨别他们之间的政治倾向、道德伦理取向、宗教信仰等文化差异。质而言之，在以城市为中心的现代社会里，社会基本组织结构的根基不再是自然伦理的，而是社会政治的，因之“公民”便成为现代人普遍通用的基本身份或特性（status)，而他们的先辈们所曾经拥有的那些自然伦理关系和道德文化（共同体内部的）认同却不再具有根本性的意义，与之相应，“公民社会”甚至是“选区”、“街区”也就成为了现代人生活的基本场所。与传统的文化共同体或伦理社群相比，“公民社会”无疑只能是“陌生人”相聚的社会，不再具有“道德文化共同体”所固有的那些“熟人社会”的道德伦理独特性。极而言之，前者更重视个人的政治身份和政治认同，而后者却更偏重个人的伦理位格（为父、为母、为兄、为弟，或者为邻、为里、为亲、为友……如此等等）和文化认同（族群文化认同、宗教文化认同、情感心理认同等等）。麦金太尔曾经感叹地写到：“可见，正如其他许多前现代的社会一样，在大多数古代和中世纪的世界中，个人是通过其特定角色予以识别并且是由这种角色构成的。这些角色将个人缚系在各种共同体中，而且惟有在这些共同体中并通过这些共同体，才能够获得人所特有的那种善；我是作为这个家庭、这个家族、这个氏族、这个部落、这个城邦、这个民族、这个王国的一名成员而面对世界的。除此之外，别无他‘我’。”①

进一步说，现代社会的公共化结构转型所解构的，不仅是传统道德伦理型文化共同体的内在亲缘型组织结构，而且也同时消解——至少是极大地消解——了美德伦理所赖以寄生和传衍的人伦情感基础和文化-心理认同基础。当马克思在《共产党宣言》中断

① ［美］麦金太尔:《追寻美德》，217页，宋继杰中译本，南京，译林出版社，2003。

言，资本主义的到来，使得人类曾经的“温情脉脉”和“田园风光”不再存在，一切都被抛入到“冷冰冰的”金钱关系之中时，他决不仅仅是在感叹和批判资本主义市场的“无情”，而且也是在提醒人们关注由这种市场经济的浪潮所带来的现代社会的巨大而无情的“平整化”（海德格尔语）后果：被“平整”的后果当然也不仅仅是“众声喧哗”、“人云亦云”的现代“同质化”的话语方式，还有消弭各种差异、促使万众趋同的“同质化”的社会结构之公共化转型，以及由此造成的各种特殊的道德文化共同体和维系这些文化共同体生活之情感－心理结构的解构。著名作家和文化学者麦天枢曾经花费多年时间，调研了现代化转型进程中中国西部某山村的文化守成情形，写出著名的《天国猜想》① 一书。然而，即便是作者倾情关注和同情的山村传统婚俗和日常礼仪，依旧能够在现代化的滚滚潮流冲击中顽强地独自生存下来，并一如既往地发挥着它们固有的文化维系和伦理协调的功能，也终究只能被看作是某种例外的文化情形，并且没有人能够担保这种例外的文化情形将会得到长久维系。

无论是现代化的普遍经验，还是中国西部乡村在现代化转型过程出现的阶段性的特殊经验，似乎都在为麦金太尔先生所批评的“普遍理性主义规范伦理学”提供经验证据和事实辩护，而不利于他所力荐的追寻和重建传统美德伦理的共同体主义伦理学主张。人们确乎有理由继续追问：既然传统美德伦理所依附的道德文化共同体及其情感－心理维系已经被现代社会的公共化结构转型所解构，那么，我们又何处寻找美德？“皮之不存，毛将附焉”？

这的确是“现代性”给美德伦理学——无论是传统的还是现代的——所提出的一个极为严峻的挑战！然而，这一挑战并不一定对美德伦理学构成致命的打击！对此我们依然能够领略到“山重水复疑无路，柳暗花明又一村”的奇妙景观：感谢麦金太尔先生！他同

① 麦天枢：《天国猜想》，北京，三联书店，2002。

时提醒人们注意，构成美德伦理生长绵延的基本条件，不仅是道德文化共同体的文化组织支撑，还有——也许是更重要的是——人类自身道德生活的目的本身，美德伦理学的解释方法除了道德文化共同体的“道德谱系学”（the genealogy of morality）之外，还有——同样也许更主要的是——“道德目的论”（the teleology of morality）和“历史叙事学”（historical narratives）！

麦金太尔指出：“目的问题就是价值问题，而在价值问题上理性是缄默不语的，各种互竞的价值之间的冲突不可能合乎理性地得到解决。”① 因为“理性是计算性的，它能够确定有关事实和数学关系的真理，但仅此而已。所以在实践领域，它只能涉及手段。对于目的，它必须保持缄默。理性甚至不能拒斥怀疑论（如笛卡儿所坚信的）；从而，根据帕斯卡尔的观点，理性的重要功绩在于认识到我们的信念最终建立在自然、风俗和习惯的基础之上。”②

“理性”或者“普遍理性”恰恰是现代“普遍理性主义规范伦理（学）”得以建构的根本基础。现代普遍理性主义规范伦理可以凭借“普遍理性”的“同质化”剪刀剪裁一切，包括美德伦理赖以寄生的各种各样的道德文化共同体或者“亲缘团体”，但在麦金太尔看来，“普遍理性”的剪刀却无法剪除人类生活和行动的目的意义之维，因为它只能——从根本上说——触及手段，无法触及目的本身！人类生活和行为的目的意义——当然不是指 18 世纪英国功利主义伦理学意义上的狭隘的“功利目的”：目的确实意味着行动的结果，但更根本地蕴涵着人类对自身生活和行为的可能性价值意义的深刻理解！而后一种意义上的目的正是人类的美德概念和美德伦理学得以确立的内在价值根基——才是解释人的美德追求及其深度意义的最终根据。在此意义上我们甚至可以说，没有目的便没有所谓美德。

---

① ［美］麦金太尔：《追寻美德》，32 页，宋继杰中译本，南京，译林出版社，2003。
② 同上书，69 页。

美德必定是相对于某种特定的人类目的而言的，美德本身即是某一特定目的的完美实现。

可是，在亚里士多德的伦理学中，“美德乃是有目的的选择之目的的正确性的原因。”[①] 而“在亚里士多德的目的论体系中，偶然所是的人（man – as – he – happen – to – be）与实现其本质性而可能所是的人（man – as – he – could – be – if – he – realized – his – essential – nature）之间有一种根本的对比。伦理学就是一门使人们能够理解他们是如何从前一状态转化到后一状态的科学。因此，根据这种观点，伦理学预设了对潜能与行动、对作为理性动物的人的本质，以及更重要的，对人的目的（telos）的某种解释。”[②] 亚里士多德的目的论体系是古希腊哲学中最完整也最经典的目的论体系，一直被整个西方哲学和伦理学界引以为目的论的典范。按照亚里士多德的目的论，人的目的不仅同人的存在意义本身直接关联，而且也同人的存在意义本身一样具有其内在的历史演进过程，即：人的目的始终随着人自身的生命存在不断展开，直至最后的圆满实现。人作为一种具有“理智美德”的存在，能够有目的地选择并确立其目的；而人作为具有“伦理美德”的存在，其目的追求如同其生命成长一样，呈现出不断从潜能到现实的现实化过程。人的目的的最终实现也即是人生美德（优秀成就）的最后时刻，是生命圆满的顶点。因此，人的“目的”（telos）既具有目标选择的内在价值意义[③]——与作为手段或者工具的价值意义相对照，也具有“结局”、“终了”（英译

---

① ［古希腊］亚里士多德：《欧德穆伦理学》（一译《幸福伦理学》），1228a1。转引自：［美］麦金太尔：《追寻美德》，88页，宋继杰中译本，南京，译林出版社，2003。

② ［美］麦金太尔：《追寻美德》，67页，宋继杰中译本，南京，译林出版社，2003。

③ 麦金太尔写到：“……在亚里士多德对诸美德的解说里，……虽然某些美德只为某些类型的人所有，但诸美德之附系于人不是因为其所占据的社会角色，而是因为人本身。正是作为一物种的人的telos（目的）决定了什么样的人类品质是美德。”参见：［美］麦金太尔：《追寻美德》，233页，宋继杰中译本，南京，译林出版社，2003。

"end")的价值圆满(所谓"至善")的意义。

人之目的的这种历史演进和圆满结局的价值意义蕴涵着两个基本的向度：内在价值的意义向度和实践意义不断演进的历史向度。就前者言，人的目的的内在价值意义根本在于其对"善"和"至善"的追求，人类所追求的根本"善"即是"幸福"，这是所有人都会追求的生活目的。就后者言，人的目的的实现过程必定是一个从求"善"到求"至善"亦即从潜能到现实的不断呈现和圆满的历史过程，也正是在这里，我们发现了目的论与"历史叙事学"的关联：任何个人的目的实现过程都是一种"历史叙事学"语境中的追寻美德的过程。

人对自身目的的自觉和追求，都只能在他或者她身居其中的特殊道德文化共同体中逐渐展开，而不可能超越其所身居的特殊道德文化共同体，寻求所谓的"普遍理性"。同"普遍理性"所基于的无差别社会背景的预制不同，道德文化共同体所赖以建立的基础不是理性，更不用说是所谓"普遍理性"了，而是、且在某种自然的而非"人为的"意义上也只能是人的心理、情感和文化认同，甚至是人的自然人性情感和他们对于"亲缘团体"的归属感。现在的问题是，诸如"亲缘团体"一类的道德文化共同体已然被现代同质化的公民社会结构所解构或替代，人类的这些自然人性情感和伦理归属感是否还能够独立地存在？对此，我们的回答是肯定的，尽管这种肯定的答案不得不附加一些(甚至是许多)条件和限制。比如，家庭或者家族是人类自然人伦的基础，也一直被道德共同体主义者们视为道德文化共同体的组织结构的天然基石。现代社会结构的公共化转型，无疑在很大程度上消解了传统社会的那种族类式的庞大的家庭结构，这不仅基本解构了传统的家族组织结构，使得作为社会有机整体的家族组织已经不复存在，而且也使得传统的家庭越来越单一化、核心化(所谓"核心家庭")，甚至出现了越来越多的"单亲家庭"。更重要的是，这一解构趋势不单体现在组织结构上，而且也体现在文化意义上：现代人和现代社会不再像传统社会那样注重家庭的社会组织结构意义，因而也越来越不注重家庭生活的价值意义。现代人对于诸如广场、俱乐部、商会、酒吧、咖啡馆、企业、办公室、工作室或工作场一类的公共场所和公共生活的兴趣，远远超过他们对于“几口之家”的家庭生活的兴趣，即使像爱情和性生活这类深深植根于人类天性的私密化生活和行为，现代人和现代社会也越来越多地运用商业运作或文化炒作的方式来料理之，因而常常使得某些私密化的个人生活最终以这样或那样的方式，演变成为公众社会的公共谈资。

然而尽管如此，现代人和现代社会仍然无法用公共化的剪刀剪断人与自然的天然联系，就像任何人——无论其力量多么强大，无论其意愿多么强烈，也无论其所可能运用的技术多么先进发达——都无法抓着自己的头发让自己的身躯离开脚下的土地一样！因此，公共化的结构力量并不能完全消解人的情感生活——无论是基于自然人性的，还是基于文化人伦的，也无法用理性——无论是普遍理性还是公共理性——来替代人的情感、意愿和心理欲求！更为重要和根本的是，即使是“普遍理性”也无法解释和说明各单个人的目的本身的意义。因此在麦金太尔看来，虽说作为美德和美德伦理之文化依附体和寄生地的道德文化共同体被解构了，但美德和美德伦理作为人类的目的性价值选择的根本意义并未丧失。换句话说，只要人没有丧失其生活和行为的目的性，没有失去目的意识和目的选择的能力，美德和美德伦理就能够找到其生长之地和生命之源！而只要人依旧存有自身的情感需要、意愿表达需要和心理欲求，追寻美德和美德伦理就可能成为人类生活和行动的可以预期的承诺，只不过在现代社会条件下，在社会公共化程度越来越高、公共生活的同质化力量越来越强的“现代性”情景中，现代人对美德和美德伦理的追寻有了不同的意义和方式罢了。麦金太尔先生在分析作为美德的“友谊”范畴时敏锐地发现，“……当基本的道德共同体不再是血缘团体而是城邦时，并且不仅仅是一般的城邦而是民主制的雅典城邦时，美德概念就有所区别了。”[1] “友谊”、“正义”等“合作性美德”也因此就不再只是存在于个人之间的语境中的人格美德和伦理美德，而且也演化为某种政治美德，甚至于“美德”本身也成为了一个“政治概念”。[2] 因为此时此地，“做一个好人至少与做一个好公民是紧密相连的。”[3]

如果说，人的情感、意愿、心理和（最重要的是）人的目的本身蕴涵着美德和美德伦理之现代再生的人格主体条件和主体可能的话，那么，“历史叙事学”则为我们揭示了美德和美德伦理意义之所以能够长久存活的历史条件和舞台。如同逻辑论证或“道德推理”是“普遍理性主义规范伦理学”的哲学方法论基础一样，历史叙事学或传统叙事学也构成了美德伦理学的基本方法论原则。这正是为什么前者往往采取非历史主义的论理（逻辑）姿态而后者常常采取历史主义的哲学姿态之根本原因所在，也是为什么前者更具“现代性”的理论品格而后者却更心仪传统文化和“语境主义”（contextualism）解释路径的根本原因所在。

在麦金太尔等共同体主义美德伦理学家们看来，不可能存在任何超越特殊文化传统和历史语境之外的所谓“一般的”道德伦理，只有“特属于”某一独特文化传统、并蕴涵在某一独特历史语境中的道德伦理。因此，荷马诗史中的“正义”决不可能是罗尔斯及其现代追随者们的理论中的“正义”，前者首先是指一种个人的公平美德和正义品格，而非普遍有效的正义制度或者正义规范。事实上，《荷马史诗》之所以在不同的时代出现殊为不同的翻译文本，并不是由于不同时代的翻译家们存在着语言运用的差别，而是他们之间存

① ［美］麦金太尔：《追寻美德》，167页，宋继杰中译本，南京，译林出版社，2003。

② 同上书，178页。

③ 同上书，171、168、178、190页等处。

在着必然是互有差别的历史理解。[①] 同样，不理解古希腊早期血缘团体到雅典城邦的历史演进过程，就无法理解为什么“友谊”这一为古希腊人所特别珍重的美德概念，会发生从一种伦理美德扩张成为一种政治美德的内在原因。如果我们确切地理解了“道德”和“伦理”在古希腊语和阿拉丁语中的原始本义——它们都意指特定的“风俗”、“习惯”和“礼仪”，那么，对于道德伦理的历史语境和特殊主义文化意味，就不难理解了。

然则，人们在确认上述论断之前，必定会产生的一个重大疑问：麦金太尔等当代共同体主义者的美德伦理学，如此执著于历史文化语境和道德的相对性——相对于某一特殊的历史、文化传统和特殊文化共同体的语境，是否意味着美德伦理学不可避免地会滑入道德相对主义呢？在此，我不想重复麦金太尔等人的反驳或辩护，只想对这一质疑提出直接的回应。因为对现代美德伦理学的道德相对主义指控，同时牵涉到一个带有普遍性的理论问题，即：如何或者能否划清道德的文化相对性与道德相对主义之间的界线？易而言之，难道“普遍理性主义规范伦理（学）”是避免道德相对主义的惟一出路？或者反过来，共同体主义美德伦理（学）就必然导致道德相对主义的后果？

我以为，如果我们能够划清道德的文化相对性与道德相对主义之间的界线，则有关美德伦理（学）的道德相对主义或文化相对主义的指控就难以成立。很显然，无论是麦金太尔本人还是其他的道德共同体主义者，所主张和坚持的仅仅是一种道德的文化相对性，而不是道德或文化的相对主义。承认和捍卫道德的文化相对性是一码事，主张道德相对主义则是另一码事；前者与后者并不构成必然的逻辑蕴涵关系，毋宁说是一种偶然的、有条件的、有可能发生转

① 详见［美］麦金太尔：《谁之正义？何种合理性?》，第二、三章，万俊人等中译本，北京，当代中国出版社，1996。

化的外在关系：当且仅当前者不仅申认和吁求各种文化传统及其道德谱系的特殊性、差异性和多样性，而且由此进一步否认各种特殊文化传统和道德谱系之间存在着任何沟通对话的可能性和必要性，甚至仅仅从维护某一种道德文化或道德谱系的自主权利出发，否定或排斥其他道德文化传统或道德谱系的正当权利，这时候，我们才能合理正当地断定，前者已然从某种独特之道德文化权利的正当合理的申认或吁求，转化成了某种形式的道德相对主义极端主张。换句话说，只要前者恪守"承认的文化"或"承认的道德"之基本立场，我们就没有充分的——更不用说充分正当的——理由，对之提出道德相对主义的指控。

麦金太尔的美德伦理学的确坚持主张，在各种独特的道德文化传统和道德谱系之间，存在着难以轻易消解的"不可公度性"，但他并不因此否认各种道德文化传统和道德谱系之间展开积极对话的必要性和可能性，甚或认为，只要诸种文化传统和道德谱系之间展开持久有效的对话，此种"不可公度性"就有望在某种程度上得到消解，从而形成某种程度的"可公度的"文化共识或道德理解。在为《谁之正义？何种合理性?》一书的中译本所撰写的序言中，麦金太尔先生耐心地谈到，人们"只有通过首先了解如何在他们所遭遇的那个对立的传统之中生活、并从该传统自己的观点出发去理解它，才能了解如何回答这一问题。这将要求他们——或他们中的一些人——要学会一种陌生的语言，即学会那些生活在对立传统之中的人们的语言。对他们来说，使他们自己专注于迄今为止已有的、各种陌生的实践和思想样式尤为必要，而且，这很可能包含着实际锻炼他们使自己想象性地与某些根本不是他们自己的信念和判断达到认同的能力。学会按照对立传统的规范和标准来说话、思维和行动，远不同于学会如何把该传统的陌生语言翻译成自己传统的语言。因为，对对立传统之不同语言的理解，部分地可能使人们能够认识究竟是什么使得一种语言可以翻译成为另一种语言。然而，无法被翻译的语言也还是可以被理解的。……这样一来，他们也可以学会用一种新的方式来看待他们自己，因为他们了解了，他们是怎样显现在对立传统的观点之中的。而且，他们可能有时会发现，那种特殊的对立传统拥有着各种资源，使他们在认同、理解和解释他们自己的思想样式和实践样式的这一方面或那一方面，比利用他们迄今为止已确立起来的理解和解释标准所能做到的更好。只有在这一阶段，随着各对立传统的信奉者努力向对方学习他们一直不能从他们自己的传统中学到的东西——哲学的、理智的、道德的和科学的东西，他们之间的真正富于探索性的对话才可能出现。"① 并且，"这种对话很可能及时导向两者相互沟通的传统的一方或两方的信奉者们，对他们自己迄今为止已确立的规范与标准做出一种内在批判，以便使一方或双方将对方的理智的与实践的文化规范方面和文化评价方面，采纳到自己的理智的与实践的文化规范和文化评价之中。而且，这一时刻很可能出现的情形是，一种难以料理的无公度性也许只会——尤其在最初——在某些确定限制的领域内转化成为一定程度的可公度性，或许这种程度还会增加。如此，在接下来他们相互共存的阶段，在各对立传统的信奉者之间，将会出现进行建设性对话的新的可能性。"②

显然，麦金太尔非但没有否认多元文化和道德的自主权利，而且也没有简单排斥多元文化传统和道德谱系之间展开对话、从而通过相互学习达到相互理解和对话、并最终达成某种程度的"公度"或文化价值共识的可能。事实上，承认文化传统和道德谱系的差异多样性本身，即是对多元文化和道德的自主独立性和话语权利的承认，在一种健全的文化多元论的视阈中，"差异"决不是指诸种文化

① ［美］麦金太尔：《谁之正义？何种合理性?》，2—3 页，万俊人等中译本，当代中国出版社，1996。

② 同上书，3—4 页。

传统和道德谱系之间的价值等级差异，而仅仅是指诸种文化传统和道德谱系各自在文化特质和道德价值取向上的差别，并且这些差别也并不是永远不可能达成相互理解的截然对立。或许，我们可以诊断并且批评包括麦金太尔先生在内的当代许多道德共同体主义伦理学家或多或少保留着“道德精英主义”的传统见解，因为以追求卓越为公共典范为宗旨的美德伦理（学）至今还面临着一个严重的挑战：如何使美德伦理的道德目的论主张同现代平等主义的民主政治理念相容？但是，我们却不能因为美德伦理学坚持道德文化传统的多样性和相对性，而指责其犯有道德相对主义的错误，因为它并未拒绝多元道德文化传统之间相互承认、相互对话、相互学习，直至在相互理解的基础上达成某种道德公度的可能性。

至此，我们应当有足够的理由和信心确定，即使作为美德伦理之寄生沃土的传统的道德共同体完全被现代社会结构的公共化转型所解构或同质化了，美德伦理也并不会随之消失。因为，人类自身生活的目的追求及其所涵摄的人格品质、人类情感、意愿和心理等丰富元素，仍然给人类追寻美德的道德伦理实践留下了广阔的生长空间。同时，遵循历史叙事学的进路我们还会发现，人类追寻美德的实践过程已经积累、并且仍在积累着连贯的道德生活经验，形成了连续不断的、有意义的“道德故事”，积淀了丰厚的道德文化资源，而所有这些又为美德伦理的现代生长提供了不竭的文化意义之源。同样，即便现代社会的“公共生活领域”急剧扩张对现代人的“私人生活领域”产生了越来越强大的挤压，构成了严重的挑战，我们也不能因此断定，现代人的生活将被完全公共化，“私人生活领域”的萎缩终究是有限度的，它也不会因此而彻底消失，一如人类自身的自然情感和生命并不会因为其社会化程度的不断提升而彻底消除一样。需要现代人和现代社会给予足够重视的，与其说是“公”“私”两大生活领域的分界和前者对后者日益增强的压迫，不如说是现代人如何认识和料理自身“公”“私”两种生活的基本方式、态度、观念和技术。如此，我们最终需要回答的根本性问题还不只是“何处寻求美德”，还有“寻求何种美德”。如果说，解答前一个问题所需要的更多的是人类的智慧和对于自身生活史的尊重；那么，解答后一个问题所需要的就不仅仅是智慧和尊重，还有现代人对现代社会及其“现代性”的道德哲学理解，以及，最根本的是现代人对人性和人道的人学理解。

四、寻求何种美德伦理？

因此，我们最后要探讨的一个议题便是：当我们明确了现代语境中何处寻求美德的问题之后，也就是说，当我们确认现代人和现代社会仍然可以通过人的目的及其实践追求，和人类历史语境或多元文化传统，来寻求美德伦理之后，又该寻求何种美德？何种美德伦理？坦率地说，这也是麦金太尔等当代美德伦理学家尚未给出充分解释和论证的问题。借用马克思曾经评价康德的话来说，麦金太尔等当代美德伦理学家的主要贡献，还只在于他们提出了问题，而没有真正解决问题。

我当然不敢奢求解决这一艰难的问题！但我确信，任何试图解释或解决这一问题的理论尝试都将是有意义的。实际上，麦金太尔先生已然或多或少地触及到了某种或某些解决这一问题的思路和理路。当他谈到“友谊”这一备受古希腊人尊重的美德，随着“血缘团体”逐渐扩展为像雅典这样的民主制“城邦共同体”，便发生了美德特性的变化——即：从单纯的人际伦理美德演变成为城邦国家的政治美德[①]——时，他实际上给了我们一个极有价值的理论提示：美德不仅仅是“人格的”，而且也可能是人际的和社会伦理的；并且，

---

① 详见［美］麦金太尔：《追寻美德》，167页等处，宋继杰中译本，南京，译林出版社，2003。

作为人际伦理、社会伦理的美德，甚至是作为政治共同体（“城邦－国家”）的政治美德，同样有可能成为人类料理社会公共生活的行为准则和意义标准。麦金太尔还用肯定的口吻谈到了 A. W. H. 爱德金斯关于“合作性美德”与“竞争性美德”的划分，只是对爱德金斯“把竞争性视为荷马时代美德的特征，而合作性则是雅典民主制社会的体现”的见解持有一些保留看法。① 这同样也给我们提供了另外一种值得探究的思路和方法：美德和美德伦理并非像康德、罗尔斯等“普遍理性主义规范伦理学”家所想象的那样，仅仅是个人情感、欲望和人格品质的表现，而且也或多或少反映着某种能够体现社会基本结构或人类群体可以公共分享的基本道德特性和伦理意义。

如果上述推论可以成立或者基本可信，我们对于“寻求何种美德和美德伦理?”的解答，就有了较为广博和丰富的文化资源和理论路径，至少同目前包括美德伦理学家在内的现代伦理学家们所设想的范围相比是这样。

诚如本文开篇所界定的那样，“美德伦理”的概念有两个基本要素：一个是价值学意义上的“卓越”、“崇高”和“圆满”的道德价值评价标准；另一个是道德社会学意义上的“角色定位”，亦即：凡“美德”者必定是独特具体的、同道德行动主体（人或群体）的“特殊角色”、“特殊身份”和“特殊品格”直接相关联的。在“现代性”的社会文化语境中，“美德伦理”的第一个基本要素受到严峻的挑战和质疑，因为在整体已然“平面化”和“同质化”的现代社

---

① 详见［美］麦金太尔：《追寻美德》，168 页及其后，宋继杰中译本，南京，译林出版社，2003。爱德金斯关于“竞争性美德”和“合作性美德”的范畴区分，让我想起了中国 20 世纪 80 年代初期王润生等学者提出的类似主张。该主张认为，中国传统道德的基本德目，实际上可以划分为两种基本类型：一种道德可以归诸于“进取性道德”，如，“智”、“勇”等等；另一种道德则可归诸于“协调性道德”，如，“仁”、“义”、“礼”等等。此一主张的提出虽然一度引起学界的关注和某些讨论，但可惜的是未能充分展开，所取得的理论成果也十分有限。我个人以为，这一主张或见解是值得重视的，需要进一步耐心仔细地展开研究和讨论。限于本文的主题和篇幅，我不能就此多说，以免游离主题。

会里，追求“卓越”、“崇高”和“圆满”的美德人生已经被普遍视为是一种过度理想主义的“道德乌托邦”式的价值吁求，严重脱离现代社会和现代人的生活方式和生活经验。对此，我虽然持有某种保留意见，却基本上承认这的确已经成为现代社会道德伦理生活的常态，尽管此一“常态”也是需要我们在反省“现代性道德谋划”时予以批判反思的。然而，对于“美德伦理”的第二个基本要素，情况却并非如此。具体地说，美德与道德行动主体（个人）之“特殊角色”的直接相关性，并没有杜绝我们在“现代性”社会文化语境中重释美德伦理的可能性。相反，它要求我们必须根据现代人“特殊角色”或“特殊身份”的“现代性”改变，重新审视和说明现代人所应具备的基本美德，并依此建构适合于现代社会道德文化需求的美德伦理（学）。

如同现代社会本身的基本结构正在不断趋于社会公共化一样，现代人的“特殊角色”或“特殊身份”也在不断趋于社会同质化。如果说，现代社会的公共化特征集中表现为公共社会的开放透明、人际交往的共同分享（权利）或分担（义务）、社会组织结构和人的行为的制度化规范的话，那么，现代人的“角色”与“身份”也必须随之发生相应的转换，其“特殊性”将逐渐减弱，而逐渐“同质化”将成为现代人“角色”和“身份”的必然趋势。由此而来的必将是，现代人的“角色”或“身份”也越来越具有“社会公共”的趋同意味，它们的“特殊”和“差异”最终只能体现在个人在其“私人生活领域”里所承担的自然人伦“角色”和“身份”。然而，诚如马克思所指出的那样，人的本质在根本上只能是人的“社会关系的总和”，或者说，“社会关系”才是个人得以获得自我人格确认并区别于“他人”的社会文化“基因”。重要的是，人之“社会关系”的不同——由于每个人所占据的社会地位、时空背景和社会关系情景之不同——实际上也使得即使是已然被不断“同质化”的现代人仍然有着他们各自“角色”和“身份”的社会差异。譬如说，作为政治家、管理者，作为商人或企业家，作为职业化的学者或职业军人，作为城市居民的社会公民或作为乡村居民的社会公民，如此等等。按照时下包括联合国和世界劳工组织所公认的“现代职业分类”图式，现代社会的劳动分工已经超过三千多种职业，因之，现代人所担负的空前多样化的不同“职业”，也使得他们各自的社会化的“角色”或“身份”，显示出另一种不同于传统社会的特殊差异。如此，寻求某种或某些同其特殊社会“职业”、“身份”和“角色”直接相关的美德品质，不仅是现代人仍需保持的道德生活姿态，而且在许多情形下还是一种具有关键意义的社会伦理生活品质。比如说，诚信的美德之于现代商人和企业家、公正廉洁的美德品质之于现代公共管理者和政治家，以及，理智和智慧的美德之于现代知识者。同传统社会和传统人相比，所不同的只是，现代人的这些“角色”、“身份”和“职业”已然超脱了人的自然人格范畴，成为了可以通过某种类型的“社会同一性”来加以确认和说明的社会化角色范畴。

明乎此，我们便可以做出这样的合理推论：在现代社会条件下，现代人所需要的美德主要不再是基于自我人格完善或自我品格卓越的内在美德，而是或者主要是基于现代公共化社会认同的类型化——同某种类型化的“职业”和社会化“理想类型”相关联——的人格优秀或社会职业的卓越成就。也就是说，现代人所要寻求的主要是同其社会身份相应并通过其在“社会公共生活领域”里的卓越实践所达成的、具有社会“理想类型”意义或公共典范意义的社会性美德。例如，作为个人品德的公平正义（罗尔斯谓之公民的“正义感”），作为人际和社会交往的平等尊严、诚信、宽容、同情、仁慈、文明礼貌等等，作为社会公民之政治美德的“法制意识”（通称“规则意识”或“道德自律”）、公平参与、政治忠诚，以及，具有健全理智的爱国主义和国际主义等等。这些美德都或多或少具有其“社会性质”，因之也与传统社会的传统美德——尤其是那些同人的自然人伦关系和自我人格认同直接相关的“私人性”美德，如，孝、慈、恕、悌、温、良、恭、俭、让等等——区别开来。

随着现代社会语境的公共化演变，一些传统的美德的形式虽然依旧得以保留，但它们的内涵却发生了重大的甚至是根本性的改变。比如说，作为美德之重要“德目”的“正义”或者“公平”、“公道”，在古希腊道德伦理中，它主要表示某种正当的社会定位意识和秩序。在中国传统道德伦理中，“正义”则主要表示人自身的正直无私、不偏不倚的品格，即所谓“兼覆无私谓之公，方直不阿谓之正”。[①] 在《圣经·旧约》中，“正义”被界定为“以眼还眼，以牙还牙”，而在《圣经·新约》中，却被解释为“打你的左脸，把你的右脸伸过去”。而在现代社会里，“正义”首先是“社会制度的第一美德”[②]，其次才是作为社会公民的个体所应当具备的基本“正义感”[③]。此外，在现代社会的公共化语境中，一些传统社会的传统美德逐渐趋于隐没、乃至消失，而另一些新的美德却随着现代社会的发展而逐渐突显出来。比如说，基于封建等级结构所确立的“忠”君之“德目”已然被现代民主政治的平等观念所替代；而像“自由”、“公平”这样一些具有强烈“现代性”气息的“德目”则越来越为现代社会和现代人所看重，甚至被广泛视为现代人必须具备的基本品质和美德。

总之，现代社会结构的公共化转型并没有封锁美德伦理的生长空间，更没有、也不可能消除现代人追寻美德的欲望和动机，只是现代人寻求美德的社会条件、实践方式、价值取向和意义内涵有所不同而已。依据我们以上的分析和论证，这些差异和变化总体上同

---

① 贾谊：《新书·道术》。

② John Rawls, *A Theory of Justice*, Cambridge, Mass. : Harvard University Press 1971, p. 3.

③ 参见上书和 John Rawls, *Political Liberalism*, New York: Columbia University Press 1993。

现代社会的公共化结构转型的趋势是相应的，它使得现代人的美德追求和美德概念越来越具有社会“理想类型”和“公共典范”的意味。然而，我们的探究最多也只能是揭示和说明这些“转变”所涉及的外部社会环境和文化语境，以及，在某种理想的学术意义上，进一步从理论上揭橥现代人对美德概念的不同理解，和他们寻求美德伦理的主要价值取向和主要美德类型。但无论如何，我们都无法完整地开列出一份哪怕是最起码的现代人的美德伦理清单，更难以对之做出详尽的解释和充分的证明。这不独是因为现代社会的“现代性”仍然处在其强劲的生长过程之中，整体上并未像许多“后现代主义”思想家所想象的那样已然飘逝，而且更重要的是因为，美德伦理的现代意义本身仍是一个刚刚开放的理论课题，其间的大量议题和疑问尚有待人们深入探究，做出基本的解释和解答。就此而论，美德伦理的现代意义才刚刚显露，仿佛初春时节远方密林间那慢慢升腾流动的一缕晨光，牵引着那些试图寻找到春溪之源的人们，前往那最接近太阳的东方！

五、并非结论的结语：不该遗失的人类“自证之源”

作为一种古典而深厚的人类道德文化传统，美德伦理确乎已经离开我们很久很远。然而，她是否已经成为人类道德文化的遗迹而仅仅具有让现代人抒发“叹古之幽情”的回味意义？现代社会和现代人果真全然遗忘或者失去了追寻美德的旨趣和需求了吗？这的确是一个严肃的问题！

人类的社会变迁或社会进步是自然而必然的，似乎没有人能够怀疑这一点。然而，人类自身的生命意义和生活目的是否也会发生天翻地覆、完全今是昨非的根本改变呢？似乎也同样没有人能够给出确定无疑的答案。自开始接触美德伦理学的第一天起，我就一直在思考这样一个或者说是两个相互关联的问题：人为什么要有道德的生活？我们的先辈在几千年的时间里，面对着不同的地缘环境和社会生活环境，为什么不约而同地选择了追寻美德的道德伦理生活之道？有道德地生活和行为使得我们人类找到了文明生存和文明生活的方式，如同人类发明语言、工具和技术，进而创造自身的文化，从而使人类自身的生活和行为方式获得了超越地球上其他生命体的尊严和文明意义。

道德文明无疑是人类自身文明的基本标志之一。对美德和美德伦理的持久追寻，表达了人类实现自身生活目的和生命意义的精神冲动，一种让人类得到自我求证和自我实现的人格化的、崇高的精神冲动！假如没有道德，人类将会如何？假如没有伦理，人类社会是否可能？姑且可能，又会怎样？假如放弃对美德或者卓越优秀的追求，人类自身的文明和人类社会的文明又会怎样？这些看似抽象的形而上问题，其实也是最基本最切近人类生活本身的日常问题：没有基本的道德伦理维系，不要说人类社会，就是人类最基本的自然亲情伦理和家庭生活也未必能够有序维持，更不用说绵延进化！没有对美德的不懈追求，也就没有人类自身人格、人性和人道的不断完善。人类自身的社会生活史和道德史一直用无数铁的经验和教训不断地警示我们：人类的目的性选择和追求蕴涵着人类自身对美德的追求，而追寻美德恰恰是人类生活目的的“自证之源”！

即便是到了今天，人类已经创造了并且还将创造出更加开放自由的社会生活方式，以及维系这种社会公共生活秩序的丰富而有效的社会规范系统，诸如现代法制、现代民主政治和公共管理等等，却依旧不能料理自身的全部生活，更不能满足人类自身追求更高目的、寻求更美满幸福的生活意义之内在精神需求。作为人类曾经创造出来的优秀道德文化成就，美德伦理也许远不只是现代法律政治和现代社会公共伦理的某种补充，而且更切合人类自身的生活目的和实现其人生目的的道德精神！若如此，轻视甚至遗忘——无论是有意地还是无意地，抑或是漫不经心地——美德和美德伦理的现代意义，都将是人类自身的一种重大损失和遗憾！对这一可能的不幸后果的关切和思考，便是我撰写本文的主要动机和理由。确当与否？当请诸君赐正！

2007 年夏、秋之际改写

2008 年春节前后校定

于北京西北郊悠斋

“心”的自我转化和精神修炼
——荀子的“心术观”

王中江

由于荀子是处在东周子学从春秋到战国这一演变过程的晚期，这使得他有条件不仅对所属的儒家学派而且对其他学派进行“整体性”的反省和总结，并在一个新的高度作出独特性的回应。[1] 从早期儒家学风的演变脉络来看，荀子之学同孔子之学有许多内在的联系，如他注重“学问”、“礼乐”和“权威”，他也称赞孔子的学问是最全面的。在孔子之后，他扩展和转化孔子之学，形成了同“孟学”相对置的独特的“荀学”。荀子有意识地以儒家内部的孟子思想为论敌，毫不客气地批评孟子之学，这说明孔子之后儒家发生了明显的分化。

但正如我们所看到的那样，儒家在思想上有一些共同的极点。同样，荀子批评孟子，但在某些方面，他同孟子又有一致性，如他同样坚持认为人人都可以成为圣人。对其他诸子学派，荀子展开的全面性检讨和批判，展现出了他高度的精神反思和批判能力。因此，他的思

① 事实上，这样的做法也体现在道家（如《庄子·天下》）、道法家（如《韩非子·显学》），还有后期墨家（如《墨经》）。

想虽然融入了许多子学的因素和成分，但他又以极强的消化力将之统合到自身的观念中，使之适合于自己思想主题的需要。[①] 荀子无法实现政治上的雄心，但通过学术而为自己赢得了重要地位。我们已经强调指出过，荀子既不是从儒家向法家思想过渡的桥梁（这是被个别表象所迷惑），[②] 也不像有的研究者认为的那样，他已经失去了儒家的身份而变质为“黄老学”人物。[③] 他容摄黄老学和法家“富国强兵”的论题，但他解决这一论题的方法根本上是“儒家式”的。[④]

提出荀子学说的高度批判性反思和立足于儒家建立独特的统一“道术”的经验，是为了让我们注意到荀子的“心术论”，也是在总结和综合先行思想和学说的基础上而自立的。如荀子对人的“认知”能力的看法，同后期墨家之间存在着类似性。“心”不是孔子思想的主题，同样也不是老子和墨子关心的主要问题，但它在《管子》（“四篇”）、《庄子》和《孟子》中则成为核心的问题。从战国中期开始，“精神修炼之道”即“心术”受到了哲学家们的普遍关注。荀子的“心术”是《管子》、《庄子》和《孟子》共同精神遗产在战国晚期的延伸和扩大，他有关“心”的“虚一而静”的说法，同《管子》“四篇”有着直接的渊源关系。这也是为什么将荀子的“心术”同孟子、庄子或《管子》的“心术”比较成了研究荀子“心术”的一种方式。[⑤] 在对荀子“心术”的研究中，如果不能统观其

① 从思想的营养和成分说，荀子的哲学称得上是“综合哲学”，但又是主题高度明确和集中的儒家性的“综合哲学”，而不同于《吕氏春秋》和《淮南子》那种“发散式”的综合。

② 参见笔者的《荀学与儒家的学统与道统》，载《南昌大学学报》，2002（1）。

③ 如赵吉惠教授这样看待荀学。参阅其《论荀学是稷下黄老之学》，见《道家文化研究》第四辑，上海古籍出版社，1994。

④ 有关荀子研究的一些回顾，请参阅台湾《“国立”政治大学哲学学报》，总第十一期，2003 年。此辑是有关荀子的专辑。

⑤ 有关这方面研究，参阅林启屏教授的《孟荀“心性论”与儒学意识》，载《文史哲》，2006（5）。

综合性和整体性，就容易将其引向一偏的界定中，如将他的"心"概括"认知心"。[①] 李耶里（Lee H. Yearley）先生认为荀子以"主导之心"（mind as director）响应孟子，以"观照之心"（mind as spectator）响应庄子，因而分别同孟子和庄子的"心术"形成了对照。[②] 说荀子的"心"具有"主导性"是可以的，但比较起来，孟子的"心"也许更具有"主导性"。荀子的"观照之心"不是旁观性的。在古代中国的心术论谱系中，荀子的"心术"又是非常独特的，它同其他的"心术论"形成了鲜明的对比。而这又是同荀子的整个思想的构造联系在一起的，因此我们必须将之放在荀子的整个思想结构中来理解。在荀子思想的结构中，"心"和"精神"是一个重要的"中介"，它架起了从"现实"到"理想"的桥梁。但要履行这样一种角色，"心"自身首先必须加以塑造，这就是我们所说的"心灵"的自我转化，它是"心"对"客观之道"、"圣王之礼"的认知和接受的过程，是将心灵"理性化"和"精神化"的过程。这一过程反过来说就是"心灵"对人的自然"性情"和"欲求"不断进行调节和升华的过程，即荀子一再强调的"化性起伪"的过程，我们称之为心对性情的转化。这两个过程在荀子那里既是统一的，又是相对区别的，下面我们就来具体探讨一下。

一、"心"的"机能"和"性质"

要完整地理解包含了"心质"、"心智"和"心灵"等多重意义层面的荀子的"心术论"，我们首先要在荀子的整个思想结构中给它一个定位。在早期儒家思想中，荀子以主张自然与人的二分（"天人

---

① 如牟宗三等认为，荀子的心是"认知心"，仿佛荀子关心的真的就是"知识论"问题。参阅牟宗三先生的《名家与荀子》，台湾学生书局，1994 年。

② Lee H. Yearley, *HsÜn Tzu on Mind: His Attempted Synthesis on Confucianism and Taoism*, Journal of Asian Studies, Vol. 39, 1980, 465—480.

相分”）而著名，他批评庄子受到“天”的蒙蔽而忘记了人的作用（“蔽于天而不知人”），批评孟子以先天自然的人性为善，这都说明荀子不接受庄子和孟子所坚持的“天人合一”主张。庄子和孟子均有以人的“自然性”的“天”为出发点而建立理想和实现理想的逻辑，但荀子则反其道而行之，他是通过改变自然人性（“天性”）而建立理想的。在人的生活领域中，荀子相信人必须行动以从自然中获得他需要的东西，这是他的“天论”的主题。这一主题一方面强调的是，“天”与“人”各有其职，人不要去干预天，人要遵循天之“常道”；另一方面是强调“人的行动性”，劝告人不要放弃他的行动而将自己的命运委之于“天”。这是以主体的“人”为一方、以客观外界的自然为另一方的“天人相分”逻辑。但在荀子的思想中，还有一种“天人相分”的逻辑，这是在人自身中以“人”的先天“自然性”（“天”）为一方、以后天人的非自然性“人为”为另一方的“天人相分观”。这种非自然的“人为”，从人的内心来说，它是人的“理性”和“精神化”的东西；就其外在表现而言，它是人的社会化的行为。荀子哲学要解决的核心问题，是如何将人的“自然性”的东西转化为“人为性”的东西。这种“人为性”的最高表现，就构成了荀子的“理想主义”。说荀子是“理想主义者”可能会受到质疑，因为他曾被认为是一位“现实主义者”，言外之意是说他缺乏高远的“理想”。一般而论，儒家程度不同地都是“道德理想主义者”，而且都是立足于“现实”去追求和实现他们的理想，没有人离开现实去想象理想，也没有人没有理想而去看待现实。荀子作为不折不扣的儒家人物，他背离了儒家的什么而成了一位现实主义者，是因为他没有预设一个“形而上”的“终极性”根源（从这一点上说，他确实同孔子和孟子不一样，因为他们都相信“天”的根源性和超越性），还是因为他培养了两个务实的法家弟子韩非和李斯，或者是因为他讲“性恶”？不管什么理由，我们不必在这里讨论。我们只需肯定和说明荀子思想中存在着“儒家式的超越理想”

就足够了。客观而言，在荀子那里确实存在着“圣人人格理想”、“王道政治理想”和“普遍真理理想”等联系在一起的强烈“理想主义”，问题只是如何去实现这些理想。正是由此我们才能理解荀子为什么会有一个复杂的“心术论”。事实上，荀子的“心术”就是指向这些目标的。这首先涉及到的是荀子对“心”的性质和机能的看法。

荀子说“心”位于人体中的“中虚”，大概类似于孟子所说的那样，心是人的一种能思的器官。但具体来说，他们所理解的“心”的性质和机能差别很大。如孟子不仅断定“心”是能够思考的，而且还断定“心”是一种“良知”和“良能”，“心”具有“理”和“义”，具有善良的“四端之心”。这样，在孟子那里，“心”和“性”在“善”这一个根本性质上是共同的。但在荀子那里，“心”同“性”具有严格的界限。荀子所说的“心”既不是孟子的那种道德性的“良知”和“良能”，更不是“心学”的那种最高的“本体”和终极的理想。在荀子那里，相互联系的“性”、“情”和“欲”，都是容易产生问题（尤其是“恶”）的存在。先天的“心”虽然不是“恶”的来源，但它也不是“善”本身，它是一个有待“治理”、“培养”和“塑造”的存在，荀子称之为“治心”和“养心”。对孟子来说，“心”的本性也就是“人的本性”，是人有别于其他事物特别是禽兽的人之所以为人的本质；但对于荀子来说，“心”的本性不能简单说就是“人之所以为人的本质”。荀子关注人的“类本质”，但他所说的“类本质”不是“先天性的”禀赋。大家耳熟能详的荀子的一段话说：“水火有气而无生，草本有生而无知，禽兽有知而无义，人有气、有生、有知，亦且有义，故最为天下贵也。力不若牛，走不若马，而牛马为用。何也？曰：人能群，彼不能群也。人何以能群？曰：分。分何以能行？曰：义。”（《荀子·王制》）在这一不同“类”的比较中，荀子以道德性的“义”和人“能群”作为人有别于“万物”的“类本质”。有关人的“类本质”，荀子还有一个比较典型的说法，这就是将人之所以为人界定为“以其有辨”。荀子说:“人之所以为人者,何已也?曰:以其有辨也。饥而欲食,寒而欲暖,劳而欲息,好利而恶害,是人之所生而有也,是无待而然者也,是禹、桀之所同也。然则人之所以为人者,非特以二足而无毛也,以其有辨也。今夫狌狌形笑,亦二足而无毛也,然而君子啜其羹,食其胾,故人之所以为人者,非特以其二足而无毛也,以其有辨也。夫禽兽有父子而无父子之亲,有牝牡而无男女之别,故人道莫不有辨。”(《荀子·非相》)这两处说到的人的“类本质”,不管是“义”,还是有“辨”,荀子没有明说它们是人先天的禀赋还是人后天的“习得”。但根据荀子思想的基本构成和倾向,人之所以为人的道德性的“义”、“能群”和“有辨”等“类本质”,都不是人“先天”就有的禀赋,而是人后天的“习得”。如果说荀子原则上坚持人的道德性的东西“礼义”等,都是人“变化先天之性”(“化性起伪”)的结果,是后天教化和学习的结果,那么荀子所说的“人之所以为人的类本质”就应当是人后天造就出来的。人如何造就出人的“类本质”,这是荀子哲学特别是“心术”所要解决的问题。《荀子·非相》荀子反对世俗社会根据人天生的外在“形貌”去推测和判断人的“吉凶妖祥”,认为古代社会中没有这样的做法,学者也不去讨论,关键是要去“论心”和“择术”。他说:“相人,古之人无有也,学者不道也。古者有姑布子卿,今之世梁有唐举,相人之形状颜色,而知其吉凶妖祥,世俗称之。古之人无有也,学者不道也。故相形不如论心,论心不如择术。形不胜心,心不胜术。术正而心顺之,则形相虽恶而心术善,无害为君子也;形相虽善而心术恶,无害为小人也。君子之谓吉,小人之谓凶。故长短、小大,善恶形相,非吉凶也。古之人无有也,学者不道也。”按照这里的说法,君子和小人之分不是取决于人的先天“形貌”,而是取决于人的“心”和“术”。如果“术”可以从标准、尺度和方法上来理解,那么“道术”和“心术”则意味着求道和治道、养心和治心的方法或途径。

在荀子那里，“心”是“天君”，它是人的其他感觉器官（“天官”）的“主导者”。《荀子·天论》载：“耳、目、鼻、口、形，能各有接而不相能也，夫是之谓天官。心居中虚，以治五官，夫是之谓天君。”与此类似，荀子又称“心”是“形之君”，它只是发布命令而不接受受令，它是自律的、自主和自足的。他说：“心者，形之君也，而神明之主也，出令而无所受令。自禁也，自使也，自夺也，自取也，自行也，自止也。故口可劫而使墨（默），形可劫而使诎申，心不可劫而使易意，是之则受，非之则辞。”（《荀子·解蔽》）在这段话中，荀子更突出了“心”的主动性和能动性的特点，也许正是基于此，李耶里（Lee H. Yearley）认为荀子的“心”是“主导之心”。从更基本的特质上说，荀子所说的“心”还有理性思考（“虑”）、理性求证（“征知”）、理性选择（“择”）等机能，如荀子有以下的说法：“礼之中焉能思索，谓之能虑。”（《荀子·礼论》）“情然而心为之择，谓之虑。”（《荀子·正名》）但心的这些机能同荀子主张的“心”生而有“知”的机能不在一个层次上。

在这里，我们需要对荀子所说的“心”的性质和机能进行划分。[1] 荀子所说的“心”，一种是后天“习得”的“心”，这是一种“精神性”的创造，它是通过“治心”和“养心”而达到的。上面谈到的人之所以为人的“心”、“形之君”、“思虑”和“征知”之“心”，均属于这种意义上的“心”，也是下面我们进行讨论的如何修炼出这种“心”的“心”；与此不同，荀子所说的另一种“心”，是人先天自然赋予的“血气”之“心”，是人生而具有的“认知”能力的“心”。荀子说：“凡以知，人之性也；可以知，物之理也。”（《解蔽》）[2] 在荀子那里，“人性”一般是指人先天禀赋的不学而能

---

① 有关荀子的“心”的不同层面，陈大齐先生有较为详细的讨论。参阅《荀子学说》，台北中国文化大学出版部，1989 年。

② 《荀子·正名》亦说：“所以知之在人者，谓之知；知有所合，谓之智。”

的自然而然的“能力”，如先天的“五官”，是人先天具有的感觉的能力；“知”是人的心灵先天具有的“能知”的能力。《荀子·解蔽》载：“人生而有知，知而有志。……心生而有知，知而有异。”人心具有“认知”的能力，而客观的事物又是“可知”的，这就使认知成为可能。

在不同“天”争夺“职分”（“天职”）、争夺“功劳”（“天功”）、要求人立足于自身的职分和职能而行动的意义上，荀子主张“圣人不求知天”，这自然缩小了人类“认知”的范围。《庄子》为“六合之外，存而不论”提出的理由，同荀子为“不求知天”给出的理由是不一样的。这个问题又牵涉到庄子与荀子对待“天”的不同立场和不同理由。主张“天人合一”的庄子，是在模范和价值的意义上，要求人保持和复归“天性”的纯朴和真实；主张“天人相分”的荀子，其中一个愿望是要求“人”利用和运用“天”为人类提供的资源。这一点曾被放大为荀子拥有了西方近代意义上的控制自然和征服自然的意识。“圣人”不求认知相对于“地”和“人”的“天”，那么除了“上天”之外的“事物”，就应该是圣人“认知”的范围。人心有认知能力、“物可以知”的说法，使荀子的“心知”和“知论”看上去很像一般的“认知论”。关注荀子“心知”的研究者，如牟宗三和徐复观等先生，不仅将荀子的“心”归结为纯粹的“认知心”，而且化约为“非道德性”的认知之“心”。我们一再强调，从先天的“心”的性质和机能上说，孟子的“心”同荀子的“心”显然是不同的，但不能由此就得出结论说，荀子的“心”只是“认知之心”，而且是同“道德无关”的自然万物的“认知之心”。许宗兴先生已经看到了牟宗三和徐复观先生将荀子的“心”归结为“认知心”的问题，但他不太留意荀子“心知”的“道德性”这一重要面向。①

---

① 参阅许宗兴：《荀子“心”析论》，载《台北大学中文学报》，2007（2）。

有关荀子的“心”不是纯粹“认知心”后面还将涉及到，这里要说明的是，荀子“认知”之“心”的主要对象和内容并非“自然之物”。荀子没有“不可知论”的思想，荀子限制对“天”的认知，不是基于“天”是“不可知的”，而是认为没有必要去认知“自然之天”，这成了荀子“心知”的一个特点。荀子“心知”的另一个特点，是以“道德认知”为核心。柯雄文（A. S. Cua）将荀子的“论辩”限定为“伦理论辩”，并提出荀子“道德认识论”的说法，这是对荀子“心知论”核心内容合乎实际的概括。[①] 从“道德发展心理学”来说，荀子的“心知论”，也可以称之为“道德发展心理学”。[②] 不能否认，荀子的“心知”，说起来也是面向万物的，《解蔽》篇看到的人心受到的蒙蔽是广泛的：“欲为蔽，恶为蔽，始为蔽，终为蔽，远为蔽，近为蔽，博为蔽，浅为蔽，古为蔽，今为蔽。凡万物异则莫不相为蔽，此心术之公患也。”万物是不同的，心灵容易只看到事物的一面而忽略掉另一面。荀子还注意到，如果人的心志不清，就不能正确地认识外物：“凡观物有疑，中心不定，则外物不清。吾虑不清，则未可定然否也。”（《荀子·解蔽》）[③] 按照荀子

---

① 参阅柯雄文的《伦理论辩：荀子道德认识论研究》（*Ethical Argument*: *A Study in Hsun Tzu's Moral Epistemology*），赖显邦译，台北，黎明文化事业股份有限公司，1990年。

② 有关这一方面，参阅马克林（G. F. Mclean）、诺尔士（R. T. Knowles）编：《道德发展心理学》（*Psychological Foundation of Moral Education and Character Development*：*An Integrated Theory of Moral Development*），方能御译，台北商务印书馆，2000。

③ 同样，如果耳目受到迷惑而不能如实地观察和视听外物，就会产生对外物的假象：“冥冥而行者，见寝石以为伏虎也，见植林以为后人也：冥冥蔽其明也。醉者越百步之沟，以为蹞步之浍也；俯而出城门，以为小之闺也：酒乱其神也。厌目而视者，视一为两；掩耳而听者，听漠漠而以为哅哅：势乱其官也。故从山上望牛者若羊，而求羊者不下牵也：远蔽其大也。从山下望木者，十仞之木若箸，而求箸者不上折也：高蔽其长也。水动而景摇，人不以定美恶：水势玄也。瞽者仰视而不见星，人不以定有无：用精惑也。有人焉以此时定物，则世之愚者也。彼愚者之定物，以疑决疑，决必不当。夫苟不当，安能无过乎？”（《荀子·解蔽》）

描述的“大清明”的“心灵境界”，那是能对“万物”达到最高程度把握的境界，是能对宇宙真理完整体现的境界：“万物莫形而不见，莫见而不论，莫论而失位。坐于室而见四海，处于今而论久远，疏观万物而知其情，参稽治乱而通其度，经纬天地而材官万物，制割大理而宇宙裹矣。恢恢广广，孰知其极？睪睪广广，孰知其德？涫涫纷纷，孰知其形？明参日月，大满八极，夫是之谓大人。夫恶有蔽矣哉！”（《荀子·解蔽》）但荀子的“心知论”，重点在于对“理”和“道”的认知，对万物数量的认知是从属性的。《荀子·解蔽》说：“以可以知人之性，求可以知物之理，而无所疑止之，则没世穷年不能遍也。其所以贯理焉虽亿万，已不足以浃万物之变，与愚者若一。学，老身长子，而与愚者若一，犹不知错，夫是之谓妄人。故学也者，固学止之也。恶乎止之？曰：止诸至足。曷谓至足？曰：圣［王］也。”知识和学习的目的不是普遍地对万物进行全部考察和把握，而是首先要知道认知、学习的范围和限制。如果不知道认知的范围和限制，即使是掌握了无数贯通事物道理的方法，仍然不能通晓万物的千变万化。譬如许多精于不同部门和行业的技能之人，他们之所以不能管理各个部门和行业，是因为他们没有掌握事物的普遍之道：“农精于田，而不可以为田师，贾精于市而不可以为市师，工精于器而不可以为器师。有人也，不能此三技而可使治三官。曰：精于道者也，精于物者也。精于物者以物物，精于道者兼物物。故君子壹于道而以赞稽物。壹于道则正，以赞稽物则察；以正志行察论，则万物官矣。”（《荀子·解蔽》）荀子的说法，使我们联想到亚里士多德的说法。在亚里士多德看来，一般人只知道每个事物的是什么，如工匠，但哲学追求的知识是智能，是普遍的道理。同样，荀子追求的也是普遍的道和真理：“夫道者，体常而尽变，一隅不足以举之。”（《荀子·解蔽》）“若夫总方略，齐言行，壹统类，而群天下之英杰而告之以大古，教之以至顺，奥窔之间，簟席之上，（敛）［歙］然圣王之文章具焉。”（《荀子·非十二子》）荀子的普遍真理理想，一方面反映了他要以此来纠正诸子之学的一偏性，另一方面也反映了在战国晚期他要用儒家普遍之道来统一天下的愿望。

荀子的“心知”是追求“道”的“知”，而“道”在荀子那里，又不是形而上学的“天道”，而是“人道”，更具体地说是“礼乐之道”。“礼乐之道”是圣王创造的，圣王又是“人伦之至”，因此，荀子的“心知”，说到底又是认知和学习“礼乐”，认知和学习“圣王”，使自己成为“礼乐”的体现者，使自己成为“君子”和“圣人”。他说：“圣也者，尽伦者也；王也者，尽制者也。两尽者，足以为天下极矣。故学者以圣王为师，案以圣王之制为法，法其法以求其统类，以务象效其人。向是而务，士也；类是而几，君子也；知人，圣人也。”《荀子·解蔽》这就是我们前面指出的荀子的“道德理想主义”特征。这一特征是通过“心知”来达到和实现的。儒家是平民主义的，因为他相信人人都能够成就自我；但儒家又是精英主义的，因为实际上并非人人都是“君子”和“圣人”，大量的“小人”的存在，需要君子引导，更需要“圣人”引导，从这种意义上说，就像柏拉图（Plato）那样，儒家也要培养出自己的“哲学王”。荀子的“君子”和“圣人”，在管理国家和众人的意义上，更是“精英性”的，而这都是通过“治心”和“养心”即通过一套好的“心术”来实现的。

二、“心”的“修炼”：化“客观之道”为“道德自我”

不管儒家的道德理想主义多么高远和超越，它为通向理想而找到的途径都是以个人的“修身”为出发点。说起来非常强调客观规范的荀子，实际上也是如此。荀子强化了“礼”的规范意义，突出了“师法”和“人道”的“客观性”作用，从这种意义上说，他的伦理学称得上是一种“规范伦理学”或“模范伦理学”。但荀子不是“礼制决定论者”，更不是“制度决定论者”，这是他同道法家的显著不同之处，仅是据此就不能将荀子看成是从儒家到法家的桥梁，他的一个说法使他同样作为儒家的“人治论者”而著名：“有乱君，无乱国；有治人，无治法。羿之法非亡也，而羿不世中；禹之法犹存，而夏不世王。故法不能独立，类不能自行；得其人则存，失其人则亡。法者，治之端也；君子者，法之原也。故有君子，则法虽省，足以遍矣；无君子，则法虽具，失先后之施，不能应事之变，足以乱矣。”（《荀子·君道》）“人”自身是自己行为的决定者，这个决定者是人的“心灵”和“意志”。只是这个“心灵”和“意志”不像孟子所说的那样，是通过扩展自己的“良知良能”或固有的“善良道德本性”来完成，它是通过将“客观化”的圣王创造的“礼乐”和“人道”化解到自我的“内心”之中、使“自我之心”成为“道德之心”来实现。换言之，在荀子那里，“心”的道德主导性和自主性，不是天生的，而是后天认知和学习的结果，是后天发展和建立起来的。现在我们就来看看荀子是如何进行精神修炼和建立“道德自我”的。按照荀子的说法，就是如何去“治心”和“养心”。

荀子修炼“心”的方法，是将“客观化”的“道”化为自我的“精神”。在荀子那里，衡量万物的标准，判断是非的尺度是普遍的“道”，它被称为“衡”。人只有掌握“道”，才能作出合乎“道”的理性选择，才能判断是非曲直，是是而非非。对此，荀子有一个清楚的说明：“圣人知心术之患，见蔽塞之祸，故无欲无恶，无始无终，无近无远，无博无浅，无古无今，兼陈万物而中县衡焉。是故众异不得相蔽以乱其伦也。何谓衡？曰：道。故心不可以不知道；心不知道，则不可道而可非道。人孰欲得恣而守其所不可，以禁其所可？以其不可道之心取人，则必合于不道人，而不知合于道人。以其不可道之心与不道人论道人，乱之本也。夫何以知？曰：心知道，然后可道。可道，然后能守道以禁非道。以其可道之心取人，则合于道人，而不合于不道之人矣。以其可道之心与道人论非道，治之要也。何患不知？故治之要在于知道。"（《荀子·解蔽》）"知道"是让"心"能够区分道与非道的界限，区分人道与非人道的界限。"知道"是"心"的修炼，亦是治理社会和国家的关键。

前面已经指出，"道"在荀子那里没有形而上学的意义，它被限制在"人道"上，限制在"仁义"道德和"礼乐"规范上。《荀子·儒效》载："先王之道，仁之隆也，比中而行之。曷谓中？曰：礼义是也。道者，非天之道，非地之道，人之所以道也。"《荀子·修身》亦载："凡用血气、志意、知虑，由礼则治通，不由礼则勃乱提僈；食饮、衣服、居处、动静，由礼则和节，不由礼则触陷生疾；容貌、态度、进退、趋行，由礼则雅，不由礼则夷固、僻违、庸众而野。故人无礼则不生，事无礼则不成，国家无礼则不宁。诗曰：'礼仪卒度，笑语卒获。'此之谓也。"据此来说，心的精神修炼，同时也就是学习仁义道德和礼乐规范。《荀子》的开篇是《劝学》，它劝导人们努力学习，而学习的核心课程和内容就是仁义礼乐；从经典来说就是《诗》、《书》、《礼》、《乐》和《春秋》。荀子说："学恶乎始？恶乎终？曰：其数则始乎诵经，终乎读礼。其义则始乎为士，终乎为圣人。真积力久则入，学至乎没而后止也。故学数有终，若其义则不可须臾舍也。为之，人也；舍之，禽兽也。故《书》者，政事之纪也。《诗》者，中声之所止也。《礼》者，法之大分，群类之纲纪也。故学至乎《礼》而止矣。夫是之谓道德之极。《礼》之敬文也，《乐》之中和也，《诗》《书》之博也，《春秋》之微也，在天地之间者毕矣。"在孔子和孟子那里，"人道"根源于超越性的"天道"和"天"，这样的思考在荀子那里基本上是没有的。荀子剥去了"道"和"人道"的超验性根据，而将之限制为"社会"的产物。但这不妨碍它是客观的普遍之道。因为，社会需要道和人道，这是人类社会的本质决定的。圣王正是根据社会的需要创造了道和礼乐。圣王为什么能够创造道和礼乐，是因为圣王善于学习（在此，荀子也许是循环论证)。这样，学习普遍之道和人道，就是学习圣王。但历史上的圣王有许多，我们应该学习什么时代的圣王。荀子的回答是，学习“后王”，他称之为“法后王”。“先王”离我们久远，我们所知甚少，后王距离我们非常近，我们所知较多。儒家孟子一般是“言必称尧舜”，道家庄子更是将远古理想化，法家则将古今对立起来，但荀子认为“先王”与“后王”是统一的，“古”与“今”也是统一的，荀子这样说，其中包含着一种“历史普遍主义理性”：“故千人万人之情，一人之情是也。天地始者，今日是也。百王之道，后王是也。君子审后王之道，而论于百王之前，若端拜而议。推礼义之统，分是非之分，总天下之要，治海内之众，若使一人。故操弥约，而事弥大。五寸之矩，尽天下之方也。故君子不下室堂，而海内之情举积此者，则操术然也。”（《荀子·不苟》）① 荀子认为“善言古者必有征于今”、“古今一度”，坚持“道”和“人道”超越古今时空，对过去和现在都是有效的，因此“法后王”也就是“法先王”。圣王是道和人道的创造者，老师则是道和人道的传授和教育者，人要学习道和人道，一个重要的途径就是要有“师法”。荀子说：“礼者，所以正身也；师者，所以正礼也。无礼何以正身？无师吾安知礼之为是也？礼然而然，则是情安礼也；师云而云，则是知若师也。情安礼，知若师，则是圣人也。故非礼，是无法也；非师，

---

① 《荀子·非相》亦载：“故曰：欲观圣王之迹，则于其粲然者矣，后王是也。彼后王者，天下之君也；舍后王而道上古，譬之是犹舍己之君，而事人之君也。故曰：欲观千岁，则数今日；欲知亿万，则审一二；欲知上世，则审周道；欲审周道，则审其人所贵君子。故曰：以近知远，以一知万，以微知明，此之谓也。”荀子还专门批评他称之为“妄人”的“古今异情说”：“夫妄人曰：‘古今异情，其所以治乱者异道。’而众人惑焉。彼众人者，愚而无说，陋而无度者也。其所见焉，犹可欺也，而况于千世之传也？妄人者，门庭之间，犹可诬欺也，而况于千世之上乎？圣人何以不可欺？曰：圣人者，以己度者也。故以人度人，以情度情，以类度类，以说度功，以道观尽，古今一度也。类不悖，虽久同理，故乡乎邪曲而不迷，观乎杂物而不惑，以此度之。五帝之外无传人，非无贤人也，久故也。五帝之中无传政，非无善政也，久故也。禹、汤有传政而不若周之察也，非无善政也，久故也。传者久则论略，近则论详，略则举大，详则举小。”

是无师也。不是师法而好自用，譬之是犹以盲辨色，以聋辨声也，舍乱妄无为也。故学也者，礼法也。夫师，以身为正仪而贵自安者也。《诗》云：'不识不知，顺帝之则。'此之谓也。"（《荀子·修身》）孔子重视"学"和"学问"，主张"博学于文"，不耻下问；荀子也重视学和学问，但强调师法，强调学习从具体的课程（"数"）开始最终达到对"真理"即"义"的把握。荀子反对陷于繁琐性的知识学习中，[①] 反对博杂的学习而无一贯之道。荀子主张学习和精神修炼，根本的目的是要求掌握普遍之道和大义。

"心灵"有掌握"道"和"人道"的能力，并不意味着它自然而然就能掌握道。要掌握道和人道，在荀子看来，需要人保持一种独特的"心灵状态"，这个状态他称之为"虚壹而静"。荀子没有假定"心灵是一块白板"，也没有设想清除"心灵"中所已经存在的各种东西。他所说的"心灵"的"虚"、"静"和"壹"状态，是相对于心灵的"藏"、"动"和"两"的状况的。"心灵"有知的能力就会有倾向和记忆，这是心灵的"藏"；心灵是不断活动的，而且在不同状态下心理的活动又非常不一样，如睡梦中的梦想和闲暇时的胡思乱想，这是心灵的"动"；心灵有认知不同事物的能力，它能够"兼知"各种事物，这是心灵的"两"。对于"心灵"的这种"藏"、"动"和"两"的状况，荀子不要求排除它们，他只是要求心灵还要有向"道"开放的可能和状态，这就是"虚心"、"静心"和"壹心"。"虚心"强调的是心灵不为已有的东西所限制，而能够向新的

① 《荀子·儒效》载："君子之所谓贤者，非能遍能人之所能之谓也；君子之所谓知者，非能遍知人之所知之谓也；君子之所谓辨者，非能遍辨人之所辨之谓也；君子之所谓察者，非能遍察人之所察之谓也，有所正矣。相高下，视墝肥，序五种，君子不如农人；通财货，相美恶，辩贵贱，君子不如贾人；设规矩，陈绳墨，便备用，君子不如工人。不恤是非、然不然之情，以相荐撙，以相耻怍，君子不若惠施、邓析也。若夫谪德而定次，量能而授官，使贤不肖皆得其位，能不能皆得其官，万物得其宜，事变得其应，慎、墨不得进其谈，惠施、邓析不敢窜其察，言必当理，事必当务，是然后君子之所长也。"

东西敞开；“静心”强调的是心灵不受各种杂念的纷扰，保持宁静和平静；“壹心”强调的是心灵的专一和专注，不被众多和杂多的事物所诱使。心灵达到了“虚”、“静”和“壹”的状态，它就像透亮的明镜或清澈的水一样能够清晰地显现出事物，荀子称之为“大清明”：“未得道而求道者，谓之虚壹而静。作之，则，将须道者之虚则人（入），将事道者之壹则尽，将思道者静则察。知道察，知道行，体道者也。虚壹而静，谓之大清明。”（《荀子·解蔽》）

荀子设想的心灵的“虚”、“静”和“壹”状态，总体上又可以统一到“专壹”上来。这是因为心灵达到了“专一”和“专心”，就能够不受各种杂念的纷扰而保持宁静，也能够不受其他的东西的妨碍而接受和认同“道”。事实上，在荀子的精神修炼中，心灵的“专壹”是关键性的，也是荀子所注重的。“心灵”的自主和独立，心灵的坚定意志，心灵能够成为“主导之心”，这都来自心灵的专一性修炼。荀子说：“心容其择也，无禁必自见；其物也杂博，其情之至也不贰。《诗》云：‘采采卷耳，不盈倾筐。嗟我怀人，寘彼周行。’倾筐易满也，卷耳易得也，然而不可以贰周行。故曰：心枝则无知，倾则不精，贰则疑惑。以赞稽之，万物可兼知也。身尽其故则美。类不可两也，故知者择一而壹焉。”（《荀子·解蔽》）这里，荀子强调的“壹”，同上面“虚”、“壹”和“静”的“壹”是一致的。从可能性上说，“心灵”能够认知和接受各种事物，况且事物本身也是“杂多”，但在认知和接受事物时，心灵要根据自己的见解进行取舍；事物虽然杂多，但有了精诚（“精”）之心，它面对众多的事物时就不会左右摇摆（“不贰”）。荀子引用《诗经》中的“采采卷耳”的例子，强调即使是做最简单的事情，如果不专心也不会有效果。荀子说的“心枝则无知，倾则不精，贰则疑惑”，揭示了心灵不“专一”和“专注”的问题。

事物以类相区别，人们不可能同时从事两种不同的事物而均能有所成就，明智的做法是选择其一而“专壹”为之。荀子劝勉人们努力和勤奋学习，但学习不是漫无边际地到处花费自己的精力，学习的根本方法是将自己的“心志”和“精力”始终坚守在一个方向上。我们可以再看看《劝学》篇中这一通俗的道理：“积土成山，风雨兴焉；积水成渊，蛟龙生焉；积善成德，而神明自得，圣心备焉。……是故无冥冥之志者，无昭昭之明；无惛惛之事者，无赫赫之功。行衢道者不至，事两君者不容。目不能两视而明，耳不能两听而聪。螣蛇无足而飞，梧鼠五技而穷。《诗》曰：‘尸鸠在桑，其子七兮。淑人君子，其仪一兮。其仪一兮，心如结兮。’故君子结于一也。”这些例子表明，不管是什么事物，只要进行不间断的连续性积累，都会产生出惊人的结果。“不断地积累”所需要的就是“专心”和“专壹”。各种不同事物的特性，往往也是专一积累的结果。

人的心灵能够广泛地认知万物，同时又容易受到万物的诱惑而被左右，只有“心灵”保持“专壹”，才能超越事物的制约。儒家的“贤人”统治理念，是一种表率和“父母”政治，也是一种“日理万机”的能力政治；墨家坚持以自苦为极的自我劳动精神，大禹为他们树立一个极好的榜样。但道家和道法家则坚持不干涉的“无为”政治，认为君主是可以安逸的。荀子引入了“垂拱无为”的统治术，按照这种统治术，君王不要过问各种具体的事务，而只需掌握相应于君王统治的根本之道。“君王”的职分就是他自己的“一”。这个“一”同样容易受到其他事物的干扰，但明智的君王懂得这个“一”的不稳定（“危”）和“微妙”，因此他能谨慎地对待这个“一”，坚守微妙的“一”，以成就他的伟大政治志向。《荀子·解蔽》论述说：“昔者舜之治天下也，不以事诏而万物成。处一危之，其荣满侧。养一之微，荣矣而未知。故《道经》曰：‘人心之危，道心之微。’危微之几，惟明君子而后能知之。故人心譬如槃水，正错而勿动，则湛浊在下而清明在上，则足以见鬒眉而察理矣。微风过之，湛浊动乎下清明乱于上，则不可以得大形之正也。心亦如是矣。故导之以理，养之以清，物莫之倾，则足以定是非决嫌疑矣。小物引之，则其正外易，其心内倾，则不足以决庶理矣。故好书者众矣，而仓颉独传者，壹也；好稼者众矣，而后稷独传者，壹也。好乐者众矣，而夔独传者，壹也；好义者众矣，而舜独传者，壹也。倕作弓，浮游作矢，而羿精于射；奚仲作车，乘杜作乘马，而造父精于御。自古及今，未尝有两而能精者也。曾子曰：‘是其庭可以搏鼠，恶能与我歌矣！’”为了帮助理解这段话，我们还可以看一下《荀子·尧问》篇开头的记载：“尧问于舜曰：‘我欲致天下，为之奈何?’对曰：‘执一无失，行微无怠，忠信无倦，而天下自来。执一如天地，行微如日月，忠诚盛于内，贲于外，形于四海，天下其在一隅邪！夫有何足致也！’”①

在这里，我们又看到荀子对“壹”的关注。“专壹”之“壹”同多中之“一”、“贰”和“两”是相对的，我们应该再适当注意一下。在万物之中，每一物都是“一”，人们专注从事一种事物就能精通那一种事物并达到出神入化的境界，这就是“专壹”的效果。在荀子看来，别说是分心于“多”，就是分心于“两”（或“贰”）也难以“精通”。要成就自我人格，要治理国家天下，同样要坚守于“一”，要“专壹”于“一”，要使自己的“心灵”像一个结一样牢牢地缠绕。在押韵的《成相》篇中，荀子告诉我们说：“凡成相，辨法方，至治之极复后王。……治复一，修之吉，君子执之心如结，众人贰之，谗夫弃之形是诘。水至平，端不倾，心术如此象圣人。……处之敦固，有深藏之能远思。思乃精，志之荣，好而壹之神以成。精神相反，一而不贰为圣人。”作为“大人”、“君子”坚持修炼的“一”和“专壹”的“一”，在荀子那里是“道”。但

① 也正是在这种意义上，荀子认为君王又是非常清闲和安逸的：“故治国有道，人主有职。若夫贯日而治详，一日而曲列之，是所使夫百吏官人为也，不足以是伤游玩安燕之乐。若夫论一相以兼率之，使臣下百吏莫不宿道乡方而务，是夫人主之职也。若是则一天下，名配尧、禹。之主者，守至约而详，事至佚而功，垂衣裳，不下簟席之上，而海内之人莫不愿得以为帝王。夫是之谓至约，乐莫大焉。”（《荀子·王霸》）

“道”不是普通的“一”，“专壹”于“道”也不是一般的“专心”，因为“道”能兼通万物、兼治万物，正如荀子所说的“故君子壹于道而以赞稽物。壹于道则正，以赞稽物则察，以正志行察论，则万物官矣”那样，“专壹”于“道”而获得的精神修炼和自我心灵，则是最高的“神通”和“神明”。从时间上说，“专壹”的修炼和学习是一个过程，这个过程不管多么漫长也不能间断，在荀子看来，这不仅是一个成功与否的问题，而且还是一个做人还是沦为禽兽的问题：“学恶乎始？恶乎终？曰：其数则始乎诵经，终乎读礼；其义则始乎为士，终乎为圣人。真积力久则入，学至乎没而后止也。故学数有终，若其义则不可须臾舍也。为之，人也；舍之，禽兽也。”（《荀子·劝学》）在时间过程中的“真积力”，就是在心灵中不断积累和奠定“善”和“仁义”，这仍然是义无反顾地坚持“一”：“伦类不通，仁义不一，不足谓善学。学也者，固学一之也。一出焉，一入焉，涂巷之人也；其善者少，不善者多，桀、纣、盗跖也；全之尽之，然后学者也。”（《荀子·劝学》）

孟子告诉我们，修炼心灵没有比减少自己的欲望更好的方法了，但荀子则告诉我们，修炼心灵没有比“真诚”更好的途径。《荀子·不苟》载：“君子养心莫善于诚，致诚则无它事矣，惟仁之为守，惟义之为行。诚心守仁则形，形则神，神则能化矣。诚心行义则理，理则明，明则能变矣。变化代兴，谓之天德。”“诚”是被《中庸》高度哲学化和道德化的观念，孟子也重视“诚”。荀子说培养心灵的最好方法是“诚”，是说要用一颗“真诚”、“诚实”的“心”去“守仁”、“行义”。“真诚”和“诚实”不是孤立的心灵状态，它要在人的言行、对待事物的方式和态度中具体体现出来。当我们说一个人真诚和诚实的时候，这总意味着他的言行赢得了人们的信任。在荀子那里，“诚”既体现为真心实意地奉行“仁义”道德，也体现为在不同的关系中以自己的真诚赢得信赖：“天地为大矣，不诚则不能化万物；圣人为知矣，不诚则不能化万民；父子为亲矣，不诚则疏；君上为尊矣，不诚则卑。夫诚者，君子之所守也，而政事之本也，惟所居以其类至。”(《荀子·不苟》）荀子以“诚”养心，同“慎独”和“独”有密切关系。荀子说：“天不言而人推高焉，地不言而人推厚焉，四时不言而百姓期焉。夫此有常，以至其诚者也。君子至德，嘿然而喻，未施而亲，不怒而威，夫此顺命，以慎其独者也。善之为道者，不诚则不独，不独则不形，不形则虽作于心，见于色，出于言，民犹若未从也；虽从必疑。”“慎其独”的说法，首先出现在《礼记》(《大学》、《中庸》和《礼器》）中，又出现在简帛《五行》篇中。郑玄解释《礼记》的“慎独”为谨慎自己的独居。[①] 沿袭这种思路，杨倞解释说：“慎其独，谓戒慎乎其所不睹，恐惧乎其所不闻。”但正如清人恰当指出的那样，荀子的“慎其独”当是“诚其身”，亦可说是“诚其己”，即使自己达到真诚。[②] 问题是荀子所说的“善之为道者，不诚则不独，不独则不形”应如何理解。注解者一般将之同“慎其独”联系起来，将这里的“诚”与“独”的关系看成是“诚”与“慎独”的关系，但实际上恐非如此。“不诚不独”的“独”，当是“独一”，亦即“专壹”。俞樾说：“上文云：‘致诚则无它事矣，惟仁之为守，惟义之为行’。所谓独者，即无它事之谓。惟仁、惟义，故无它事，无它事是谓独。故曰：‘不诚则不独，不独则不形’。言不能诚实则不能专一于内，不能专一则不能形见于外。”[③] 由此，我们才容易理解荀子下文所说：“惟所居以其类至。操之则得之，舍之则失之。操而得之则轻，轻则独行，独行而不舍，则济矣。济而材尽，长迁而不反其初则化矣。”这里的“所居”、“操”、“不舍”和“长迁”，都可以从坚持不懈的“专壹”上来理解。坚持不放弃就会有所得，有所得就变得“轻便”、“轻

① 但这种解释是有问题的。参阅笔者的《儒家的“慎独论”与“为己之学”及其“公关关怀”》，载《儒林》总第3辑，济南，山东大学出版社，2006。

② 参阅王先谦的《荀子集解》(上)，46—47页，北京，中华书局，1997。

③ 同上书，第47页。

松”；“轻便”、“轻松”就能“独行”（“一行”）；独行不断，就会成功。这是从“真诚”又回到了“专壹”和“独行”上。

在荀子那里，“心灵”确实容易产生不同的不良倾向和状态，这些不良倾向和状态要通过修炼加以调节和完善。分开来看，荀子说：“治气养心之术：血气刚强，则柔之以调和；知虑渐深，则一之以易良；勇胆猛戾，则辅之以道顺；齐给便利，则节之以动止；狭隘褊小，则廓之以广大；卑湿、重迟、贪利，则抗之以高志；庸众驽散，则劫之以师友；怠慢僄弃，则照之以祸灾；愚款端悫，则合之以礼乐，通之以思索。”（《荀子·修身》）但统一起来看，精神修炼仍然是通过礼，通过老师，坚持“一好”来建立自己的道德自我：“凡治气养心之术，莫径由礼，莫要得师，莫神一好。夫是之谓治气养心之术也。”（《荀子·修身》）总而言之，荀子的“养心术”，根本上是一种“道德专心术”，即坚持不懈地化客观之道和礼为自己心灵的主导。荀子希望通过“专心”使自己的意志坚定不移，建立起自己的道德理性。这种化客观之道为“道德自我”超越性境界，在荀子那里也非常理想：“君子知夫不全不粹之不足以为美也，故诵数以贯之，思索以通之，为其人以处之，除其害者以持养之。使目非是无欲见也，使口非是无欲言也，使心非是无欲虑也。及至其致好之也，目好之五色，耳好之五声，口好之五味，心利之有天下。是故权利不能倾也，群众不能移也，天下不能荡也。生乎由是，死乎由是，夫是之谓德操。德操然后能定，能定然后能应。能定能应，夫是之谓成人。天见其明，地见其光，君子贵其全也。”（《荀子·劝学》）

三、“心灵”对“性情”的转化：化“自然”为“人为”

一些道德论者，喜欢假定人先天的“道德感”和“同情心”，其典型形态是大家熟知的很早孟子就提出的“人性善”，说人天生具有向善的倾向,[①] 后天要做的是如何保持和扩充它，孟子称之为“尽心”。但荀子提出了相反的假定，说“人性”任其它的天然倾向就会产生恶，解决的办法是将自然之性化为社会存在。在这一过程中，“心灵”也扮演着重要的角色。但荀子的“心灵”也是后天修炼的结果，这是我们上面集中讨论的问题，现在我们要集中讨论的是，荀子所说的“心灵”如何指导和转化人的自然“性情”。这是一种简化的说法，因为荀子建立“道德自我”的精神修炼，同时也离不开心灵对自然人性的调节。只是，我们现在侧重于道德自我和精神理性对人的自然性情的积极主动的引导和转化。

显然,“心灵”同人的感觉系统是密切相联的，心灵时时刻刻都会感受到“感觉”的要求，即荀子所说的“情”的要求，它处在“情”的包围之中而又要不断地安抚和引导“性情”的各种冲动。弗洛伊德（S. Freud）将人格分为本能性的“本我”(id)、知觉性的“自我”(ego）和精神性的“超我”(superego)。[②]“自我”代表了心理和常识性的我，它借助于知觉的作用引导“本能”的实现:“自我是通过知觉意识中的中介而为外部世界的直接影响所改变的本我的一个部分；在某种意义上它是表面分化的扩展。而且，自我企图用外部世界的影响对本我和它的趋向施加压力，努力用现实原则代替在本我中自由地占支配地位的快乐原则。知觉在自我中所起的作用，在本我中由本能来承担。自我代表可以称作理性和常识的东西，它们与含有感情的本我形成对比。”[③]“超我”代表着人的道德化和

---

① 这一问题，现在变成了从“基因”中寻找人们道德良知和为他人的牺牲精神的根据。相反，人们也从基因中寻找人们犯罪的生物学根源。

② 人们指责弗洛伊德的“精神分析”哲学，说他遗忘了人类的道德和伦理意识。晚年的弗洛伊德也许意识到他应该对人的道德和伦理有所论及，而不让人始终觉得他除了用“利比多”之外没有别的解释方法。

③ ［奥地利］弗洛伊德:《自我与本我》，见《弗洛伊德后期著作选》，林尘、张唤民等译，上海译文出版社，2005。

理想性的东西，它是通过将道德规范和社会价值观念内化为自己的一部分而形成的。讨论道德发展心理学的学者们也注意到了弗洛伊德的说法，将之作为有关道德发展和成长的学说之一。克拉夫特（William F. Kraft）介绍说：“用精神分析的语言来说，当无自我（ego）或超我（superego）的控制时，人们可能盲目地驱动自己去得到满足。当没有自我的思考，超我的引导及自身（self）自尊时，躯体便变得冲动和自私。人可能急迫地寻求立即的缓解，也可能盲目地利用任何东西或任何人来达到愉快。极而言之，这种躯体存在是排斥他人的，因为一个人的行为只是为了自己的满足。尽管躯体是人在世界上的停泊处，动机处和表现之地，但躯体要有自我和超我才能成为全人。”① 在弗洛伊德那里，本我始终是强烈的冲动，它总是吵着要“得到能得到的东西”，但它如果毫无顾忌，势必与其他个体之间的同样举动产生冲突，“自我”特别是“超我”就是用来驯服和驾驭倔强的本能的。荀子的“性情”和“欲求”的“我”，类似于弗洛伊德所说的“本我”，其“心灵自我”则包括了弗洛伊德所说的“自我”和“超我”两方面。但荀子的道德和理性的我，并不是感觉和“人情”的粗暴压制者，它只是将之纳入到心灵的管辖范围内，使之得到合理的表现。荀子之所以重视精神修炼（“心术”），就是因为我们需要一个能够驾驭我们性情本我的道德意志，使之处在它的轨道之内。

心灵是性情的引导者而不是压制者，这涉及到荀子对“性情”独特的看法和态度。在荀子那里，性、情和欲是人先天禀赋的不同侧面：“性者，天之就也；情者，性之质也；欲者，情之应也。以所欲为可得而求之，情之所必不免也。”（《荀子·正名》）荀子所说的人性、人情和人欲，就是我们已经说到的人的“本能”，它是人生中最基本的冲

---

① 马克林（G. F. Mclean）、诺尔士（R. T. Knowles）编：《道德发展心理学》，26页，方能御译，台北，商务印书馆，1993。

动。整体上看，荀子并不主张减少人的欲望。在这一点上，他同主张“无欲”的老子或广义的禁欲主义者分道扬镳，[①] 也同主张“寡欲”的孟子和宋荣子分庭抗礼，又同墨子的“节用”和“非乐”不相容。《荀子·正论》载：“子宋子曰：‘人之情欲寡，而皆以己之情为欲多，是过也。’故率其群徒，辨其谈说，明其譬称，将使人知情之欲寡也。应之曰：然则亦以人之情为目不欲綦色，耳不欲綦声，口不欲綦味，鼻不欲綦臭，形不欲綦佚。此五綦者，亦以人之情为不欲乎？曰：‘人之情，欲是已。’曰：若是，则说必不行矣。以人之情为欲，此五綦者而不欲多，譬之，是犹以人之情为欲富贵而不欲货也，好美而恶西施也。古之人为之不然。以人之情为欲多而不欲寡，故赏以富厚而罚以杀损也。是百王之所同也。故上贤禄天下，次贤禄一国，下贤禄田邑，愿悫之民完衣食。今子宋子以是之情为欲寡而不欲多也，然则先王以人之所不欲者赏，而以人之欲者罚邪？乱莫大焉。今子宋子严然而好说，聚人徒，立师学，成文典，然而说不免于以至治为至乱也，岂不过甚矣哉！”荀子告诉我们说，有欲与无欲就像生死一样是不同的，它与国家的治与乱没有关系；欲望的多与少，也是不同的，它是人性的自然表现，也同国家的治、乱无关。荀子说，这种学说无法引导人们合理地去满足欲望，反而会被“有欲”和“多欲”所困扰。[②] 墨子以自苦为极而利天的精神令人尊敬，荀子大概也承认墨子及其子弟吃苦精神的感人性，但他坚持认为墨子的“节用”和“非乐”主张是不可取的，这不仅是因为这种主张不合人情，而且是因为这种主张忽视了天下之物的丰富性和广泛利用的可能性。《荀子·富国》载：“墨子之言昭昭然为天下忧不足，夫不足，非天下之公患也，特墨子

---

① 《荀子·非十二子》批评陈仲、史鳅是“忍情性，綦溪利跂，苟以分异人为高，不足以合大众，明大分”。按照这个批评，陈仲、史鳅类似于禁欲主义者。

② 《荀子·正名》载：“凡语治而待无欲者，无以道欲而困于有欲者也；凡语治而待寡欲者，无以节欲而困于多欲者也。有欲无欲，异类也，生死也，非治乱也。欲之多寡，异类也，情之数也，非治乱也。”

之私忧过计也，今是土之生五谷也，人善治之，则亩数盆，一岁而再获之，然后瓜桃枣李一本数以盆鼓，然后荤菜百疏以泽量，然后六畜禽兽一而，车，鼋鼍，鱼鳖，鳅鳣以时别。一而成群，然后飞鸟、凫雁若烟海，然后昆虫万物生其间，可以相食养者，不可胜数也。夫天地之生万物也，固有余足以食人矣。麻葛、茧丝、鸟兽之羽毛齿革也，固有余足以衣人矣。夫有余不足，非天下之公患也，特墨子之私忧过计也。”

荀子批评“无欲”和“寡欲”，并不意味着他就主张“纵欲”，我们知道他在《非十二子》中也批评过纵欲主义者它嚣、魏牟的“纵情性，安恣睢”的片面学说。与庄子和孟子赞赏人的“自然性”不同，荀子没有美化人的“自然性”的倾向，在他看来“人情”也不美的。荀子接近于欧洲基督教的传统，按照这个传统，人是有原罪的，这个“原罪”成了人自我救赎的前提。在荀子那里，人的自然情性原是带着走向恶的趋势的，这个“性情”是人要成为“社会人”的前提。黑格尔（G. W. F. Hegel）批评美化自然人性的观点，认为精神起于对于恶的反思和超越。他说：“教会上有一熟知的信条，认为人的本性是恶的，并称本性之恶为原始的罪恶。依这个说法，我们必须放弃一种肤浅的观念，即认为原始罪恶只是基于最初的人的一种偶然行为。其实由精神的概念即可表明本性是恶的，我们无法想象除认人性为恶之外尚有别种看法。只要就人作为自然的人，就人的行为作为自然的人的行为来说，他所有的一切活动，都是他所不应有的。精神却正与自然相反，精神应是自由的，它是通过自己本身而成为它自己所应该那样。自然对人来说只是人应当加以改造的出发点。”① 同样，荀子也认为自然性情是必须加以改造的对象，而“心灵”就是性情的改造者。但它不是禁止欲望，而是让其合理表现，即通过“道德自我”（即“道德心”）和“礼”来调节

① ［德］黑格尔：《小逻辑》，贺麟译，91—92 页，北京，商务印书馆，1981。

人的欲望。

相对于人的欲望的无穷性来说，物质和生活资料总是匮乏和不足的。墨子试图通过“节用”来解决物质的不足，荀子则是希望通过广泛的开发来增加物质生活的数量；墨子关心的是“节流”，荀子关注的是“开源”；墨子关注的是人人都享受一样的最低限度的消费，荀子关注的是欲望的尽量满足。荀子说：“天下之公患，乱伤之也，胡不尝试相与求乱之者谁也？我以墨子之‘非乐’也，则使天下乱，墨子之‘节用’也，则使天下贫，非将堕之也，说不免焉。墨子大有天下，小有一国，将蹙然衣粗，食恶，忧戚而非乐，若是则瘠，瘠则不足欲，不足欲则赏不行，墨子大有天下，小有一国，将少人徒，省官职，上功劳苦，与百姓均事业，齐功劳，若是，则不威，不威，则赏罚不行，赏不行，则贤者不可得而进也；罚不行，则不肖者不可得而退也。贤者不可得而进也，不肖不可得而退也，则能不能不可得而官也。若是，则万物失宜，事变失应，上失天时，下失地利，中失人和，天下敖然，若烧若焦，墨子虽为之衣褐带索，啜菽饮水，恶能足之乎，既以伐其本，竭其原，而焦天下矣。……故墨术诚行，则天下尚俭而弥贫，非斗而日争，劳苦顿屯萃而愈无功，愀然忧戚非乐而日不和。”（《荀子·富国》）荀子也很明白，不管如何创造物质生活条件，都不可能让人人都完全满足需求。因此，为了保证社会秩序，保证人的欲望都能够得到一定程度的满足，避免社会陷于生存竞争和弱肉强食的自然状态中，就需要用“道”和“礼”去转化人的“自然性”。

通过精神修炼而建立起来的道德自我和道德理性（“心灵”），是人的自然欲望满足的合理尺度和准绳。按照这个尺度，人自动地调节他的欲望，使他的欲望的满足程度既不过分亦无所不及。荀子的说法非常理性：“欲不待可得，而求者从所可。欲不待可得，所受乎天也；求者从所可，［所］受乎心也。所受乎天之一欲，制于所受乎心之多，固难类所受乎天也。人之所欲，生甚矣；人之所恶，死甚矣；然而人有从生成死者，非不欲生而欲死也，不可以生而可以死也。故欲过之而动不及，心止之也。心之所可中理，则欲虽多，奚伤于治！欲不及而动过之，心使之也。心之所可失理，则欲虽寡，奚止于乱！故治乱在于心之所可，亡于情之所欲。不求之其所在，而求之其所亡，虽曰我得之，失之矣。”（《荀子·正名》）据此，“欲望”的过和不及，都能够通过“心”得到合理的调节；欲望的可与不可，也能够通过“心”来合理地定夺：“心之所可中理，则欲虽多，奚伤于治？心之所可失理，则欲虽寡，奚止于乱？故治乱在于心之所可，亡于情之所欲。”（《荀子·正名》）

“心”是用客观化的“道”和“礼”武装起来的，以“心”作为衡量“性情”的标准，也是用“道”去指导人的“性情”。《荀子·正名》载：“凡人莫不从其所可，而去其所不可。知道之莫之若也，而不从道者，无之有也。假之有人而欲南无多；而恶北无寡，岂为夫南者之不可尽也，离南行而北走也哉！今人所欲无多；所恶无寡，岂为夫所欲之不可尽也，离得欲之道而取所恶也哉！故可道而从之，奚以损之而乱！不可道而离之，奚以益之而治！故知者论道而已矣，小家珍说之所愿皆衰矣。”对荀子来说，“性情”满足主要不是程度上的多少问题，而是表现得合理与否的问题。对于天子来说，他的“性情”表现同样不可穷尽，但由于他是国家的最高统治者，他能够享受很多的物质条件和生活资料，他几乎可以穷尽他的愿望：“虽为天子，欲不可尽。欲虽不可尽，可以近尽也。”（《荀子·正名》）荀子为天子的高度的生活享受找到了很好的根据，如果天子也过一种艰苦的生活，那不仅失去了天子的尊严，也失去了天子的情趣。荀子说：“故先王圣人为之不然。知夫为人主上者，不美不饰之不足以一民也，不富不厚之不足以管下也，不威不强之不足以禁暴胜悍。故必将撞大钟，击鸣鼓，吹竽笙，弹琴瑟以塞其耳；必将雕琢、刻镂、黼黻、文章以塞其目；必将刍豢稻粱，五味芬芳以塞其口。然后众人徒，备官职，渐庆赏，严刑罚以戒其心。使天下生民之属皆知，已之所愿欲之举在于是也，故其赏行；皆知己之所畏恐之举在于是也，故其罚威。”（《荀子·富国》）① 在荀子看来，天子充分的“性情”满足，是合乎道的。同样，百官和庶人的性情满足也要以道为标准。只是，这个标准按照级别越来越低，人们的性情满足自然也越来越少。荀子说：“欲虽不可去，求可节也。所欲虽不可尽，求者犹近尽；欲虽不可去，所求不得，虑者欲节求也。道者，进则近尽，退则节求，天下莫之若也。……凡人之取也，所欲未尝粹而来也；其去也，所恶未尝粹而往也。故人无（按：此字衍）动而不可以不与权俱。……易者，以一易一，人曰无得亦无丧也。以一易两，人曰无丧而有得也。以两易一，人曰无得而有丧也。计者取所多，谋者从所可。以两易一，人莫之为，明其数也。从道而出，犹以一易两也，奚丧！离道而内自择，是犹以两易一也，奚得！其累百年之欲，易一时之嫌，然且为之，不明其数也。”（《荀子·正名》）

客观性的“道”在荀子那里又主要是通过“礼”的规范来体现的，因此，用道去衡量人的性情满足是否合理和正当，具体来说就是按照“礼”的标准去衡量其合理性。儒家的“礼”容易给人一种压抑“人性”的印象。有趣的是，荀子声称“礼”是用来让人得到各自相应的“生养”的，这是“礼”被创造出来的动机。在荀子看来，每个人如果都无所限制地去追求自己的性情满足，就会产生争夺和混乱。以区分上下、尊卑、贵贱等为主要特质的“礼”，就是让人根据各自的社会地位和身份，分别获得不同的生活资料和物质条件。《荀子·礼论》载：“礼起于何也？曰：人生而有欲，欲而不得，

---

① 《荀子·富国》又载：“若夫重色而衣之，重味而食之，重财物而制之，合天下而君之，非特以为淫泰也，固以为（王）［一］，天下，治万变，材万物，养万民，兼制天下者。为莫若仁人之善也夫，故其知虑足以治之，其仁厚足以安之，其德音足以化之。得之则治，失之则乱。百姓诚赖其知也，故相率而为之劳苦以务佚之，以养其知也；诚美其厚也，故为之出死断亡以覆救之，以养其厚也，诚美其德也，故为之雕琢、刻镂，黼黻、文章以藩饰之，以养其德也。故仁人在上，百姓贵之如帝，亲之如父母，为之出死断亡而［不］愉者，无它故焉。其所是焉诚美，其所得焉诚大，其所利焉诚多。《诗》曰：‘我任我辇，我车我牛，我行既集，盖云归哉。’此之谓也。”

则不能无求。求而无度量分界，则不能不争；争则乱，乱则穷。先王恶其乱也，故制礼义以分之，以养人之欲，给人之求。使欲必不穷乎物，物必不屈于欲。两者相持而长，是礼之所起也。故礼者养也。刍豢稻粱，五味调香，所以养口也；椒兰芬苾，所以养鼻也；雕琢、刻镂、黼黻、文章，所以养目也；钟鼓、管磬、琴瑟、竽笙，所以养耳也；疏房、檖貌、越席、床笫、几筵，所以养体也。故礼者养也。君子既得其养，又好其别。曷谓别？曰：贵贱有等，长幼有差，贫富轻重皆有称者也。……孰知夫出死要节之所以养生也！孰知夫出费用之所以养财也！孰知夫恭敬辞让之所以养安也！孰知夫礼义文理之所以养情也！故人苟生之为见，若者必死；苟利之为见，若者必害；苟怠惰偷懦之为安，若者必危；苟情说之为乐，若者必灭。故人一之于礼义，则两得之矣；一之于情性，则两丧之矣。故儒者将使人两得之者也，墨者将使人两丧之者也，是儒墨之分也。”① 从制度上说，“礼”是按照“区分”的规范来分配物质条件和生活资料，这是一种对不同阶层有不同待遇的分配规范；从目标上说，礼是为了避免社会的纷争和混乱，为了形成秩序和“合群”。《荀子·富国》载：“人之生，不能无群，群而无分则争。争则乱，乱则穷矣。故无分者，人之大害也；有分者，天下之本利也。而人君者，所以管分之枢要也。故美之者，是美天下之本也；安之者，

① 《荀子·富国》亦说：“万物同宇而异体，无宜而有用为人，数也。人伦并处，同求而异道，同欲而异知，生也。皆有可也，知愚同；所可异也，知愚分。势同而知异，行私而无祸，纵欲而不穷，则民心奋而不可说也。如是，则知者未得治也；知者未得治，则功名未成也；功名未成，则群众未县也；群众未县，则君臣未立也。无君以制臣，无上以制下，天下害生纵欲。欲恶同物，欲多而物寡，寡则必争矣。故百技所成，所以养一人也。而能不能兼技，人不能兼官。离居不相待则穷，群而无分则争；穷者患也，争者祸也；救患除祸，则莫若明分使群矣。强胁弱也，知惧愚也，民下违上，少陵长，不以德为政，如是，则老弱有失养之忧，而壮者有分争之祸矣。事业所恶也，功利所好也，职业无分，如是，则人有树事之患，而有争功之祸矣。男女之合，夫妇之分，婚姻娉内送逆无礼，如是，则人有失合之忧，而有争色之祸矣。故知者为之分也。”

是安天下之本也；贵之者，是贵天下之本也。古者先王分割而等异之也，故使或美或恶，或厚或薄，或佚或乐，或劬或劳，非特以为淫泰夸丽之声，将以明仁之文，通仁之顺也，故为之雕琢、刻镂、黼黻、文章，使足以辨贵贱而已，不求其观；为之钟鼓、管磬、琴瑟、竽笙，使足以辨吉凶，合欢定和而已，不求其余；为之宫室台榭，使足以避燥湿，养德，辨轻重而已，不求其外。”按照荀子的“礼”的“生养”模式，不同阶层的人都可以满足自己的性情。由于“道”和“礼”是被内化到“自我”心灵之中的，它是人的道德理性，也是人的道德意志，它对于人的性情完全是自主的，这种自主性具有不被“物”所左右和控制的力量。荀子说：“有尝试深观其隐而难其察者。志轻理而不重物者，无之有也；外重物而不内忧者，无之有也。行离理而不外危者，无之有也。外危而不内恐者，无之有也。心忧恐则口衔刍豢而不知其味，耳听钟鼓而不知其声，目视黼黻而不知其状，轻暖平簟而体不知其安。故向万物之美而不能嗛也，假而得问而嗛之、则不能离也。故向万物之美而盛忧，兼万物之利而盛害，如此者，其求物也，养生也？粥寿也？故欲养其欲而纵其情，欲养其性而危其形，欲养其乐而攻其心，欲养其名而乱其行。如此者，虽封侯称君，其与夫盗无以异；乘轩戴冕，其与无足无以异。夫是之谓以己为物役矣！”（《荀子·正名》）达到和实现了“心”的主导性，他对外在之物就具有了超然和坦然的境界，不管外在的条件如何，他都能够感到满足和自适：“心平愉则色不及佣而可以养目，声不及佣而可以养耳，蔬食菜羹而可以养口，粗布之衣、粗紃之履而可以养体，局室芦帘、葭稿蓐、尚机筵而可以养形。故无万物之美而可以养乐，无势列之位而可以养名。如是而加天下焉，其为天下多，其和乐少矣，夫是之谓重己役物。”更进一步的结果是，在理性的选择之下，欲望的适当满足变成了如何控制自己的欲望。《荀子·荣辱》载：“人之情，食欲有刍豢，衣欲有文绣，行欲有舆马，又欲夫余财蓄积之富也；然而穷年累世不知不足，是人之情也。今人之生也，方知畜鸡狗猪彘，又蓄牛羊，然而食不敢有酒肉；余刀布，有囷窌，然而衣不敢有丝帛；约者有筐箧之藏，然而行不敢有舆马。是何也？非不欲也，几不长虑顾后，而恐无以继之故也？于是又节用御欲，收敛蓄藏以继之也。是于己长虑顾后，几不甚善矣哉！”

荀子特别强调的是，“心”对“性情”的调节、引导和主导要成为稳定的社会生活习惯，靠偶然性的一些行为是无法实现的，人们需要通过反复和积累以使行为定型，就像我们掌握一种技艺要通过反复练习以使动作定型一样。荀子的哲学，整体上可以看成是一种社会哲学，它的核心是如何使人的“自然性”成为“社会性”，用荀子的说法就是“化性起伪”。对荀子来说，自然的人性是有待加工的材料，通过人为的加工它才能成为一个好的器具。对于后天道德发生论者来说，道德是社会“习得”的，[①] 它是经过不断的社会学习获得的素质。荀子的“道德自我”无疑也是“习得”的，一方面，它是模仿、效法道德的楷模圣王和老师。《荀子·儒效》载：“人无师法，则隆性矣；有师法，则隆积矣。而师法者，所得乎积，非所受乎性。性不足以独立而治。性也者，吾所不能为也，然而可化也。情也者，非吾所有也，然而可为也。注错习俗，所以化性也；并一而不二，所以成积也。习俗移志，安久移质。并一而不二，则通于神明，参于天地矣。”另一面，它学习道和礼，使之化为内心的精神理性。这都需要坚持不懈。《尚书·太甲上》载：“兹乃不义，习与性成。”按孔子的说法是“习相远”。如果说后天不好的言行可以成为习惯或人的第二天性，那么好的言行自然也能够成为人的习惯和第二天性。[②]荀子也是这样说的：“故积土而为山，积水而为海，

① 有关道德习得问题，参阅马克林（G. F. Mclean）、诺尔士（R. T. Knowles）编：《道德发展心理学》，190—217 页，方能御译，台北，商务印书馆，2000。

② 有关道德习惯，参阅潘小慧教授的《德行与伦理——多玛斯的德行伦理学》，载《哲学与文化》，2004 年总第 358 期。

旦暮积谓之岁，至高谓之天，至下谓之地，宇中六指谓之极，涂之人百姓，积善而全尽，谓之圣人。彼求之而后得，为之而后成，积之而后高，尽之而后圣，故圣人也者，人之所积也。人积耨耕而为农夫，积斲削而为工匠，积反货而为商贾，积礼义而为君子。工匠之子，莫不继事，而都国之民安习其服，居楚而楚，居越而越，居夏而夏，是非天性也，积靡使然也。故人知谨注错，慎习俗，大积靡，则为君子矣。纵情性而不足问学，则为小人矣；为君子则常安荣矣，为小人则常危辱矣。凡人莫不欲安荣而恶危辱，故惟君子为能得其所好，小人则日徼其所恶。”（《荀子·儒效》）荀子需要的是人的道德习惯和社会性，他相信这都可以通过“学习”和修炼来获得。《荀子·正名》载：“生之所以然者谓之性；性之和所生，精合感应，不事而自然谓之性。性之好、恶、喜、怒、哀、乐谓之情。情然而心为之择谓之虑。心虑而能为之动谓之伪；虑积焉，能习焉，而后成谓之伪。”理性选择即“心虑”，也可以成为习惯并定型下来。始于人的精神修炼，终于人的精神修炼，根本问题是化“客观之道”为“道德自我”，并通过道德自我来调节人的性情，以建立起社会秩序和道德价值理想。

论《太一生水》与《老子》当为二书

李若晖

郭店竹书中的《太一生水》，其“竹简两端平齐，简长二六·五厘米，上下两道编线的间距为一〇·八厘米。其形制及书体均与《老子》丙相同，原来可能与《老子》丙合编一册。”①

由此，在学界引发了《太一生水》是否为古本《老子》的一部分的争论。②

---

① 荆门市博物馆：《郭店楚墓竹简》，125页，北京，文物出版社，1998。

② 参见崔仁义：《荆门郭店楚简老子研究》，36页，北京，科学出版社，1998；李存山：《从郭店楚简看早期儒道关系》，载姜广辉主编：《郭店楚简研究》，为《中国哲学》第二十辑，196—199页，沈阳，辽宁教育出版社，1999；侯才：《郭店楚墓竹简老子校读》（序），19页，大连，大连出版社，1999；陈伟：《太一生水校读并论与老子的关系》，载安徽大学古文字研究室编：《古文字研究》，第二十二辑，227—231页，北京，中华书局，2000；邹安华：《楚简与帛书老子》，1—10页，北京，民族出版社，2000；李颖、姚小鸥：《出土文献与史记老子列传》，载姚小鸥主编：《出土文献与中国文学研究》，113页，北京，北京广播学院出版社，2000；何新：《古本老子“道德经”新解》，75—76页、82—84页，北京，时事出版社，2002；李尔重：《〈老子〉研究新编》，3—17页，武汉，华中科技大学出版社，2003。

《郭店楚墓竹简》一书初稿曾经裘锡圭先生审定。承裘先生告知，该书初稿乃是以《老子》三篇与《太一生水》合编为一书，以现今编序的《老子》甲本第八简为全书的第一简，并取该简分章符号上的两字“事好”为其书命名。荆门的邹安华先生还指责现在的编排：“令人不解的是《郭店楚墓竹简》不知为何故，将《太一生水》篇单独立篇，并未归入到竹简《老子》之列”①。

其后，对于《太一生水》为古本《老子》一部的论证，主要集中在《太一生水》与《老子》丙篇同书一册，以及二者有着文字与思想上的相通相似两个方面。例如美国学者艾兰女士就说：

> 就竹简的形制而言，把这些材料与同组中见于《道德经》的材料区别开来，是没有根据的。竹简的长度相同，书体相同；竹简编线的痕迹表明，这些竹简是作为共同的一篇单独编联的。……以下，我要提出两个内在相关的论点。一是文献的。我要论证《太一生水》在语义学上与《老子道德经》内在相关。这种关联并见于郭店《老子》的甲组与乙组，以及不见于郭店简文的《道德经》的其他章节。这种关联表明，在已经发现的郭店简文之外，已经有一个更为完整的底本，或至少是更多一些的文字材料。这同时说明，《太一生水》是《老子》的一个部分。另一点，则是概念的。这里，我要论证《太一生水》能帮助解读《老子道德经》中一些令人困惑的章节。在郭店所见的传统中，太一是道之名。在宇宙中，它是北极星，是“天门”，是宇宙之水流出的不竭源泉。在式盘上，它是“一”，是不动的中心，所有其他的东西围绕它旋转。如此，它同时是初祖与神，所以，无法被命名。在哲学上，道是一个抽象的概念，以这些隐喻为原型。②

---

① 邹安华：《楚简与帛书老子》（前言），2页，北京，民族出版社，2000。

② ［美］艾兰：《太一・水・郭店老子》，载武汉大学中国文化研究院编：《郭店楚简国际学术研讨会论文集》，526页，武汉，湖北人民出版社，2000。

实则在出土简帛中，有不少并非同书甚至内容关系不大的篇章同抄于一卷的现象。李学勤先生就指出："如马王堆帛书《老子》乙本，以《老子》两篇同《五行》、《九主》、《明君》、《德圣》四篇抄在一起，成了一卷书。这些内容思想倾向很不相同，虽然有某些联系，却分隶不同学派。尤其《五行》出于子思、孟子一派之手，和《老子》不能同日而语①。传世古书也有这一类混编的情形，如《逸周书》、《管子》之类，各篇年代和思想多有差异。《管子》收入《弟子规》，尤为明显。帛书《老子》甲本，以《黄帝书》（可能即《汉志》的《黄帝四经》，发表时称《经法》等）同《老子》合写，虽同属道家，有'黄老'之称，究竟不出于同时同人。不加区别地抄为一书，总是易滋误会的。"②

李先生所举之外，我们还可以补充一些。马王堆帛书中以《足臂十一脉灸经》、《阴阳十一脉灸经》甲本、《脉法》、《阴阳脉死候》、《五十二病方》五种合为一卷帛书。以《却谷食气》、《阴阳十一脉灸经》乙本、《导引图》、古地图四种合为一卷帛书。其中《阴阳十一脉灸经》甲乙本的文字基本相同。按，在1983年底至1984年初发掘的湖北江陵张家山247号墓中，出土有自身题名为《脉书》的竹书一种，其内容相当于马王堆帛书的《阴阳十一脉灸经》、《脉法》、《阴阳脉死候》三种③。可见，这两卷帛书虽然都是医书，但其中各篇毕竟不属一书。由是观之，不同内容的文章被同抄于一卷，是十分常见的。因此，同抄一卷不能证明《太一生水》和《老子》

---

① 按：马王堆帛书《老子》甲本是同《五行》、《九主》、《明君》、《德圣》四篇抄在一起，成为一卷书；帛书《老子》乙本才是以《经法》等四篇同《老子》合写。先生盖偶失检。

② 李学勤：《对古书的反思》，载李学勤：《当代学者自选文库·李学勤卷》，18页，合肥，安徽教育出版社，1999。

③ 张家山汉墓竹简整理小组：《江陵张家山汉简概述》，载《文物》，1985（1），13页。

丙本同为一书。

另一方面，《老子》和《太一生水》在思想上的差异也是十分明显的。《老子》第四十二章所说的宇宙生成论为："道生一，一生二，二生三，三生万物。"任继愈先生的译文是："'道'产生统一的事物，统一的事物分裂为对立的两个方面，对立的两个方面产生新生的第三者，新生的第三者产生千差万别的东西。"① 这是一种哲理性、抽象性很强的理论。在冯友兰先生看来，"在《老子》中，有一句话，可以把《老子》有关宇宙观的各章都贯穿起来。'天下万物生于有，有生于无'（四十章），从这句话的字面上看，各章都是这样说的。'道'就是无，也是各章都承认的。这样说起来，《老子》的宇宙观当中，有三个主要的范畴：道，有，无。因为道就是无，实际上只有两个重要范畴：有，无。……问题在于，对于有、无可以有不同的理解和解释。实际上《老子》中有三种不同的理解和解释，形成为三种不同的说法。第一种是，带有原始宗教性的说法。"例如"谷神不死，是谓玄牝，玄牝之门，是谓天地根。"（六章）"天地之间，其犹橐籥乎，虚而不屈，动而愈出。"（五章）它们"都是认为有一个中间空虚的东西，可以生出无穷无尽的东西。中间的空虚是'无'，无穷无尽的东西是'有'。这种说法的意思，也是说有生于无，但是说法比较粗糙，有点像原始的宗教。……第二种说法，有了'有''无'这两个概念，这就进步得多了。第三种说法，把'无'理解为无名，'无'就是无名。不能说道是什么，只能说它不是什么。"② 反之，"《太一生水》云太一生水生天生地生神明生阴阳生四时生沧热生湿燥而成岁，反过来说其实也是为了揭示岁的成因及岁的构成，作者为此进行了宇宙生成论体系的探究与连

① 任继愈：《老子全译》，49页，成都，巴蜀书社，1992。

② 冯友兰：《中国哲学史新编》，第二册，载《三松堂全集》第八卷，284—285页，郑州，河南人民出版社，2001。

缀。"[①] 因此，《太一生水》的抽象性与哲理性远不及《老子》。由此可见，二者必非同书。裘锡圭先生也指出：《太一生水》"其思想和语言虽然有跟《老子》相合之处，但也有明显不合之处。例如，所用'太一'、'君子'等词不见于《老子》；又如虽然'太一'可以认为就指'道'，但是作为此篇主要内容的由'太一生水'到'成岁而止'的宇宙生成模式，跟《老子》四十二章的'道生一，一生二，二生三，三生万物'的模式仍有明显差异"。[②] 李学勤先生也明确指出："太一生水这一章晚于传世本《老子》各章，证据是'太一'一词在《老子》中并未出现。《老子》不少地方讲'一'，如第十章、二十二章'抱一'，三十九章'得一'，却不见'太一'。同样，《老子》很推尚水，如第八章'上善若水'，七十八章'天下莫柔弱于水'，但也不曾有'太一藏于水'的观点。太一生水章在思想上，和《老子》殊有不同，只能理解为《老子》之后的一种发展。"[③] 此外，裘锡圭先生还指出："由'太一生水'到'天地者太一之所生也'这一大段的文风，也显然跟《老子》不同。所以郭店楚墓竹简的整理者，虽曾一度将《太一生水》的内容编入《老子》丙组，最后还是将它们分成了两篇。"[④]

还有一些学者认为《太一生水》是对《老子》某些内容的解释和发挥。如李学勤先生就曾指出《太一生水》第1—8号简文"显然是对《老子》（王弼注本）第四十二章的引申解说"[⑤]。陈伟先生认

---

① 丁四新：《郭店楚墓竹简思想研究》，109页，北京，东方出版社，2000。

② 裘锡圭：《〈太一生水〉"名字"章解释——兼论〈太一生水〉的分章问题》，载安徽大学古文字研究室编：《古文字研究》第二十二辑，219页，北京，中华书局，2000。

③ 李学勤：《荆门郭店楚简所见关尹遗说》，载姜广辉主编：《郭店楚简研究》，为《中国哲学》第二十辑，161页，沈阳，辽宁教育出版社，1999。

④ 裘锡圭：《〈太一生水〉"名字"章解释——兼论〈太一生水〉的分章问题》，载安徽大学古文字研究室编：《古文字研究》第二十二辑，219页，北京，中华书局，2000。

⑤ 李学勤：《荆门郭店楚简所见关尹遗说》，载姜广辉主编：《郭店楚简研究》，为《中国哲学》第二十辑，161页，沈阳，辽宁教育出版社，1999。

为《太一生水》的内容可以分成三部分，“依次与传世本《老子》第四十二章、第二十五章和第七十七章对应，似为阐述《老子》这几章大义的传”①。裘锡圭先生据以认为：“按照这种观点，可以把《太一生水》并入《老子》丙组，但仍应对它们加以区分，也许可以在原来的《老子》丙组前标‘一’，在原来的《太一生水》前标‘二’。这样处理，可能要比把它们分成两篇妥当一些。”② 其实正如陈伟先生所说的，《太一生水》乃是“属于阐发大义的传，而不是训释字词名物的注。”③ 而在先秦两汉，类似这样的传与原书各自独立成篇的情况极多。例如《墨子》的《墨经》和《经说》；《管子》既有《牧民》、《形势》、《立政》、《版法》、《明法》，又有《牧民解》、《形势解》、《立政九败解》、《版法解》、《明法解》；韩非《解老》、《喻老》，也不必与《老子》同书。余杭章先生曾言：“古之为传，异于章句。章句不离经而空发，传则有异。《左氏》事多离经，《公羊》、《谷梁》二传，亦空记孔子生。夫章句始西京，以传比厕经下，萌芽于郑、王二师。自是为法，便于习读，非古之成则。世人以是疑周人旧传，此一蔽也。”④ 可见古书本经传别行。因此，即使以《太一生水》为《老子》之传，也没有必要将二者合为一篇。

---

① 陈伟：《〈太一生水〉考释》，载《古文字与古文献》，试刊号，65—66 页，台湾楚文化研究会，1999。

② 裘锡圭：《〈太一生水〉“名字”章解释——兼论〈太一生水〉的分章问题》，载安徽大学古文字研究室编：《古文字研究》，第二十二辑，219 页，北京，中华书局，2000。

③ 陈伟：《〈太一生水〉校读并论与〈老子〉的关系》，载安徽大学古文字研究室编：《古文字研究》，第二十二辑，230 页，北京，中华书局，2000。

④ 章太炎：《国故论衡》，70 页，上海，上海古籍出版社，2003。

治统与教统

唐文明

一、道之统绪与治教不二

现在我们谈到道统，往往会提及韩愈。在《原道》一文中，韩愈说："夫所谓先王之教者，何也？博爱之谓仁，行而宜之之谓义，由是而之焉之谓道，足乎己无待于外之谓德。其文，《诗》《书》《易》《春秋》；其法，礼乐刑政；其民，士农工贾；其位，君臣父子师友宾主昆弟夫妇；其服，麻丝；其居，宫室；其食，粟米果蔬鱼肉。其为道易明，而其为教易行也。是故以之为己，则顺而祥；以之为人，则爱而公；以之为心，则和而平；以之为天下国家，无所处而不当。是故生则得其情，死则尽其常；郊焉而天神假，庙焉而人鬼享。曰：'斯道也，何道也？'曰：'斯吾所谓道也，非向所谓老与佛之道也。'尧以是传之舜，舜以是传之禹，禹以是传之汤，汤以是传之文、武、周公，文、武、周公传之孔子，孔子传之孟轲。轲之死，不得其传焉。"这里可注意者有四：一是勾勒了道之传承谱系：尧、舜、禹、汤、文、武、周公、孔、孟；二是阐明了道之精神实质：以仁义而达乎道德；三是指出了道之客观载体：不仅有文、法、民、位，而且还有服、居、食；四是申述了道之实际功效：以之为己、为人、为心、为天下国家，无所处而不当。

对于第四点，向来没有、以后也不会有什么争议，因为这主要是出于儒者的信念；换言之，只要是斯道之服膺者，就会对斯道之无所处而不当——也就是所谓“儒效”——有绝对信心。对于第三点，争议也不会太大。不同时代对于《诗》《书》《易》《春秋》——当然还有《礼》——之重视和解释会有不同，但其作为儒教之经典的地位不会改变。礼乐刑政之法、士农工商之民、君臣父子之位，在不同时代亦会有不同的理解，而且其意义也可能随时损益，但是，这些变化基本上仍在可调整的范围之内，即使有争议，也不足以动摇儒教之根本。至于服、居、食，更是随时而转，不必拘泥。当然其中亦有可说者。比如，韩愈这里提到了“鱼肉”，这显然与佛教之素食主张形成鲜明对比。

对于第二点，尽管仁义作为儒教精神之标志性理念可能不会有什么争议，但是，对于儒教所弘扬之道之精神实质为何，却存在着有时颇为紧要的分歧。比如，朱熹在《中庸章句序》中说：“中庸何为而作也？子思子忧道学之失其传而作也。盖自上古圣神继天立极，而道统之传有自来矣。其见于经，则‘允执厥中’者，尧之所以授舜也；‘人心惟危，道心惟微，惟精惟一，允执厥中’者，舜之所以授禹也。尧之一言，至矣，尽矣！而舜复益之以三言者，则所以明夫尧之一言，必如是而后可庶几也。”又说：“夫尧、舜、禹，天下之大圣也。以天下相传，天下之大事也。以天下之大圣，行天下之大事，而其授受之际，丁宁告戒，不过如此。则天下之理，岂有以加于此哉？自是以来，圣圣相承：若成汤、文、武之为君，皋陶、伊、傅、周、召之为臣，既皆以此而接夫道统之传，若吾夫子，则虽不得其位，而所以继往圣、开来学，其功反有贤于尧舜者。”朱熹这里显然是以中庸为道之精神实质。虽然在仁义与中庸之间必有相通之处，但是，以仁义为道之精神实质与以中庸为道之精神实质，还是有很大差异。韩愈的说法直接针对佛老，就儒教相对于佛老之独特性而申论之，于是不免有所偏至。相比之下，朱熹虽亦针对佛老而立说，但他的概括更为全面，也更显高度。可以想见，韩愈定有以道自任的道统意识，否则他就不会提出道统的观念。朱熹基本上继承了韩愈的道统观念，但是，恰恰是在朱熹所排定的传道之谱系中，没有韩愈的位置。对于道之精神实质的不同理解，在一定程度上和不同时代的不同处境有关。在不同处境下须面对不同的问题，于是道就会在一定程度上呈现出差异。如果说道本身是一，那么，道之呈现则为多。不过，由于这里的“多”最终统摄于“一”，所以，谈论或探求道之共同性仍是可欲的。

对于第一点，或许有人会说，正是由于对道之精神实质会有不同的理解，所以，对于传道之谱系也会有不同的排列。这种说法自然有相当的道理，但仍有不得不说的未尽之处。先以哲学的方式确定道之精神实质，然后据此排列传道之谱系，这是非常正常的一个思路，但是，也必须指出，这个思路亦有陷入狭隘的危险。如果道是无限的，而对道之精神实质的理解永远是有限的，那么，这里始终存在着将无限的道有限化的危险。任何一个时代与道之间的距离和张力，都不可能归于零。因此，从历史的眼光来看，厘定道统流传之谱系不必根据对道之精神实质的某种特定理解可能更为恰当。一个更为宽宏的做法是，在精神所及的实际范围内，通过审察精神之落实与体现，厘清精神之转折与历程，勾画精神之中心与边缘，疏通精神之过去与未来，从而呈现道统流传之脉络。[1]

① 道统意识从孔子开始就已有所呈现，而且大概也是先秦诸子都有的意识。我们现在谈到道统就会想到韩愈，很大程度上是受了宋明儒家的影响。韩愈的道统观念之所以获得宋明儒家的认同，很重要的一点在于他直面“佛教征服中国”的实际处境而将孟子列为孔子之后惟一传承道统的人。就此而言，韩愈的道统观念，亦是褊狭而不够宽宏的。另外，我们也常说孟子的地位到宋代而有明显的上升，实际上从韩愈的论述中就已见端倪。

在此，我们不去考察在道统观念上历史的眼光与哲学的眼光所导致的进一步差异以及二者之间沟通的可能性。一个值得注意的现象是，不管对于道统观念的理解采取的是历史的眼光，还是哲学的眼光，不管对道之实际流传的历史刻画有何不同，也不管对道之精神实质的哲学刻画有何不同，所有立说者都同意，道统之传，源自三代，经孔子而遗之后世。也就是说，尽管对于孔子以后谁为正统的传道者有很多争议，但是，从三代到孔子的传道谱系——尧、舜、禹、汤、文、武、周公、孔子——则是没有任何争议的。

关于这一点，一些补充性的说明或许是必要的。以历史眼光理解道统观念者，可以余英时为典型，他近承钱穆，远接章学诚，以王官之学散为诸子百家来刻画道统之裂变，而且对以哲学的眼光理解道统观念的倾向有所批评。不过，即使余英时把诸子百家都包含在道统之内，大概也不会不承认孔子的中心地位。或许正是在这个意义上，我们可以将余英时归于广义的新儒家行列。另外，有论者已经注意到，牟宗三的道统观念与众不同，因为他强调道统当断自孔子而不是三代。[①] 这种论调的主要根据是牟宗三自己说过的一段话："故道之本统只能断自孔子，前乎孔子是其预备，后乎孔子是其阐发与其曲折之实现。焉可混抹孔子之开辟，而惟断自三代王者受命之政规耶?"[②] 牟宗三当然并不否认三代政规与儒教之渊源关系，他只是要强调指出孔子的教主地位，也就是以孔子为儒教之开创者，其中思想上的突破主要表现在"仁"的观念的出现。所以他又屡屡以"道之本统之重建"而言孔子。如果没有三代所确立的道之统绪，孔子又何来乎重建呢? 乍看起来，牟宗三对于道统的说法是有矛盾的：一则说道之本统当断自孔子，一则又说孔子为道之本统之重建

① 郑家栋：《当代新儒家的道统论》，载陈明主编：《原道》第一辑，北京，中国社会科学出版社，1994。

② 牟宗三：《心体与性体》，190页，上海，上海古籍出版社，1999。

者。孔子祖述尧舜，宪章文武，更有“吾从周”之表白与“梦周公”之慨叹，故以三代政制文教仅为道统之预备显然是不够的。实际上，只要认定牟宗三说孔子为道之本统之重建者并未失之空言，那么，就能明白，牟宗三决不会否认从三代到孔子的传道谱系，决不会否认三代为道之本统之建立者，尽管他为了强调孔子在思想、精神层面的开创性而又说道统当断自孔子，且在言辞上有失严谨。[①]

如果说从三代到孔子的传道谱系，是所有后来者的共识，那么，形成鲜明对比的是，对孔子以下的传道谱系，在后来者的看法中呈现出明显的分歧。韩愈之前，没有人认为孟子死后儒教就“不得其传”了。宋初的孙复认为自汉至唐尚有可列者，为董仲舒、扬雄、王通、韩愈。而程颐则认为，孟子死后学绝道丧，一直到其兄程颢，才得不传之学于遗经。在朱熹那里，则是孟子以后始到二程才续接道统。所有这些道统观念的申论者自身都有明确的道统意识，尽管后来者并不一定将有明确道统意识的既往者都列入传道之谱系。实际上，大概每个时代的圣教服膺者，几乎都会有以道自任的道统意识，尽管不一定见诸文字。以我们所熟知者为例，孟子在解释“五百年必有王者兴”（《孟子·尽心下》）之时，已经表现出道统意识的自觉。再比如董仲舒，他曾说：“道之大原出于天，天不变，道亦不变。”之后接着说：“是以禹继舜，舜继尧，三圣相受，而守一道。”亦是道统意识的自觉。

因此，纵观整个传道之谱系，一个明显而重要的变化是，孔子以前，道统之传主要依乎圣君贤王；孔子以后，道统之传则主要依乎士人君子。这种角色转变的背后，实有一个关乎道统流传的重大历史事件。对于这一历史事件，清儒章学诚言之最凿：三代以上，官师合一，治教无二；三代以下，官师分职，治教分途。对于三代以上道统之混成，他说：“自有天地，而至唐、虞、夏、商，皆圣人

① 从本文的中心论点来看，牟宗三对孔子在道统中的地位的强调恰恰表明，正是孔子挺立教统之功业使得道统在客观化的形式之外又获得了绝对化的形式。

而得天子之位，经纶治化，一出于道体之适然。周公成文、武之德，适当帝全王备，殷因夏监，至于无可复加之际，故得藉为制作典章，而以周道集古圣之成……观《易大传》之所称述，则知圣人即身示法，因事立教，而未尝以敷政出治之外，别有所谓教法也。”① 对于孔子以来道统之开裂，他说：“盖君师分而治教不能合于一，气数之出于天者也。周公集治统之成，而孔子明立教之极，皆事理之不得不然，而非圣人异于前人，此道法之出于天者也。”② 周公德位皆备，故而创制显庸，制礼作乐，集古圣之大成；孔子有德无位，无制作之权，故而删定六经，立教讲学，以传之后世。因此说，道统自三代而有，自周公至孔子始分裂为治、教二统。

以道统为宏大、超越、无限、整全的精神生命，大概不会有异议。由是观之，所谓治统，顾名思义，乃治理之统绪，政治之统绪，即指被此宏大、超越、无限、整全的精神生命所贯注了的政治统绪，此义不仅着意于行政者之个人美德——即所谓“官德”——乃由此精神生命熏习以成，更寄望于政治制度之设置须体现此精神生命之根本要求，或可以“王道”一言而蔽之；所谓教统，顾名思义，乃教化之统绪，教育之统绪，即指由此宏大、超越、无限、整全的精神生命主导而成的教化统绪，此义不仅推重每个时代以自觉觉人为本务的天命在身者，而且强调为传承大道而不得不设的教化制度，或可以“师道”一言而蔽之。

二、礼坏乐崩与治教分离

从发生学的意义上看，道统必然占用一个客观世界，或者说，

① 章学诚：《文史通义·原道》，参见叶瑛：《文史通义校注》，121、131 页，北京，中华书局，1985。

② 同上书，122 页。

必然表现为客观化的精神，具体而言就是作为三代政教的礼乐文明。礼乐文明上承更古，经夏、商、周而达乎极致，其间治教尚未分离，可谓一浑沦之道统。治教分离的背景即是礼坏乐崩。春秋战国时期，诸侯相竞之格局既成，周代礼乐文明即日渐衰落而趋于崩坏，遂使道统处于沦丧之境地。由于浑沦之道统就是一个被精神占用了的客观世界，所以，道统之沦丧也就表现为精神与客观世界之间的分离，换言之，精神现在不再能够掌握客观世界了。于是就产生了重振道统的必要性。重振道统的涵义简而言之就是促成精神重新掌握客观世界。于是就产生了彻底反思礼乐文明的必要性。实际上，诸子百家都是道统的解释者和反思者，都是因解释和反思道统而成一家之言者，只不过各家解释和反思道统的角度各不相同。① 以最为重要的儒家、墨家、道家、法家而言，儒、墨俱称尧舜，同述三代，显然都有以重振道统为己任的使命感，而且墨家是在深受儒家思想影响又认为有必要批评儒家思想的背景下产生的。老子为周守藏室之史的史官身份至少是暗示了道家思想与三代礼乐文明的隐秘联系。② 而且，道家思想是作为对儒家思想的彻底的批评者——这种批评从形而上领域波及伦理领域——的面目而出现的。法家在形而上领域对道家思想多有继承，结合以人性恶的基本信念而成其论说。对于各家之间的思想差异与思想关联，只有从道统内部的分化以及这种分

① 这个观点来自章学诚，经钱穆、余英时的申说而得以深化。

② 在《老子治道历史来源的一个探寻——以“垂拱之治”与“无为而治”的关联为中心》一文中，土中江指出，我们不应被老子理论上异军突起的表面现象所迷惑，实际上，老子的治道思想有着极深的历史渊源，或可追溯到传说中的黄帝与尧舜。对于老子的史官身份与其思想之间的关联，他引用了刘歆与朱熹的看法。刘歆在《七略》中说：“道家者流，盖出于史官，历记成败存亡祸福古今之道，然后知秉要执本，清虚以自守，卑弱以自持，此君人南面之术也。”朱熹在《答汪尚书》的信中说：“盖老聃，周之史官，掌国之典籍、三皇五帝之书，故能述古事而信好之。如五千言，亦或古有是语，而老子传之，未可知也。《列子》所引黄帝书，即老子谷神不死章也。”该文见《中国哲学史》，2002（3）。

化所形成的张力机制的角度才能得到恰当的理解。由此或可断言，在各家对道统的解释和反思中，儒家的解释和反思是最为正面的——在这个意义上也是最为积极的。于是，就各家对道统之继承而言，儒家当之无愧地处于正统地位。① 这一点可以从儒家对于礼乐的高度重视中看出：无需多言，儒家继承三代礼乐文明的志向是其他各家所无法比拟的。

因此，作为儒家创始人的孔子，在道统流传中的地位就相当独特了。孔子弘扬道统、重振道统的自我表白是“述而不作，信而好古”。《礼记·乐记》中说：“作者之谓圣，述者之谓明。明、圣者，述、作之谓也。”显然，这里的“作”并不直接就是“创造性写作”的意思，这里的“作者”也不直接等于现在所谓的“写作者”(writer)。就“作”之为“创作”、“制作”的意义而言，所创作、制作的内容涵盖文化、政治的各个方面，尤其包括各种文化—政治的制度。而礼乐，其实就是三代以来的各种文化—政治制度的总称。比如我们常说周公制礼作乐，按照《乐记》中的说法，周公即可谓之作者。由此看来，孔子“述而不作”的自我表白就有相当重要的意义。首先，这个表白明白地表达出了孔子以继承道统为己任的文

---

① 在《庄子·天下篇》中有一个关于“道术为天下裂”的叙述：“古之人其备乎！配神明，醇天地，育万物，和天下，泽及百姓，明于本数，系于末度，六通四辟，小大精粗，其运无乎不在。其明而在数度者，旧法、世传之史尚多有之；其在于诗、书、礼、乐者，邹鲁之士缙绅先生多能明之。诗以道志，书以道事，礼以道行，乐以道和，易以道阴阳，春秋以道名分。其数散于天下，而设于中国者，百家之学时或称而道之。天下大乱，贤圣不明，道德不一。天下多得一察焉以自好。譬如耳目鼻口，皆有所明，不能相通。犹百家众技也，皆有所长，时有所用。虽然，不该不遍，一曲之士也。判天地之美，析万物之理，察古人之全。寡能备于天地之美，称神明之容。是故内圣外王之道，暗而不明，郁而不发，天下之人各为其所欲焉以自为方。悲夫！百家往而不反，必不合矣！后世之学者，不幸不见天地之纯，古人之大体。道术将为天下裂。”尽管这里是以悲叹的口气叙述了道术的裂变，而且似乎将百家都判为“不该不遍”的“一曲之士”，但是，从中还是可以看出，以诗、书、礼、乐、易、春秋为经典的内圣外王之道，足以担当道之正统之名。而儒教恰可用“载之六经的内圣外王之道”一语来概括。

化志向。既然往圣已经行制作之权而制作了礼乐，那么，恢复正在或已经崩坏的礼乐就是继承道统的一种极其自然的历史选择。其次，这个表白也从一个侧面反映出孔子在新的境遇中继承道统的不得已之处。这就是我们常说的：孔子有德无位，无以行制作之权，他要在这种无权柄的限制下继承道统，就无法像周公那样制礼作乐，而只能采取“述而不作”的办法。

那么，孔子对于道统之流传与赓续究竟做出了什么样的贡献呢？概而言之，有以下三个方面。首先，孔子在天命的感召下为大道之行付出了自己的毕生心血，成就了一个足以师范来世、彪炳千秋的伟大人格楷模。此之谓立德。其中特别值得一提的当然是孔子那种强烈的天命在身的道统担当意识。他在道统担当问题上表现出来的自任之重，自信之笃，只能被理解为一种终极关切意义上的宗教情怀，而且他的天命在身并不仅仅停留于主观意识，更是一个获得了广泛认可的客观事实。这两个方面我们可以从孔子的自述和他的同时代人，以及后人的叙述、论述中看到。比如在躲避宋司马桓魋的可能加害时，孔子说：“天生德于予，桓魋其如予何？”（《论语·述而》）又如在“畏于匡”的危险处境中，孔子说：“文王既没，文不在兹乎。天之将丧斯文也，后死者不得与于斯文也。天之未丧斯文也，匡人其如予何？”（《论语·子罕》）再如在感慨无人了解自己时，孔子说：“不怨天，不尤人，下学而上达。知我者其天乎！”（《论语·宪问》）从与孔子同时代的仪封人口中说出的也是这样一个天命在身的孔子：“天下之无道也久矣，天将以夫子为木铎。”（《论语·八佾》）而在孔子的门人弟子眼中，也是这样一个天命在身的孔子。比如子贡曾说：“夫子之不可及也，犹天之不可阶而升也。”（《论语·子张》）又说：“他人之贤者，丘陵也，犹可逾也；仲尼，日月也，无得而逾焉。”（《论语·子张》）颜回曾说：“仰之弥高，钻之弥坚，瞻之在前，忽焉在后。夫子循循然善诱人，博我以文，约我以礼。”（《论语·子罕》）《中庸》中则有这样的描述：

“仲尼祖述尧舜，宪章文武。上律天时，下袭水土。辟如天地之无不持载，无不覆帱。辟如四时之错行，如日月之代明。万物并育而不相害。道并行而不相悖。小德川流；大德敦化。此天地之所以为大也。”孔子的伟大人格魅力由此可见一斑。而后世以孔子为圣人，当然也是基于他的伟大人格成就。比如《朱子语类》卷九十三中记载了一句流传于宋代及后世的名言：“天不生仲尼，万古如长夜。”向我们呈现出来的也是一个天命在身的孔子。

其次，孔子整理并确立了经典的地位，并对经典提出了自己的独特见解，发展出了以“仁”为标志的新思想。此之谓立言。六经的经典化过程虽然并非为孔子所完成，但是，孔子在六经的经典化过程中无疑起了至关重要的作用。[①] 概而言之，诗、书、礼、乐为孔子日常教学的主要内容，其中礼、乐皆非书，不在简策，诗、书至少经过孔子的整理，即使不是传统所谓的“孔子删诗序书”。可以说，没有孔子对诗、书、礼、乐的虔敬心态和高度重视，就没有诗、书、礼、乐后来的经典化，尤其是对于不在简策的礼乐而言。《春秋》则为孔子所作，而被后世奉为经典，这一点素无异议。至于孔子与《易》的关系，传统的说法是孔子为《易》作传。比如司马迁在《史记·孔子世家》中说：“孔子晚而喜易。序彖、系、象、说卦、文言，读易韦编三绝。”尽管这一说法自欧阳修的《易童子问》以来遭到了多次质疑，先是认为《易传》中部分内容非孔子所作，后来到近代疑古之风愈演愈烈，甚至认为十翼皆非孔子所作，但是，近年来新出土的古代文献——马王堆帛书和郭店楚简——却证实了孔子与《易》之间存在着密切的关联。对于孔子从经典的解释和反思中发展出以“仁”为标志的新思想，并以全幅生命体现以“仁”为重点的新教义，现代以来最为牟宗三所推崇。他说：“对于诗、

① 对于孔子与六经之关系，可参见钱穆：《国学概论》第一章，北京，商务印书馆，1997。

书、礼、乐、春秋，无论是删、定、作或只是搜补，有述无作，皆不关重要。要者是在仁。仁是其真生命之所在，亦是其生命之大宗。不在其搜补文献也。有了仁，则其所述而不作者一起皆活，一切皆有意义，皆是真实生命之所流注。然则唐虞三代之制度之道与政规之道惟赖孔子之仁教，始能成为活法，而亦惟赖孔子之仁教，始能见其可以下传以及其下传之意义。自其可以下传言，是孔子之所以承继唐虞三代之道德总规与政规者；自其下传之有意义言，乃见其必有一开合以期新的综和构造之再现，所谓重开文运与史运者。是则仁教者乃对于道之本统之重建以开创造之源者也。诗、书、礼、乐、春秋可以述而不作，而仁教则断然是其创造生命之所在，此不可通常著书立说之创造视之也。"[①] 就此而言，孔子对于道统的重述实际上就是在创造性地重建道统：通过反思而理解道统，通过叙述而继承道统，通过恢复而发展道统。

再次，孔子设教授徒，在道统的指引下创立了以教与学为本务的精神团体。当然，教是成德之教，学是成德之学。此之谓立功。由师和弟子组成的精神团契构成了道统流传的一种制度化形式，而且是在道统流传的历史中出现的最为根本、因而也是最为重要的一种制度化形式。这种制度化形式就是我们一般所说的学校，以及后来发展出来的书院，其中最为重要的是其民间性质，也就是说，它不同于那些为了政治目的而建立起来的官方组织，尽管它在后来曾与官学合流。孔子所创立的这种以弘道为根本目的的教学团契是一种不折不扣的精神团契，它是宏大、整全的精神生命在社会层面的一种具体落实。在这个意义上，这种宗教性的精神团体也不同于——比如说——古希腊的学院。古希腊的学院承担的是哲学的使命，是为了追求哲学的真理而形成的思想组织，而孔子所创立的以教与学为本务的精神团体承担的则是得自于上天的道统的使命，纯粹是为

① 牟宗三：《心体与性体》（上），210 页，上海，上海古籍出版社，1999。

了将神圣精神发扬光大于社会（尤其是政治领域）而成立的。[①] 就此而言，孔子虽然表白自己“述而不作”，但实际上仍有所制作，这就是他的立教之功，或曰立师道之功。

因此，像章学诚那样，用“立教”一语来刻画孔子毕生的事功德行，是非常恰当的。而且，以孔子为立教者的看法从过去到现在也为多数人所接受。在礼坏乐崩、道统沦丧之际，天即以有德无位的孔子为木铎，通过挺立教统来重振道统，于是引发了治统与教统的分立。教统的挺立使得教化之事业不再内在地依赖于治理之权柄，道之统绪就此分化为二：圣人之教与王者之治。这是礼坏乐崩的积极后果，因而也是道统展开自身的必由之路。不经过礼坏乐崩的道统沦丧危机，就不会有教统的绝对挺立。如果我们把国——这种有限时空范围内的制度构想合理地看作是精神生命落实的客观化形式，那么，教则是精神生命落实的一种绝对化形式。这是因为，在教的制度构想中，直接就是精神生命的落实，其中没有任何其他的中介，而在国中，则必须将国及其人民的共同美善与精神生命联系起来，国才能够成为精神生命的客观化落实。因此，孔子挺立教统的意义相当重大，是作为精神生命的道统展开自身、达致自身落实的绝对化制度形式的神圣实践。这一点也意味着，从孔子开始设教授徒，创立以弘道为目的的教学团体，就超越了政治国家的制度构想，摆脱了以政治国家为边界的制度限制。

三、士的重塑与师道尊严

倾注了毕生精力的立教事业使得孔子在道统的传递中获得了独

---

① 不可否认，来学者的私人动机可以是出仕，所谓“学而优则仕”，但是，既然想要出仕必须“学而优”，而所学者正是道术，那么，我们就可以说，学的根本目的就在于弘道。由此也可看出，孔子所创立的教学团体，至少从功能上与基督教中的教会也大为不同。

一无二的地位。我们可以说他前承古人，后启来者，不过，孔子的承前启后可不是一个简单的过渡或媒介，从他“开来学”以“继往圣”的意义上来看，他是作为一个创作者而续接道统的。所以朱熹说“其功反有贤于尧舜者”。而后来者所继承的，正是孔子之统。孔子挺立教统的一个重要后果是重新塑造了士的形象，使道统承担的中心落到了士的肩上，而且在一定程度上预制了后来对中国社会影响持久而深远的士大夫政治。从治教不二而以治理为最终落实处，到治教分离而以教统为主要根据地，这是道统的转移，其中也意味着历史观念的滥觞。[①] 那么，在道统转移的过程中，士的使命、地位和形象到底发生了什么样的变化呢?

现代以来，对于中国古代社会中的士的研究很受重视，这在很大程度上是缘于知识分子作为一个现代现象的兴起所带来的思想刺激。大多数学者都意识到，中国古代社会中的士在许多方面可与现代所谓的知识分子相比拟，尽管二者仍有明显的不同。综合已有的研究成果，我们对于孔子在挺立教统的事业中对士的重塑得到如下一些看法。

首先需要考察的是士在礼坏乐崩之前的封建时代中的地位与功能。“士”最初大概是指一般意义上的成年男子或氏族成员，后来成为封建社会中的一个阶层。前辈学者对于士阶层的根本特征已经做了详细的考察，但尚须进一步的分析和综合。顾颉刚认为“士为低级之贵族”，得到余英时的肯定，但是这种说法不仅不够清楚，而且

---

① 这一点与古希腊形成了鲜明的对比。古希腊人相信真实存在的事物具有永恒的本质（其根源在于日神崇拜），而这一信念又密切关联于强烈的求真意志，于是，我们在古希腊人那里几乎看不到明显的历史意识。西方文化中的历史意识以基督教为其渊源。从具有西方特色的哲学传统来看，只有在笛卡儿的“我思”确立以后，逐渐由精神代替了自然，历史观念的哲学建构才变得顺理成章。众所周知，近代以来的历史哲学与基督教的历史神学有密切关系，而在近代德国思想中达到了高峰（最著名的如赫尔德、黑格尔和马克思）。

是容易引人误解的。如果贵族是有爵之称，那么，士是否是一个爵位之称呢？在《白虎通义》（卷一）中我们恰恰看到了“士非爵”的说法，并以此将士与公卿大夫区别开来。在《仪礼·士冠礼》中谈到士之谥时说：“死而谥，今也。古者生无爵，死无谥。”郑玄注：“今谓周衰，记之时也。古谓殷，殷士生不为爵，死不为谥。周制以士为爵，死犹不谥耳，下大夫也。”郑玄显然认为，在殷代士非爵称，在周代则以士为爵。《礼记·王制》中说：“王者之制爵禄，公、侯、伯、子、男，凡五等；诸侯之上大夫卿、下大夫、上士、中士、下士，凡五等。”孔颖达疏：“周则士亦有爵。”综合这些材料，我们倾向于认为，士在殷代并不是爵位之称，到周代才以士为爵。另外，士即使有爵位，也还是一个流动性较大的阶层，比如，在周代，平民中有才德之秀者即可上升为士。《礼记·王制》中说：“命乡论秀士升之司徒，曰选士。司徒论选士之秀者而升之学，曰俊士。升于司徒者不征于乡，升于学者不征于司徒，曰造士。”由于贵族的概念是相对于平民而言的，所以，以士为“低级之贵族”的说法虽然于文献有征，但并不恰当，因为这一说法并未标明士之为士的根本特征。

比低等贵族说更为确切的是官职任事说。顾炎武《日知录》“士何事”条指出，古代“谓之士者，大抵皆有职之人矣”。《说文解字》曰：“士，事也。”段玉裁注曰：“引申之，凡能事其事者称士。《白虎通》曰：‘士者事也，任事之称也。’故《传》曰：‘通古今，辨然否，谓之士。’”阎步克通过详实的文献考证指出，在周代，“受命于天子或诸侯而居官者可通称为士。”① 余英时则更为谨慎地断言说：“我们似乎只能说，‘士’在古代主要泛指各部门掌事的中下层官吏。过此以往，便不易再作更精确的推断了。”② 因此，官职任事

① 阎步克：《“士”形义源流衍变说略》，载《阎步克自选集》，189页，桂林，广西师范大学出版社，1997。

② 余英时：《古代知识阶层的兴起与发展》，载《士与中国文化》，6页，上海，上海人民出版社，1987。

说又可分为广狭两义。广义的是指所有行政官吏，狭义的是指具体掌事的中下层官吏。当然，或许我们也可以进一步推测：士曾为居官者之通称，后来由于居官者之间的等级分化，士就成为具体掌事的中下层官吏的专称，上则与卿大夫相对而言，下则与庶人相对而言。官职任事说比低等贵族说的优越处在于，士之为士，不在于他有无爵位，而在于他能任官职事。因此说，官职任事说比低等贵族说更能表达出士之为士的根本特征。

那么，作为中下层官吏的士与同为居官者而处于上层的卿大夫相比，有什么关键性的差别吗？首先，士的权力和身份只来源于君主，直接处于君主的控制之下，士若失去职位就可能从劳心者沦为劳力者，也就是“食力”的庶人。这与卿大夫在自己封土内另有身份不一样，所以士要格外地恪其位，儆其官。《礼记·表记》云：“惟天子受命于天，士受命于君。”其次，与此紧密相关的是，士有禄田而无采邑。《国语·晋语四》云：“大夫食邑，士食田。”孙冶让在《周礼正义》中对采邑和禄田作了明确区别：“采邑、食邑，食其田并主其邑，治以家宰私臣，又子孙得世守之。禄田不世守，且仅食其田之租税而不得主其邑，各就近所属乡遂或公邑，王官治之。”[①] 这说明禄田带有俸禄的性质，士有职就有禄，离职则无禄。[②]之所以说这两个差别是关键的，是因为由此凸显出了士阶层在封建社会中的重要地位。如果说君臣之间的分化是政权与治权的分化，也就是说，君是政权之所有者，而臣是执掌治理之权者，那么，卿大夫与士之间的差别就是治权内部的分化。显然，有采邑的卿大夫

① 孙冶让：《周礼正义·大宰》“以八则治都鄙”条下。当然这是就一般情况而论，并不排除有例外：“凡命士有功德或功臣之后，亦间有采地。《祭法》注云：‘置都立邑为卿大夫采地及赐士有功者之地’是也。然士有采地者甚少，且里数亦大减，其余则惟颁禄田而已。”

② 以上关于士与卿大夫之差别的观点参见卜宪群：《秦汉官僚制度》，北京，社会科学文献出版社，2003。

与封土建国的诸侯一样都与土地资源有密切关系，而无采邑有禄田的士则是与其官位职事紧密联系在一起的，质言之，士的收入全部来自承担官职所得的俸禄。因此，与卿大夫相比，士对官职——也就是治权——的依赖性更大。借用黑格尔提出的“普遍等级”概念，我们可以做出如下断言：因为士直接由于其规定性而以治理为其本质活动的目的，所以，士就是中国古代封建社会中的普遍等级。[①]孟子曾说：“无恒产者而有恒心者，惟士为能。”（《孟子·梁惠王上》）可以说是一语道破了士所具有的普遍等级因素。以礼坏乐崩之前道统的最终落实——即治理之道或治道——而言，士作为一个“无恒产也能有恒心”的社会阶层，与治道的关系显然比诸侯卿大夫更为紧密，甚至可以说，具体掌事任职的士就是治道的直接承担者，因而也是道统的承担者。

然而，以士为有官职任事者的说法尚有不尽之处。章太炎《春秋左氏疑义答问》卷三云：“大夫皆已仕，士则皆容未仕者也。公之昆弟，虽不仕，亦未夷为庶人，故通以‘士’概之。”这就是说，贵族子弟中未担任官职者，也在士的范围之内。由此可以区分已仕之士与未仕之士。那么，仕进的条件又是什么呢？这个问题引出了士之为士的另一个重要特征。《汉书·食货志上》云：“学以居位曰士。”《谷梁传》成公元年言古有“士民”，杨士勋疏引何休语：“德能居位曰士”，又引范宁语：“学习道艺者”。正是通过学习，才能具备居官所需要的美德。由此可以看出，士与学有着密切的关系，仕

① 在现代语境中，黑格尔曾以在政府中供职的等级——亦即行政官吏——为社会的普遍等级，理由是，尽管这个等级的成员也来自市民社会，也是私人利益的追逐者，但是，由于其所从事的直接就是具有普遍意义的公共事务，而且其收入也完全来自于其承担公职所得的报酬，所以这个等级就超出了一般市民社会意义上的私人等级而成为代表普遍利益的普遍等级。对于普遍等级的定义，黑格尔说：“普遍等级（或者更确切地说，在政府中供职的等级）直接由于它自己的规定，以普遍物为其本质活动的目的。”见［德］黑格尔：《法哲学原理》，第303节，322页，范扬、张企泰译，北京，商务印书馆，1961。

进的关键就在于学，这也就是子夏所谓的“仕而优则学，学而优则仕”（《论语·子张》）的道理。[1] 实际上，贵族子弟而未担任官职者，正是所谓“学士”。[2] 至于所学的内容，一般认为就是所谓的“六艺”：礼、乐、射、御、书、数，也就是说，文事武功皆是士要学习的内容。不过，《礼记·王制》中说：“乐正崇四术，立四教，顺先王诗书礼乐以造士。春秋教以礼乐，冬夏教以诗书。”由此看来，士的教育还是更重文事。[3]

因此，“学以居位”其实是对“士”的一个最扼要的说明。士之为士的根本特征，关联于仕，也关联于学。人要想成为真正的士，学是必由之路。而士要想施展自己所学从而真正实现自己，仕是根本途径。学与仕统一于人成就自身为士的过程，也就是士成为士、士展现自身之本真所是的过程。如果说仕指向士之为士的目的落实，那么，学指向士之为士的能力要求，因为只有能力达到一定要求才能使目的得以落实。[4] 就此而言，士之为士的重心最终还是落在出仕居官上，因为进学成德最终还是为了出仕居官，而作为未仕之士的

---

① 对于子夏的这句话，郑玄在《论语正义》中解释说：“古者大夫士，年七十致事，则设教于其乡，大夫为大师，士为少师，是仕而优则学也。学至大成乃仕，是学而优则仕也。”而朱子在《论语集注》中解释说：“优，有余力也。仕与学，理同而事异。故当其事者，必先有以尽其事，而后可及其余。然仕而学，则所以资其仕者益深；学而仕，则所以验其学者益广。”可见仕与学之间的互动关联。由此还可以指出事情的另一方面：“仕而优则教，教而优则仕。”

② 对于封建时代的学士制度的简要考察，参见阎步克：《“士”形义源流衍变说略》，载《阎步克自选集》，193 页以下，桂林，广西师范人学出版社，1997。

③ 顾颉刚认为先秦史上存在一个从武士到文士的蜕化过程，遭到了余英时的反驳。参见余英时：《古代知识阶层的兴起与发展》，载《士与中国文化》，上海，上海人民出版社，1987。从士与学的密切关联来看，顾颉刚的看法也是不合理的。不过，以能武有力为士之主要特征这一点于文献有征，比如《荀子·子道》中记载了孔子的话：“虽有国士之力，不能自举其身。非无力也，势不可也。”这里的“国士”就主要强调了身体力量的强大。

④ 这里的“能力”泛指各种卓越的品质，就是古代语境中的“美德”。

学士，实际上就是潜在的出仕居官者。[①]

那么，孔子直面礼坏乐崩的实际处境，经过反思而挺立教统，对于士寄托了什么样的实践期许、又进行了什么样的精神改造呢？士的形象和地位从此发生了什么样的变化呢？从《论语》中我们就可以清楚地看到孔子及其门人弟子对士的精神的基本理解。正如前辈学者早已指出的，孔子对于士的一个核心规定是“士志于道”。需要指出的是，这个规定当然不是孔子以立法者的身份凭空做出的，而是在历史的反思中总结出来的。礼坏乐崩之前士作为治道的直接承担者因而也就是道统的承担者，所以“士志于道”恰恰说出了士的历史渊源。“士志于道”的基本规定也将真正的士与那些最终意在干禄的学者区分开来，于是我们看到了这样的说法：“士志于道，而耻恶衣恶食者，不足与议也。”（《论语·里仁》）“士而怀居，不足与议也。”（《论语·宪问》）

士谋道不谋食、忧道不忧贫的基本品质决定了士必须“据于德”。德禀自上天而能配天，为行道之必需，亦成己之至极，故“君子怀德”而“小人怀土”。由于在孔子那里，仁成为他所提倡的主要美德（cardinal virtue），所以士的品德也直接关联于仁，此可谓“依于仁”：“子曰：‘志士仁人，无求生以害仁，有杀身以成仁。’”（《论语·卫灵公》）“曾子曰：‘士，不可以不弘毅，任重而道远。仁以为己任，不亦重乎，死而后已，不亦远乎。’”（《论语·泰伯》）孔子对士的反思性重塑在孟子那里得到了继承和发扬，从字面上看孟子在孔子重视“仁”的基础上又强调了“义”：“王子垫问曰：‘士何事？’孟子曰：‘尚志。’曰：‘何谓尚志？’曰：‘仁义而已矣。杀一无罪，非仁也；非其有而取之，非义也。居恶在？仁是也。路

---

① 孟子说：“士之失位也，犹诸侯之失国家也。”又说：“士之仕也，犹农夫之耕也。”（《孟子·滕文公下》）只有认为士之为士的重心落在出仕一面，孟子的这些话才能得到合理的解释。

恶在？义是也。居仁由义，大人之事备矣。'”（《孟子·尽心上》）“孟子谓宋句践曰：‘子好游乎？吾语子游。人知之，亦嚣嚣；人不知，亦嚣嚣。’曰：‘何如斯可以嚣嚣矣？’曰：‘尊德乐义，则可以嚣嚣矣。故士穷不失义，达不离道。穷不失义，故士得己焉。达不离道，故民不失望焉。古之人，得志，泽加于民；不得志，修身见于世。穷则独善其身；达则兼善天下。'”（《孟子·尽心上》）

对于出仕居官为士实现志向之根本途径这一点，孔子及门人弟子也守之甚严：“子贡曰：‘有美玉于斯，韫椟而藏诸？求善贾而沽诸？’子曰：‘沽之哉！沽之哉！我待贾者也。'”（《论语·子罕》）“子贡问曰：‘何如斯可谓之士矣？’子曰：‘行己有耻；使于四方，不辱君命；可谓士矣。'”（《论语·子路》）子张曰：“士见危致命，见得思义。”（《论语·子张》）这也表现在孔门与隐者的区别上：“子路曰：‘不仕无义。长幼之节，不可废也；君臣之义，如之何其废之？欲洁其身，而乱大伦。君子之仕也，行其义也。”（《论语·微子》）如果说士的传统教育中的“六艺”更多地着意于治理的技术层面——亦即治理之术——的话，那么，正是出仕居官的实践使命要求士必须掌握多项技艺，此之谓“游于艺”。因此，概而言之，“志于道，据于德，依于仁，游于艺”（《论语·述而》）正表明了孔子对于士的精神、实践方面的期许。

由此可见，孔子对于士的期许仍然不外乎学与仕，但是重心却从原来的任官职事转为尊道崇德。上文已经说明，作为礼坏乐崩的积极后果，孔子挺立教统意味着道统从其客观化的落实形式转出了绝对化的落实形式。于是士的形象也因着道统的转移而发生改变：原来士是客观世界中治理之统绪的直接承担者，现在则成为绝对化的精神——也就是文化生命——的直接承担者。余英时在概括这一转变时说：“士阶层从封建身份中解放出来而正式成为文化传统的承担者。”[1] 就

① 余英时：《道统与政统之间》，载《士与中国文化》，90页，上海，上海人民出版社，1987。

本文所关心的问题而言，原来士直接受命于君，因为君受命于天所以士才成为道统之承担者，士是直接对君负责的，现在士直接就是天命在身者，直接就受命于天，直接对天负责。这一转变的一个重要后果是出仕的行为被明确赋予精神的意义，或者说是文化的意义，质言之，孔子将超越的道统承当意识贯注于士的精神之中，由此，对于真正的士而言，出仕的根本目的只能是弘道。于是也产生了对于出仕的明确反思和批判意识和以德抗位的独立、超越精神。[①] 从社会等级的角度来看，经过孔子重新塑造的士仍然以普遍事务为其本质活动的目的，因此仍然充当着社会的普遍等级。不过，道统意识的贯注使得士关心普遍事务的方式发生了变化，从原来的“在其位而谋其政”变成了无论是否在位都要“以天下为己任”，“以道自任”，而且还要有“知其不可而为”的精神。因此，如果说礼坏乐崩之前的士是一个执行性的普遍等级（executive universal class），那么，经过孔子重新塑造的士则成了一个反思性的普遍等级（reflective universal class）。而后世发展出来的、极大地主导了中国古代政治的士大夫阶层其实就是一个皆具反思性和执行力的普遍等级（reflective - executive universal class），从这个阶层与教统、治统的双重关系来看，也可以说是一个既超越又内在的普遍等级（transcendent - imma-

---

① 尽管出仕仍是孔子创立儒教的一个重要主张，但是，正是在道统的精神感召下出现了“不臣不仕”的主张。因此，《礼记 · 儒行》中一方面说：“儒有席上之珍以待聘，夙夜强学以待问，怀忠信以待举，力行以待取。其自立有如此者。”另一方面又说：“儒有上不臣天子，下不事诸侯，慎静而尚宽，强毅以与人，博学以知服；近文章，砥厉廉隅，虽分国，如锱铢，不臣不仕。其规为有如此者。”郑玄认为《儒行》为孔子所作，若果如其言，则孔子已有不臣不仕的思想。当然，到了战国时期，这种思想就更为普遍了。比如都曾讲学于稷下学宫的孟子和荀子就都有这样的思想：“孟子曰：‘古之贤王，好善而忘势。古之贤士，何独不然？乐其道而忘人之势。故王公不致敬尽礼，则不得亟见之。见且由不得亟，而况得而臣之乎’？”（《孟子 · 尽心上》）“志意修则骄富贵矣，道义重则轻王公矣，内省则外物轻矣。”（《荀子 · 修身》）对于孔子挺立教统之后士与君主之间发展出来的师、友、臣三种关系，余英时有明确论述，见《道统与政统之间》，载《士与中国文化》，100 页以下，上海，上海人民出版社，1987。

nent universal class）。

余英时在比较中国与西方古代社会中的治教关系时说："中国的道统包涵了宗教的成分，但并不是一般意义上所谓的宗教；它不具备有形式的组织。以'官师治教分'（章学诚语）的情况而言，它和西方文化中政教分立的状态未尝没有可以比拟之处。然而西方'国家'（state）与教会（church）对峙的局面则从来不曾在中国史上出现。不但如此，中国古代知识分子是从'封建'秩序中的'士'阶层蜕化出来的，他们也不能像西方专司神职的教士那样不理俗务。"① 值得注意的是他所说的"未尝没有可以比拟之处"。不可否认，孔子挺立教统，实际上就是将原来占据了一个客观世界的道统绝对化为一个宗教，而孔子所创立的教学团体实际上就是一种宗教性的组织形式，尽管这种组织形式不同于西方意义上的教会。本文对于治统与教统的区分就是着意于道统落实的制度化层面，因此像余英时那样断言"道统是没有组织的"，其实并不妥当。在以弘道为最终目的的教学团体中，师生关系以及由此衍生出来的同学关系构成了这个团体的基本结构，就像父子关系、兄弟关系构成了家庭的基本结构一样。实际上我们一直也是以父来比拟师、以兄弟来比拟同学的，而且同学师友也像父子兄弟一样成了人与人之间相当重要的伦理联系。② 既然家庭是一种社会组织，那么以师为主导的教学团体当然也是一种社会组织。③ 而且，也正是师与道之间的精神联系使得这种教学团体成为宗教性的。

我们常说的师道尊严，恰可概括师的宗教意义。本文就以此作结。在《孟子·梁惠王下》中引用了《尚书》中的话："天降下民，

---

① 余英时：《道统与政统之间》，载《士与中国文化》，100页，上海，上海人民出版社，1987。

② 比如方孝孺被明成祖朱棣"夷十族"，其中第十族正是由其朋友、门生构成。

③ 本文强调了孔子所立教统对于培养居官任职的士的重要意义，但必须指出，孔子提倡的是"有教无类"，孔子的师道是要将全人类的教化事业全部承担起来的。

作之君，作之师。”这是以君、师同为承担着特殊天命者。《国语·晋语一》中记载栾共子的话：“民生于三，事之如一。父生之，师教之，君食之。非父不生，非食不长，非教不知。”这是将父、君、师的地位同等看待。这就是后世“天地君亲师”观念的早期渊源了。韩愈在《师说》一文中说：“师者，所以传道授业解惑者也。”又说：“道之所存，师之所存也。”联系韩愈非常重视的道统观念，我们可以知道，他在这里是明确点出了师与道的关系，质言之，师之尊严正是来自于道。而章学诚对韩愈的《师说》并不满意，认为他“未及师之究竟”，于是也写了一篇《师说》，其中强调了韩愈文中所说的“传道”，而对“授业解惑”之语颇有微词。而且，在将“君、亲、师”并列之后，他进一步申论道：“知师之说者，其知天乎？盖人皆听命于天者也，天无声臭，而俾君治之。人皆天所生也，天不物物而生，而亲则生之。人皆学于天者也，天不谆谆而诲，而师则教之。然则君子而思事天也，亦在谨事三者而已矣。”①

① 章学诚：《文史通义·师说》，参见叶瑛：《文史通义校注》，317页，北京，中华书局，1985。

早期海德格尔对奥古斯丁《忏悔录》第十卷的阐释

王志宏

无论在西方宗教思想史上还是在西方哲学史上，奥古斯丁都是一位举足轻重的人物。“他的理论是……西方教会的一切事物的基础。”[①] 通过 Bernard of Clairvaux（明谷的柏尔纳）和波那文图拉，奥古斯丁对中世纪神秘主义思想产生了巨大的影响，并且使柏拉图主义盛极一时。路德是借助于奥古斯丁这个伟大的杠杆而走向保罗的，也正是由于这一点，奥古斯丁作为教父哲学家受到了新教传统的高度重视与尊敬。而在天主教传统非常浓厚的法国，笛卡儿、帕斯卡尔和整个冉森教派在一定程度上复活了奥古斯丁主义。在法国，主要是通过柏格森的努力，在德国，则是由于舍勒的杰出研究的影响，现代主义的天主教运动也不断地回到从奥古斯丁那儿汲取思想资源。用蒂利希的话来说：“我们可以追踪一个从奥古斯丁到中世纪的方济各会修士（the Franciscans）的思想路

① ［美］蒂利希：《基督教思想史》，164 页，尹大贻译，汉语基督教文化研究所，2000。

线，然后是宗教改革者，十七到十八世纪的哲学家，再后就是现代的宗教哲学。”①

深受天主教传统影响的海德格尔对奥古斯丁的著作投入了巨大的热情。早在1918—1919年他就打算开设一门关于中世纪神秘主义的哲学基础（奠基）的课程，在已经写就却未宣讲的讲座草稿中，我们已经可以体会得到奥古斯丁对于海德格尔的影响。到了1921年，海德格尔在夏季学期开了每周三学时的“奥古斯丁和柏拉图主义”课。这门课主要是对奥古斯丁《忏悔录》第十卷作逐字逐句的阐释，其核心部分在于对三种诱惑所作的现象学阐释。正是在对奥古斯丁的阐释中，海德格尔几乎制订出了后来在《存在与时间》之中他将之当作沉沦状态的生存论分析的所有详细节目。

一、海德格尔对于自己阐释奥古斯丁的意义的指证

我们注意到，早在1920年的讲座中，海德格尔就已经谈到“一个纯粹以自我世界为指向的有意义性沉沦到主要是从属地被共同引导之物的周围世界的并且在周围世界之中被冲淡了的层级之中。”②但是这种“沉沦”自身还是以停留在与生命自身的内在诱惑相对立的方式，在这里，还没有切中完全的“沉沦状态”。随着海德格尔本人的思想发展，我们可以逐渐深入地窥测到海德格尔以现象学的眼光解说奥古斯丁的“诱惑”的真正动机。

在《现象学的基本问题》（1919/1920）中，海德格尔提到，基督教是就事实性生命的确定的可能性而言的最为深刻的历史上的范

① ［美］蒂利希：《基督教思想史》，164页，尹大贻译，汉语基督教文化研究所，2000。

② Heidegger，GA59，S. 83.

型，也就是说基督教作为一种范型，“敷设了事实性生命的重心，并且把生命世界安置到自我世界和内在经验的世界当中。”[①] 稍后，海德格尔对这个问题作了进一步的论述，他说：“只有借助于自我世界的重新定位的这种新的突破性的根本动机，以下一点才是可以理解的，即为什么在奥古斯丁那儿有某种东西与我们相遇，譬如《忏悔录》和《上帝之城》。信仰，然后理解。活泼泼地活着你的自我。——而且首先是在这种经验基础之上，在你最终的和最完全的自我经验基础之上，认识才会建造起自身来。在‘我们的不安的心灵’中，奥古斯丁看到了生命的巨大的、永不停歇的不安宁。他赢获了一个完全的本源的视野，但是不是纯然理论地获得的，相反，是在他之中生活着并且把他表达出来。”[②]

在1922年的“那托普手稿”中，海德格尔对于奥古斯丁的思考的意义做了非常详细的说明。在那部非常重要的手稿中，海德格尔想要通过对亚里士多德的阐释揭示出一门彻底的现象学人类学。海德格尔的阐释的基调是解构希腊的－基督教的生命解释，松动被板结了两千年的传统，而要返回到源始基督教和亚里士多德的相关理解，开放出本己的事实性的生命经验，因为在他们那里的理解还没有受到希腊的概念机制的影响。在海德格尔看来，“着眼于事实性来看，今日处境之存在特征的各种决定性的构造作用力量的缠绕交织状态，我们可以简称为希腊的－基督教的生命解释。……路德的这种基本态度本身又起源于他源始地占有的保罗解释和奥古斯丁的解释，……而这就是说，在所有这些神学问题区域里从一开始就被设定起来的关于人和生命此在的理念，是建立在亚里士多德的物理学，伦理学和存在论的基础之上的，亚里士多德的基本学说也通过某种特定的选择和解释而得到了加工处理。同时，奥古斯丁也一道起着

① Heidegger，GA58，S. 61.
② Heidegger，GA58，S. 62.

决定性的左右，……当务之急是，从总体上把中世纪神学的科学结构，以及它的诠注和注解，理解为通过确定的中介而获得的生命解释。神学人类学必须回溯到它的哲学上的基本经验和动因；只有参照这些基本经验和动因，我们才能理解那种改造的影响力和方式，即一种以当时宗教的和教义学的基本态度为出发点的改造的影响力和方式。……为了从根本上为这些改造找到一种尺度，我们必须获得一种对于奥古斯丁人类学的阐释，这种阐释决不能仅仅以某种心理学和道德神学教科书为指导线索，从他的著作中摘录一些关于心理学的命题。这样一种对奥古斯丁的阐释必须根据其生命学说的存在论和逻辑学的基本结构来进行；这种阐释的中心，要从奥古斯丁关于贝拉基争论的著作以及他关于教会的学说出发来看待。在这里起作用的关于人和此在的理念指向希腊哲学，指向以希腊神学为基础的教父神学，指向保罗的人类学和约翰福音的人类学。”①

在海德格尔的视角转向亚里士多德——他在开设“奥古斯丁与新柏拉图主义”讲座的同时开设了关于亚氏《论灵魂》一书的讨论版并且接下来继续开设关于亚氏的讲座——之后，他也没有放弃对奥古斯丁的兴趣。海德格尔在马堡的第一门课（1923—1924）中的一个注释证明，在他看来，自己在1921年奥古斯丁讲座中已经指明的所有问题，他自己也没有中辍，而是循着其轨迹继续往前探索：“这已经表明，正如这个 alethes 沉沦为 verum（真理）和 certum（确定性），这个 agathon 在当代也经受了一个独具特色的沉沦过程，直到最后，它被确定为价值。关于这些关联，我在奥古斯丁讲座中，确切地说，是在对奥古斯丁的一些概念，如 summum bonum，fides，timor castus，gaudium，peccatum，delectatio 的分析中就已经指出了它最为关键的地方。在奥古斯丁那里，这些不同的可能性是以下列

① ［德］海德格尔：《对亚里士多德的现象学阐释》，载孙周兴编译：《形式显示的现象学：海德格尔早期弗莱堡文选》，94—97 页，上海，同济大学出版社，2004。

方式聚拢在一起的，对于中世纪和近代的作用力正是从他出发的。”[①]

直到《存在与时间》之中，海德格尔还在强调对于奥古斯丁的阐释对于他自己的哲学的重大意义。海德格尔在一个注脚中提到，“在前述的此在生存论分析中我们的目光指向‘操心’，这一目光之指向促使作者用在亚里士多德的存在论中达到的原则基础着眼来阐释奥古斯丁的——亦即古希腊－基督教的——人类学。”[②] 这里所提到的人类学就是海德格尔后来关于此在的准备性分析的绝大部分内容的前身。

海德格尔的这些陈述为我们提供了一把解读他的奥古斯丁解读的钥匙，从这里我们可以看出奥古斯丁在海德格尔的思想资源当中的地位和意义，但是更为关键的是，我们必须深入到海德格尔的解读之“如何”当中，而不能仅止于外在地叙述两种思想之间的关联，因为关联的本意也就是让这二者放在一起，显示其内在的“统一性”。

二、海德格尔对同时代人关于奥古斯丁阐释的批判

在详细展开自己对于奥古斯丁的阐释之前，海德格尔考察了当时几种非常具有代表性的关于奥古斯丁的理解。海德格尔的考察不仅仅是为了表明自己的理解是如何别具一格，与众不同，而是要以否定的角度来说明自己的任务的特殊性和彻底性。因为，一方面，他所考察的这些理解证明了奥古斯丁对于西方精神史的重大影响，另一方面，更为重要的是，由于19世纪批判的历史科学的兴起，以及教会史和教义史与基督教文献和基督教哲学史的萌蘖与壮大，奥古斯丁研究产生了完全不同的视角，而这些视角却存在根本的失误。海德格尔从众说纷纭的诸多视角选取了三种最具代表性的研究。

---

① GA，BD17，S. 276.

② Heidegger，Sein und Zeit，Tübingen，Max Niemeyer，1993，S. 199.

1915 年，特洛尔奇发表了《奥古斯丁，基督教的古代和中世纪:〈上帝之城〉跋》一文，在该文中，特洛尔奇从一种以一般的、普遍的历史为导向文化哲学的观点出发来理解奥古斯丁。他认为文化问题是这位基督教思想家的最大的问题。奥古斯丁的《上帝之城》是一种能够为文化哲学奠立基础的普遍历史，而所谓文化问题也就是指世界和文化产品如何与基督教救赎问题相适应的问题。特洛尔奇的这种看法是完全建立在他之前早已确立的宗教史的方法的基础之上的。对依照这种方法的理解，宗教观念的形成的研究和表达，来自于对于一种确定神学教义学的背景，而那种宗教观念必须从与当时的一般的文化境遇的结合中才能得到考察。因此，宗教史的方法必定是一种同时包含着社会史的方法在内的文化史的方法。

和特洛尔奇不同的是，哈纳克的理解建立在对于奥古斯丁的大量著作都十分熟稔的基础之上，而且他的理解必须从教义史的任务出发来理解。依照哈纳克所理解的教义史的问题域，真正的奥古斯丁不是想要发展和培育一种新的教义体系，而是要以个人的经验和虔信出发重新激活古代的教义体系，以及与此紧密相关，把新的基本思想与原罪说和荣耀说合而为一。因此，对于教义史的考察来说就产生了双重任务：一方面要表达它的虔信，另一方面表明它作为教会的导师的影响。哈纳克特别强调了第一个因素，并且根据他的真正的本己性把他刻画为“基督教的虔信的改革者”。是奥古斯丁在宗教中重新发现了宗教性，“他把宗教从团体形式和文化形式中导出，而导入到作为秉性和任务的核心当中”。

第三种有代表性的学说是狄尔泰在《精神科学引论》第一卷（1883）中提出来的。狄尔泰想要为精神科学奠立基础而发现了现代认识论的历史发展，由是而把知识的本性追溯到描述心理学之中，追溯到自我沉思，内部知觉意义上的“经历”（Erlebnis）之上。在狄尔泰看来，基督教改变了心灵的生命。心灵生命转向了它自身，通过对于耶稣的伟大的人格典范，人性当中出现了一种新的生意

(Lebendigkeit)，随着基督教的出现，被仅仅理解为对于外部世界的模写和反映的那种古代科学的局限被克服了：心灵生活变成了科学的问题。在狄尔泰看来，上帝通过在历史的现实性中启示自身（救赎历史），而与柏拉图的理论的超越性一刀两断，并且进入到与经验的关联当中。正是在这一点上出现了历史意识的本源。

在对奥古斯丁的意志经历进行分析时，狄尔泰看到了与之相同的东西，在奥古斯丁那里，意志和认识最终都不可避免地成为实体的本质的特征。人类的心灵是可变的，它必需一个永恒不变的基础。这就是对上帝存在的内部经验。狄尔泰认为，奥古斯丁想要寻求的东西已经被康德和施莱尔马赫找到了。海德格尔认为，在这里，狄尔泰完全误解了奥古斯丁。

在对以上三种理解进行讨论之前，海德格尔提出了历史客观性问题。对这三种理解进行阐释根本无涉于哪一种阐释是“客观地正确”的问题，不是一个文化史、教义史和科学史的问题，因为这样的阐释都是在特定的态度方向上的阐释。问题的关键在于开启对于在其中起作用的历史经验和出现的问题的细节的一种实行意义的理解。于是，我们要考虑的问题就有两点：一是通达意义，二是通达的开端和通达实行。

海德格尔一针见血地指出，尽管在每一个具体的阐释中占主导地位的内容是不同的，三种不同的阐释指向“奥古斯丁”这个历史对象的不同方面，但是它们的通达意义是同一个东西，他们都把它看成是一个对象，一个在规定好的秩序中的客观的关联中的对象。在特洛尔奇那里，奥古斯丁是一位伦理学家，在他的最广泛的、普遍史的框架中，奥古斯丁是为早期基督教文化作总结的伦理学家，而他的这种形象是在文化－哲学的框架基础上本质地决定的。这种框架关心的不是基督教的观念形成或者奥古斯丁本人，而是以一种文化哲学的眼光来看待的产生效果和贯彻执行的文化社会过程，也即一个客观的历史过程。和这种无所不包的解释框架和所有文化－

哲学定向的“思想深度”相应，这样一种表达总是游离于思想和关键词的最稀薄的边缘。由于缺少对于历史性生命的活灵活现的熟稔，也由于普遍性的挤压，这种表述必然只能对二手文献作一些稀释性的加工、整理。在哈纳克那里，奥古斯丁是被置于一种业已固定下来的次序关联之中的对象，在古老的基督教教会教义及其发展过程中的一个“重新”塑形者。在狄尔泰那里也如出一辙，他的阐释框架是欧洲文化中精神科学的发展历程。

在这三种历史的理解当中，占主导的审视的意义是这种把对象放在一个客观地被设定的历史的秩序关联之中来审视（Hinsehen），这种审视海德格尔把它称为客观历史的态度。这种态度所要表达出的东西中包含客观地描画出来的图像的对象意义，而通达条件就集中于如何调配、使用带入到问题中的那些规定性材料。

尽管他们对于奥古斯丁的理解的通达意义是完全相同的，但是它们的驱动基础又各有千秋。特洛尔奇关心的是带有某种确定特征的文化哲学，确切地说，他确信借助于以普遍历史为定向的文化系统，我们就能够改善当代的精神生命，尤其是宗教生命。哈纳克则有所不同，他关注神学信仰的理解问题。他认为，批判的教义史研究可以显示出，这种理解是如何变成教会神学的。对于教义史的反思可以净化当代基督教的意识，通过把它从教义学的迷途中解放出来而推上一个新的平台。教义本来是对宗教现象的神学系统化和阐释，但是一旦它被教会法庭宣布为教条，它们就会成为将来的宗教和神学的指示灯。教会相信，教义不是神学的产物，而恰恰是启示的真理。狄尔泰的兴趣在于为历史性的精神科学提供一个基础或者建构，他有一个坚定的信念：如果我们能够从精神史的角度深入到客观的过去，那么我们就能够找到当代的精神生命的具体的任务。在这三种理解当中有一个共同的信念，相信历史上的事物总是会对现在有一种意义。

海德格尔努力划清自己的研究同上述这些研究的界限，他的研究和那些动机、驱动基础毫无关联。他强调一项有生命力的研究是一定要避免陷入在客观历史的考察中来看待一个本己地奠基于哲学－现象学之上的目标的。他本人的探讨既不是要勾勒出奥古斯丁的生平与著作的总体面貌，也不是要把他的作品理解为“人格的表述”。他的讲座的题目叫做“奥古斯丁和新柏拉图主义”，从客观历史的角度来看，这应该是追问新柏拉图主义哲学对于奥古斯丁的哲学－神学的教义学工作的影响到底有多大的规模，以何种方式发生。在利奇尔的神学影响之下，哈纳克就是以此为目标的，他追溯了教会教义的形成以及以基督教希腊化的过程为基础的教义的发展。狄尔泰的研究深受施莱尔马赫和利奇尔的影响，尽管这种影响难以辨识，他同样谈论了希腊形而上学和宇宙论对于内在经验的渗透，但是很可惜，狄尔泰没有给出一项坚实有力的证明，而且只要他的问题仍旧是在客观历史的关联的角度来把握的，那么，真正的问题就仍然没有被击中。

三、海德格尔对于奥古斯丁《忏悔录》第十卷的阐释

（一）

海德格尔强调之所以将该讲座命名为“奥古斯丁和新柏拉图主义”，只是因为他在出发点上把所谓的客观历史的关联问题当作探讨的主题，而事实上是借助这个问题最终导向一个具有根本意义的现象，这个现象在奥古斯丁时代就是在实行历史的处境中被决定性地规定的，而在这种规定中，我们自身依旧“承负”着这种现象：事实性生命。也就是说，在希腊形而上学和宇宙论的客观形态当中还存在着一个客观－理论的事情科学的意义问题，而对事实性关联的本质和内在经验的追问掩盖了一个更为根本的现象：“事实性生命”。

因此，新柏拉图主义和奥古斯丁的关系问题不是要表达古希腊与基督教之间的关系这个最为一般的问题中的某个特殊问题，而且这个问题中出现的历史关联对于“古希腊与基督教”这个问题而言也不是一个最为恰到好处的基础：奥古斯丁生于斯、长于斯的基督教早已浸染了希腊因素，而柏拉图主义中的希腊因素已经是一种希腊化和东方化了的东西。正如在狄尔泰那里一样，本来应该努力赢获的意义关联的通达反而通过问题的形成而被遮蔽了。

还有人把“奥古斯丁和新柏拉图主义”看作是一个讨论的一般问题的典型形态。如果历史的东西是这样得出的话，那么，考察的本己意义又将遗失。奥古斯丁和新柏拉图主义决不是一个心血来潮、随意设定的题目，在这项考察中，历史性（Historizität）被提升为本己的东西，今天，我们自身就置身于它的特殊的效果维度(Wirkungsdimension）之中。“历史击中了我们，我们就是我们自身”。他们身上真正历史的东西可以通过放大，显示为仍旧在我们今天活生生的东西和起作用的东西。今天的悲剧就在于认为，只要在历史实在的整全中客观地控制历史，我们就可以克服它的抑制性影响。这种观点诱惑我们以一种倒行逆施的和依葫芦画瓢的方式创造一种“新文化”和一个新时代。

这样一种设置问题的方式表明，我们在讨论奥古斯丁的时候不必把他思想中的神学因素和哲学因素离析得泾渭分明，这二者在它们的界限之中决不会相互混淆。海德格尔说：“毋宁相反，正是在回降到事实性生命的这两种典型的形成过程之后，应该：（1）从原则上指出，在两者‘后面’的是什么以及如何发生；（2）一个真正的问题域是如何从此产生的；所有这一切并非超一时间的，也不是为了建构一种可能到来的或者不会到来的文化，而是它本身就是实行历史的。”①

① GA，60，S. 173.

对于奥古斯丁的现象学阐释不是要理解他本人，或者从历史的角度把他归类。海德格尔的阐释的出发点以及整个阐释的核心都是奥古斯丁《忏悔录》第十卷。这一卷在奥古斯丁的这本书中具有特殊意义，在这一卷之前，奥古斯丁一直在叙述他个人成长的历程，叙述他如何从一个异教徒而最终皈依基督教的过程，而后，他又花了整整一卷的篇幅对他和上帝之间的关系做一次彻底的总结。这一卷既不是传记性质的，又不像之后的三卷讨论的是《圣经》里的问题，它关注的是奥古斯丁本人所理解的人的生存境况。

海德格尔注意到，奥古斯丁晚年“像一个严厉的法官一样”对于自己著作的彻底审查。在《重新审查》的序言中，奥古斯丁提到自己对于写作本身的严肃态度，“圣书上写道：喋喋不休者难免罪咎（箴言10：19）。……我很害怕圣书上的这一句，因为我著述繁多，我们不用怀疑可以搜罗出许多即使不是错误的，至少也可以认为是，或者让人相信毫无必要的段落。”关于《忏悔录》，奥古斯丁写道：“我的《忏悔录》共十三卷，其中谈到我的恶与我的善，颂扬上帝的正义与善，它们激励人去思考和行动。至于我自己，在我写作它们时它们已经对我产生了影响，在我阅读它们时，仍然会对我产生影响。别人如何看待这一切，那是别人的事。我知道，无论如何，它们极大地安慰了许多兄弟，并且仍然安慰着他们。这本书前十卷讨论的是我，后三卷讨论的是圣经，从‘起初，上帝创造了天和地’一直到安息日。”（创：1：1；2：2）。海德格尔强调，奥古斯丁晚年这些评论都必须从生存论的视角（in existenzieller Hinsicht）来加以阐明。如果《忏悔录》前十卷的目的“在于激励人去思考和行动”，那么，从这个角度出发，第十卷就很容易和其他卷次区分开来，因为在这一卷里他不再叙述他的过去，而是讲述他现在的状况：In ipso tempore confessionum mearum，quod sim[①]（在我进行忏悔的那个时刻，

① 《忏悔录》x3. 4.

我是什么)。在这句话里包含了海德格尔在整篇讲座里所要阐发的根本内容:一方面在上帝面前和在众人面前忏悔到底意味着什么;另一方面,“我是什么”在某种程度上预示了此后《存在与时间》当中此在的沉沦状态的生存论分析的主要内容。

(二)

奥古斯丁一开始就呼喊着上帝之名,想要弄清楚“在上帝面前忏悔”(confiteri)究竟意味着什么。写这本忏悔录的我到底是个什么样的人。上帝无所不知无所不晓;什么都不能对他有所隐瞒和遮掩,那么在上帝面前忏悔究竟是什么意思呢,对那些与之共同存在的人忏悔又是什么意思呢?我们能够理解一个人为了他自己的过去而忏悔,也能够理解恩宠对于一个最为虚弱不堪的人的帮助,使之走出绝望的境地。但是一个人向上帝报告自己的现在的状况又是什么意思呢?奥古斯丁给出的答案是,他要对他的兄弟揭示自身,为了他所“知道”的他自身而忏悔。忏悔问题最终归入到对于自己的认识问题。

人不是神,人永远不可能完全知道他自身,他也“忏悔”这一点。海德格尔指出,奥古斯丁的“Quaestio miehi factus sum”(我对我自己成了一个问题)表明奥古斯丁并没有像笛卡儿那样发现自我意识的绝对明证性。与在人与人之间的关系范围内理解(Begreifen)不同,信仰表明的是人与上帝的关系。理解和信仰分别具有不同的关联意义(Bezugsinn),而“忏悔”自然属于信仰的领地。虽然在人之中有人的精神不能穿透的东西,但是有一点却是确定无疑的,即是他爱上帝。当奥古斯丁追问“我爱你,究竟是爱什么呢”时,他在寻求一个什么东西值得被爱的答案。在海德格尔看来,“我爱你”是一个确定的生存论的阶段。

海德格尔认为阐释是一种带有确定性的特征的自我阐释,这种阐释是以这种方式进行的,即某个人在他面前变得对自我熟悉起来的那个东西不仅仅是一个空虚的“在……面前”，相反，正是他引导走向本己的阐释，使它成为完全特殊的东西。这里所说的特殊一方面具体地命名形式指引中的阐释的可能的阶段，另一方面指明忏悔是如何在它的基本的出发点（我对我自己成了一个问题）上被驱动的。从这种观点出发，我们才能把各种神学－哲学的著作把握为可以在共同世界的经验关联，以及周围世界的认识状态中被确定性地阐释的东西。在何种倾向上一种新的风格进入了神学概念，也就在何等程度上，这种倾向已经不仅向教会，而且向古希腊屈膝投降。

海德格尔发现，在奥古斯丁向一切上帝的造物追问“当我爱你时，究竟是爱什么呢”时，所有的造物都说它们不是人所要寻求的答案，它们只回答“是他造了我们”。奥古斯丁只能再次转向自身，问人是什么？他自己的回答是，人是一个外在的身体和一个内在的灵魂。但是二者决不仅仅是客观事物的二元合成的关系。二者也不是平行关系，因为内在的人（homo interior）能够提出问题，“他创造了我们”这个回答也是为了应答他的追问才给出的，而像动物这样的自然事物是不会以这种方式说话的，“animalia... interrogare nequeunt”（“动物不会发问”）。对这种判断着的发问者而言，内在的东西是被经验为人之中具有穿透性的，能够运动的和赋予生命的东西：灵魂，人身上生命的较好的部分，赋予生命。但是你的上帝是对你来说生命中的生命（Deus autem tuus etiam tibi vitae est）。

在这里，海德格尔发现了奥古斯丁对于人的本质的规定，而这种规定适可以和近代以来西方哲学对于人的本质的规定作对照。在奥古斯丁那里，人是会追问自己的存在的存在者，人的最根本的规定就是追问“人是什么”。但是，他的探讨并没有就此结束，而是在这个道路上继续开掘下去：人是生命。这个字绝不仅仅是词，也不仅仅是形式的概念，而是一种结构关联。海德格尔认为奥古斯丁提示了一个方向，奥古斯丁神学所指向的那种基督教神学人类学就是从这一方向出发的对于人之本质的追问。很可惜，从笛卡儿以来，对于人的自身的追问被彻底改变了方向，用海德格尔的术语来说，是一个“跌落的方向”①，因为笛卡儿所开启的现代哲学几乎完全把这个追问从自己的问题域中去除了。

笛卡儿稀释了奥古斯丁的问题。固然，奥古斯丁本人也提出了自我确定性问题和自我具有等问题，但是，奥古斯丁的问题完全是在实行的意义上提出的，它根本不同于后来笛卡儿的我思所要求的那种明证性。在《上帝之城》中，依照基督教的三位一体的教义，奥古斯丁提出了人的定义中的三位一体，把人看作是上帝的影响，所以同样具有那个最高的三位一体所具有的三位一体：（1）存在，我们存在着（esse）；（2）我们认识我们自身（nosse）；（3）我们爱关于我们自身的存在的知识（amare）。这三个规定性是奥古斯丁赋予人的本质的最为重要的规定。除此之外，我们不能被任何别的规定所欺骗，因为这是我最为确定的关于我们自己的规定，而这些规定就是对于前面“人是什么”的问题的解答。尽管这三者——我们爱存在，我们爱知识和我爱我们在其中爱着的那个爱自身——是确定无疑的，但是我们对于自己的存在的确定性并不等于说我们通晓了人生的一切，恰恰相反，我们对于我们的将来并不确定。海德格尔认为这里所说的自我确定性必须从事实性的存在的层面上来理解，因为只有出自信仰，这种自我确定性才是可能的。笛卡儿则不同，笛卡儿的我思当然也出自事实性的生存，但是它出自事实性生存中的跌落的倾向，因为这个我思的明证性是个现成存在的东西，我思处在一种隔绝的状态之中。

奥古斯丁关于人的本质的定义有两点特别值得注意，一是三位一体性，存在、认识和爱这三者从来都不是分离开来的，一定程度上，我们可以肯定，奥古斯丁把存在看作是最为重要的。存在不是一个需要反思才能够达到的东西，就像笛卡儿的“我思故我在”所

① GA. 60，S. 298.

作的那样，因为依照笛卡儿，我思是第一位。把纯粹思维看作是人的最核心的规定，这是近代的一个伟大而奇特的发明，正如我们的生活需要证明和推理才能够确证它的存在一样，都是荒诞不经的。其次是对于爱的强调。爱本身属于一种情感，这种情感联系着人和自己，人和世界，人和他人。这是一种人的本质里本来就具有的规定，这样一个规定是事实性的。

我们可以从这里看到海德格尔《存在与时间》中对于此在的定义的相似物。我们绝对不能把人定义为存在者，一个现成的存在物，一个人格，一个对象。这种定义自古有之，古希腊哲学和基督教人类学在很大程度上都没有在与存在的关联上来确定人这种特殊的存在者的本质。虽然在一定程度上，奥古斯丁也受到古希腊哲学的影响，但是，他把人定义为"追问自己是什么"并且最终从形式的结构上去追问这个问题，把人定义为自己的存在对于自己成了问题的存在者和从人与上帝之间的关联中去考察人的本质，以上种种不能说没有对后来海德格尔把此在定义为"除了其他可能的存在方式还能够对存在发问的存在者"① 产生影响。海德格尔的此在也是一个形式结构，而不是一个实体或者对象。

（三）

当奥古斯丁说上帝是某种"凌驾于"灵魂之上的东西时，他所说的灵魂绝不是指一种客观的被造物的观念，相反，除了他发现了一种附着于身体之上而又使身体运动的"力"，他还发现了另外一种力，这种力使得感性的知觉成为可能，并且分派每一个"器官"行使自己独一无二的职权，"命令眼睛不听，而耳朵不看；……通过这些不同的感官行动的我却是一个灵魂。我能超越于我的这些力之外；尽管马与驴也有这种力，但是它们却依旧只能通过它们的身体去感

① Heidegger, Sein und Zeit, Tübingen, Max Niemeyer, 1993, S. 7.

知。”(《忏悔录》, X, 7) 海德格尔认为, 在这里奥古斯丁已经赋予“凌驾于”这个概念以新的意义。问题本身也以上帝是否是这是那的问题转变成了我是否“在这里”——“凭借这一点”——“生活在其中”发现上帝的问题。[1] 动物没有上帝因之而被以某种方式前概念地发现的那理智, 海德格尔把这种理智称作“与作为客观的现成存在的手段的经验和作为与实行相关的阐释的经验相关的考察的往复、摇摆”。[2] 这种摇摆就是次序和对象关联的生存状态的突破的出发点, 而这种突破就是从事实性生命而来从具体的历史的生存状态出发理解的心理学, 或者对问题的阐释和把握。

在寻求记忆与理论态度在我们的灵魂(理智)中经验到的上帝时, 奥古斯丁祭起了记忆(memoria)的法宝。为了发现上帝, 我必须超越我的运动和感知这种动物性的力量而上升到另一个更为广阔的领域。“我要超越我本性的力量, 拾级而上, 趋向创造我的天主。我到达了记忆的领域, 记忆的殿廷, 那里是官觉对一切事物所感受而进献的无数影响的府库。”(《忏悔录》, X, 8)。记忆是“一个广袤无边而无穷无尽的内部领域”(penetrale ampalum et infinitum)。所有这一切都属于我, 但是我自己却无法把握它。心灵过于狭窄, 根本就无法包容它自身。记忆中包含着一切不在眼前的事物, 但是如果我们停留在记忆之中, 我们从记忆中叙述任何事物时, 事物就开始对我变得现在在场的了(gegenwartig)。

回忆是一种伟大的生命力(tanta vitae vis), 我自身就是记忆。而上帝是 Vera vita(真实的生命)。在这里立刻就会出现一个非常关键的问题: 我是在何处发现你呢? 难道我从一开始追问“当我爱你时, 我究竟是爱什么呢?”转变成了我在“回忆”之中发现你, 上帝? 当然不是, 因为即使羽毛鳞趾之类亦有可能有记忆, 而它们的

---

① GA. 60, S. 181.

② 同上注。

记忆只供它们寻求巢穴窠洞，我当然必须超越记忆之上去寻求你。那么，这里所说的寻找（Suchen）到底是什么意思呢？

海德格尔在前面谈到学习（discere）与理论的态度的关联，致力于获取知识，也就是致力聚集、排列记忆中七零八落的东西，使其成为现成在手、为我所用的东西的工作就是学习，海德格尔亦称之为研究（forschen）。这种研究“就是一种排序，它把所学到的东西，并且因此而被规定的东西排列在一种次序之中，以便能够轻而易举地与它们所熟悉的那种关注相遇”，[①] 也就是说，和一种相应的领域中的前概念意义相遇能够为一个事先就已经划定界限的次序所用。但是，寻找与此不同，如果我对于上帝一无所知，如果我不是在一定程度上具有你，我如何能够寻找你？为了找到正确的东西，我们必须具有我们正在寻找的东西，可是，即使我们所要寻找的东西摆在我们面前，我们若是视而不见，它同样是没有“找到”。所要寻找的东西不是一个客观的摆放在某处的现成对象，海德格尔说：“如果我们正在寻找的东西是逃避眼睛的东西，那么它就会在寻找和被寻找中对记忆出现。”[②] 具有上帝其实是一种与可能失去相关的具有，它时刻处于畏之中。寻找上帝永远都是一种可能性。

对于上帝的寻找根本不同于研究。遗忘根本不是对于记忆的褫夺，它有它的意向性的关联性意义。在前概念之中，上帝其实就是“生命之生命”。但是这并不意味着它有一种具有固定形态的、具体的、任意的意义，实际上，它有一种生存状态的运动的意义。在寻找上帝的过程中，不是我之中的什么东西要“表达”出来，而是它组成了我的事实性以及对于事实性的关心（Bekümmerung）。在这过程中，我扮演了一个完全不同的角色，我不仅仅是寻找由之开始的那个出发点，那个朝向某个位置运动的人，寻找在其身上发生的那

---

① GSA，60，S. 185.

② GSA，60，S. 190.

个人，而且寻找之实行就是它自身的事情。“寻找上帝”决不是要把什么东西表述出来，而是说，它自身就是出于关心而造成我的事实性。

在追问“我在寻找你，我的上帝时，我是在寻找幸福的生命。我将要寻找你，使我的灵魂生命着”（X，20）时，这个问题引导我们去寻找的其实是对于我们自己的生命的关心（Bekümmerung），只有切记地关注自己的生命，才是真正的生活着（生命着）。奥古斯丁想要定义的是如何才是幸福的生命，如何才能够寻找到幸福的生命，他关注的问题是在寻找它的过程中呈现出来的幸福的生命是如何在我们之中仍旧活生生的保持者，而幸福生命保持为活生生的方式揭示了我们所欲求的那个东西到底是什么。海德格尔注意到，奥古斯丁自始至终都没有从内容上去对幸福的生命做任何具体的规定，虽然他从一开始就反复提到幸福的生命，但是他一直没有从幸福的生命是什么这个角度对幸福的生命做出阐释，相反，这个问题突然中断了，取而代之的是另外一个问题，那就是：我们如何才能够达到幸福的生命问题。这个转向决不是出于有意无意的疏漏或者说奥古斯丁本人的游移不定，而恰恰是出于奥古斯丁对于幸福的生命的本质的独特认定，幸福的生命在于生命之实行，而不在于生命之内容。

奥古斯丁认定，幸福的生命只能是在我自己身上发现的东西，它是灵魂的一种重力或者倾向，灵魂拖拽着和指导着幸福的生命。它就像快乐一样，即使我很悲伤的时候，我也依然记得它。但是并不是每一种快乐都会给我们带来幸福的生命。虽然世界上的每一个人都会毫不犹豫地认为自己想要得到幸福的生命，但是并非每一个人都有足够强大的力量使自己最终具有获得这种幸福的生命的可能性。幸福的生命其实是一种意志、意愿，我们必须足够强大，直至有能力认识到幸福的生命到底是如何和我照面的。真正的幸福的生命只会向强大的意志和急切的愿望敞开，只会在这种意志和愿望之中崭露出自己的形象。它只有在关心（Bekümmerung）的压力下才会向我们扑面而来，成为我们的“对-象”。否则，它不可能在那个地方存在。那个自在地存在在某个地方的东西不是幸福的生命。

我们可以看到，幸福的生命其实就是经验之如何，所以说，它关切到每个人的自身，不可能像一个外在的对象那样从他人或者他处被发现的，即使我们寻遍整个世界的每一个角落也无济于事。拥有幸福的生命，它的实行，其实是一个永远和我自己相关的东西，所以任何一个经验到幸福的生命的人总是实行着地与之打交道。

但是也正是在这里，奥古斯丁暴露出了他自己的犹豫和不足。他把“寻找生命”和“关心生命”以及“寻找上帝”等同起来，但是他却在我们到底如何拥有幸福的生命这个问题上踌躇不决，因为在这里，从他对于回忆的态度之中可以看出，他还停留在古希腊哲学的某些框架之内，对幸福的生命采取了态度性的定向。我们对于幸福的生命的追寻，我们拥有幸福的生命总有可能跌落到我们对于“什么是幸福的生命”的知识之中。我们拥有关于它的知识（notitia）是在以下这种意义上说的：我们拥有它，我们以感官的方式观察到它，而且因此而快乐。我如何才能拥有幸福的生命的问题转变成了对于什么是幸福的生命的一个回答，而这个回答就是快乐（delectatio）。

在澄清在何种意义上幸福的生命是一种快乐时，奥古斯丁认为快乐是因真理而喜乐（gaudium de veritas，《忏悔录》，X，23）。这个真理概念来自于和奥古斯丁同时代的哲学，特别是柏拉图主义。奥古斯丁的真理概念非常复杂，不能简单对待，因为在这个概念里，我们同样可以发现古希腊哲学和源始基督教之间的争执与相互渗透。这里所说的真理和幸福的生命相关，它比起那个理论的确定意义上的真理来意义要更为基本。在海德格尔看来，这里所说的那种“普遍性”必须从历史性-事实性的角度来理解，必须在事实性生命的某个确定的层面来理解。当然，这个普遍性既是真实的，也在一定程度上受到希腊哲学的影响，但是最终必须回溯到生存的—历史性的统一性之中。在“因为真理而喜乐”中，他们经验到的是那种在生命中遭遇真理的喜乐。那么，问题是，他们是以何种方式遭遇真理的？这就让我们去追问奥古斯丁本人的宗教生命，已经作为真理的基督的神学意义。

虽然他们生活在朝向真理或者上帝的努力之中，但是，他们还不是处在真理之中。他们常常为各种庸庸碌碌的事情所吸引，那些事务使得他们逐渐失去真理。他们只能靠记忆中的某些和真理相关的东西生活。海德格尔在这里把基督教所说的光明（Lumen）解释成一个自身世界的、事实性生命中的确定的、生存论意义上的实行，而不是依照物化的—形而上学的方式来理解它。在事实性的生命中，人们总喜欢把自己所热爱的东西看作是真理，人们总在寻求一种从传统、时尚、方便、对于不安宁的恐惧，以及对于忽然跃入虚空的恐惧之中生长出来的东西，恰恰是这些东西会被人看作是真理。人既可能跌落到这种状态中，也可能从这种状态中振拔出来，首先把真理及其意义看作是朝向真理、上帝和生命的“运动”。在这里海德格尔看到了曾经在亚里士多德那里发现的真理概念的又一次闪现。奥古斯丁的真理概念一直在两个方向摇摆不定，一方面，真理根本就不依赖于内容，而是依赖于如何，依赖于我们朝向真理的那个运动，我们的事实性生命的过程。真理根本上是个生命自身展开的过程。

依照海德格尔后来在《存在与时间》里的论述，传统的真理观根本上可以用三个命题来表述：（1）真理的“处所”是命题（判断）。（2）真理的本质就在于判断同它的对象相“符合”。（3）亚里士多德这位逻辑之父既把真理看作真理的源始处所，又率先把真理定义为符合。[①] 符合论的真理观自亚里士多德以来在西方思想史上一直占据着绝对统治的地位，这个观点一直到胡塞尔也没有丝毫地动摇过。但是海德格尔在奥古斯丁的释读之中发现了一种真理观：真

① Heidegger, Sein und Zeit, Tübingen, Max Niemeyer, 1993, S. 214.

理原来并非和人的生命毫无关联的思想和对象，表现和物之间的肖似或者符合，而就是人寻求幸福的生命的过程，这样真理就不是和人的生命毫无关系的冷冰冰的东西，而是我们生命的根基。这个发现和大约同时在亚里士多德的哲学那里发现的去蔽的真理观有异曲同工之妙，这对于海德格尔本人的真理思想的展开的意义非同小可。

但是，另一方面，在提出幸福的生命就是"因为真理而喜乐"时，奥古斯丁同时提出了两点：对于幸福的生命的渴望和欲求，以及害怕、逃避受到欺骗。但是，如果这两点成立的话，那么对于真理的关心不就是更为彻底的，更加深深地植根于记忆之中的吗？那么，是不是就有可能他们更加热爱确定无疑的真理，给人带来安慰的真理，而不是热爱那寻找的过程？幸福的生命就是真理，而真理就是上帝本身，就是那个让我快乐的东西。但是上帝决不是一个物理的事物，而且也不是什么情感，或者有生命的事物，或者心灵。"你是我心灵的主宰，以上一切都自你而来，你永不变易地鉴临这一切。"（X，25）这里我们突然看到柏拉图主义对于奥古斯丁的影响，那个永不变易的鉴临着一切者就是最高的善。虽然亚里士多德把这种带有浓厚的柏拉图主义色彩的思辩带入到他自己对于上帝—最高的善—真理—幸福的生命的理解之中，我们还是看到这没有损毁奥古斯丁本人从源始基督教那里获得的基本洞见。

（四）

在对于《忏悔录》第十卷接下来的章节的解读中，海德格尔的主要目的是把奥古斯丁的思考中的事实性的生命的详细节日揭示出来。最高的善是永不变易的存在和真理，这些都被经验为喜乐（frui），相应地，所有其他的事物都被经验为使用（uti）。在解读过程中，海德格尔广泛地参照了奥古斯丁的各种文本中许多和 uti 与 frui 相关的部分，这二者被解读为操心（curare，Bekümmerung）的不同模式，同时也是和最高的善相关的不同的价值等级。奥古斯丁把事实性生命看作是从上帝自身而异化出去的，并且也是朝向上帝的。奥古斯丁的术语带有非常深刻的形式的意义，这种形式的意义使得它根本上不必专属于基督教。因此，我们可以看到，在这个文本中，信仰就是相信着的接受，期望就是渴慕着敞开，而爱则是投身于自身之中。

奥古斯丁认为，操心的目标就是喜乐，因为每一个人都力图进入到这种关心之中，而且思考着要达到他的喜乐。接下来，奥古斯丁认为生命其实就是一场诱惑。但是谁希望领受那种磨难（molestia）和军役（militia）呢？Molestia 这个词虽然不是事实性生命的完全的对译，但是它的确能够表现出事实性生命当中最内在的特征。生命是多艰的，但是民生之多艰是要我们承受而非享受的。承受就是我们最终克服诱惑的方式。与 contentia（节制）截然对立的运动就是逃避、分散（deflexus）到许多事物之中去。正是在这种 deflexus 之中，事实性生命从自身之中发展出了自己。但是事实性生命的基本特征仍就是 curare（操心，关心），这是一个非常中性的现象，也牵涉到操心者对于操心的处境的关心。因此，操心就有积极的方面也有消极的方面，也就有对于自身的真正的操心和虚假的操心，而后者就是后来《存在与时间》所叙写的日常生活中那种庸庸碌碌的状态。

在 curare 之中最为根本的现象是 uti（使用），这就牵涉到应付（gehen um）生命带给我们的东西和享受（frui）。Frui 的对象一般总是为了它自己的利益而被享受的，而不必牵涉到其他的东西，但是使用的对象则不然，它是为了其他的事物采取使用的，是作为实现其他目的的手段而被使用的。最终的不可变易、永恒的事物是可以享受的，但是，处于时间之中的事物确实为了用作达到其他事物而使用的手段。

因此，在奥古斯丁看来，享受上帝（fruitio dei）就是朝向生命自身的最基本的特征。因为和它最为相关的东西是美，所以，frui 就把最基本的审美契机融入到最高的善的意义当中。在这里，新柏拉图主义的影响就更为明显了：美属于存在的本质（《忏悔录》，27）。但是，对于奥古斯丁而言，享受上帝（fruitio dei）并不是像普罗提诺所理解的那样，在直觉中达到顶点，而是从源始基督教那里取来了事实性生命这个概念的印迹。最终，享受上帝来自于另外一个根源，它不同于生命，和生命正好是互相对立的。这当然源于奥古斯丁的一个很深的偏见，那就是，生命的目标是安宁，停息，休息。现在的生命虽然是由无休无止的劳作和操心组成的，但是在希望之中，它是由安宁组成的。在肉体中，它是由堕落，退化组成的，但是在信仰中，它是由重生组成的。海德格尔在对于保罗书信的解析中，就曾经特别提请注意，在保罗那里说到肉中刺的时候，那个肉体其实指的就是事实性生命自身，而不仅仅是欲望力比多。

海德格尔对于奥古斯丁关于享受和使用的讨论的解析为后来在《存在与时间》中讨论 cura 的根本特征规定了一个根本的方向。生命的基本方向，喜乐，来自于操心。但是生命当中充满着各种磨难和艰辛。据此，很多学者对于海德格尔哲学的神学意味大加批评，尤其是海德格尔认为这二者（uti 和 frui）构成了 cura 的最为核心的方面。其实，海德格尔对于人生的跌落和振拔，随波逐流和遗世独立是同样重视的，都把它看作是 cura 的必要方面。如果真正探入事实性生命的根本，我们就无法自欺欺人地说，那种艰辛和困苦不是我们人的本质中不可抹煞、不可视若无睹的方面。

在海德格尔看来，奥古斯丁所关注的诱惑问题其实也就是一个我如何实行我具体的和完全自身的经验问题：我如何做决断，面对诱惑，我必须做出决断：我到底是要在何种物的意义上认定自己的本质。正是通过诱惑，我们达到了这种根本意义上的历史的自我经验。这个诱惑联系到逃避到“多”之中，也就是说，跌落到事实性生命的意义的多重性之中。而我们可以看到，关心和艰难（molestia）构成了事实性这个概念的核心内容。

其实，价值理论的公理论的问题是和新柏拉图主义的最高的善的学说相关的，尤其涉及到我们如何接近这个最高的善的问题。在教父哲学之后很多解释保罗书信的神学家都特别偏爱援引希腊哲学为教义学做论证。这样就产生了一个叫做基督教哲学的东西，到了奥古斯丁的时代，这种做法已经深入人心，积重难返，几乎成了一种普遍的解经模式和思考模式，风气之下，奥古斯丁也难以免俗，在他自己的思考之中，带有非常深厚的这种公理论的色彩。海德格尔的目的就是要摧毁、解构这种公理论的通达上帝的道路，而寻求通过事实性生命经验通达上帝的模式。在它的实行中而不是在它的内容中对于事实性生命的关心为理解其他三种基本现象（诱惑，面对困难时的逃遁，被抛入问题中的自我）。事实上，寻找上帝时的忏悔特征是非常关键的一步，因为它把焦点聚集到对于上帝的经验之实行上，而不是依照客观的内容去通过感性观察上帝之上。如果我们在诸如忏悔这样的事情之中更加深入地思考在人的经验之中实行上帝的历史运动，那么我们就会离开上帝，走向上帝的缺席。这就是西方神学史上著名的“遁神”之说。我对于我自己成了一个问题，这就是把如何经验上帝的问题转变成了我如何看待自己的本质的问题。在这里，海德格尔揭示出一个非常独特而深刻的问题转变：上帝是什么——我如何经验上帝——人是什么，为了发现上帝我们必须离开上帝而回到我们自身。

（五）

接下来，海德格尔花了非常多的篇幅去几乎逐字逐句地解读诱惑的三种形式。“你肯定命令我谨戒淫欲，声色之欲和荣华富贵之欲。”（《忏悔录》，X，30）这三种诱惑的形式虽然带有非常浓厚的神学意味，但是仍旧难以遮蔽它自身就有的生命的不确定性。甚至关于一个人自己的不确定性的知识也是不确定性。在任何时候都没有人敢声称自己完全占有自己，这再一次反映了作为诱惑的生命的历史意义。诱惑决不是一种心理过程，也不是主观意识，而是必须被经验为事实性生命中的一个发生事件。此外，诱惑也常常指逃避到日常生活中：所以奥古斯丁强调，我们每天都要和日常的庸庸碌碌的生活作斗争。每日的战争就是那种丧失和赢回自我的战争。无论奥古斯丁对于日常诱惑的阐释多么细致，多么繁琐，但是最终根本有一条是必须从根本上把握的，那就是：奥古斯丁的理解一直是把这种诱惑放在基督教生命的实行的平面上。因为我们不是把诱惑看作是灵魂的能力，相反，它是实行的过程，这种过程为不同方向上的诱惑的理解奠立了基础。所以，对于诱惑的理解的前提就是理解这种经验自身的事实性。

海德格尔特别解释了第二种诱惑：声色之欲。他对这一诱惑的重视程度远远超出了对于第三种诱惑“荣华富贵的诱惑”。尽管涉及到的是同样的感官，但是严格地说，在视觉的引导下，这种声色之欲对于知识比对于感性事物有更强的嗜欲，它所喜好的不是肉体的快感，而更多的是它通过肉体带来的经验。声色之欲现在便成了认知的欲望，什么都想认识，没有任何限制，没有任何约束，没有任何界限，没有任何方向，这种欲望无穷无尽，不可遏制，与日俱增，其目的不在于自寻烦恼，而是为了试验和认识（X，35）。海德格尔对于这种好奇心的解释后来成为《存在与时间》之中对于“好奇”的解释的原型，在那里，海德格尔讨论了处于沉沦状态之中的常人受到诱惑，操劳寻视之际所表现出来的好奇：“这种看之操心不是为了把捉，不是为了有所知地在真相中存在，而只是为了能放纵于世界。所以，好奇的特征恰恰是不逗留于切近的事物。所以，好奇也不以寻求闲暇以便有所逗留考察，而是通过不断翻新的东西、通过照面的变异寻求着激动和不安。”①

这种好奇的出现不是由于我们从寻视着的操劳，不是由于我们

---

① Heidegger，Sein und Zeit，Tübingen，Max Niemeyer，1993，S. 172.

专注于那个用具世界，而是通过我们对于被生产出来的各种尘世间的东西消费。通过把它从一种非认知性的观看或者更确切地说，沉浸在繁华尘世的喧闹和奢侈转变为一种认识性的看，也就是对象性的看。其实，感官最源初的功能不是观看客体，站在对象的对立面细细打量事物。在好奇之中，其他感官通过模仿而使自己专注于看的事业，专注于把对象专门挑选出来看，从一个特殊的语境之中拿出，当作一个特殊的对象。尽管它打着知识和科学的幌子，但是事实上，它只是假知识，最终它并不和知识的内容相关，而只是和知识的实行相关。感觉性寻视着这个专注于感官享受的世界，而好奇则寻视着专注于观看的热情中的同样一个世界。这两种东西里面都没有自我，这个自我再也不再活着，而只是收到周围世界的刺激而被激活自己的生命，所以，只有在这个意义上我们才会说自我享受。这种诱惑随着第三种诱惑，荣华富贵的诱惑的出现而发生变化，在这种诱惑当中，自我自身第一次成为了“喜乐的终结”。

奥古斯丁对于第三种诱惑，对来自尘世的荣华富贵的诱惑的分析，是同耶稣基督自己所受到过的第三种诱惑相一致的，也就是限制在对于权力和荣誉的诱惑的分析之内。财富被看作是满足其中之一，或者全部三种基本的乐趣的手段。这种事情最终在于我们自己对于名誉的喜爱，但是很明显，在海德格尔看来，若是依赖于人类社会，那么，我们就不会再处于周围世界之中，而是处于共同世界之中。公共场合的形象的这种关心暗示了外在景象、事物的外观等等的连续性。只有在这种情况下，自身会把自身看作是在别人面前的自身，在对于别人的重要性中看待自身。

正如奥古斯丁自己所注意到的，这样一个自我承认来源于为他者所承认，无论在某个特定的社会处境之中，还是在某个人自身的生命之中，这都是绝对必要的。“别人的赞美往往跟随着、而且应该跟随着良好的生活和良好的行动。”（《忏悔录》，X，37）如果有人故意剥夺自己受到赞美的权利，那么很可能为了节制而走向疯狂。

但是，赞美和承认其实是受制于人类的丑恶、欺骗和可怜的。人的看法其实是有瑕疵的，不确定的，甚至是不真实的。赞美甚至比受到赞美要更好些。“即使不是恶人称心如意、受到赞美，也不是作恶者受到祝福，而是一人由于你的恩赐而受赞美，这人如果更喜欢自身受赞美，过于所受于你的恩赐，这也是不管你的谴责而受人赞美，这样赞美他的人优于受赞美的人。因为前者欣幸天主加给别人的恩赐，而后者却欣幸别人给他的恩赐，过于所受于天主的恩赐。”(《忏悔录》，X，36）这样一种恩赐并不真正地属于共同世界或者周围世界，而是属于自我世界。自我世界就是一个人自己的可能性和能力的各种可能性。它是一个人自己的能力的具体形式，一个人自己的过去和未来。在面对我自己的自我世界时，我自然认为我是重要的，这植根于对于我自己的关心和我自己的生命的关心，但是这种倾向包括对于爱赞美的诱惑，仍就是危险的。因为自我世界提出了甚至更为危险的认为自己非常重要的形式，甚至不惜自我欺骗。因为那些误导性的赞美而垂头丧气，这就意味着我希望别人对我自己的看法和我一样。如果一件事情能够让我自己高兴，在我发现它还能够让别人高兴时，我会更加高兴。

总而言之，这三种不同层面的诱惑都包含着一个非常典型的方式：那就是就我的自我而言，我如何失去自我，我如何通过自我探索找到自我。

海德格尔对于三种诱惑的讨论为他后来在《存在与时间》之中阐述沉沦状态的各种细节做了充分的准备。虽然这种诱惑在基督教神学之中来源于人的原罪，但是，在海德格尔的解析之中，诱惑不外乎是事实性生命的表现形式，是事实性生命本身就具有的倾向，我们常常会跌落到各种失去自我的情境之中。诱惑的结果就是我自己沉浸到各种脱弃生命的状态，为外物所役，根本迷失了本己的自我而不自知。

(六)

最后，我们要看看奥古斯丁的一个核心概念 molestia (trouble)。在海德格尔看来，molestia 这个概念必须和诱惑 (tentetio) 放在一起加以探讨，因为 molestia 就是整个的生命本身，而生命本身也就是诱惑。在诱惑之中，人之为人的那个东西最终得以显现。如果我们不是在诱惑之中得以知道何谓人，那么我们就无法认识人之为人的本质。

海德格尔把 molestia 解释为一种生命的负担，这种东西总是会让我们在生命过程之中跌倒，摔跤，我们的生命从来都不是一帆风顺的；对于这种负担而言最为特殊的是这样一个事实，就是 molestia 能够造成障碍，形成阻碍。在这个意义上，这个"能够"是由当下的经验之实行所构成的。而这也就是说，这种可能性产生了：更多的生命生活着；同时，也就有这样的可能性：更多的生命回到了自身。

这两个规定是相互共属的，不仅仅因为一种特定的生命存在之如何在这里已经被设定起来——我们之谈论 molestia 也全由于此而来，而且也因为最终，存在着一种在上帝面前的自我关心。我们从这里可以看到，海德格尔对于 molestia 的解释又一次把我们带回到现象学的阐释的大门口。在上帝面前的自我关心，对于人而言，是本质性的东西。生命存在之如何，在这里的意思是，生命，我的生命"存在着"，在这里给出了意义关联的方向。这两个规定的相互共属被海德格尔规定为是存在，认识和爱的相互共属，这种共属是决定性的。这里所说的世界性的对象也已经是有意义性，而认识以及爱，这三者共同构成了诱惑的可能性，但同时，它们也构成了作为我们以这种那种方式在其中生活的世界。

那么，第一个规定性"更多的生命生活着"意味着：事实性经验在更为完全的方向上实行。这里至关重要的不是对于所经验到的内容的完整性的关心，而是对于经验的方向——周围世界，共同世界和自我世界——的关心。这些方向越是完全，那么，这个完整的意义越是可以从历史的事实性的角度得到阐释。第二个规定“更多的生命回到了自身”意味着生命的存在在某种程度上就在于“它被拥有”这样一个事实中。也即是说，这意味着更多的生命经验在于它的更多的自我实行之中。因此，生命就是诸如 molestia 这样的东西能够在其中得到经验的东西，在那个在自身之中生活着并且回到自身的生命中，molestia 的各种可能性也生长了，这也就是那种其存在植根于彻底的拥有自身之中的生命。具有自身只是在实行之中，也完全是在历史的事实性之中产生效果。

但是，在它的特殊的自我澄清之中的彻底的事实性的具有自身中，具体的世界性的试验性的实行关联变得完全可见了，这也就是我们前面考察过的几种形式的诱惑。它们的可能性是由生命自身的本己的如何所决定的。Molestia 不是一种人的客观的装置、配置，是一个存在的东西那般的客观的性质。所有的希腊的异教徒的苦修都把人看作是一个客观的东西，基督教的苦修由于受到古希腊的影响，也基本上停留在这个范围之内。但是，事实上，molestia 其实是一种经验之如何，是具有自身的负担甚至威胁、障碍。这种具有自身其实也是实行那种对于自身的威胁和阻碍的东西，它也构成了具有自身。在具体而真实的生命之实行中，它也给出自身可能跌落的可能性，但是在它最彻底的自我关心中，它同时赋予自己最完全的、具体的、事实性的“机遇”以使自己抵达最为本己的生命的存在。

所以，在事实性的具有自身中，我们必须抵抗住诱惑，而抓住一个人的事实性此在的关心的本己的方向。所以，molestia 是依照事实性的经验之实行的如何中的具有自身之如何决定自身的。生命如何具有自身，如何如何能够具有自身，都是事实性地历史性的。海德格尔把 molestia 的含义分为以下四种。

第一种就是实行意义上的具有自身，也就是对于生命存在的关心。自我是至关重要的，无与伦比的。在自身关心中，在它的最自我的存在之如何中，自我形成了最彻底地跌落的可能性，但是同时，我们也可以看到重新赢得自我的“机会”，因此，我们的生命必须在某种程度上关注自己。海德格尔在这里已经开始使用“前具有”(Vorhabe）这个词来说明这种在生命中的具有，也就是存在之如何，事实性的存在。第二种含义是指在共同世界里的经验之实行，在这里，molestia 指的是在共同世界里渴望得到承认。第三种含义和事实性的经验相关，这是环顾四周和承认的模式。在这样一个世界里，我们不能拿主体主义和相对主义这样的词来判定这种经验，因为这种术语根本上是从一个根本不适合看这种现象的角度出发来评判的。最后一种含义牵涉到日常生活中的各种庸庸碌碌的活动。海德格尔在解释这些含义时强调这些解释总是在实行中驱动的事实性的解释。问题不是我们要把我们自己朝向一个“如何”，这个如何偶然地突出出来，而且在它自身之中形成。相反，那个“能够”植根于可能的文化史的真正实行之中，它对我们来说是历史性的和事实性的。这个能够在自身之中就包含了最本己的意义上的方向中的生存的客观性。

海德格尔对于 molestia 的解析是对于之前他自己所赢获的对于人与世界之间的关系的一次小结。我们在这里可以看到，molestia 一定程度上是对于诱惑的反动，如果说诱惑总是要把人带入到沉沦状态之中，那么 molestia 就是要把人带向生存。人正是在处于沉沦状态之时才有可能走向振拔。海德格尔把磨难和各种困难分派给事实性生命，这绝非偶一为之，也决非仅仅受到基督教神学对于尘世生活的规定的影响，虽然他本人深深赞同这种人类学指向事实性生命的特征。生命是凝重的，生命对于我们自身而言是一个负担，但是这并不必然像基督教神学那样得出结论说，我们必须抛弃生命，拥抱天国。彻底的现象学必定是无神论的，而且也决不是以某种神学的内容为前提的。神性的生活不在于我们预先设定神的存在或者通过反思来证明神的存在，恰恰相反，神性的生活就在于我们自己追问自己的本性，寻找我们的本己的自我之中。岂有他哉!

《现象学的基本问题》与海德格尔的思想“转向”

宋继杰

讨论海德格尔思想的“转向”不能不涉及所谓的从“存在与时间”到“时间与存在”过渡的问题；而要考虑“时间与存在”的问题又不能置《现象学的基本问题》① 于不顾，因为海德格尔明确指出本讲座乃是“《存在与时间》第一部第三篇（即“时间与存在”）的新阐明”，可见其在海德格尔思想发展史上举足轻重。尽管尚不能断言它是否完成了《存在与时间》② 中的“时间与存在”的规划，但也正因为此，它为我们诠释“转向”问题敞开了足够广大的想象空间：如果“完成”了，那么需要新的开端，“转向”就理所当然；如果“尚未完成”，那么更值得追究，何以尚未完成？是原有思路山

---

① 《现象学的基本问题》初版于 1975 年，本文依据 Albert Hofstadter 1982 年的英译本，*The Basic Problems of Phenomenology*，以下只在引文后的括号中注出英译本页码。

② Heidegger, *Being and Time*, trans. Joan Stambaugh, 1996；中译本《存在与时间》，陈嘉映、王庆节译，北京，三联书店，2006；以下简称 SZ，所标页码为德文原版页码，亦即中译本的旁码。

穷水尽而不得不“转向”吗?原有思路何以会山穷水尽?总之,海德格尔哲学的“转向”问题因为《现象学的基本问题》而可能潜藏了比通常所认为的更为巨大的思想“危机”和范式“变革”。

关于《现象学的基本问题》与《存在与时间》的关系的直接证据有:1976年海德格尔选择《现象学的基本问题》作为其《全集》最先出版的一卷,并且在卷首的一个脚注中明确指出本讲座乃是“《存在与时间》第一部第三篇的新阐明”(1,1);1977年《存在与时间》“全集版”在解释第一部的标题时说“依时间性解释此在(已出版的部分只包含这么多)和解说时间之为存在问题的先验(论)/超越(论)境域(对此参见1927年马堡讲座《现象学的基本问题》)”;“全集版”《路标》中“论根据的本质”的一个作者边注指出“整个讲座属于《存在与时间》第一部第三篇‘时间与存在’”。[①]

然而,《现象学的基本问题》本身和《存在与时间》一样是未竟残篇,没有完全实现预先的规划和承诺,这就让我们心生好奇,在“时间与存在”问题上,《现象学的基本问题》在《存在与时间》所规划的道路上究竟走得有多远?[②] 它的戛然而止,除了某些外在的原因(譬如课时的限制),是否根源于内在的学理困难,从而进一步导致所谓的“转向”?

《现象学的基本问题》与《存在与时间》的密切关联首先体现在其“导论”对于基本问题的开门见山的呼应上。现象学即存在论,存在论即现象学:“存在是哲学真正的和惟一的主题”(11),“讨论一般存在的意义的基本问题以及由之而生的诸问题构成在其系统安

---

① [德]海德格尔:《路标》,156页,孙周兴译,北京,商务印书馆,2000。

② Thomas Sheehan认为,严格上说文本本身只有4页涉及“时间与存在”的新阐明,宽里说也只有28页(441—469页),并且是提纲性质的。似乎过于悲观了;“*Time and being*”, 1925 - 7, in Martin Heidegger, *Critical Assessments*, Vol. 1, ed. Christopher Macann, London and New York, 1992, p. 30。

排与奠基中的现象学的诸基本问题的整体内容。”（16）这就表明，探究“时间与存在”不仅首先要讨论一般存在的意义的根本问题，亦即在逸出时间性的基础上对境域时间的现象学阐明，而且要把《存在与时间》仅仅隐然提及的对诸存在者之存在的诸性质、诸样式及其衍化的时间性解释作为现象学的不可或缺的基本问题来加以解决。而既然此在的存在领会乃是通达甚至解答基本问题的不可逾越的环节，因此《现象学的基本问题》以与《存在与时间》最后一段完全相似的口吻重申了此在分析的存在论意义：“诸如存在这样的东西是在存在领会中向我们显明其自身的，这种领会处于对诸存在者的一切行为的根基处。对诸存在者行为，就其本身而言，属于一种特定的存在者，我们自身所是的存在者，人的此在。那首先使得对诸存在者的一切行为成为可能的存在领会就属于人的此在。存在领会本身具有人的此在之存在方式。对于这一存在者，我们就其存在结构，也就是说在存在论上，所做的规定越是本源和恰切，我们就越能完备地在其结构中把握属于此在的存在领会，也就越能清楚而不含糊地提出这个问题：是什么使得这种存在领会根本上是可能的？我们是从何处出发，亦即，从何种预先所与的境域出发，来领会诸如存在这样的东西？”（16）事实上，此在的分析已经表明，时间性乃是人生此在之存在的意义，因此作为此在之源始构成机制的存在领会也必须基于时间性才得以可能，就是说，时间是对存在的领会得以可能之境域。通过从“存在”到“存在领会”、从“存在领会”到“时间境域”的回溯，《存在与时间》想解答却未曾解答的根本而又具体的问题——Temporalität des Seins——成为了《现象学的基本问题》的出发点，在其“导论”中获得了明确的规定：“我们借道时间（tempus）来解释存在。这一解释是一种时间特征的（Temporal）解释（就其功能之为存在领会的可能性条件而言，时间性是Temporalität）。作为借道时间来对存在意义的规定，存在论研究的根本主题乃是Temporalität。”（17）“时间性承担了是存在领会得以可能的任务，因而也就承担了对存在的主题化解释、对存在之环节叙述及其多重方式得以可能的任务；这就是说，承担了使存在论得以可能的任务。由此产生了一个关涉时间性的专门问题域；我们称之为 Temporalität。”（228）

不过，《现象学的基本问题》并没有直接着手解决《存在与时间》篇尾所表述的那个任务——基于境域时间去揭示使得对一般存在的逸出的筹划成为可能之逸出时间性本身的一种源始到时方式；甚至也没有直接触及现象学的诸基本问题。讲座第一部分对四个传统存在论题的现象学解构与其说是把我们引向存在论或现象学的基本问题，不如说是再次证明此在分析或生存论存在论的必要性与基础意义。尽管海德格尔打算在这里提出并推进《存在与时间》的时间性分析并通过解答现象学的四个基本问题来阐明“存在的时间特征（Temporalität des Seins）”，但课程的大部分内容却只是对《存在与时间》已出版部分的概括，虽说这会给不了解《存在与时间》的听课者带来方便，[①] 但问题是实质性的进展始终微乎其微，这不是任何外因能够解释得了的；因此，在我们试图彻底澄清“境域时间”与“存在的时间特征（Temporalität des Seins）”的同时，必须对这条以“时间”为核心的思路所可能蕴涵的内在困难与限度抱有戒备之心。

对于海德格尔来说，从“存在与时间”到“时间与存在”，其实质在于从“Zeitlichkeit des Daseins（此在的时间性）”到“Temporalität des Seins（存在的时间特征）”，而后者的根本则在于从“逸出的时间性（ecstatic temporality）”到“逸出－境域统一的时间性（ecstatic－horizontal temporality）”或即“境域的时间性（horizon-

① Herrmann 持这种看法，Friedrich－Wilhelm von Herrman，*Being and Time and The Basic Problems of Phenomenology*，in Reading Heidegger，*Commemorations*，ed. John Sallis，*Bloomington and Indianapolis*，1993，p. 128。

tal temporality)”，因为后者总与前者相伴而生。

在《存在与时间》I. 2. “此在与时间性”中，海德格尔从“操心”前进到作为本源时间的时间性以便表明日常—现在—时间如何从本源时间凸显而出；《现象学的基本问题》则反其道而行之：(1) 从亚里士多德对流俗时间的决定性概念规定[①]一步步返回到“生存论时间性”和“时间性之逸出特征与境域特征”(§19. “时间与时间性”)；(2) 从此在的超越性出发引出作为存在领会之境域的逸出时间性的境域性图形，亦即“Temporalität”(§20. “时间性与时间特征”)；(3) 从时间性逸出之本源的境域图形出发解释现成存在意义上的存在，亦即基于“Temporalität”领会存在(§21. “时间特征与存在”)。

显然，在上述后两个步骤之中发生了《现象学的基本问题》对《存在与时间》的决定性的“出离”，诚然，也是海德格尔对前此一切哲学（特别是胡塞尔）的“出离”而免遭被误会为“生存哲学”或“意识现象学”的厄运的关键之所在。“超越性”概念就是这个分界点和出发点。我们知道，在胡塞尔的现象学中，超越性是在作为其哲学之“极点”的“意向性”概念之下获得理解的。海德格尔不否认意向性的本质地位，甚至《现象学的基本问题》的一个独特之处就在于强调了其讨论和胡塞尔意向性问题之间的连续性，但是，在讨论康德的存在论题时，他就指出了一切意向性本身的可能性条件在于存在领会；作为生存本身的一个维度，意向性只是一种与诸存在者相关的“存在者层次的超越性（ontic transcendence)”，它还应该奠基于一种与存在领会相关的“本源的超越性（primal transcendence)”。[②] 如果说胡塞尔现象学在意向性中看到本源现象，那

① 参见宋继杰：《海德格尔论亚里士多德的时间观》，载《世界哲学》，2006（6）。

② Heidegger, *The Metaphysical Foundations of Logic*, trans. M. Heim, Bloomington and Indianapolis, 1992, p. 153.

么海德格尔的作为“超越-科学”的存在论则是在本源超越性中看到一切存在者层次的超越性的可能性条件。[①] 从某种意义上甚至可以说，正是超越性构成了存在论，因为它首先关涉存在论差异或存在与存在者之间的区分。“借助存在与存在者的区别以及对存在的专题性显露，我们便原则性地出离了存在者之域。我们越过、超越（transzendieren）了它。我们可把关于存在的科学称为批判科学甚至先验（论）/超越（论）科学（transzendentale Wissenschaft）。……为了获得存在，我们越过存在者。在进行这种‘越过’时，我们并未再次迷失于似乎作为另一个世界遮掩在所熟知的存在者背后的一种存在者。关于存在的先验（论）/超越（论）科学与流俗的形而上学无关，后者处理所熟知的存在者背后的某种存在者；而形而上学之科学概念则同一于哲学一般之概念：批判的、先验（论）/超越（论）的存在科学，亦即存在论。”（17）ontological 与 transcendental 甚至可以互换，其根据就在海德格尔所发现的作为“超越者”的“此在”及其“超越性”。[②]

此在乃是“在一世界一之中一存在”，这一现象本源地显示出此在的本质之为“超出其自身”：仅当此在生存，世界才生存或存在；仅当世界在那里，仅当此在作为在世界之中存在而生存着，才有存在领会；仅当这种存在领会生存，世内存在者才被揭示为现成者和上手者。世界领会作为此在领会就是自身领会；自身（self）与世界是同属一体的，同属于此在，属于此在的构成机制的统一性，同等源始地规定了所谓的“主体”。《存在与时间》已经这样来把此在规

---

① 参见 Francoise Dastur, *The ekstatico - horizontal constitution of temporality*, in Martin Heidegger: *Critical Assessments*, Vol. 1, ed. Christopher Macann, London and New York, 1992, p. 173。

② 海德格尔似乎想以“超越性”来撇清与“先验的”或“超验的”等传统观念的关系；但能否撇得清却可能是个大问题。在我看来，“转向（Kehre）”就是要彻底抛弃“transcendental”，“前期”还不彻底。

定为“超越者（the transcendent）”；但海德格尔坦陈它对超越概念的阐明是不充分的，超越性与时间性的关系问题也未突显。①

中世纪神学把上帝这个彼岸的存在者作为“超越者”，近代认识论哲学则把处于主体领域之彼岸的客体或物自体视为“超越者”，都偏离了“超越”一词的本义，尤其是后者，实际上是把“被超越者”误认为超越者。海德格尔认为，真正意义上的超越者是且只能是此在，而且借助于此在这个超越者我们才首次达到“超越性”之真正的存在论意义。

源于拉丁文的动词“transcendere（超越）”的字面含义是“越过（to step over）”、“超过（to pass over）”、“穿越（to go through）”，偶尔也指“超克（to surpass）”；所以其名词形式“transcendens（超越者）”，乃是那个超过者、越过者本身，而非超越活动所指向者或我超过而达到的东西。“世界是超越者，因为，归属于‘在—世界—之中—存在’的结构，它构成‘跨越到……（stepping-over-to...）’本身。此在本身在其存在中是行超过的，因而绝不是内在者（the immanent）。行超越的诸存在者（the transcending beings）不是客体——物决不可能行超越或是超越的；毋宁说，在此在意义上被恰当领会的‘主体’是行超越的，超过着、越过着其自身的。惟独具有此在之存在模式的存在者才行超越，以至于事实上正是超越性在本质上刻画了其存在。”（299）因为此在以在世界之中存在为其构成机制，所以它是一个在其存在之中超出了其自身的存在者；认识论哲学看不到这一点，就将这个“超越者”颠倒为“内在者”。“超越（transcending）”并非惟一地或首先意指主体对于客体的自行相关活动；“超越性”毋宁是说“从一个世界出发领会其自身”（300）。

对于认识论哲学来说，主体“内在而超越”，亦即从“自我”

① 仅《存在与时间》第六十九节 C“世界之超越之时间性问题”三页篇幅。

或“我自身”向“对象”或“客体”过渡，“自我”自笛卡儿以来一向被视为“阿基米德点”；海德格尔则激进地主张，惟独其存在论构成机制本身具有超越性的存在者才有可能具有“自我”，也就是说，此在的自身性（selfhood）以超越性为前提并奠基于超越性，此在并非首先是一个“我自身”，然后才去超过某个他物。此在并不蕴涵一个实体性中心作为超越活动的出发点，相反，他以超越性为其可能性条件。对于莱布尼茨的“单子没有窗户”的合理解释是：窗户对于此在来说是多余的，因为此在根本不在屋子里！此在的超越性表现为“向自己存在（being - toward - itself）”、“同他人共在（being - with others）”和“即上手者和现成者而在（being - among - the - extant）”三个统一为“在世界之中存在”的结构要素。作为超越者的此在其超越性使得它本身就能够对作为现成者或他人或他自身的存在者有所行为，“此在其本身就是对……敞开；敞开性属于此在之存在。此在乃是其‘此（Da）’，此在与其中自为地在此，他人于其中共同在此，上手者与现成者于其中来照面”（300）。

海德格尔进一步断言，此在的超越性以时间性的逸出特征为其可能性条件。“逸出”作为时间性或本源时间的第一特征①充分体现了“时间不存在但时间化其自身（time ‘is’ not, but temporalizes itself)”② 这一主旨。将来、曾在与当前之本源统一被称为时间性；时间性时间化其自身于将来、曾在与当前的各个统一之中；时间性的生存论意义则是“预期 - 将来”、“持留 - 曾在”、“当前化 - 当前”。这意味着“将来”的本质在于“向 - 自己 - 而来（coming - toward - oneself)”，“曾在”的本质在于“回到……去（going - back - to）”，“当前化”的本质在于“即……而在（being - with）”；因此，时间

① Heidegger, *The Metaphysical Foundations of Logic*, trans. M. Heim, Bloomington and Indianapolis, 1992, p. 198.

② 同上书，p. 204。

性就显示在"向……而来（toward-）"、"回到……去（back-to）"、"与……相即（with-）"这三个介词里。而这三者又决定了时间性是"外于其自身"的，或者说，作为将来、曾在和当前的时间本身就是"出离的"："作为将来的，此在向着其过去曾是的存在能力出离；作为过去曾在的，此在向着其曾在性出离；作为行当前化的（enpresenting），此在向着其他存在者出离。作为将来、过去和当前的统一体的时间性并不只是偶尔把此在带出去；其实，作为时间性，它本身就是'本源的外于其自身（the original outside-itself）。"（267）海德格尔借用与这种"外于其自身"或"出离（carrying-away）"相应的希腊词 ekstatikon 而把时间性的这一本质特征命名为"时间的逸出特征（the ecstatic character of time）"。这里借用 ekstatikon 所要强调的是时间本身的无主体、无中心的纯粹超越性：不是说先有个"将来"（或"曾在"或"当前"），然后它才逸出其自身；相反，将来在其自身之中作为"向……而来（toward-）"就是出离的、逸出的；将来、曾在与当前无非是时间性的三重逸出样态。在这个意义上说，没有"逸出"，也就无所谓"时间"了，同时"逸出"最能够体现海德格尔革命性的"时间"概念中的"Zeitigung（temporalization，时间化，时机化，到时）"意义——最本源的"运动"现象。①

"逸出（ekstasis）"的纯粹性、原发性使得它与新柏拉图主义所谓的精神出离自身和太一合一的神秘状态②毫无关系，而与源自拉丁文的"existence"之为"生存"近缘。我们也已经看到，时间性的展开之为"向……而来（toward-）"、"回到……去（back-to）"、"与……相即（with-）"，与此在的"超越性"的"生存"之为

① Heidegger, *The Metaphysical Foundations of Logic*, trans. M. Heim, Bloomington and Indianapolis, 1992, p. 198.

② Plotinus, *Enneads*, VI, 7, 32. d.

“向自己存在（being - toward - itself)”、“同他人共在（being - with others)”和“即上手者和现成者而在（being - among - the - extant)”在结构上完全吻合；这种吻合绝非巧合，恰恰是因为逸出时间性对于超越性的奠基意义。

如果海德格尔的时间解释到此为止，那么这里的时间就不仅没有超出《存在与时间》的核心的“Zeitlichkeit des Daseins（此在的时间性)”，甚至有可能被误会为向胡塞尔的“内在时间意识”的倒退。显然，仅由逸出的时间性所显示的超越性还不够超越。实际上，海德格尔在《存在与时间》第六十九节C“世界之超越的时间性问题”中已经把问题摆出来了：“像与此在相统一的世界这样的东西在存在论上是如何可能的？世界必须以何种方式存在，才能使此在作为在世界之中的存在生存?”[①] 这就是说，“Zeitlichkeit des Daseins（此在的时间性)”在“时间”上使世界成为可能，而“世界”又会以何种方式从“时间”上回应此在的超越性？就此而言，“存在的时间特征（Temporalität des Seins)”乃是“世界”反过来使此在的生存成为可能者，它显明为时间所具有的第二个特征：“境域特征(horizonal character)”。《现象学的基本问题》相当谨慎地展开了《存在与时间》未及详论的课题，但其迈出的步伐远低于预期，因为其中的关键恰恰就是“时间与存在”的中心筹划。

海德格尔认为，本源时间性的这种逸出特征不可分离于每一逸出所具有的境域特征：“每一重逸出在其本质中都包含了一种形式化意义上的向某物出离（a carrying - away toward something)。每一个这样的出离本身都是敞开的；一种随‘外于其自身’而被给与的独特的敞开性（openness）归属于逸出（ecstasis)。每一逸出在其自身之中以某种方式向之敞开之所，我们称之为逸出之境域（horizon of the ecstasis)。”(267)“境域乃是逸出本身之外于其自身所朝向之敞开

① SZ，364。

域。出离活动敞开此境域并将它保持为敞开的。作为将来、曾在和当前的逸出统一，时间性具有一个通过逸出得到规定的境域。作为将来、曾在和当前的本源统一，时间性本身就是逸出性地 - 境域的（ecstatically - horizonal）。”（267）所谓“境域的”是说“通过一种随逸出其自身而被给与之境域得到特性描述”。逸出的 - 境域的时间性既是此在的存在构成机制之为超越性的可能性条件，也是时间之时间化或流俗时间从本源时间派生而出之可能性条件。就前一方面而言，“时间的逸出特征使此在的特殊的超越特征、超越性得以可能，从而也使世界得以可能。由此我们获得关于世界与时间性的最核心规定，时间性的逸出（将来、曾在和当前）并非仅仅出离着，仿佛向虚无出离、出离到虚无。相反，作为‘向……出离（removals to...）’，从而因为其各自的逸出特征，它们每一个都拥有一个由出离样态，亦即将来、曾在和当前的样态所预先划定并归属于逸出本身之境域。每一逸出，作为‘向……出离（removals to...）’，有一个对出离之何所至（where to of the removal）的形式结构的预先划定，同时在它自身之内又来归属于它。我们把这个‘逸出之何所至’称为逸出之境域，或更确切地说，逸出之境域性图形（horizonal schema of the ecstasis）。[1] 每一逸出在其自身之内都有一个完全确定的图形（schema），这图形与时间性时间化其自身的方式亦即三重逸出样态化其自身的方式相配合而样态化其自身。正如三重逸出在其自身之内构成时间性之统一，也总有其境域性图形的这样一种统一在那里对应于时间性之逸出的统一。在 - 世界 - 之中 - 存在之超越性，在其特殊的整体性中，就奠基于时间性之本源的逸出 - 境域的统一之上。如果超越性使存在领会得以可能，如果超越性又奠基于时间性之逸出 - 境域的构成机制之上，那么时间性就是存在领会的

---

① 关于 horizonal schema 与康德的关系，参见 F. Schalow，*The Renewal of the Heidegger - Kant Dialogue*：*Action*，*Thought and Responsibility*，SUNY，1992，pp. 155—166。

可能性条件。”(302)

逸出－境域之间的关系不可被等同于意向性中 intentio 与 intentum 或 noesis 与 noema 的关系，它们根本不在一个层次上，前者是存在论意义上的超越性，后者则是存在者层次上的超越性。关键是如何理解这个“horizon”? 许多中文译者将其译为“视域”、“境域”，而目前国内哲学文献标题所充斥的“视域”一词恐怕也舶来自海德格尔的这个“horizon”。但是，海德格尔明确指出，horizon，源自希腊词 horizein，最初与看视和直观活动根本无关，仅指限界、包围和圈封（the enclosure)；而 ecstases，也不是一种知觉或意识，更不是一种观看。①

每一逸出不仅出离而越过所有界限而且恰恰作为逸出而自为地划定界限。期望本身没有任何确定的东西，不能自为地决定什么可以被期望、如何被期望；但是出离本身却提供了某种东西，某种仅仅未来的东西，未来性本身，亦即纯粹的可能性。所以逸出本身不提供确定的可能性，但是它提供一般可能性之境域（horizon of possibility)，在此境域内一种确定的可能性可以被期望。但是，逸出越过每一个存在者，境域也非定位于主体领域；因此，“境域（horizon)”实际上是“乌有乡（nowhere)”，它不在任何地方，因为它不呈现任何确定的存在者；它既不在通常意义上的空间里被定位，也不在通常意义上的时间里被定位；It “is” not as such, but it temporalizes itself（它本身不存在，而是时间化其自身)。② “境域（horizon)” 在

① Heidegger, *The Metaphysical Foundations of Logic*, trans. M. Heim, Bloomington and Indianapolis, 1992, p. 208. 其实，在海德格尔这里，与汉语“视域”一词对应的应该是作为解释的要素之一的“Blickweite”，参见 Heidegger, *Phenomenological Interpretations with Respect to Aristotle*: *Indication of the Hermeneutical Situation*, trans. Michael Baur, Man and World 25, 1992, pp. 355—393。中译本见孙周兴编译:《形式显示的现象学：海德格尔早期弗莱堡文选》，上海，同济大学出版社，2004。

② 着眼于时间，horizon 可能不是个理想的术语；首先它有空间意味或表象性，其次即使就空间性而言，它作为“面”对“线”有所超出，但离“体”——“个体化”问题尚有距离；“转向”是否也意味着对 horizon 的克服?

"逸出（ecstasis）"中并随"逸出（ecstasis）"而显明其自身；正如noema之于noesis（意向活动之所意向）、sustema之于sustasis（聚集活动之所聚集）或sunthema之于sunthesis（综合活动之所综合），"境域（horizon）"相当于ecstasis的ecstema（逸出活动之所逸出）。① 正是出于这样一个思路，海德格尔将两个原本不搭界的希腊词组合成代表时间之本质的一对术语。

时间特征或逸出－境域统一的时间性乃是时间性本身的最本源的时间化，是存在领会得以可能的最终基础，因此证明时间对于存在领会的奠基功能和阐释存在者之存在的时间特征其实是一回事情。这样，正如康德将"先天综合判断是如何可能的"作为《纯粹理性批判》的总问题，看来，海德格尔也要着手解决"存在与时间"和"时间与存在"的总问题——在时间特征的基础上，存在的意义或存在领会或存在者之存在是如何可能的？不过，海德格尔在《现象学的基本问题》中实际上明确阐明了的只是，"对最切近的现成存在者之存在"——"上手器具本身的上手性"——之领会，如何植根于此在之时间性之逸出－境域的构成机制之中？为此，他提出并深究了作为器具当前化之逸出之境域图形的"Praesenz"及其褫夺性样式；未及讨论的是器具在其中被经验之其他时间图形及其褫夺性样式，非器具的存在者的存在的时间图形，以及最终，存在本身与存在一般的类比的统一性的时间性意义。

当我们与"器具""打交道"时，我们不仅已经领会其存在（它是什么——器具；它怎样——何所用），而且以一种时间性的方式将自身与此存在相关联：基于对这器具之功能的一种预期、通过居持它、我当下具有这器具，"从其时间性的视角看，这个'打交道'是在一种对器具关联脉络本身的持留－预期性当前化（a ret-

---

① Heidegger, *The Metaphysical Foundations of Logic*, trans. M. Heim, Bloomington and Indianapolis, 1992, p. 208.

antive - expectant enpresenting of the equipmental contexture) 中构成的”。海德格尔认为，器具之存在方式“上手性 (handiness)”及其褫夺样式“不应手性 (unavailability)”乃是这样一种基本现象的具体变式，这一基本现象从形式上可被刻画为“在场 (presence)”与“不在场 (absence)”，又可统称为“Praesenz”；如果上手性或器具之存在具有一种“Praesenz”的意义，那么这就意味着这种存在方式是从时间性上被领会的，是从逸出 - 境域的统一意义上的时间性之时间化出发得到领会的。(305)

“Praesenz”着眼于时间和一般时间性到底意味着什么？——它是作为时间性逸出态之一的“当前 (present)”和“当前化 (enpresenting of...)”的境域图形。时间性的三重逸出不是单纯地向……出离，仿佛出离的方向指向虚无或毫不确定；相反，每一重逸出本身都具有一个被它自己所规定并首先成全了逸出之本有结构的境域。“当前化 (enprensenting)”，将它所当前化者——那种在一“当前 (present)”中且为这“当下”而可能与我们照面的东西——筹划 - 投射到了“Praesenz”那样的东西上。当前之逸出本身乃是一种特殊的“超出其自身”——超越性之为筹划到“Praesenz”上去——的可能性条件；作为“超出其自身”的可能性条件，当前之逸出在其自身之中就有一个对此“超出其自身”的超而所往之处的图形式预先规划 (a schematic pre - designation)。由于此逸出特征并为其所规定而超乎此逸出之所在或一般的“超出其自身”之何所往，就是作为“境域 (horizon)”的“Praesenz”。“当前 (present)”在其自身中将其自身逸出性地筹划到“Praesenz”上。“Praesenz”不同于“当前 (present)”；但作为该逸出之境域图形的基本规定性，它参与构建“当前 (present)”的完整的时间结构。(306) 与“当前 (present)”之“逸出”具有“Praesenz”为其“境域图形”一样，时间性的其他两重逸出（将来与曾在）也具有其各自的境域图形。于是，我们看到，在一个极上，有三重逸出，在另一个极上，相应地有三重境域图形，其整体则构成逸出 - 境域的统一之为本源时间性。

基于"Praesenz"之为"当前（present）"的逸出性境域，所有在当前化中来照面的东西都被领会为"在场者（Anwesendes，presencing entity）"，亦即基于"在场性"被领会了。换言之，如果"上手性（handiness）"及其褫夺样式"不应手性（unavailability）"意指"在场（presence）"与"不在场（absence）"，那么世内来照面的诸存在者之存在就是从"Praesenz"上被筹划的，而这意味着根本上是从时间特征（Temporalität）上得到筹划的。"Praesenz"是我们领会"上手性（handiness）"及其褫夺样式"不应手性（unavailability）"的可能性条件；据此，我们便从时间性的逸出之本源的境域图形来领会存在。而所谓"Temporalität"无非是着眼于其本身的三重境域图形之统一的"时间性"，有别于其三重逸出之统一的"时间性"之为"Zeitlichkeit"。"器具"或"上手者"的"Temporalität des Seins"就是着眼于"Praesenz"之"当前"（the present with regard to Praesenz）；其源流关系可以图示如下：

作为逸出的境域图形的"Praesenz"

↓

"与上手者打交道"之时间性：持留的 - 预期的行当前化

（a retantive - expectant enpresenting）

↓

这一时间性的时间化："当前的逸出（the ecstasis of the present）"

↓

诸如上手者这样的存在者之存在：上手者的上手性

为了表明时间的逸出一极与境域一极在其关联中的区分，海德格尔用德语词称呼逸出一极，如 Zeitlichkeit、Zukunft、Gewesenheit、Gegenwart；用拉丁词称呼境域一极，如 Temporalität、Praesenz、Absenz。从“Present”到“Praesenz”、从“Ekstasis”到“Horizon”、从“Zeitlichkeit”到“Temporalität”，难免有“叠床架屋”之嫌，但海德格尔试图以此来超越“主观时间”与“客观时间”的两歧而合“外”“内”于一道之良苦用心却是我们必须领会的。

海德格尔认为在其逸出－境域的统一中的时间性或“Temporalität”[①] 乃是此在自身的超越性的可能性条件，从而也是一切以超越性为根基、以筹划为本质结构的领会的可能性条件；因此退一步看，时间性本身就是本源的自身筹划，领会的可能性条件就在时间性的自身筹划之中；时间性之所以能使一般的“Da（在此）及其绽露状态（unveiledness）”成为可能，恰恰因为时间性自身已经绽露于此（ist Da）。哪里有领会，哪里有筹划，哪里有“Da”绽露，哪里就有时间性露其端倪；所以海德格尔不无感慨地说，“时间”总在某个地方以某种方式“挤出来”[②]！

作为“自身筹划”的逸出－境域统一的时间性，因其逸出特征而使一切筹划、超越与领会得以可能，又因其逸出的境域图形而使一般的“何所往”、“何所至”成为可能，那么我们能否进一步追问这些图形本身被筹划向何处？答案是否定的。对诸存在者的领会向存在筹划，而对存在的领会则向时间筹划——这个前后衔接的筹划链条到时间性的逸出统一的境域（horizon）就算到头了！我们说过“境域（horizon）”的根本义是“界限”，现在，不仅时间的每一逸出态，而且时间性本身都以此为“极限”——这就是“时间的有限性（finiteness of time）”，一个必须积极肯定地去领会的概念：时间性的有限性不是此在的外在限制，而是其本己存在的本源和出发点，一切可能的筹划与领会的出发点，一个因其是内在的而使其自身的

① “Zeitlichkeit”应该已经被“Temporalität”所吸纳，正如 ecstasis 已经落实于 horizon。

② 英译本为“break through”，307 页。中译本译为“断裂”，421 页。

出离、超越和逸出成为可能之限制，正如死亡不是置此在于终点意义上的终结，而是其有限生存之基础。我们必须在此止步了，正如“日光”使得日常寻视得以可能，但我们不能再紧盯着“日光”追问“光源”，否则会灼伤我们的眼睛！

然而“境域（horizon）”的界限恰恰在境域之内，真正让海德格尔《现象学的基本问题》中的“时间与存在”的筹划止步的乃是那个统领与一切世内存在者的一切关联的“Praesenz”的境域图形的具体逸出形式及其褫夺性变样，亦即“在场（presence）”与“不在场（absence）”。

在器具的“缺失”与“惦记”中发生了从“当前化”到“无当前化”的褫夺性变更，或者从器具的角度看，出现了从“上手性”到“不应手性”或从“在场性”到“不在场性”的变更，“因此，并不是根本没有任何境域对应于作为一种特定的当前化的‘惦记’，而是当前的（praesenz 的）一种特殊变样了的境域。不在场（Absens）的境域图形归属于使得惦记得以可能之无当前化的逸出”，但是“对于从 Praesenz 到 Absens 的这种变样——在其中 praesenz 作为变样了的东西保持其自身——如果不深入刻画这变样一般之特性，亦即不深入到 Praesenz 的变样之为‘not’、之为‘否定的’，并且没有就其与时间的内在关联来澄清它，那么就不能更确切地被解释。”（311）

给作为“在场”之褫夺变样的“absence”也配置一个境域图形“Absens”，那可真是“叠床架屋”了！海德格尔清醒地意识到：“如果属于与上手者打交道之当前化之 Praesenz 的 Absenz 变样恰恰就是使上手者变得显眼的东西，那么就会面临一个根本而又困难的问题：如果我们形式化地将不在场（the ab－sensial）称为在场（the presaesensial）之否定，那么，难道一种否定性要素不正是在上手者的存在的结构（首先是上手性）中构成其自身吗？用根本性的术语来问，一个否定性的东西，一个‘not’，在多大程度上被包含在 Temporalität 一般之中并且同时包含在时间性之中？甚或可以这么问：

在多大程度上时间本身就是非/不/无/否（nullity）的可能性的条件?”（311）Temporalität 包含了一个仅凭 Temporalität 自身无法解释的现象。从 Praesenz 到 Absenz 的变样，从在场性到不在场性的变样是一种属于 Temporalität 本身（既属于当前之逸出也属于其他逸出）的变样，换言之，Temporalität 具有否定性、不/无/否/not、非在场化的特征，于是就产生这样一个问题：“这个不/无/否/not 究竟植根于何处? 更切近的考察表明，not，还有 not 的本质 nullity，同样只能借助于时间的本性才会得到解释，并且，只有从此出发，变样的可能性——例如从在场到不在场的变样——才能得到说明。当黑格尔说 being 与 nothing 是同一的，亦即相互归属，他毕竟未出根本真（理）之轨道。当然，更彻底的追问是，究竟是什么使得这样一种本源的相互归属（belonging - together）成为可能的?”（311 - 12）

20 世纪 20 年代末的海德格尔还无力去探索这片黑暗的区域，将存在解释回溯到时间性之为 Temporalität 和逸出之境域仍然仅仅是一种初步的准备。但是，既然问题已经来了，答案还会远吗?[①]

至此，从“存在与时间”到“时间与存在”，从“Zeitlichkeit des Daseins（此在的时间性）”到“存在的时间特征（Temporalität des Seins）”，从“Ekstasis”到“Horizon”，《存在与时间》所预期的目标最终实现了吗? 显然，对于所谓的“转向”问题的探讨根本上取决于对这个问题的回答。

统观海德格尔一生，其惟一的哲学论题是存在者的展开的“活 - 动”结构，就“人”而言是“活”是“生”，就“物”而言是“动”是“变”，“人”之“活”与“物”之“动”之间的或诸存在者之存在之间的类比统一性，亦即“存在之意义”或“存在之时间性”

① 关于不/无/否/not 的问题，《存在与时间》在讨论“罪责”时已经郑重提出（SZ，pp. 283—286）。但经过层层还原，从此在的生存到这里的时间性，不/无/否/not 终究是个难以消化和排遣的幽灵，最终成为形而上学的主题（见《路标》所载《形而上学是什么?》）。参见彭富春：《无之无化》，上海三联书店，2000。

或"存在之真（理）"或"存在之显明"等等，内在于所有这些名称中的共同的本质性的东西乃是这"展开活-动"所包含的"二重性"——"在场/呈现/无蔽"与"不在场/隐匿/遮蔽"。显然，他把传统哲学解释为致力于"在场/呈现/无蔽"，而他自己则要揭示内在于"在场/呈现/无蔽"中的"不在场/隐匿/遮蔽"，因为对他来说，"不在场/隐匿/遮蔽"恰恰优先于"在场/呈现/无蔽"——可能性高于现实性。他的入手处是作为"此在"的"人"，人之为此在能够借助于其自身超越性而同时与展开活动的这两方面相关联：人生此在的"先行于其自身存在（being - ahead - of - oneself）"与展开活动的"不在场/隐匿/遮蔽"相关联，而其"寓于世内照面的存在者的存在（being - together - with innerworldly beings encountered）"则与展开活动的"在场/呈现/无蔽"相关联。

在《存在与时间》和《现象学的基本问题》（包括《康德与形而上学问题》与《逻辑的形而上学基础》）中，海德格尔试图统合"存在与时间"和"时间与存在"这两个步骤而将存在的既"在场/呈现/无蔽"又"不在场/隐匿/遮蔽"的"二重性"从人生此在的"超越性"和境域的"时间性"中显示出来，① 具体做法是分析为存在的意义提供境域的此在筹划的时间图形，其根本依据则是"时间"的一体（"temporality"）两面性（"Zeitlichkeit"与"Temporalität"）所具备的中介功能。应该说这一程序本来无可厚非，但是这样一来他的叙述就已然承诺了"时间之为自身超越性"（此在的逸出的时间性［Zeitlichkeit des Daseins］）优先于"时间之为存在意义的境域性"（存在的境域的时间性［Temporalität des Seins］），而这又意味着"此在"优先于"存在"。这在很大程度上是一种先验（论）/超

① Heidegger, *The Metaphysical Foundations of Logic*, trans. M. Heim, Bloomington and Indianapolis, 1992, §12. "超越性与时间性（创生之无）"（Transcendence and temporality [nihil originarium]）对此作了概括。

越（论）（transcendental）的思维框架和“形而上学的语言”的后果。

到底是“存在”因为“此在”的既“在场/呈现/无蔽”又“不在场/隐匿/遮蔽”的自身超越性而具有既“在场/呈现/无蔽”又“不在场/隐匿/遮蔽”的构成机制，还是说“此在”因为“存在”本身具有既“在场/呈现/无蔽”又“不在场/隐匿/遮蔽”的构成机制而是自身超越的？对于海德格尔——即使是作为《存在与时间》和《现象学的基本问题》的作者的海德格尔——来说，答案是不言而喻的，因此必须“转向”，从而表明内在于存在者整体的展开活动，亦即存在本身的既“在场/呈现/无蔽”又“不在场/隐匿/遮蔽”的“二重性”，要对人生此在的筹划活动负责。人之为人，此在之是其之所是，不是通过决心成为他自己，而是进入他已经具有但“不在场/隐匿/遮蔽”的“能在”，这就是说，人生此在的自身超越性归根结底植根于展开活动的“不在场/隐匿/遮蔽”的维度且受其辖制。从“现实性的形而上学”“返回步伐”和克服主体性人本主义其实是一回事。但是，从一切形式的偏执于“在场/呈现/无蔽”的形而上学到一种侧重于“不在场/隐匿/遮蔽”的前形而上学的“转向”，凭着传统形而上学的先验（论）/超越（论）（transcendental）的语言是决不可能实现的。

《现象学的基本问题》的根本意义在于，尽管它没有实现海德格尔预定的“存在与时间”和“时间与存在”的总体目标，但是它是海德格尔从先验（论）/超越（论）（transcendental）的框架出发阐释存在的“活－动”的意义的最后努力[①]；《现象学的基本问题》的未完成恰恰可以作为我们探讨海德格尔思想“转向”的机缘：具体说来，它把“时间”与“境域”的先验（论）/超越（论）（tran-

① 参见 Thomas Sheehan，“‘Time and being’，1925－7”，in Martin Heidegger，*Critical Assessments*，Vol. 1，ed. Christopher Macann，London and New York，1992，p. 61。

scendental）意义发挥到了极致以至于同时暴露了其内在的困难和它们对于海德格尔总体目标的不适性。

这里，最关键的问题是，《现象学的基本问题》的时间理论达到了什么？还有什么是它所没有达到的？为什么没有达到？是不可能达到的吗？为什么？

作为对《存在与时间》的时间理论的一个不可或缺的、且是有效的补充，《现象学的基本问题》系统阐述的“逸出－境域统一的时间性”使得“存在与存在者的区别”的概念化把握成为可能；事实上，《现象学的基本问题》的首要意义就是第一次明确将其命名为“存在论差异”，尽管“存在与存在者的区别”在1919年战时补救学期讲座《哲学观念与世界观问题》已经萌芽[1]、在1922年的论文《对亚里士多德的现象学解释：解释学处境的显示》中有过清晰的演示[2]并且贯穿于整个《存在与时间》的建构。日常生活中我们总要对存在者有所动作，但并不一定将那种以某种方式被领会的存在者的存在明确地区别于这个被行为的存在者，更不用说肯定会彻底地概念化存在与存在者的区别了。事实上，存在本身也被视为一个存在者，并且也像存在者那样得到规定；这是西方自希腊以来通行的阐释存在的方式。但是，海德格尔表明，逸出－造境统一的时间性，不仅是超越性的可能条件，也是奠基于超越性之中的意向性的可能条件：基于其逸出特征，时间性使此在生存着与他者、与上手者或

---

① Theodore Kisiel, *The Genesis of Heidegger' s Being and Time*, University of California Press, 1993, p. 24.

② 海德格尔试图通过对作为一个现象的亚里士多德《物理学》的解释最终阐明在其“存在特征（Being－character）”中的“运动中的存在者（das Bewegtseiende, the being－which－in－movement）”或作为这种“存在特征（Being－character）”的“运动（movement）”，从而基于“运动”或“运动－存在”来表明存在（Being）之原初意义的存在论机制。海德格尔似乎暗示“存在（Being）”就是“运动”，“运动”就是“存在（Being）”，至少，“存在论（Ontology）”不再是关于“存在者（beings）”本身的存在论，而是关于运动着的存在者的存在方式——其运动——的存在论了！

现成存在者打交道成为可能，使他能够对他自身或他者或现成存在者有所行为；基于属于时间性之逸出统一的造境图形之统一，时间性使此在的行为活动所依赖的存在领会得以可能；由于时间性构成了以存在领会为其生存规定的此在的基本构成机制，并且时间构成了本源的自身筹划，因此，只要有此在，生存，存在就被绽露，存在者也被发现，存在者总是被领会为在其存在中的存在者。(318)但是，在此在的生存以及作为其可能性条件的时间性得到揭示之前，"存在与存在者的区别存在于此（is there/ist da)，潜存于此在及其生存之中……就是说，它具有此在的存在模式：它归属于生存。"(319) 现在，"存在与存在者之间的区别在时间性的时间化中被时间化（temporalized in the temporalizing of temporality)"(319)，所谓"时间化（Zeitigung/ temporalizing)"意思是"成熟"，"长成"，"结出果实"，就是说，海德格尔让"时间性""长出来""成熟结果"，而随着时间性得到揭示，潜在的就变成外显的了，存在论差异也"长出来""成熟结果"了！接着成熟结果的是作为"科学哲学"或"先验（论）/超越（论）科学"的"存在论"。看到《现象学的基本问题》最后说："时间乃是先验（论）/超越（论）科学、存在论的原初境域，或简言之，它是超越的境域。正因为此，《存在与时间》的第一部被标题为'依时间性阐释此在；解说时间之为存在问题的先验（论）/超越（论）境域'；存在论根本上乃是时间的科学（Temporal science)"(323—324)，我们不能不说，使"存在论"得以可能的"存在论差异"无疑是《现象学的基本问题》的时间理论所达到的最首要的也是最终的成果。如果说海德格尔的讲座到此结束或有课时限制的外在原因，那么此讲稿就以这种形式付梓出版不会没有内在的理由。这个理由可能是：它完成了一个任务，但是接下来的任务却不是在它的思维框架里或以它的语言方式所完成得了的。那么，必先追问的是，接下来的是什么任务？为什么在它的思维框架里或以它的语言方式完成不了这个任务？

海德格尔在1962年的著名演讲《时间与存在》中明确指出接下来的任务是“不顾及存在者而思存在”：

> 我们应当如何实事求是地致力于通过上述“存在与时间”、“时间与存在”的名称而命名的实情？……存在与时间，时间与存在，就叫做两种事情的关系（Verhaltnis），即实情（Sachverhalt），这一实情维系着（halt）这两种事情，并忍受着（aushalt）它们的关系。……关于存在者，我们说：它存在。……我们不说：存在存在（Sein ist），时间存在，而是说：有存在（Es gibt Sein）和有时间。……因此就必须指出：存在是如何有（给出）的，时间是如何有（给出）的。在这种给出（Geben）中，应该如何去规定那种作为关系维系着存在与时间二者、并且产生（er－gibt）出这二者的那种给出。……要紧的是，在通视本真的（四维）时间中，从本有（Ereignis）处思到存在的本己境界中去，而无须顾及存在与存在者的关系。不顾及存在者而思存在，这就是不顾及形而上学而思存在。

所谓“转向（Kehre）”不仅指海学专家们从海德格尔著作中所察觉到的1930年前后的思想变化，而且首先是指海德格尔本人从一开始就意识到的论题的转变，亦即在《存在与时间》的原初筹划中的第一部第一篇、第二篇的“存在与时间”到第三篇的“时间与存在”的过渡，这是我们考虑所谓“转向（Kehre）”问题的立足点和出发点。关键是“时间与存在”论题实际上要求“不顾及存在者而思存在”，这在《存在与时间》第一部“依时间性阐释此在；解说时间之为存在问题的先验（论）、超越（论）境域”的框架之内是否可能？对于“存在者之存在的问题”，“时间”固然已经被阐明为其“transcendental horizon”，但是对于无关乎存在者的“存在的问题”，这里的“时间”还能够是其“transcendental horizon”吗？但这样追问是不妥当的，仿佛惟独“时间”是成问题的，难道“transcendental”、“horizon”以及“transcendental horizon”就不成问题了吗？难道“transcendental”、“horizon”以及“transcendental horizon”不是只能和“时间”相应和吗？

在《论人道主义的书信》（1946）中，海德格尔提到了原有的思想与语言对于“时间与存在”的内容与方式的不充分性：

> 我们把《存在与时间》所谓的“筹划（Entwurf，projection）”理解为一种表象性的设定活动，那么我们就把它视为主体性的一项成就，而没有以“存在领会”在“在－世界－之中－存在”的“生存论分析”的语境中能够被思想之惟一方式来思想它，亦即，没有把它思想为与存在之澄明（the clearing of being）的逸出性关联（更确切地：在澄明中逸出的内立）。对于这种抛弃主体性的另类思想的充分实行和完成，因为《存在与时间》出版时第一部第三篇“时间与存在”的扣下未发而确实变得更为困难了。在这里，一切（值得思想的东西和思想之“什么”与“如何”）都被翻转过来了。这一篇之所以扣下未发，是因为思想无法充分地说出（让其自身显示）这一转向（Kehre），借助于形而上学的语言，它失败了。我的演讲《论真（理）的本质》，思于并讲于1930年但直到1943年才付印，对于从“存在与时间”到“时间与存在”的转向之思想提供了某种洞察。这转向并非对《存在与时间》的立场的改变，相反，在其中，探索着的思想第一次到达出来经验《存在与时间》的那个维度，亦即，在存在之遗忘的根本经验中被经验（被遗忘状态—lēthē［遮蔽］—遮蔽着—Entzug［隐匿］—Enteignis［失本］—Ereignis）。①

① Heidegger，*Letter on "Humanism"*，Pathmarks，ed. W. McNeill，Cambridge University Press1998，pp. 249—50.

尽管海德格尔本人没有明言，但是已经很清楚了，不充分的“思想”就是《存在与时间》第一部的标题“解说时间之为存在问题的先验（论）/超越（论）境域”所命名的东西，而所谓“形而上学的语言”恰恰是这个标题中或在此语境中的每一个语词，最首要的当然是“transcendental”、“horizon”、“时间”和“存在”——而《现象学的基本问题》也在这个标题之内运作并且被认为是其完成，以至于该书最后说：“时间乃是先验（论）/超越（论）科学、存在论的原初境域，或简言之，它是超越的境域。正因为此，《存在与时间》的第一部被标题为‘依时间性阐释此在；解说时间之为存在问题的先验（论）/超越（论）境域’；存在论根本上乃是时间的科学（Temporal science）”（323—324）。诚然，这个思想框架以及这些语词在一定范围内——在存在者之存在的问题的领域中，能够形成一个自洽的系统；然而，如果“存在的问题”指的是“无关乎存在者”的“存在”的问题，那么，这话说的就早了；至少在海德格尔后期著作中，这些语词不是消失了，就是彻底变了形。

为了充分地理解“转向（Kehre）”，我们必须表明，为什么这些在《存在与时间》和《现象学的基本问题》中以大号字体特别标出的关键词或主题词居然是“形而上学的语言”？

“后期”海德格尔以“Seyn”[①]，“es gibt”[②]，“Ereignis”[③]，“Sein ×”[④] 来替换“存在（Sein，Being）”已为学者津津乐道，从“时间”到“Zeit－Raum（时间－空间）”、“Zeit－Spiel－Raum（时间－

---

① 如《论根据的本质》（1928），Pathmarks，ed. W. McNeill，Cambridge University Press1998。

② 如《时间与存在》，载《面向思的事情》，孙周兴译，北京，商务印书馆，1996。

③ 如《哲学献集》，*Contributions to Philosophy*（*From Enowning*），trans. P. Emad & K. Maly，Bloomington and Indianapolis，1999。

④ *The Question of Being*，trans. W. Kluback & J. T. Wilde，NewYork：1958，p. 81.

游戏－空间)”、“Augenblicks－statte（瞬－间)”、“Ort（位置)”“Ortschaft（地方)”“Gegend（地带)”“Nahe（切近)”“Riss（裂缝)”“Fuge（接缝)”“Gefuge（组织接缝)”的微妙变化也有了深入的讨论。[①] 然而，这个标题中的“Sein（存在)”与“Zeit（时间)”在其后期思想中的变异是孤立的吗？“transcendental”和“horizon”不也难辞其咎吗？我们注意到海德格尔在1977年印行的《存在与时间》“全集版”第53页中给“纲要”中的第一卷第三篇的标题“时间与存在”加了这么一个边注：

> 关乎超越性的差异（Die transzendenzhafte Differenz)。/
> 对境域本身的克服（Die Ueberwindung des Horizonts als solchen)。/
> 转向进入本源（Die Umkehrin die Herkunft)。/
> 从这本源出来在场（Das Anwesen aus dieser Herkunft)。[②]

连肇端于胡塞尔的“horizon”都要被克服，更何况作为康德和后康德哲学之标志的“transcendental”呢？

无论它如何具有现象学的意义，“horizon”似乎难脱与“透视”相关的主体性意味，只不过在胡塞尔是“场外观”，在海德格尔是“场内观”；另外硬被套上“schemata（图形/格式)”的枷锁，动态的“horizon”平添了几分静态特征；而更要紧的是，“时间”之为“horizon”或“horizon”之为“时间”作为存在者之存在的可能条件

---

① 参见柯小刚：《海德格尔与黑格尔时间思想比较研究》，240—257页，上海，同济大学出版社，2004。

② Sheehan译为“当某人在存在者的存在性与存在本身之间作出关乎超越性的区分时，他就已经克服了境域性的透视——后者事实上基于主体性与存在性的相关性——并且已经转入本源，lēthē—alētheia从这本源生出。”见 *Time and being*，1925－7，in Martin Heidegger，*Critical Assessments*，Vol. 1，ed. Christopher Macann，London and New York，1992。

似乎仅限于显露其平面特征而无法呈现具有“立体”感的个体存在；这又意味着，为什么惟独“时间”可以充当“horizon”？如果“horizon”原本只指涉空间意象，那么说“时间”是“horizon”或“horizon”是“时间”，到底是“时间空间化”还是“空间时间化”了呢？也许，“时间”与“空间”根本不可相互还原，而只能共同到达一起嬉戏？

“transcendental”这个词首先让我们体会到的是海德格尔与胡塞尔和康德之间的“剪不断理还乱”的错综关系。有趣的是，恰恰也是这个词令中国学者在做汉语翻译时最感棘手，这绝非偶然！“transcendental”，在康德，一般汉译为“先验的”，在胡塞尔，有“先验的”和“超越的”或“超越论的”的分歧，在海德格尔，则或为“超越的”或为“超越论的”；应该说，这几种译法，尽管略有分歧，还是能够表明译者对于这些哲学家的思想——尤其是其差异——的把握基本上是到位的；哲学家本人也在其著作中竭力表明和前人的区别甚至是根本性的，尽管用的是同一个语词。但我想问的是，为什么从康德、胡塞尔到海德格尔有着如此深刻差异的思想却都自称为“transcendental”的呢？“transcendental philosophy”之所以为“transcendental philosophy”，如果没有严格的同一性，至少有某种“类比的统一性”吧！那么“transcendental”的“类比的统一性”何在呢？

当然，更重要的是，“transcendental philosophy”还有无可能？如何可能？“语言”的凸显似乎否定了这种可能性。

从海德格尔到中观哲学

胡伟希

一、海德格尔："哲学是什么？"

海德格尔在《什么是哲学》一文中，对西方哲学传统的产生与形成，作了详尽的回顾与深刻的反省。他指出："'哲学'本质上就是希腊的；'希腊的'在此意味着：哲学在其本质的起源中就首先占用了希腊人，而且仅仅占用了希腊人，从而才得以展开自己。"[①] 又说："哲学本质上是希腊的，这话无非是说：西方和欧洲，而且只有西方和欧洲，在其最内在的历史过程中原始地是'哲学的'。这一点为诸科学的兴起和统治地位所证实了。因为诸科学就来自最内在的西方—欧洲的历史过程，即来自哲学的历史过程，所以它们今天才能对全球的人类历史打上一种特殊印记。"[②] 这里，海德格尔强调：哲学从起源上说就是希腊的；谈论所谓哲学，也只是在谈论希腊式

① 《海德格尔选集》（上），591页，北京，三联书店，1996。

② 同上书，591页。

的哲学；这种希腊式的哲学后来一直成为西方—欧洲的哲学传统。从历史上，我们可以观察到：这种哲学传统是与科学方法密切联系在一起的，它并且后来导致了西方式的科学的诞生。按照韦伯的观点，甚至可以认为：这种哲学传统催生了西方—欧洲的资本主义与政治自由主义的产生。

这种希腊式的哲学，其基本特征可以一言以蔽之，就是主客二分的思维方式。所谓主客二分的思维方式，就是将宇宙间的一切都一分为二：人作为认识主体是一方，认识对象与人相对立（客观世界）是另一方。这种主客二分方式是希腊式哲学的最重要特征，希腊式哲学也用它来审视哲学自身。以这种主客二分的思维方式来看待哲学，其结果就是将存在者误当作存在本身。对于西方哲学传统来说，这种存在者可以是本质、共相、各种惟一者，但无论它们可以是什么，它们都是以作为对象的实体方式存在着的。

在海德格尔看来，这并非是对存在的真正的思考。要了解对于存在的真正思考，必须要返回到前苏格拉底时代，并且重新挖掘哲学一词的古义。哲学的古义或者说原始意义是什么呢？海德格尔认为：在前苏格拉底时代，哲学指的是“道路”。他说：“如果我们现在不再把‘哲学’当作一个用滥了的名称来使用，而是从其源起处来倾听‘哲学’这个词，那它就是：φιλοσοφία。‘哲学’一词现在说的是希腊语。这个希腊语作为希腊词语乃是一条道路。这条道路一方面就在我们眼前，因为这个词语长期以来就已经先行向我们说话了。另一方面，这条道路又已在我们后面，因为我们总是已经听和说了这个词语。因此，希腊词语 φιλοσοφία 是一条我们行进于其上的道路。但我们对这条道路还只有十分模糊的认识，尽管我们能够拥有并且能够讲出一大篇关于希腊哲学的历史知识。”① 但是，按照海德格尔的理解，后来的希腊哲学，包括整个西方—欧洲的哲学

① 《海德格尔选集》（上），590 页，北京，三联书店，1996。

传统，却偏离了这条大道，而走上了歧路。因此，海氏认为他要做的工作就是拨乱反正，给哲学一词的本义来个正本清源。

海德格尔最后要达到的结论是：哲学从其本义上说，就是思想。他说："赫拉克利特和巴门尼德还不是哲学家。为什么不是呢？因为他们是更伟大的思者。这里，'更伟大'并不是对一种成就的估价，而是显明着思想的另一度。赫拉克利特和巴门尼德之所以'更伟大'，是因为他们仍然与Λόγος（逻各斯）相契合，亦即与῞Eν Πάντα［一（是）一切］相契合。"①

看来，海德格尔通过对哲学一词进行"正本清源"的结果，还发现了一个惊人结论：在前苏格拉底时代，哲学的古义包含有"一即一切"的意思。哲学的词源义是"爱智之学"；热爱，希腊文作φιλόσοφος。他说："这个ἀνὴρ φιλόσοφον热爱着σοφόν。赫拉克利特这个词的意思很难翻译。但我们可以根据赫拉克利特自己的解释来解说之。据此，σοφόν说的是：῞Eν Πάντα，即'一（是）一切'。这里，'一切'意指：Πάυτα τὰ ὄντα，即存在者之整体、总体。῞Eν'即一'，意指：一、惟一、统一一切者。"②

通过以上的分析，我们看到，海德格尔关于哲学的看法，与中国哲学有诸多相合之处。中国传统学问中本没有哲学，但有思想。中国传统哲学中最核心的概念是"天人合一"。所谓天人合一，也即主客浑然、物我交融，这不就是一即一切的另一种说法么？可见，经过海德格尔的整理与研究，西方哲学传统在长期的徘徊与歧出之后，应当返回到前苏格拉底的时代。而在这里，中西方哲学传统是不期而遇了。可以说，读海德格尔后期的著作，就如同读中国传统哲学的文本；海德格尔的后期思想，乃实与中国传统哲学相通。

---

① 《海德格尔选集》（上），596页，北京，三联书店，1996。

② 同上书，595页。

二、中西哲学“观”之类型

后期海德格尔经过对西方哲学传统的反思，发现两千多年来的西方哲学误入了歧途，这当中自有其深刻的洞见，但他对西方哲学传统的全盘否定，毕竟过于极端。应该说，西方哲学自苏格拉底以来，一直是以主客二分为主旋律的；这种主客二分法固然有其缺陷与不足，却也自有其合理之处。这就是说：主客二分也是人类看待世界的一种方式。假如用海德格尔的话说，主客二分虽然不是人类惟一的在世方式，却也是人的在世方式之一种。我说这话的意思是：人的在世方式不必像海德格尔所说的那样：要么是主客二分，要么是“此在的”。应该说，主客二分与此在的，都是人的在世方式的不同表现形态。它们可以并行而不悖，就看我们是如何去对待。为了理解人如何会有这样两种不同的在世方式，以及它们为何可以并行而不悖，让我们从海德格尔返回到康德，看看康德究竟是如何来考察人的这两种在世方式的。

大家知道，康德哲学的一个基本观点，就是将人类面对的世界划分为两个世界：一个是现象界；另一个是本体界，或者说“物自体”世界。对于康德来说，现象界是由因果律支配的世界，而本体界则是自由律在起作用的世界。康德之所以要将世界划分为两个，是有感于人的生存的两重性，即人是有限性的理性存在：人一方面生活在自然世界里，作为有限的存在，受因果关系的制约与控制；但另一方面，人又具有道德理性，在道德上服从于“自由律”。可见，两个世界的划分正是来源于人的生存的二重性。而且，人的生存的二重性说明人的生存处境从根本上说具有悖论的性质，但这种生存悖论却恰恰构成人的本质。它也说明：人的有限性与无限性、人的生存的必然律与自由律，其实是共存于人的一身的。惟其如此，康德哲学关于现象界与本体界的划分，其思想才有其深刻之处。

可是，康德虽然揭示了在人的生存处境中，交织着自然律与自由律对立的尖锐矛盾与悖论，他却尚未进一步去说明：人的生存处境中的悖论究竟能否消除或如何化解？故对于康德来说，他的哲学是充满冲突与内在紧张的。

沿着康德思路对人的生存处境问题作进一步思考的是牟宗三。有见于康德关于人的生存悖论的论述中暴露的冲突与矛盾，他提出了"一心开二门"的思想，试图解决康德哲学中的这种冲突。他说：人的本体本来只有"一心"，但在现象中不得不开出其生灭门，而在超越界却保持其清静门。这里，牟宗三除了分别用生灭门与清静门的说法来代替康德的现象界与本体界之外，与康德思想的重要区别是强调以"一心"来统辖二门。故而，牟宗三的一心开二门说避免了康德说法的矛盾。它标志着在思考人的生存问题上，一种"后康德式思考"的到来。这种后康德思考不是像海德格尔的说法那样，用此在来完全取代康德的两个世界；而是在承认康德关于两个世界的基础上，用一个更高更总体性的观念来统辖之。这种思考，无疑已接近了中观式的思考。所谓中观式的思考，是以承认现象界与本体界的划分为前提的；然而，它又不满足于仅仅承认这两个世界的冲突与对立，而试图加以调和之。也就是说，中观式的思考以康德哲学作为思考问题的起点，然而，它又要对康德关于两个世界的说法加以超越。

应该说，牟宗三提出"一心开二门"的说法本来是想超越康德的，然而，最后却未能超越之。这是因为："一心"开"二门"的说法过于突出"一心"的重要性，反而将"二门"的对立又过于看淡了。换言之，在牟宗三哲学中，一心是一个高于二门，或者说更优位于二门的观念。这样看来，牟宗三的哲学也可以说是用一心来取代二门：不仅二门由一心开出，宇宙万物也由这一心开出。因此，说到底，牟宗三的哲学其实是一个"一心"的世界。

看来，真正从思想架构上称得上中观思维的，是大乘佛教的空宗。龙树菩萨著有《中观论》，其中说："众因缘生法，我说即是空，亦为是假名，亦是中道义。"[①] 这里提出空假的对立，但指出空如同假一样，也是假名。智顗大师进一步发挥"中观"的观点说："若一法一切法，即是因缘所生法，是为假名，假观也。若一切法即一法，我说即是空，空观也。若非一非一切者，即是中道观。"[②] 所以，在大乘空宗看来，空、有的对立，或者俗谛与真谛的对立，其实是人为的（假名）；只有既承认空，又承认有，既否定有，同时又否定空，才得其"中道"。这里，中道是应用中观思维的结果；或者说，通过中观思维会达到对事物的一种中道看法。所谓中观，其实是认为世间法无所谓空、有的对立，空、有的对立即是人为，因此，中道也就是既有既空、即有即空、非有非空、非非有非非空……地看待世间事物的方法。

三、作为"中观"的哲学

虽然如此，大乘佛学之提出中观，其目的还是为了证明空的超越性。换言之，虽然承认空、有并非截然对立，而且两者相互转化，有中有空，空即是有，但是，大乘空宗的这种中道观，最后仍然是落脚到空，只不过是假有而显空相而已。或者说，对于大乘空宗来说，空并非可以脱离有而纯粹的、绝对的空，空就在有中。所以，中道其实也就是通过有来显示空。青原惟信偈子中"见山不似山见水不似水"[③] 的第二重境界，典型地说明了这种方式。其实，不仅大乘佛学，而且整个中国哲学，包括儒家与道家，都分有或共享了这

① 龙树：《中论·观四谛品》。

② 智顗：《摩诃止观》。

③ 《五灯会元》第十七卷云："老僧三十年前未参禅时，见山只是山，见水只是水；及至原来亲见知识，有个人处，见山不是山，见水不是水；而今得个休歇处，依前见山只是山，见水只是水。"

种中道式的中观思维。它与我们现在所讲的中观还有一点距离。对于我们的中观思维来说，有并非仅仅作为空的显相而存在，有也有其独立的地位。故而，这里所说的中观，不是以有来显空或衬托空，而是通过它来否定空；空也并非非要借助有来显现，空之存在是为了与有对立。总之，我们所谈的中观哲学虽然借助了大乘佛学的中观方法，其宗旨却与它迥异，是在中西哲学传统比较下对于传统大乘佛学中道观的重新发现与审视。它吸取了大乘佛学的方法，而将其置于中西哲学传统下来重加透视。

不过，抛开其以有显空的思想旨趣不论，大乘这种中观式的思维，却典型地体现了中观思维的两个特点：（1）否定。它是既否定绝对的有，又否定绝对的有，甚至也否定非非有，也否定非非空的。总之，它是绝对的否定。（2）过程。中观的绝对否定，说明中观思维是一种过程：它刚要肯定某物或某事，马上就要去否定之；它刚要去否定某物或某事（这里否定也是肯定的另一种表现形式，是对否定的肯定），马上就又去肯定之。总之，中观的否定也是一种永不停止的过程。因此，假如我们用西方哲学的语汇表述之，中观思维可以说是一种否定的辩证法。

这种否定的思维辩证法，恰恰就是古希腊哲学的源义。按照海德格尔的说法，哲学是动态的，是动词。他称之为“响应”：“哲学就是那种特别被接受并且自行展开着的响应，对存者之存在的劝说的响应。惟当经验到了哲学如何以及以何种方式成为哲学，我们才认识和知道哲学是什么。哲学以响应方式存在，响应乃是与存在者之存在的声音相协调。”① 问题在于：既然是响应，这种响应就会有方式、方向上的不同，大致说来，响应的方式无非分为两种，一种是站在对面的，另一种是在存在之内的。这两种响应都是人的生存方式。假如要说统一的话，它们统一于响应本身，而且在响应过程

① 《海德格尔选集》（上），605 页，北京，三联书店，1996。

中相互转化：假如用大乘佛教空宗的说法，它是一个从有到空，又从空到有，复从有到空的不断往复的过程。也许，正因为是空、有之间不断往复的过程，所以，从根本上说，它不会给自己确立一种审视万物的绝对不变的观“点”，而是“无‘观’之观”。而且，对于这种“无观之观”，它自己又是既肯定又否定之，既否定而又肯定之。故而，这种无观之观亦是相对于某种绝对不变的观点而说的，这本身也是一种“观”，只不过这种观具有游离与变动的特点。

这种中观哲学虽然在方法上强调过程与变动，并且其对哲学的理解是从海德格尔回复到希腊语之古义，然而，其哲学的追问却依然承接着康德而来。这就是：它的问题意识来自于人的生存处境。康德将人的生存处境视为一种“悖论”，中观论则试图超越之。依中观哲学的法眼观之，人的有限性与无限性之间的冲突与其说是一种悖论，不如说正是人的生存的“本然”真实。在中观哲学中，人的有限性可以以“有”来表示，人的无限性可以用“空”来表示。因此，离开了空与有，就无所谓人的生存。故此，依中观哲学，人的生存悖论与其说要消除之与化解之，不如说应予以肯定之与合理化之。这里，空与有已不复是悖论之间的冲突，而成为人的中观存在的根基。换言之，中观式生存是以人的有限性与无限性的区分这种二元结构作为前提条件的。对于中观思考来说，人的有限性与无限性不仅不彼此矛盾，相反，它们相反相承：离开了人的有限性，无所谓人的无限性；而所谓人的无限性，也必然体现于人的有限性之中。因此可以说，中观哲学讨论的仍然是康德关于人的两重性问题，不过，它是以中观的思维方式加以思考并解决之。

四、中观思维：“一阴一阳之谓道”

以上所论说明：人的存在既可以呈现为有的世界，同时又可以呈现为无的世界；或者说，人类不得不同时面对着两个不同的世界。

康德就是如此看待问题的。他认为：人所面对的是现象界与本体界。人可以认识现象界，而对于本体界的认识则超出了人的认识能力；因此，他采取“划界”的方式来同时处理这两个世界的问题：前一个世界的知识，他诉诸于理论知性，后一个世界的问题，他诉诸于“实践理性”来解决。康德哲学的深刻处在于：它意识到人类面对的有两个世界。但康德没能对这两个世界的关系作进一步的思考。康德哲学的止步处，却正是追问“存在是什么”这一终极问题的重新开始处。对这一问题的解决，必须引入一种新的哲学思考方式：中观的方式。

何谓“中观”？从前面所论可以看到，中观思维的理论架构虽然与大乘佛教有密切关系，但作为一种根本性的哲学观念与方法，它却不限于大乘佛学式的思维，毋宁说，它更多地源自于中国哲学传统，并且是中西哲学传统之合。从这种意义说，中观式的哲学思考极大地受惠于中国传统哲学中的《周易》和禅宗，并与古希腊的前苏格拉底时代的哲学以及康德、海德格尔哲学相关联。

就哲学思想范式而言，中观哲学的核心思想可以借助于《易传》中简明的一句话——“一阴一阳之谓道”来加以表达。作为一个哲学形而上学的命题，“一阴一阳之谓道”这句话包含着多重意蕴：首先，一阴一阳合而为道。这是说：作为宇宙终极本体的道，并非超然独立于现象界之外，它就体现或呈现于现象界之中。也就是说，道无往不在，又无往定在。假如用海德格尔的话来说，道应当是“在场”（阳）与“不在场”（阴）的统一。其次，一阴一阳分别为道。这话的意思是说：道既然体现为现象界，又不限于现象界，因此说，现象界与本体界都可以分别视之为道，它们其实就是道的不同呈现与表现方式。所以，《易传》中用大量现象界的事物来表达与诠释形上本体之道，如“乾为天，坤为地”，等等。再次，一阴一阳皆非道。这是对以上第二种说法的否定。意思是说：作为宇宙最高存在的道虽然体现于现象之中，但它又并非就是现象界本身，而且，它也并非是超然于现象界的实体。因此，道其实很难用阴或阳来单独说明之。此外，一阴一阳即是道。这里“即”的含义不是“是”的意思，而是“可以是，而不必是”的意思。就是说，道可以体现为阴或阳，但不一定非体现为阴与阳。既然如此，道就可以是阴或阳，也可以不是阴或阳。这句话既包含着对前面第二种意思与第三种意思的肯定，亦包含着对第二种意思与第三种意思的否定。应该说，从思维逻辑上看，它是刚肯定之，旋又否定之；刚否定之，旋又肯定之。最后，一阴一阳总为道。这句话是以上四种句式的总结。意思是说：无论一阴一阳合起来也好，一阴一阳分别观之也好，或者非阴非阳，亦阴亦阳也好，这种种说法或者表现形式，无非都是道。因此，道无处不在，无时不在；而且，它的表现形态千变万化，既内在于现象界，又超越于现象界；而说它内在于现象界，它却又独立于现象界；而当说它独立于现象界，它却又内在于现象界。总之，一切皆道，又一切非道。假如搬用海德格尔描述希腊语哲学一词的古义的说法来说，它就是“一（即）一切；一切（即一）；一（非）一切，一切（非）一；一切（非非）一切，一切（非非）一；一切（亦）一，一（亦）一切”等等。

以上五种说法，都是从中观的观点来对道的理解与描述，因此，我们可以称之为“中观五式”，其间，否定辩证法贯穿始终（图1）：

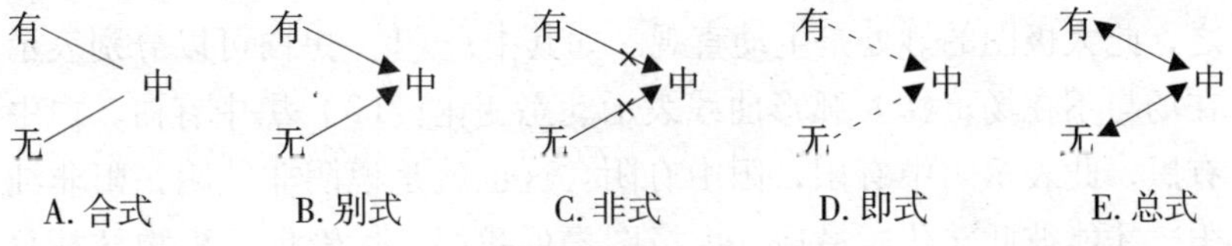

图1 中观五式

A. 合式（空、有合起来为中，此为合相；乃静态表述）；B. 别式（空、有分别为中，此为别相；乃静态表述）；C. 非式（空、有非为中，此为非相，乃静态表述)；D. 即式（中有时为有，有时为空，此为即相，在不停变动中，故为动态表述)；E. 总式（即有非有，即空非空；此为总相，亦为动态表述)。

其实，在中国哲学中，除了《易经》之外，还有一个既神秘而又极高明的符号——太极图，也可以作为这种中观哲学的思维模式的代表（图2)。

图2　太极图

太极图由黑白两种鱼形图组合而成，其中，白色象征“有”的世界(在场的世界)，黑色象征“空”的世界（不在场的世界)。太极图呈现为黑白二元既对立又统一的结构，这说明(套用海德格尔的话来说）存在通过存在者既显示自身而又遮蔽自身。此也即《易传》中“一阴一阳之谓道”之意。值得注意的是：太极图是一个动态的结构，其中黑可以转变为白，白也可以转变为黑，这说明：有与空作为在场与不在场不仅是相对的，而且彼此可以转化，即在场转为不在场，不在场转而为在场。而由于太极图是一个动态的结构，因此，《易传》中“中观五式”的思想在此也得到传神的表达（以黑、白来表示有、空的多重关系)。总之，此太极图的妙处是生动直观。如其中：(1）黑白可以分别表示在场与不在场；(2）弧形曲线表示动态变化；(3）黑中有白，白中有黑，此表示阴中有阳，阳中有阴。这也就是说阴非纯阴，阳非纯阳，才能彼此转化。最后，太极图告诉我们：尽管世间事物林林总总，无非都是道，而作为存在方式来说，道总呈现为阴阳。

通过以上对易经阴阳观念以及太极图中阴阳符号的分析，可以得出这样的结论：宇宙本体本来是“一”，但它在人类面前却总呈现为有与无。这才是存在之为存在的“本然相”。其实，老子早就说过：道生一，一生二，二生三，三生万物。假如翻译成中观的语言，这里的道即存在，一是有人观的存在；二指有与无，三指由有与无呈现出来的种种符号世界，而万物则是这符号化的世界中的形形色色与这这那那的具体存在者。老子哲学中还可以有一个更简明的说法来表示存在，即“道——有，无”。而在儒家的思想系统中，存在除了可以用“一阴一阳之谓道”来表达之外，《周易》中还有“《易》有太极，是生两仪，两仪生四象，四象生八卦”[①] 的说法。这里的太极是指本然的世界，两仪分别指有与无，四象指各种符号世界，而八卦则是符号世界中的各种具体事物。如此等等。

五、中观与人的生存本体论

人对存在的认识有两种：有与无，归根结底，这是由人的在世生活方式所决定的。这种人的在世方式假如用图案符号来表达，就好比是一个“十字架”（图3）：人处于这个十字架的中心，世界对他以十字架的方式呈现。其中，十字架的横坐标代表“有”的世界，而纵坐标则代表“无”的世界。在这个十字架中，人既然是处于纵横两条直线的交叉点，那么，他可以从这点往横坐标上看，是谓有观；也可以从这点往纵坐标上看，是谓无观。此外，人除了往纵横两个方向观察周遭的宇宙万物之外，作为有理性的动物，他还可以“反观”自己在宇宙中的位置。

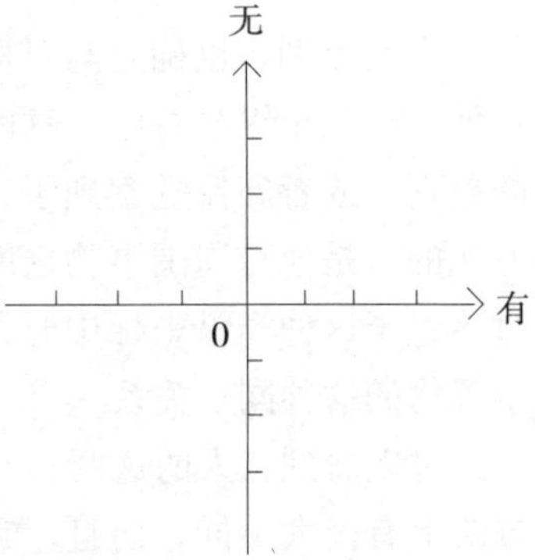

图3　人的在世方式

① 《易传·系辞上》。

而当人反观自己在宇宙中的位置时，他也可以有两种角度：一种是从横观的角度看，这时，人会发现自己是宇宙中“万有”中的一种，并且会注意到他自己与这周围世界中其他万物万事相区别开的差别。换言之，他看到的，是人与周遭世界的区别。这区别点最大的在哪里？就是人是处于横坐标上“零”的位置，而周遭世界的万事万物则是零之外的其他数字。这其实就是人与周遭世界二分或主客二分的根源。但是，人也可以从纵坐标上来观察人与周围世界的关系，这时候，他发现：世界上的万事万物都与他一样在纵坐标上都是“零”；因此，他看到的是周遭世界与他的同一（皆是“零”）。这并非是说周遭的万事万物与他没有任何差别，而是说，这些差别是非本然的，或者只是外在与人为；就本然相而然，人与他周围的宇宙万物皆为“零”，此即我们前面所说的“无”。

由以上分析可以得出结论：人既然处于生命十字架的中心，或者说两条直线的交叉点，这就决定了他与宇宙万物打交道有两种方式：一种是让他自己处于横坐标上，不仅看到他与周围世界的区分，而且他与之打交道的方式，是尽可能在确立与巩固他自己与其他事物之间的差别，也确立与巩固周围其他事物之间的差别。另一种是让他自己处于纵坐标上，这时，他会忽视或者看不到他与周围世界的差别，或者即使觉察到了，也不认为这些差别有那么地重要。他专注的，是他与周围事物之间的同一性。而且，当他将自己与周遭世界置于这种经纵坐标中时，他会尽力发展与维持他自己与周遭万事万物的这种同一关系。

可以看到，人的这两种与周遭世界打交道的方式，不仅在方式方法上有极大不同，而且，它们会产生两种截然不同的结果：前一种方式，由于强调人与外部世界的差别以及宇宙万事万物之间的区别，因此出现了主客二分法以及注重区分事物差别的种加属差的分类原则，科学方法由是而生，形式逻辑也由是而起。总之，在横的坐标中，人的周遭世界，也包括人自身，是一个科学的世界（广义的科学世界包括日常生活世界，也即佛教所说的“俗谛界”)；而后一种方式，由于无视人与外部世界的区别，以及无视外部世界中各种事物之间的差别，它呈现出来的，是一个无差别、无区分，也无“真假”的混沌世界（此也即佛教所说的“真谛界”)。虽然无真假，但是，这个世界对于人类来说仍然是有价值与意义的。这就是由于人体会到宇宙的同一性，他才会感到他不仅是这个无边无尽的宇宙世界中的一分子，而且可以与这个宇宙世界同一与合一，从而，他就会产生出一种有所归属的满足。换言之，由于这种与宇宙万物的合一感，他会知道他不只是茫茫宇宙中的一匆匆过客，而会与宇宙本体相始终而永恒。看来，正是这种与宇宙的同一感才使人类之存在获得一立身立命之所，并且获到了去进一步寻找这个终极价值与意义世界的动力，人类的意义世界由是而生，文学艺术，甚至宗教也由是而起。

说人总处于生命十字架的中心，从康德哲学来看，这其实是有其不得不然。这是因为：人从其本性来说是二元性的动物。这里的所谓二元性，是说人一方面是生理体，为了维持这个生理体的存在与发展的需要，他不得不将自己置于宇宙世界的这横坐标上，以一种横观的方式来看待世界万物甚至他的同类。这种横观的观物态度与方式最终导致了技术的发明以及科学的发现，使人类征服与控制自然的能力得以极大的增长，而且在“物竞天择”的自然界生存竞争中，远远凌驾于其他各种生物类之上。另一方面，人又是一种精神存在体，这种精神存在体关心的问题是：人从何处来，又往何处去？……这类宇宙的终极问题。更重要的是：作为精神存在体，他极力要发现宇宙存在之奥秘以及人类生存之意义与价值。为了寻求这些宇宙终极问题以及生命存在意义与价值问题的答案，古今中外各大文明传统不约而同地发现了宇宙同一性原理，以及生命之终极存在之依据。而这种答案之获得与求证，就在于人将他自身置于宇宙的纵坐标中，以一种纵观的角度与视野来看待宇宙万物与人自身。

看来，是人的这种二重性存在决定了人才能够站立在宇宙十字架的中心，并且获得了有与无这两种不同的观，并且发展了他自身与宇宙万物打交道的两种不同方式。这两种方式，我们分别称之为天人相交与天人合一的方式。

六、人类中心主义与非人类中心主义的道德价值观

天人相交与天人合一这两种人与世界打交道的方式，假如从思想范型来看，可以分别称之为人类中心主义与非人类中心主义。在人类思想史上，它们分别体现为中西方哲学与文化这两种类型，即西方文明是以人类中心主义为主导的，而中国文明则是以非人类中心主义为主导的。金岳霖曾这样比较中西方两种不同的思想范型："西方有一种征服自然的强烈愿望。人们尽管把人性看成'卑鄙、残忍、低贱的'，或者把人看成森林中天使般的赤子，却似乎总在对自然作战，主张人有权支配整个自然界。这种态度的结果，一方面是人类中心论，另一方面是自然顺从论。这对科学的影响是巨大的。促进科学的因素之一，是获得自然所需要的力量。没有适当的自然知识，就不能征服自然。"① 对于以"天人合一"为依归的非人类中心主义，金岳霖举中国哲学为例证说："多数熟悉中国哲学的人大概会挑出'天人合一'来当作中国哲学最突出的特点。……这'天人合一'说确是一种无所不包的学说；最高、最广意义的'天人合一'，就是主体融入客体，或者客体融入主体，坚持根本同一，泯除一切显著差别，从而达到个人与宇宙不二的状态。"② 总之，"中国和西方的态度不同，西方认为世界当然一分为二，分成自然和人，

① 《金岳霖学术论文选》，355—356页，北京，中国社会科学出版社，1990。
② 同上书，355页。

中国则力图使人摆脱物性”。①

但这里，我们并不想一般地或笼统地对中国天人合一的非人类中心论与西方天人相分的人类中心论作比较，而是要从这两种思想范型出发，说明不同的思想范型如何导致人类的基本善恶观以及道德观念的重大区别。

（1）善是什么——外在价值论与内在价值论。摩尔在讨论伦理学问题时，围绕着对“善”观念的分析而展开，这说明“善”是任何伦理道德学说必须面对的基本问题。人们又常说：可欲之谓善。这说明善是人们心目中追求的一种美好价值。可是，价值又是什么呢？从前面生命十字架图示的横坐标上看，我们很容易获得一种答案：有用的事物才有价值。应该说，这是关于“价值”或“善”的一种工具论的观点。在西方伦理学思想史上，以“有用”来定义价值或善的看法颇为普遍。例如，功利主义者即认为：凡是对于个人与社会大多数人来说有用或者有好处的事物与行为即是善的，反之则是不善的。这种从有用与无用的角度来定义价值或善的看法，正是人类中心观的典型反映。按照这种观点，世界上所在事物都是为了人的目的而存在的，它们之所以有价值，也在于它们对于人类来说有用。

但是，假如从非人类中心的角度来看，那么，世界上万事万物之所以有价值并非因为其对于人类有用，而是在于它们自身。换言之，宇宙间一切事物之所以值得珍惜，就在于它们自身之存在的“内在价值”。就事物的内在价值来看，它们是无所谓价值之大与小的区别的，因为从事物自身的存在来说，我们无法说哪个物种、哪种事物更重要，或者哪个物种、哪种事物不那么重要；而只能说，从尊重宇宙之生命来说，它们都同样重要，各有其不可让渡的生存权利与价值。

① 《金岳霖学术论文选》，356页，北京，中国社会科学出版社，1990。

（2）道德的基础——利用与尊重。人类中心主义从外在价值出发，视人与万物，以及人与人之间是利用或者有用与无用的关系。因此，有用者受到重视，而无用者则被忽视。而所谓“有用”还要将它们划分为不同的程度而再区别地对待。总之，自然界以及社会上各种事物受重视的程度均以其对于人是否有用，以及有用程度之多大为转移；而用来规范人与人，以及人与其他物种之关系的伦理道德规范也建立在这一基点之上。以生态伦理或环境伦理为例：自然界须得到保护，是因为它的遭受破坏会危及到人类自身的生存。在这种人类中心主义者的眼里，各种社会伦理以及人际伦理之所以必要，也是为了保证社会中的个体以及社会全体的利益不至于受到伤害或被侵蚀。

反之，非人类中心主义从内在价值出发，肯定自然界万物，以及一切人普遍都有其生存的价值，因此伦理道德，无论是生态伦理，或者人际伦理，都要求从尊重生命个体生存的原则出发，它们彼此之间无须利用与被利用、有用与无用的考量，此即何以孔子会提倡以“仁”作为伦理道德的基本原则；而《中庸》更明确地将这种宇宙本体的内在价值称为“诚”，而提出“诚者，天之道也；诚之者，人之道也。”

（3）道德的指向——相对平等与绝对平等。尽管平等是人类普遍追求的一种美好价值，但人类中心主义者认为，任何平等只能是相对的，所谓绝对平等是不存在的。以物种之间的平等为例，他们认为：人与物之间不能讲平等，而物与物之间的平等也应根据其不同的价值而确定。由于人类中心主义者大多也是惟我主义者，所以，他们认为人与人之间也不可能有绝对的平等，而只能是有差别或者相对待的平等。也正是在这种意义上，作为西方之主流的自由主义思想，其心目中的平等就只能是起点平等或公平对待的平等。

反之，非人类中心主义者通常则持一种绝对的平等观，不仅认为人与人之间应绝对平等，而且人与物、物与物之间也应当毫无差别地对待。这是因为：对于非人类中心主义来说，平等或无差别才是宇宙本体的真实以及万物存在的本然状态，而现象界却由于种种的“差别”而造成万物的不平等，因此，道德的理想目标或者说归宿，就不是承认现象界的外在差别而导致的不平等，而是消除这些外在的差别而回复到宇宙本然状态的绝对平等。这也就是张载所讲的“民胞物与”的胸次与情怀。

（4）道德意识的产生——众生平等与众生不平等。人类是否有共通的道德标准或价值？人与万物之间的道德是否会有区别？在这个问题上，人类中心主义与非人类中心主义也截然对立。人类中心主义者不仅从人的立场上来衡量与判定周围事物的价值，而且认为一切物种，包括人与人之间在道德意识上存在着重大差别。在他们看来，宇宙万物的道德意识或道德心就好像一座金字塔，其中，人的道德意识处于这个金字塔的最高层，然后依次是其他高等动物、次高等动物、低等动物、非动物的其他生物、非生物等等。甚至可以说，人类中心主义者之所以分别万物的种类以及判定万物的优劣，其很大的一种思想成分，就是以其有无“道德意识”以及道德意识之高下来作为标准的。

然而，这种以道德意识的高低来区分万物优劣与高下的分类标准受到非人类中心主义的挑战。因为在非人类中心主义者看来，不仅世界上万事万物在价值上平等，应受到平等对待，而且它们的道德意识也完全相同。换言之，非人类中心主义认为所谓道德心不限于人类才有，宇宙间任何其他生物与物种也皆有此种道德心。此也即中国佛教所说的“一阐提人皆可成佛”以及“众生皆有佛性”的道理。也正是从宇宙间万物皆有道德意识这一思想前提出发，以儒家为代表的非人类中心主义者才会提出“仁者浑然与物同体”，[1] 并且以仁为中心，建构了一种道德的形而上学，将道德心视为宇宙之

① 《二程遗书》卷二上。

本体。

（5）道德的人性根据——人性善与人性恶。人类中心主义不仅区分人与物的道德，而且认为人性本恶。这从人类中心主义者是从“生命十字架”的横坐标上来看待人与世界的关系有关。因为从横坐标上看，由于物有差别，个体为了发展自己，与外部世界总处于一种竞争甚至斗争的关系。这方面，以西方的基督教伦理以及荀子的思想最为典型。如基督教认为：人生来就有“原罪”。而从荀子“天人相分”的观点来看，人总是利用自然，故会伤害自然；人间伦理也是为了克服与压制人的恶的本性而有其不得不然。

反过来，在非人类中心主义者看来，万事万物本无差别，亦无竞争关系；或者说，和谐才是宇宙的本性。天道如此，人道亦然。从人性善出发，儒家认为伦理道德与其说是出于社会的义务与责任，不如说是基于个人的“良知”。孟子认为真正的道德行为应当是“由仁义行”，而非“行仁义”，道理也在这里。

（6）道德的规定性——因果律与自由律。人类中心主义者视道德为维护人类社会正常秩序的手段与工具，属于现象界范围内之事。由于现象界的事物皆受因果律的支配与制约，因此，伦理道德规则的制定也必须服从这种因果性。换言之，道德的领域是一种服从必然性法则的世界，道德规范之制定也必须适应这种客观规律，而不能违背现象界运行的普遍法则；也惟其如此，道德的内容是客观的，也是可以被经验证实的。

反之，非人类中心主义者认为道德领域是一个自由的领域，自然因果律在其中不起作用；道德之产生与运用，完全是人类运用自由意志的结果。这也就是儒家所说的“我欲仁，斯仁至矣”[①] 以及孟子所说的“求则得之，舍则失之，是求有益于得也，求在我者

---

① 《论语·述而》。

也”[①] 的道理。

（7）道德的本质——义务论与德性论。人类中心主义者认为，道德规范与其说是出于人类的本然天性，不如说是出于维持社会稳定与发展的需要。从这种意义上看，所谓伦理道德其实就是社会上人们必须遵守的一整套社会规范与要求，它具有社会约束力，并且是社会上人们必须承担的一种义务。这种义务论的道德语言假如置换为一个公式，可以称之为“我必须”。这种义务论的道德观，长期以来一直成为西方伦理学思想的主流。

反之，非人类中心主义者认为道德发乎人心中的“良知”，出于人的天性的本然要求，因此，履行社会的道德责任非但不构成对人的强制，毋宁说还可以满足人的良知的需要，从而，遵守社会伦理道德规范乃成为人的一种美德与德行。所以，孟子提出人有道德之“四端”。老子反对将礼视为一种社会的强制性规范，认为真正的社会道德必须出于“道”，甚至提出“失道而后德，失德而后仁，失仁而后义，失义而后礼。夫礼者，忠信之薄而乱之首”，[②] 道理也在这里。

（8）道德修养的方法——为学与为道。人类中心主义者既然认为伦理道德服从于因果律，受客观必然性的支配，因此强调伦理道德是一种知识。这恰如苏格拉底所说的：哲学的使命就是“认识你自己”，并且提倡“美德即知识”。这种以美德为知识的传统，自柏拉图以降，直到康德伦理学皆然。也正因为视伦理道德首先是知识，因此，伦理道德的践行是一个需要不断学习知识以及在实践中运用知识的过程。

反之，非人类中心主义者视道德为良知的自我发现与心灵的回归。因此，道德的实践与其说是学习道德知识，毋宁说是学习如何

① 《孟子·尽心上》。

② 《老子》第三十八章。

去防止外界的诱惑。因此，道德的实践主要不是学习道德知识，甚至也不是学习外在的社会规范，而是如何去“发明本心”；于是，在道德修养方法上，应当摈绝外在的知识，而将主要气力用于调养人的精神。所以，从孟子到宋明理学，在道德修养方法上无不强调“诚”与“敬”的重要。老子更将这种养心的功夫归结为“为道日损。损之又损，以至于无为；无为而无不为矣。”①

如此等等。

以上这两种道德观的种种对立，其实，从“生命的十字架”的坐标图就可以获得说明。例如，人类中心主义者是从横的坐标上来看待宇宙万物，也如此来看待道德本身，这样，对于宇宙万物之间，以及人与人、人与物之间的关系，也视之为彼此利用与被利用的关系，以及彼此相互区别的关系，因此它重视外在价值与主张相对平等。而且，对于它来说，事物与事物之间不仅有其差别，而且这些差别以及它们之间的关系受自然因果律的控制；而伦理道德规范也必须服从于这些因果律，才能发挥其影响与作用。也惟其如此，伦理道德规范也就成了从外面强加于作为道德主体的人身上的一种义务。反之，从纵坐标出发可以看到，万物之间本来就无差别，也无对立，也就谈不上利用与被利用的关系，它们都是“零”，也即绝对的平等；而且，它们既无差别，也就是自由的，完全是可以“随心所欲而不逾矩”。在这种情况下，伦理道德规范也就是按照“自由意志”行事，它并非是外在的社会义务，毋宁说是追求自我完善的人的一种内在德性。

七、结论：合内外之道

上面这两种道德类型虽然在观念上彼此差别甚大，但由于人处

① 《老子》第四十八章。

于十字架的中点，既可以视之为在横坐标上，又可视之为在纵坐标上，这说明：以上这两种道德并非不可调和，它们彼此之间有着交接点。以中观的法眼观之，它们之间的联系表现在：（1）它们可以说是对同一道德行为的不同诠释。例如，“行仁义”与“由仁义行”的关系，可以视之为道德动机与道德行为的关系；只不过前者重视道德意识与行为动机，后者则重视道德行为及其后果而已。关于道德到底是一种德性还是一种社会义务的看法也是如此。（2）它们彼此之间可以相互转化。例如，道德意识之不平等与道德意识之平等的区分其实是相对的，它们之间常常相互转化。关于道德义务与道德德性之争，往往也是由于对同一种道德行为的诠释角度不同而引起。（3）它们彼此之间（经常或实际上是）相互包含。例如，道德到底是建立在利用还是尊重的基础之上？在同一个道德行为中，它们两者常常相互包含，或者很难截然分开；现实生活中的道德行为，常常是这两者兼而有之。故将它们区分开来，只是一种分析的说法，是为了讨论问题的方便。

然而，同样无可否认的是：它们既然是从不同角度对于道德的审视或者诠释，这二者之间就必然有其差异甚至对立。因此，对于这两种道德，与其强调它们之间的转化与一致，不如在承认它们彼此之间的差别甚至对立的情况下，设法将它们之间的对立与矛盾予以调和与化解。而调解之道，就是将以人类中心主义作为出发点的天人相分关系与以非人类中心主义作为出发点的天人合一关系加结合，构成一种新型的天人关系。这正如马丁·布伯在谈到人的在世方式时所指出的：“无人是纯粹人格，无人是纯粹殊性；无人领有完全实在，无人领有完全之非实在。每个人都生存于‘我’之二重性中。但确有人格沛然于其心的人，可称他为人格；确有殊性宰制其心的人，可称他为殊性。真正的历史在这两极之间展开。”① 因此，

---

① ［德］马丁·布伯：《我与你》，85页，北京，三联书店，1986。

人无须为了追求纯粹的“天人合一”之境而放弃现象界：“把感官世界当作现象世界而摈弃，这并不能引导我们抵达上述境界。没有现象界，仅有世界，即仅有因我们之二重态度而呈现二重性的世界。必须摈弃的只是分离这种阻碍。同样，我们根本不必‘超越感官经验’，因为，每一经验，哪怕是最具有精神性的经验，也只能为我们提供‘它’。我们也不必求助于理念世界与价值世界，因为它们不可能转成我们之现时。凡此种种皆非必须。”[①]他提出有一种“我—你”关系。这种“我—你”关系不是说在我—它之外另有一种关系，而是说：“与世界中每一在者，每一生命的每一实在关系皆是惟一的。你之‘你’自由无拘，卓然挺立，独一无二，与你相待。‘你’充溢穹苍。这并非意指，除他而外无物存在；这毋宁是说：万有皆栖居在他的灿烂光华中。只要关系之现时犹存，它之普照性便不可得移。然一旦‘你’转成‘它’，关系之普照性即刻威逼世界，关系之惟一性即刻排挤万有。”[②] 这说明：绝对的天人合一亦是一种“我—它”关系。因为它以肯定天人相分为前提，然后才去追求合一。按照蒂利希的理解，真正的“我—你”关系是天人合一在现实中的展开，它不能排除“我—他”关系，而是改造“我—它”关系；它也不停留于绝对的天人合一，而是追求动态的、在现实状态中的天人合一，即天人合一又具体化与现实化。其实，这正是中观的思维方法。换言之，所谓天人相分与天人合一，所谓人类中心与非人类中心，都还是一种分析与方便说法，而作为一种思想理念的新型天人关系，应当是既包含着人类中心主义与非人类中心主义，同时又超越了人类中心主义与非人类中心主义的这种“我—你”关系。

这种新型的天人关系，笔者在这里愿意名之为“中观式”的天人关系。这是一种既承认有个体性，同时又包含了同一性的天人关

① ［德］马丁·布伯：《我与你》，99 页，北京，三联书店，1986。
② 同上书，101 页。

系。换言之，天人既是相分的，又是同一的。这种我—你天人关系，依中观的思维方式很容易理解。因为从中观来看，在生命十字架中，坐标的方向并非一成不变的，我们可以将横坐标视之为纵，将纵坐标视之为横。这也意味着所谓横坐标与纵坐标的划分不仅是相对的，而且是可以彼此转化的；它们其实是既非横亦非纵，亦横亦纵，即横即纵。这种中观方式，从道德观上，我们给它一个名词，就是“我—你”关系，以与横的“我—他”以及纵的“我—我”关系相区别开来。

承认有一种你—我式的天人关系，这还只是理论上的说法。人类到底能否，以及应当如何去建构这种新型天人关系？要达到此点，需要像弗洛姆所说的那样建立一种“自发人格结构”，来涵盖两者以及保持两者之间的平衡。弗洛姆在谈到这种自发人格结构的建立时说：“如果人能藉着自发性活动，来实现他自己，并使自己与世界，建立关系，他便不再是一个孤独的微尘了。他与世界化成为一个有组织的整体的一部分。”① 在这种情况下，“自我的独有特性与平等的原则，绝没有冲突。”② “人就是他的生活的中心与目的；人类特有个性的成长与实现是惟一的目的。”③ 但它客观地有利于天地万物之化成。此也即康德所说的人的“无目的的目的性”，它是自由与必然的合一，有与无的合一，道德义务与自由意志的合一，等等。

然而，一旦作如此思考，可以发现，我们将面临一个新的问题：如何将中观哲学的道德思考转化为道德的实践。这就主要不是理论与思辨的问题，而是主体的行为能力与自由意志的问题。也正是在这种意义上，理论要呈现为德性。而从最高义上说，中观哲学不仅仅是哲学的思辨，也意味着中观的实践与修行，道理也在这里。

---

① ［美］弗洛姆：《逃避自由》，124 页，北京，三联书店，1988。

② 同上书，125 页。

③ 同上书，125 页。

解读宗教伦理的超越之维与现代伦理的意义困境*

田 薇

如果问什么是宗教？什么是宗教伦理？通常都会接受如下的解释：宗教是与其他各种社会生活现象，如政治、经济、哲学、艺术、科学等并列而不同的另一种社会生活现象，是特定的人群共同体关于神圣对象的信仰体系和仪规体系，包括内在的精神观念和情感体验、外在的礼仪行为和组织制度。宗教伦理就是在宗教领域和宗教活动中，由信奉者群体遵守的、从特定信仰体系里引申出来的一套道德规范。它与政治伦理、经济伦理、环境伦理等一样，属于一种特殊领域和特殊活动的伦理。一方面，信徒们在神面前要奉行一系列的宗教道德律令；另一方面，还要将神圣指令落实到世俗生活当中，指导人们的社会行为，信仰由之成为道

* 这篇论文是2007年在香港汉语基督教文化研究所做访问学者期间，由对方资助的一个研究题目“析宗教伦理的超越之维”的结题，也是清华大学985文科基金项目“超越之维——宗教伦理研究”的一个阶段性成果。

德生活的源泉。①

这种解释从空间的维度来看，符合社会学和现象学的观察，比如现实生活里的宗教活动不仅不同于政治活动和科学活动等，而且表象为基督教、佛教、伊斯兰教等各种宗教形态；从时间的维度来看，最能揭示传统社会的宗教生活特征，这就是建制性的宗教模式。这种模式其实既是特定人群共同体的，也是普遍社会性的，实质上是一种具有社会法权性的统一建制模式，比如以教会建制为核心的基督教，以教政合一为中心的伊斯兰教等。然而，现代社会的宗教（以基督教为代表）发生了巨大的变化，一方面，统一的教会体制的宗教已经由社会的中心退居到边缘；另一方面与之相连的是宗教在人们的生活中的位置和意义发生了重要改变。如果我们试图对现代人的意义生活的真实做出客观的分析和把握，就不能完全满足于这种宗教理解的方式，需要立足于超越的维度重新审视宗教及宗教伦理存在的理由；如果在事实的基础上试图做出价值分析，就更需要确立宗教理解的超越之维。

下面，我们先来讨论宗教伦理的超越蕴意，然后据此解读在宗教发生变化的情况下现代伦理的意义困境问题。

一

考察各种形态的宗教，我们会发现，它们的尊奉对象如基督教的“上帝”、佛教的“佛陀”、道教的“神仙”等等及其宗教思想、仪式仪规都存在着众多差异，然而，越出这些差异诉诸意义指向，我们又会发现，它们有着深处的一致性：从客体角度来看，就是对

① 在这方面许多思想家都有过经典表述，可参阅［法］涂尔干：《宗教生活的基本形式》，240—255页、454—458页，渠东、汲洁译，上海，上海人民出版社，1999；［日］池田大作、［英］威尔逊：《社会与宗教》，414页，梁鸿飞、王健译，成都，四川人民出版社，1996；［德］卡西尔：《人论》，120页，甘阳译，上海，上海译文出版社，1985。

某种“至上根据”的关照，从主体角度来看，就是对某种超出人性有限性的无限神性的关照，实际上也是对人性生命的完满性的寻求。此为宗教的终极关照或信念关照，也是宗教存在的超越之维。如果分析人的存在状态和存在活动的展开，也会延伸出两条进路：从客体来看，它体现为社会文化系统的生成；从主体来看，它体现为个体生命世界的成全。如果我们将超越之维的宗教与之相对应，那么，我们可以将宗教信念理解为整个社会文化生活的精神内核，理解为个体生命存在的超验根基。依此，宗教伦理关涉的是对于人的存在来说具有某种普遍的形而上学意义的价值生存模式，将人的整个社会生活的伦理秩序指向了某种终极意义或终极信念。就此而言，任何一种伦理形态或文化传统，都是一种具有“宗教性”的价值体系，每个人的存在也都是一种“宗教性”的存在。

在此，“宗教性”的概念十分重要。德国思想家西美尔（G. Simmel）认为，“宗教存在乃是整个生机勃勃的生命本身的一种形式，是生命磅礴的一种形式，也是命运得济的一种形式。”[1] 基于这一生命哲学的宗教观，他明确区分了“宗教”和“宗教性”两个概念的蕴意。在他看来，“宗教性”是一种生存品质、一种在世关系和感情所向、一种内在的生命形式、一种形而上学的价值规定；“宗教”是一些教义和机构，一些制度化的外在形式的建制，若“宗教性”被“宗教”支配和垄断，则活生生的宗教生命就会枯竭。西美尔的宗教信念坚持“宗教性”取向。[2] 我们在此以“宗教性”概念一方面意指文化系统中的信念根基、合法性依据以及由此形成的文化传统的凝聚力，另一方面意指生存于其中的个体生命对超越自身之上的意义整体的指向与归属。沿着这一思路可以发现，宗教伦理存在的超越

---

① ［德］西美尔：《现代人与宗教》，52页，曹卫东等译，北京，中国人民大学出版社，2003。

② 关于西美尔丰富而独到的宗教思想，可参阅刘小枫在《现代人与宗教》中译本的“编者导言”中所做的充分而深入的讨论。

之维指向一种终极性的“信念伦理”，它以超验的信念支撑经验的世界，无论是个体生命的有限世界还是整个社会文化生活的现实世界，都赖此为深层的存在意义。

从历史文化的视角来看，这种信念伦理涵括了一切伦理文明，既包含各种具有典型宗教形式的伦理生活体系，也包含宗教形式非常淡化的伦理生活体系；既包含所谓神圣的神本主义伦理文化，也包含所谓世俗的人本主义伦理文化，因为一切伦理价值系统无不具有以信念为根本的宗教性意蕴。美国宗教思想家道森（C. Dawson）认为，宗教不是一种抽象的意识形态，也不只是一种古老的精神资源，而是一种绵延历史的文化传统和潜移默化的文化习俗。人类的各种文化现象，实际上是宗教信仰与社会生活相结合的不同类型。真正的文明实质上是一种“精神秩序”，其准则并非物质财富，而是“精神洞见”。一切有生机的文化的“精神动力”通常都来自它的宗教传统。宗教与人类的文化史之间具有内在联系，作为其中的精神价值信念的传承者，是活生生地内在于人们生活当中的。由之，宗教构成了解读整个文化“历史的钥匙”。[1] 实际上，道森的“精神洞见”、“精神动力”、“历史钥匙”等说法，都意味着一切文化传统都具有的信念内核或宗教性意义。相近地，汤因比也指出：“一种文明形态就是其宗教的表达方式”，[2] 一旦某种文明失去了对其宗教的信仰，势必就会走向衰落。这说明宗教信仰乃是文明的内在凝聚力。

更有意味的是，美国宗教学者史密斯（W. C. Smith）说：“不论是一般性的宗教还是任何一种特定的宗教，其本身都不是一个可以加以概念性地理解的实在，也不是学者或信仰者予以探究或关注的

---

① 参阅［美］道森：《宗教与西方文化的兴起》，1—17页，长川某译，成都，四川人民出版社，1989。

② ［英］汤因比、［日］池田大作：《选择人生》（*Choose Life*, Oxford University Press, 1976），287页。

有效对象。”① 主张放弃固有的宗教概念，认为它不过是西方人在近现代发明的解释“框架”，并将其西方式的标准推向世界的结果，其实并非解释人类各种文明的实在生活的最有效的方式，还造成了“谁是真宗教”的许多难题。② 于是，他用“信仰”和“累积的传统”来解释宗教生活，前者是其人性的内在的方面，是个体与神圣的超验者之间的关系，无论超验者是人格性的还是非人格性的，单一的还是众多的；后者是其历史的外在的方面，是信仰生活在历史上得以表达的文化框架、特定社团的组织体制、惯例和律法以及教义思想体系。在他看来，任何一种文明都可以阐释为内在信仰和外在文化形态之间的结合。③ 史密斯的理解更加将宗教信仰与一切文明形态或文化传统建立了不可分割的内在联系。

从生命或人性存在的视角来看，这种信念伦理关涉生命的终极关怀和终极归宿，源于人性深处的宗教形而上学渴望。任何个体的生命和生活秩序都是有限的和相对的，既然如此，生命的存活到底有什么意义？这是需要某种无限性、终极性的东西予以超越、予以支持的，只有这样，生命的精神秩序才能获得牢固的意义基础，生命的存在才不至于导向虚无。由之可见，存在于超越之维的宗教伦理其实也是一种生命伦理、精神伦理或者心灵伦理。

德国宗教思想家舍勒（M. Scheler）提出一个重要洞见，将“形而上学－宗教性”视为人的一种本质规定性。在他看来，追求“绝对之域”是有限个体的本质意向，绝对之域的意蕴就是存在和价值

---

① ［美］史密斯:《宗教的意义与终结》，12 页，董江阳译，北京，中国人民大学出版社，2005。

② 这里，不仅有各种公认的宗教形态，如基督教、佛教等是否是“真宗教”问题，因为按照基督教的有神论标准，佛教是无神论的，而且事实上儒家是否儒教，儒教是不是一种真正的宗教的问题，也是在这个语境下提出来的。依本文思路，用“宗教性”概念解释一切伦理系统具有的信念根基，儒家伦理自然属于“宗教性伦理”。

③ 参阅《宗教的意义与终结》，333—334 页、385—386 页。

的“未知性目标”，它是每个个体的生命所求、生命所信。一无所信者不过是“虚无”的信仰者。假如人没有上帝的自我启示，也会建构一种形而上学作为启示信仰的代用品。人的这种宗教意向性乃是由于人性的有限性。[①] 个体的有限性使得人的存在成为偶在，偶在使得人生变得脆弱无根，于是向神圣的绝对之域的延伸便构成人的本质性意向，通过神性的支持，人的有限性获得超越，生命的意义有了着落，心灵的秩序获得安顿。

神学家蒂利希（P. Tillich）将宗教信仰解释为无条件的“终极关切”，体现着有限之人试图追求无限本性的超越意识。他指出，宗教不是人类精神的一种特殊功能，而是所有特殊功能的根基；宗教处在整个人类“精神生活的底层”，是人类精神生活的家园。所谓“底层”即指精神生活中终极的、无限的、无条件的方面，“是人类精神生活的本体、基础和根基。”[②] 这里，蒂利希在人的精神存在和精神生活中对宗教加以定位，使宗教成为人的一切文化创造活动里深藏的终极关切，如在道德领域表现为“道德要求的无条件性”；在认识领域表现为对“终极存在”的不懈追问；在审美领域体现为“无限的渴望”。于是，人的一切精神活动的终极关切处本身就是宗教性的。这意味着生命的存在和展开在根本的意义指向上是宗教性的，而宗教性伦理因之体现为生命历程中指向永恒性、无限性的精神生存秩序、心灵生存秩序和价值生存秩序。

这样一来我们发现，超越之维的宗教伦理不是指向某种特定礼仪制度下的某个特定的崇拜群体从特定信仰里引申出来的特定伦理观念和规范体系，而是指向一切文化存在和生命存在的深层意义。于是，人类生存的伦理秩序和信念根基之间的关系，便构成了宗教

① 也可参读［德］舍勒：《死、永生、上帝》，其中译本导言刘小枫关于舍勒的论述，孙周兴译，香港，汉语基督教文化研究所，1996。

② ［美］蒂利希：《文化神学》，载何光沪编：《蒂利希选集》（上），378—384页，上海，上海三联书店，1999。

伦理的基本问题。这一问题可以展开为两个方面：一是人心秩序与信念根基之间的关系。它要求有序的心灵世界要建立在某种信念认可或意义认同的根基上，否则将是一个道德秩序混乱甚至崩溃的世界。二是社会秩序与意义根基之间的关系。它需要公共的伦理秩序有某种“意义共契”为基础，否则，社会伦理秩序将失去内在的灵魂和凝聚力。

综上所述，从社会文化的向度来看，宗教作为一种精神信仰或价值信念，构成一切伦理文化的内核与根基，各种不同的伦理传统都是由之衍生出来的一套价值体系，因而均带有宗教性伦理的性质。从个体生命的向度来看，宗教作为一个终极意义系统，与人的生存本性内在相关，宗教伦理就是源自生命个体内部超越有限性触摸无限性的终极伦理或生命伦理。

二

如果我们沿着上面超越的维度重新解读现代伦理的意义困境问题，我们期望可以获得一些新的解释。为此，我们先摆出似已成为共识的现代伦理意义的困境问题，然后，以西美尔的宗教性和卢克曼的无形宗教为理论个案，通过讨论现代宗教的变化进而来重新审视这一困境。

现代性社会是一种以个体自由主义为主导的伦理秩序，这是自启蒙运动以来人类取得的精神财富，它维护个体存在的权利和地位、尊严和价值，个体自由成为核心观念，与之相连多元化的观念也得以确立。然而，个体自由主义的伦理秩序也有着自身深刻的难题，这就是所谓“意义共识”的缺席。这一缺席在终极意义上被判断为宗教性的。无论是迪尔凯姆（E. Durkheim）、韦伯（M. Weber）、西美尔的古典宗教社会学理论，还是卢曼（N. Luhmann）、卢克曼（T. Luckmann）、贝拉（R. Bellah）的当代宗教社会学理论，都在深深关注着这一思想主题。

那么，个体自由和意义共识之间的分离是如何发生的呢？思想家们做出了各种各样的诊断。比如韦伯认为，现代社会的根本标志是“合理化”，社会制度建构的基础不再是传统社会的统一宗教尺规，而是合理化尺规，宗教从社会的中心退到边缘，无法履行社会整合的统一功能。卢曼认为，现代社会是一个分殊化的过程，宗教也像政治、科学、道德一样分殊为一个特殊的领域，各个领域有着自身独特的功能，宗教不能再像传统社会那样越出自身拥有社会性的支配法权，失去了提供社会统一价值尺规的资格。特别是宗教和道德的分化，更使宗教无权直接为社会伦理提供普遍准则。[①] 于是，社会的意义共识问题发生了危机。韦伯和卢曼的理论说明现代社会宗教位置的变化与意义共识的缺失是一个问题的两个方面。换句话说，现代社会的意义共识的缺失是以宗教发生的重大变化为标志的。因此，进一步检视现代宗教的变化很有必要。

西美尔和卢克曼对现代宗教的变化做出了重要论述，值得我们专门讨论。前面谈到，西美尔提出了“宗教”和“宗教性”的区别，更进一步，西美尔的理论揭露出，现代人的宗教生活日益从宗教走向了宗教性。这一揭示是和西美尔对“现代人”的把握联系在一起的。在他看来，“生命”是20世纪现代人的主导观念，生命在反抗着形式原则本身，个体性的生成是现代性的标志，生命意义的释义已经个体化，现代社会因之缺乏综合的、共同的文化理想。[②] 与现代人的这种精神气质相关，现代人越来越离开有独立建制实体（如教会、教堂、仪规等）和教义体系的统一“宗教”，而走向不具有建制形式、与超越域直接相遇的灵魂敞开状态的个体“宗教性”

① 参阅［德］卢曼：《宗教的功能》及渝之专论：《卢曼的自由主义社会理论的宗教观》，载《道风：基督教文化评论》，227—248页，香港，道风书社，1996。

② 参［德］西美尔：《现代人与宗教》，25—29页，曹卫东等译，北京，中国人民大学出版社，2003。

生存，它只是一种人际行为态度或者宗教情绪状态。西美尔说，现代人的生命逻辑就是“精神只有在失去语言之后才能找到宗教信仰。为了保护宗教感情的完整，它必须摆脱一切被规定和预先被规定的宗教形式。”① 这意味着生命不再有表达自己的形式，宗教生命也不再有表达自身的形式。因而在现代人的生活中，体现生命内在心性的“宗教性”日益强化，作为组织建制和教义体系的“宗教”日益弱化。这说明，宗教在现代社会主要不是表现为和客观的社会秩序直接相连，因此也就不可能像过去的传统社会那样再由教会为人们提供统一的宗教观念和伦理准则了，而是和人们的个体生命直接相连，因而现代社会的宗教特征表现为“个体宗教性”或者宗教个体化，统一的建制宗教或教义宗教演变为个体的心灵宗教。西美尔的宗教描述指向了作为生命意义或生活信念、生活态度的“无形宗教”。

有意思的是，后来的卢克曼明确提出了“无形宗教”的理论。在他看来，宗教在现代社会发生的重大变化就是从“有形宗教”转化为“无形宗教”。有形宗教就是以教会为制度基础的体制性宗教，也是传统的宗教模式；无形宗教指的是个体化的内心的宗教，不再听命教会统一的意义指令，与“官方模式”的宗教之间发生了断裂。它对于终极意义的世界做着自己的选择，不同的个人建构着关于终极世界的不同主题，私人领域具有核心地位和决定意义。这意味着，终极意义的追求成了纯粹的私人需要，并且必须迎合自主的消费者需要的变化，由此带来了现代社会宗教信仰的高度多样性和多元性。在个人消费偏好下，每个人从形形色色的终极意义主题中进行挑选。宗教无形了、内化了。卢克曼指出，这种个体化的无形宗教已经成为现代宗教的主要呈现方式，教会体制的有形宗教已经由中心退到了边缘。②

---

① 参［德］西美尔：《现代人与宗教》，42 页，曹卫东等译，北京，中国人民大学出版社，2003。

② ［德］卢克曼：《无形的宗教——现代社会中的宗教问题》，24—25 页，覃方明译，北京，中国人民大学出版社，2003。

如何评价现代宗教的变化及其后果？在我看来，首先，建制宗教的边缘化并不意味着宗教性意义淡出了现代人的生活世界。正如卢克曼所说："如果把宗教的特定历史形式等同于宗教本身，那么，由于传统的教会宗教正在普遍的衰落，就会认为当代世界日益变得缺少'宗教性'，现代公民正在过着一种日益缺乏'真正意义的生活'。然而，现代社会的宗教意义发生了位移，应该抛弃传统的狭隘的宗教概念。"① 这恰恰需要我们采用宗教超越之维的视境来重新审察现代宗教的意蕴。实际上，现代宗教向无形宗教的演变，正好突出并印证了宗教伦理作为信念伦理的意涵，它将自身定位在个体和社会群体面对世界或人生的价值态度和意义追求之上。在这方面，卢克曼的知识社会学理论还将作为意义体系、具有超越性和道德性的"世界观"理解为宗教的普遍社会存在形式，以此指称个人与社会的意义生活中的宗教维度。根据这一命题，宗教的功能便以这一"普遍形式"遍及社会。② 这意味着，宗教与宗教伦理的统一历史形态衰落了，但其超越性的宗教生命依然活在现代人的世界里，现代人的生活世界并不缺乏宗教性。这也可以让我们理解，为什么汤因比（Toynbee）在《选择人生》中将科学主义、共产主义、国家主义视为现代西方人的三大信仰。

其次，现代宗教的个体性取向意味着宗教落实在生命存在的维度上。宗教虽然一方面呈现为客观的体系，但另一方面在实质上则是发生在个体心性里的事情。西美尔说："作为灵魂的现实性，宗教也不是已经完成的东西，不是固定不变的实体，而是一个生机勃勃的过程；虽然一切传统内容牢不可破，每个灵魂、每个历史瞬间还是必须独自创造出这样的过程来；宗教的活力和核心就在于，现有

① ［德］卢克曼：《无形的宗教——现代社会中的宗教问题》，70页，覃方明译，北京，中国人民大学出版社，2003。

② 同上书，71页。关于这一问题的阐述，可详细参阅陈维纲为《无形的宗教》所写的中译本导言，4—9页。

宗教不断进入感情之流，情感活动又必须不停地重新塑造现有宗教。”[①] 宗教性冲动不是活在建制性的宗教机构里，而是在个体的生命中承载着。宗教从根本上说是在个体心性当中发生的灵魂与超验者之间的关系，这种关系不是概念性的关系，而是感觉状态，正因如此，即使客观的建制性的宗教形态在现代社会消亡，“宗教价值却依然完好无损地保存在灵魂中。”[②] 真正的宗教是活生生的生命，是在我们每个个体灵魂中的一种存在和事件，也是我们天赋的一部分。[③] 按照西美尔的理解，只有个体内在的宗教性是不会消亡的，它也会不断地创造出客观的宗教文化。

然而，进一步的问题是，在现代宗教个体化、多元化的情况下，社会的意义共识到哪里寻找？换句话说，这不意味着现代社会的伦理秩序陷入了意义共识的困境吗？事实上，个体自由主义原则和意义共识的追寻之间的分离一直被视为现代社会伦理的深层困境。然而，面对所谓以宗教个体化、多元化为典型表征的现代自由社会的意义共识的困境问题，究竟该如何读解、如何分析呢？

我们认为，关于困境的判断，一个重要原因显然是参照宗教伦理发生作用的传统功能模式的产物。在传统的景观中，社会伦理秩序的合法性依据和人们心中的价值认同是由超越社会之上的组织形式如国家或者教会，统一提供和制定，现代宗教向个体宗教的转化使得意义认同失去了“统一性模式”。然而，应该看到，传统的统一方式带有某种外在输入的特征，它一方面维系着人们的共识，但另一方面也包含了离疏的可能。也就是说，传统的宗教伦理主要是作为一套基于信仰的行为规范加给人们的，而现代宗教因向个体心灵的自由认同的转化，宗教伦理便可能成为内在化的心灵秩序和生命

---

① ［德］西美尔，《现代人与宗教》，20页，曹卫东等译，北京，中国人民大学出版社，2003。

② 同上书，52页。

③ 同上书，48页。

秩序。在这种场景下，当诸多个体进入社会沟通时是在心灵和生命的层次上发生关联的，这将有可能实现从里到外的意义共契，也许这种共契才是真正个体间的融构。这种现代景观从外部形态上看是个体分散性的，但在人性关联的深处却恰恰可以发生意义的分享。因此，宗教的个体性并不一定会裂散社会，也不一定会导致意义根基的碎片化。

对此，西美尔有相当的理性直觉。在他看来，并非只有外在超验的意义世界，例如教会提供的统一的彼岸世界具有形而上学的价值存在，“主体宗教性”本身同样是形而上学的价值存在。现代性宗教困境的解决恰恰需要宗教回到“特殊的、直接的生命之中”，作为个体的“人的如此在”（So－Sein des Menschens）状态。[①] 真正的“宗教人”不是在自身之外构造一种神性之域，靠外在的客观信仰对自己的生命起作用，而是置身于宗教的活力中，使宗教成为“生命的内在规定”，缺乏宗教性的人反倒需要求助于宗教教义和机构，去教堂从牧师那里接受教条。因此，问题的症结在于：现代人能否寻回作为生命内在形式的宗教性，并且能否“把这种生命本身当作一种形而上学价值”，实现个体性宗教的转向。[②] 在西美尔看来，由于宗教本身具有整合性，个体性宗教并不使个体的特殊性成为“单调的片面性”，“宗教能够把人的特殊性以及不同人的共时性在同一时空中完美地表现出来，而这是竞争所无法做到的。”[③] 由之，作为现代性伦理诉求的个体性是整合中的个体自由，而个体自由与社会共契的合致问题，也不在于宗教伦理的力量能够为高度分化的社会提供出一个现实的统一形式，而在于在个体的内心中克服现代生活的

---

① ［德］西美尔：《宗教的基本思想与现代科学》，转引自刘小枫《现代人与宗教》一书的编者导言，27 页。

② 参阅［德］西美尔：《现代人与宗教》，52—57 页，曹卫东等译，北京，中国人民大学出版社，2003。

③ 同上书，144—145 页。

碎片化。生活秩序和价值域的冲突最终是在个体灵魂的宗教性中得以克服与和解的，这也正是宗教最本己的任务。因此，宗教的个体化或“分化的上帝观”并不必然会使社会解构更加裂散，反而有可能会成为社会互动的酵素。

这样看来，关于意义共识的困境的判断中可能包含着一个未被挑明的问题：这就是缘于现代自由主义规范伦理的观念和理论框架，往往从规则、准则的普遍确立和选择上来理解现代伦理生活因宗教个体化、多元化导致的缺乏共识。实际上，当我们将宗教伦理理解为一种生命伦理、心灵伦理或终极伦理的时候，意义层面的共识是在生命存在中把握的，而不是在规则的选择中确立的，是在个体生命之间的社会沟通中自由自发地实现共契的，而不是通过判断、规划、制定、筹谋、推理、指令等方式来提供的。在生命的终极意义世界是无法真正“提供”共识的，只能是在个体灵魂的确认基础上通过进一步的生活圈里的互动而“生成”的。就此而言，当代基督教美德伦理学的领军人物，哈弗罗斯（Stanley Hauerwas）强调通过共同体中的叙事伦理来培养人的品格和德性，在此基础上进而推动并实现规则、规范层面的一致性是值得重视的。①

于是，如果所谓意义共识的困境是指称现代人各自持有不同的价值观念和行为准则，那么，这种困境的解决不在于取消差异达成统一，而在于通过理解和宽容、交流和协商而达到共存和矫正，哈贝马斯（Habermas）的交往理性和商谈伦理对此做出了有意的探讨，值得提倡。如果困境指称的是生存的意义根基或者终极关切层面的，那么它意味的是，外在指令性和权威性的意义统一消失了，宗教认同转移到了自由的内在的心灵体认当中，这很可能是超向真正的宗教根基的回归。在这种情况下，个体生命之间实现的与其说是意义

---

① 可参阅汪建达：《在叙事中成就德性——哈弗罗斯思想导论》，31—118 页，北京，宗教文化出版社，2006。

共识，不如说是意义共契。共识相应于统一性，共契相应于交融性。

最后需要指出的一点，在个体生命存在的深处，或者说在人性的深处、心灵的深处实现的意义共契，对于客观的社会伦理秩序发生着间接的影响。在此，值得参考一下卢曼的见解，他认为，虽然宗教不再承担整个社会的整合功能，但可以通过解释功能将社会生活里的偶然性转化为确定性，从而降低复杂性。具体一点说，作为个人生活的意义系统，宗教通过"上帝"的概念使个人将实在世界里支离破碎的东西想象为统一的，将相对的东西想象为绝对的，由此促成不确定性向确定性的转化，从而减少了社会系统和环境的复杂性和多变性，提高了稳定性。这说明，宗教在为个体提供意义资源的同时，伴随着个体的社会化途径进入社会沟通，使个体和社会之间获得了某种自我认同。①

上述表明，宗教伦理的现代功能主要是在无形的、超越的、生命存在的形而上学的维度上存在和发生的。在此，重温一下海德格尔（Heidegger）关于人的道德存在的语言学溯源及其深刻反思，可以另给我们一种别开思路的启迪。他指出，现代人已然遗忘了道德的原初本意，在古希腊文中，道德（或伦理）"ethos"的基本含义是指：人近神而居的居所。在解读希腊哲人赫拉克利特"人的德性就是他的守护神"（ethos anthropoi daimon）时，他依据道德的原初含义将之解读为"只要人还是人的话，他就住在神的近处"。② 人因近神而居而有德性之在。人的德性之在与近神之在，人的德性之居留与近神之居留，由此获得了存在论—本体论意义上的关联。正因

---

① 参阅渝之：《卢曼的自由主义社会理论的宗教观》，载《道风：基督教文化评论》，227—248页，香港，道风书社，1996。

② ［德］海德格尔：《论人道主义》，熊伟译，收录中国社会科学院哲学所西方哲学史组编：《存在主义哲学》，125页，北京，商务印书馆，1963；也请参阅万俊人：《论道德形上学》（上），载《清华哲学年鉴（2002）》，126—127页，保定，河北大学出版社，2003。

如此，宗教伦理的超越之维也就拥有了存在论上的理由。正因如此，只要人的世界还持守神性取向，意义根基就不会崩溃。无独有偶，回溯中国文化传统，最初的“道德”二字之源始即是“顺应天命”之意，这同样启示我们，奉守天命之道，恪守天命之德，现代世界的人心秩序和社会秩序，便不会失去意义指归。

新保守主义政治哲学的宗教之维

朱东华

新保守主义与新宗教右翼一样，都是当代美国政治中值得重视的思想运动。20 世纪后期美国国内围绕着一系列道德问题而展开的“文化战争”，无疑为新保守主义和新宗教右翼的崛起提供了重要的思想背景和难得的历史机缘。本文将站在新保守主义和新宗教右翼崛起的共同背景上，以政教关系问题为视角，以犹太问题为主轴，来探讨新保守主义的思想基调及其与施特劳斯政治哲学之间的关系，并进而阐明当代美国新保守主义与新宗教右翼结盟的思想基础。

一、新保守主义的思想基调与宗教之维

加拿大学者莎蒂亚·德鲁里（Shadia B. Drury）曾经在《列奥·施特劳斯与美国右派》一书中这样概括美国新保守主义的思想基调：

> （它）专注于宗教，相信虚无主义乃是美国自由主义危机的根源所在，拒斥启蒙理性主义，憎恶自由主义，强调民族主义，

关注知识分子的政治角色，偏爱民主主义甚于自由主义。[①]

德鲁里女士显然很重视美国新保守主义思想的宗教之维。因为在她看来，对公共正统的维护和对自由主义的批判，正可谓是新保守主义"护教"事业的一体两面；而在新保守主义试图维护的公共正统中，宗教无疑是扮演了极其重要的核心角色。

德鲁里的上述概括当然是一个自由主义者的看法。不过有时候，敌手的概括反而显得更加能够切中要害。事实上，新保守主义在政教关系问题上确实有那么一种咄咄逼人的"融合主义"（accomodationism）的立场。这具体表现在：

（1）它反对"公域/私域"的自由主义区分，反对自由主义的政教分离原则。按照施特劳斯的看法，自由社会有一个"根本的要素"，即它有一个"国家法律不得干涉的私人领域"；而宗教便是属于这个私人领域内的活动。所以自由社会许诺每个公民都可以自由信奉自己认为合宜的宗教。然而，正是由于有公域与私域的严格区分，由于有不受法律干涉的私域的存在，自由社会提供的很有可能是一种"法律上的平等"加上"法外的"或"私下里的"歧视。公共政治可能会在平等和中立立场的掩饰下，推卸掉它对于道德是非问题所应承担的责任，私域也极有可能成为藏污纳垢的处所。[②] 与施特劳斯一样，新保守派的代表人物欧文·克里斯托（Irving Kristol）也批判公私领域的划分以及相应的政教分离原则。他说，美国建国之父们所遗留的最大缺憾莫过于"不立教"。建国之父们受世俗人本主义的误导，认为宗教维护道德的职能可以交由自然理性去行使，

① ［加］莎蒂亚·德鲁里：《列奥·施特劳斯与美国右派》，168—169页，刘华等译，上海，华东师范大学出版社，2006。

② 参见 Leo Strauss, *Why We Remain Jews: Can Jewish Faith and History Still Speak to Us?*, in: Kenneth L. Deutsch and Walter Nicgorski (ed.), Leo Strauss: *Political Philosopher and Jewish Thinker*, Rowman & Littlefield Publishers, Inc., 1994, p. 46。

所以宗教必须仅仅作为私人之事得以保留，而没有必要在公共领域内确立宗教。[①] 新保守派的另一位代表人物雅法（Harry Jaffa）也明确反对"公域/私域"的自由主义区分，认为这种自由主义的区分可能会导致私域的放纵，久而久之则会进一步损害到公共政体，因为公共政体有赖于公民的道德，[②] 一旦公民道德遭到破坏，那么公共政体也便失去了它得以存在和发展的基础。

（2）新保守派维护宗教的公共正统地位。新保守派认识到：由于宗教的持续私域化，在公共领域内便最终丧失了本可以作为指路明灯的权威真理。新保守派认为，宗教的传统职能就是为政治社会提供公共的意义世界——或者借用社会学家贝格尔的话说，就是为其提供"神圣的华盖"（the sacred canopy）；而现代自由主义却在政教分离原则的引导下，将宗教赶下了公共正统的位置，并营造了一个个"赤裸的公共广场"（the naked public square）。[③] 由于没有了公共的正统，自由民主制显得十分的脆弱。在20世纪发生的"自由主义道德、自由主义政治、自由主义宗教"在抵御独裁、抵御各种精致的罪恶时所遭遇到的种种失败，就是这方面最好的例子。[④] 显然，对新保守派而言，公共正统的丧失正是现代社会"危机"的根源之所在。这一点解释了为什么施特劳斯和新保守派总有难以消解的危机感，因为在他们看来，只要自由民主制占据主导地位，西方文明将继续处于危机之中。

施特劳斯当年在分析德国虚无主义时，也不无同情地指出了其

---

① Shadia B. Drury, *Leo Strauss and the American Right*, New York, St. Martin's Press 1997, pp. 37—38.

② Ibid., p. 103.

③ 参见 Peter Berger, *The Sacred Canopy: Elements of A Sociological Theory of Religion*, p. 134; James J. C. Cox (ed.), *Religion in the Public Square*, p. 11。

④ 刘小枫主编：《施特劳斯与古典政治哲学》，99页，张新樟、游斌等译，上海，上海三联书店，2002。

所表达的道德异议：自由主义的目标是建立一个完美的“开放社会”，但是这一“开放社会”却是不可取的，因为它即使不是“非道德”的社会，也将是一个“无涉道德”的社会，一个“寻欢逐利者、追求无责任权力者”的“渊薮”。因此，一切道德生活的根基本质上都是（因之也永远都是）“封闭社会”——只有在封闭社会中，才有真正的道德生活；只有在封闭社会中，才充满了“紧张气氛”、“崇高之事”，才充满了紧要关头的“责任”和非常时刻的“牺牲”。① 施特劳斯的弟子如克里斯托、阿兰·布鲁姆（Allan Bloom)、威尔默·肯德尔（Willmoore Kendall）等，也都秉承乃师的教诲，认为政治社会就其天性而言必定是“封闭的”，政治社会的人们不愿接受异己的观点和价值，而愿意接受公共的正统以及由其所造就的情感一致和意见统一。他们批评美国社会过于自由化和多元化，认为其所需要的正是统治公民公私生活的单一正统，而且这种正统必须靠宗教来支撑。

因此，很显然，新保守主义思想中的确有一个政教关系问题的层面，而这个层面的来源则又可以追溯到施特劳斯政治哲学的宗教之维。也许细究起来，我们不得不说，施特劳斯思想中的宗教之维是较为隐秘的；不过幸好，1962年施特劳斯在美国发表的《我们为何还是犹太人：犹太历史和信仰还能向我们言说吗?》这一演讲，为我们理解施特劳斯的政教观念提供了重要的线索。所以接下来，我们就从犹太问题这一独特视角出发，来探讨一下施特劳斯政治哲学的宗教之维及其相关特征。

二、犹太问题与施特劳斯的政治哲学

什么是“犹太问题”？就最直接的思想境遇而言，20世纪人类

① 刘小枫主编：《施特劳斯与古典政治哲学》，739—740页，张新樟、游斌等译，上海，上海三联书店，2002。

曾经面临的一场人道主义危机——纳粹屠犹——确实为“犹太问题”的重新提出提供了难得而又紧迫的历史机缘。在犹太人及犹太教的命运岌岌可危的历史关头，“犹太问题”不得不伴随着前所未有的困惑，并以一种惊心动魄的严酷面目再度出现。生活在这样一个时代，施特劳斯也像伯林、阿伦特、莱维那斯等犹太知识分子一样，不得不在其著作的字里行间流露出或多或少的犹太身份焦虑和选民意识，自觉不自觉地展示着各自的犹太归属的特性和深度。

施特劳斯对于“犹太问题”的思考当然也很有自己的特色。一方面，他对“犹太问题”的思考始终脱不开“现代性批判”这一主题；另一方面，他对于犹太人选民意识的全新诠释（即认为犹太人被挑选出来作为人类受困的代表），也使得他将“犹太问题”概括成了“人类问题”。

（一）“犹太问题”是“人类问题”的典型化

首先，对于施特劳斯而言，究竟什么是当前的“人类问题”呢？施特劳斯的回答是：当代最重大的人类问题或时代问题乃是“现代性的危机”和“西方文明的危机”。施特劳斯倾毕生之力反对“以相对主义前设为特色”的现代性，因为在他看来，现代性乃植根于一种按传统观点来说属于非道德的哲学思想之中。现代性的“核心愚昧之处”在于它盲目地相信一种自由主义的中立立场，以为人们在公共领域内能够合理地协调各种私人目的和追求。“现代性的危机”或“西方文明的危机”恰恰就在于它放弃了自己的绝对主义根基，反而企图完完全全地成为相对主义。①

那么，施特劳斯又为什么要说“犹太问题”是“人类问题”的典型化呢？因为在施特劳斯看来，“犹太问题”就其作为一个社会和政治问题而言，乃是人类问题最明白的表征。历史上针对“犹太问

---

① 刘小枫主编：《施特劳斯与古典政治哲学》，99、309、404 页，张新樟、游斌等译，上海，上海三联书店，2002。

题”曾经出现过两种自由主义的解决方案：“自由主义同化论”(liberal assimilationism)与“政治锡安主义”(political Zionism)。施特劳斯认为这两种解决方案从根本上来说都是失败的。因为“自由主义同化论”许诺犹太人若以“世俗个体公民的身份”融入自由民主体制，便可以得到体面的权益；但事实上，自由社会所提供的却无非是“法律上的平等”加上“私下里的歧视”。至于说“政治锡安主义”，施特劳斯虽承认其有可取之处，但它终究也无法解决“犹太问题”，因为这种无神论的、自由主义的政治方案“继续并强化了同化道路的反犹太化趋势”。因此，施特劳斯认为，“犹太问题”的难以解决，为证明自由主义的局限以及现代性的危机提供了活生生的证据。也正是在这个意义上，施特劳斯说“犹太问题”就是“人类问题的最纯粹、最现成的典型化”。①

显而易见的是，施特劳斯将“犹太问题”概括为“人类问题”，确实是从“宗教之维”这样一个侧面凸显了其政治哲学的主题：从直接的主题来看，“犹太问题”反映的是正统主义神学立场与自由主义同化论之间的对立，是宗教锡安主义与政治锡安主义之间的对立；从潜在的主题来看，“犹太问题”反映的却是“犹太性”(Jewishness)与“现代性”(modernity)之间的对立，或者说，是保守的正统绝对主义与自由主义的道德相对论之间的对立。而在这些难以消解的对立因素中，施特劳斯无疑是对前一类因素寄予了深刻的同情。施特劳斯希望重新返回犹太教的传统神学根基，重新激发起那曾经导致了弥赛亚主义的深层宗教冲动，尽管他同时也很清楚，这种重塑公共正统的努力，在现代社会中已经变得越来越难以奏效了。

---

① Leo Strauss, *Why We Remain Jews: Can Jewish Faith and History Still Speak to Us?*, in: Leo Strauss, *Political Philosopher and Jewish Thinker*, p. 73. 同时参见格林：《现代犹太思想流变中的施特劳斯》，载刘小枫主编：《施特劳斯与古典政治哲学》，113页，张新樟、游斌等译，上海，上海三联书店，2002。

（二）“自由主义同化论”行不通

施特劳斯曾经在《斯宾诺莎英译本序言》当中指出：现代犹太教乃是“拉比犹太教与斯宾诺莎的综合”。显然，在施特劳斯心目中，斯宾诺莎是“现代自由主义犹太教的始作俑者”，是“第一个既是民主派又是自由派的思想家”，因为正是斯宾诺莎以其能够设想的惟一方式思考了犹太人的解放问题，并最早尝试提出了“自由主义同化论”（liberal assimilationism）这一最为重要的“犹太问题解决方案”。按照斯宾诺莎的这一解决方案，犹太人可以“以世俗个体公民的身份”，融入到自由民主体制之中，从而受“自然权利”的保护并得到体面的权益。[①] 与传统做法相比，“自由主义同化论”乃是一种全新的“同化形式”，它不要求犹太教徒皈依基督教，而是要通过创造一个政教分离的自由民主社会，使得其中的每一个公民，无论其宗教信仰如何，都能够在法律面前享有平等的权利。显然，按照施特劳斯的理解，斯宾诺莎所创始的、并为当今众多犹太人所奉持的此种“同化论”确实具有鲜明的自由主义色彩：

首先，就新式同化的制度基础而言，其所依赖的是自由民主体制下的政教分离原则。众所周知，施特劳斯曾经在《关于马基雅维利的思考》一书中，将斯宾诺莎与卢梭一并看作是马基雅维利所开创的思想传统的继承者。按照施特劳斯的现代性思想谱系，马基雅维利属于现代性的第一波，而斯宾诺莎则属于第二波。后者全心全意地追随前者所开创的现代事业，要在政治与宗教之间建立一座分隔之墙，或者说，要将政治王国从宗教中解放出来；因为，在马基雅维利看来，宗教并不真实，它在某种程度上是人们蓄意创造出来

---

① 参见刘小枫主编：《施特劳斯与古典政治哲学》，72 页，张新樟、游斌等译，上海，上海三联书店，2002。译名略有改动（即将“liberal assimilationism”译为“自由主义同化论”）。

的，并且它还常常被人们蓄意地加以利用。因此，马基雅维利认为：如果宗教发源于人们内心的软弱与意志的软弱，而且它同时还在滋育这种软弱状况的话，那么，宗教对于社会的福祉，就不能简单地说是具有必要性。[①] 关于马基雅维利的上述思想及其对斯宾诺莎等人的影响，学者格林（Kenneth Hart Green）曾经有过颇为深入的分析。格林指出：马基雅维利的现代事业的目的，是要以贬低宗教王国来确保政治王国的无上性和自主性，是要确保对宗教的控制与弱化——在政治的允许之下，宗教将至多扮演教育者的角色，仅限于自由的道德教化范围之内。换句话说，宗教将被驱逐出自诩拥有真理及拥有政治权力的领域。同样，在斯宾诺莎及启蒙运动看来，宗教如果不被限定在自由道德教化的功能之内，那它即便不是人类生活中罪恶和苦难的罪魁祸首，也将是其主因之一，因此，中世纪遗留下来的政教体制必须被摧毁。而为了赢得基督教信仰与欧洲政治生活相分离的斗争，斯宾诺莎采取了马基雅维利式的进攻策略，即借助于反犹太教的观点，来得出能够让基督徒接受的反基督教的论断，从而实现自由民主体制下的政教分离。斯宾诺莎相信，一旦政教分离的斗争取得胜利，犹太人自然会从中受益，过上体面的政治生活。[②]

对于斯宾诺莎“同化论”中蕴含的政教分离前提，施特劳斯还曾经在《我们为何还是犹太人?》这一演讲中做了进一步的引申。他说：现代的同化乃是要同化到一个自由的社会，或者说，一个非宗教的世俗社会，一个超越了宗教差异的“后犹太教-基督教”的社会。在这样的一个自由社会中，必然有着国家与社会、“公共”与“私人”的根本区分。或者说，大凡自由社会都有一个“根本的要素”，即它必然有一个“国家法律不得干涉的私人领域”；而宗教，

---

① 参见［美］施特劳斯：《关于马基雅维利的思考》，355—359、470 页，申彤译，南京，译林出版社，2003。

② 刘小枫主编：《施特劳斯与古典政治哲学》，67—70 页，张新樟、游斌等译，上海三联书店，2002。

无论是犹太教还是基督教，作为具体的宗教而言，都是属于私人领域的事情，因此，自由社会的每一个公民都可以自由地信奉自己认为合宜的宗教。[1] 显然，在施特劳斯看来，“自由主义同化论”的政教分离原则预设了自由社会中的公私领域的二分：一方面，正是公域与私域的区分，为政教分离原则的确立提供了体制性基础，另一方面，政教分离原则的确立，也构成了公私两域区分的重要内容之一。施特劳斯甚至还在演讲中提及了斯宾诺莎的忠实拥护者、德国启蒙运动之父莱辛的政教分离主张，认为莱辛的思想体现了“18 世纪的梦想”。施特劳斯特别提到了莱辛致门德尔松信中的这样一句话：“我渴望去一个国家，其中既无犹太人，也无基督徒。”莱辛的这句话，被有些学者认为是“美国宪法之先声”。也许客观地说，莱辛的主张（包括他在戏剧《智者纳坦》中所宣扬的宗教平等观），与美国宪法第一修正案的“不立教”条款和“自由信教”条款相比，仍然存在着不小的距离。不过，施特劳斯虽然并不完全赞同一些学者的“先声说”，但他同时认为，莱辛的观点确实触及了美国宪法第一修正案的内涵。[2]

总之，在施特劳斯看来，现代的、斯宾诺莎式的“同化论”乃是一种“自由主义的同化论”，它不仅认同自由社会中公私两域的划分以及相应的政教分离原则，而且还将犹太人的政治出路设定为现代自由民主制度下的应许。施特劳斯这样做的目的是很明显的：他是要将现代犹太史与自由主义的局限联系起来，或者说，他是要将犹太问题与现代性危机联系起来。施特劳斯认为，自由社会不可能为“犹太问题”提供根本的出路，因为自由社会必然有一个“国家法律不得干涉的私人领域”，因而它不可能从根本上消除人们私下里对于犹太人的歧视，反而会许可、容忍甚至鼓励这种“歧视”。一切

---

① Leo Strauss, *Why We Remain Jews: Can Jewish Faith and History Still Speak to Us?*, in: Leo Strauss: *Political Philosopher and Jewish Thinker*, p. 46.

② Ibid., p. 66.

想要终止“歧视”的尝试都将侵犯私人空间的神圣性，并有损于自由主义的有限政府原则。因此，自由主义同化论方案，对于“犹太问题”而言，是无济于事的。自由主义社会提供的无非是“法律上的平等”加上“私下里的歧视”。美国就是这方面最好的例子：即使像美国这样自诩自由、平等的国度，也依然存在着一种“完全法外的”而不是非法的“种族等级”，其中盎格鲁－撒克逊人级别最高，黑人垫底，而犹太人仅仅比黑人好一点。[①] 美国的这种等级制的可怕之处就在于：它不是“非法的”(illegal)，而是“法外的”(extralegal)。正是由于有公域与私域的严格区分，由于有不受法律干涉的私域的存在，公共政治也便推卸掉了它对于道德是非问题所应承担的责任，社会生活中出现了道德真空，私域成了藏污纳垢的处所。这样，反犹主义（anti－semitism）只要暂时活跃在私人领域，暂时不侵害公共秩序，那它就可以在自由社会中享受到法外的自由，其结果也就有可能培植起一种“仇恨和恶的文化”，这种文化终将摧毁孕育它自身的母体——自由民主制。[②] 因此，自由主义正是因为采取了政教关系上的分离主义、道德上的相对主义乃至哲学上的虚无主义，所以就难免会在世俗的自由社会中造成道德真空，其所维护的自由也便有可能被世俗狂热分子所滥用，而这一点，无疑是暴露了自由主义的“阿基里斯之踵”，暴露了现代性危机中难以治愈的病根。

施特劳斯除了研判“自由主义同化论”在思想前提和制度基础方面的缺陷外，还指出了犹太人以“世俗个体公民身份”融入现代自由社会所造成的结果，即这种“自由主义的同化”同样会为犹太民族或犹太共同体造成瓦解的危机。因为，自由民主制对犹太人许下了这样的诺言：如果他们“融入”自由社会，他们作为个体公民、

---

① Leo Strauss, *Why We Remain Jews: Can Jewish Faith and History Still Speak to Us?*, in: Leo Strauss: *Political Philosopher and Jewish Thinker*, pp. 46—49.

② 参见刘小枫主编：《施特劳斯与古典政治哲学》，114 页，张新樟、游斌等译，上海，上海三联书店，2002。

作为不论宗教归属的个人，随意拥有的自然权利都会得到保障，这意味着，在法律和社会上，他们将被平等地看待，他们可以参加社会生活的各个层面；除非受到自己能力的限制，他们将会因为自己所取得的成就而享有杰出公民的荣誉。然而，充分的社会平等也难免会导致犹太人作为犹太人的全面消失，自由主义的同化所造就的无非是“伶仃的人群”（即由孤立的个人所组成的松散人群）。

总之，施特劳斯始终认为，犹太人是一个极端反现代的民族，而作为犹太人安身立命之本的犹太教，也与现代思想处境（尤其是与20世纪思想处境）格格不入。犹太人和犹太教只有在抗争中才能保持自己的完整性。而自由主义同化论却要求犹太人放弃自己的“英雄般的幻想”或“再高贵不过的梦想”，因此在施特劳斯看来，它是“一个不可行的命题”。①

（三）政治锡安主义的得失与自由主义的局限

施特劳斯曾经批判过的另一个“犹太问题”解决方案是“政治锡安主义”。那么究竟什么是“政治锡安主义”呢？现代政治锡安主义的始作俑者是斯宾诺莎，而其缔造者则是奥匈帝国记者赫茨尔（Theodor Herzl，1860—1904）。无论是斯宾诺莎还是赫茨尔都认为，犹太人必须在自己的故土上建立政治自治，以此来唤起犹太人武力反抗邪恶势力、主宰自身政治命运的勇气和力量。赫茨尔甚至进一步明确提出：“要通过建立一个政府，也就是说建立一个国家，来重

① 施特劳斯一直认为，犹太人不应该放弃自己的梦想和原则。他曾经指出，犹太问题与黑人问题有相似之处，但也有重要区别：当犹太人努力争取“正义”的时候，他们最终诉诸于他们自己创始的原则；而当黑人为正义而斗争的时候，他们并非诉诸于自己或非洲祖先的原则，而且诉诸于他们从压迫者那里学来的原则。施特劳斯说，这可不是无关紧要的差异；凡是不想隔靴搔痒的人，都得正视这种差异。参见 Leo Strauss，*Why We Remain Jews：Can Jewish Faith and History Still Speak to Us?*，in：Leo Strauss：*Political Philosopher and Jewish Thinker*，pp. 49，60—61。

建犹太人的光荣。”[①] 由此可见，政治上的锡安主义也就是犹太人的复国主义。[②]

施特劳斯本人与政治锡安主义也早有瓜葛。据施特劳斯自己回忆，17 岁时他的人生发生了一次重要转折，这一年他皈依了锡安主义——一种“单纯的、直截了当的、政治上的犹太复国主义”。[③] 虽然后来随着年龄的增长和思想的成熟，施特劳斯对政治锡安主义的态度有所转变，但毫无疑问的是，政治锡安主义曾经对施特劳斯的犹太思想产生过塑造性的影响。即使在他对政治锡安主义采取批评立场之后，他也依然肯定政治锡安主义在一个希望破灭的年代里作为一种道德力量所取得的成就。他认为，以色列立国可以使所有犹太人得福，可以帮助他们重新找回素朴的尊严和荣耀，可以重塑犹太人的凝聚力和战斗精神。

不过后来，施特劳斯在《就以色列国致编辑函》中表达了自己对于政治锡安主义的态度转变。他说：“由于显而易见的原因，赫茨尔的政治锡安主义是成问题的。”赫茨尔的立场为什么是成问题的呢？这里所谓“显而易见的原因”又是指什么呢？

学者格林曾经分析过“政治锡安主义”之所以成问题的理由。综合起来看，格林列出的四条理由差不多可以用一句话来概括：“这是一种无神论的、自由主义的政治方案。”的确，施特劳斯最感兴趣的是现代锡安主义的思想内核，他认为这个内核最鲜明地体现在了政治锡安主义之中，因为政治锡安主义原本是一种纯粹世俗的、无

---

① 刘小枫主编：《施特劳斯与古典政治哲学》，111 页，张新樟、游斌等译，上海，上海三联书店，2002。

② 笔者按：通常将“political Zionism”（“政治锡安主义”）译作“犹太复国主义”是可以的；不过除了“政治锡安主义”之外还有“宗教锡安主义”，这时“Zionism”便不能译作“复国主义”。

③ ［美］施特劳斯：《剖白》，载刘小枫主编：《施特劳斯与古典政治哲学》，725 页，张新樟、游斌等译，上海，上海三联书店，2002。

神论的政治运动。政治锡安主义给自己设定了非常有限的目标；它没有采取传统犹太教弥赛亚主义的立场，它既不“等待”弥赛亚，也不期望重建大卫王国和重建第三圣殿。但它为了增加自己对犹太人的吸引力，又不得不求助于弥赛亚主义的“深层宗教冲动”。这就是政治锡安主义的悖论：无论政治锡安主义多么的世俗化，如果它要的是“犹太国家”（Jewish state）而不仅仅是“犹太人组成的国家”（a state of Jews），那它就不光需要西方的普遍文化，而且更需要特殊的犹太宗教文化。这也就是说，政治锡安主义的不足必然引向文化锡安主义，而文化锡安主义的自我反省则又必然引向宗教锡安主义。

在施特劳斯看来，政治锡安主义不光是一种有缺憾的无神论解决方案，同时也是一种有缺憾的自由主义解决方案。施特劳斯分析了历史上出现过的各种同化方案，认为“自由主义同化论”采取的是犹太人作为个人的同化，而政治锡安主义采取的则是以色列“作为国家的同化”，[①] 因为以色列所立之国乃是遵循自由主义原则的现代世俗国家，而不是重建的大卫王国。政治复国的实质就是以色列作为一个国家同化到现代自由民主体制中去。因此，以色列立国并非是犹太人“放逐”（galut）的终结，而只是被逐状态在宗教上和政治上发生了形式的变化而已。政治锡安主义“继续并强化了同化道路的反犹太化趋势”。并且，政治锡安主义在这方面同样潜含着一个难以消解的悖论：一方面，政治锡安主义真诚地认为自由主义同化论行不通；但与此同时，它又依赖于现代自由主义的前提，以为仅靠政治的手段、人为的努力便可以解决“犹太问题”。政治锡安主义受自由主义的启发，难免会暴露出自由主义自身的局限性。[②]

总之，施特劳斯认为政治锡安主义这一“非常值得尊敬的方法”

---

① Leo Strauss, *Why We Remain Jews: Can Jewish Faith and History Still Speak to Us?*, in: Leo Strauss, *Political Philosopher and Jewish Thinker*, p. 50.

② 参见刘小枫主编：《施特劳斯与古典政治哲学》，117—122 页，张新樟、游斌等译，上海，上海三联书店，2002。

终究不能解决“犹太问题”，因为它本质上只是一个有限的、局部的解决方案。施特劳斯说：一个整全的方案是找不到的；犹太人必须还是被“犹太问题”所困的犹太人，这是没得商量的。

三、新保守主义与新宗教右翼结盟的思想基础

新保守主义与新宗教右翼一样，都是当代美国政治中值得重视的思想运动，而且两者在共和党内实现了结盟，这不能不说是发人深省的。新保守派与新宗教右翼的结盟是不是偶然的？这是不是一种单纯实用主义的联姻？所以接下来，我们还要再探讨一下新保守派与新宗教右翼结盟的思想基础，看看两者在思想上有什么样的相契之处。

（一）犹太锡安主义与新教锡安主义的契合

正如我们所知，无论是新保守主义的政治哲学，还是新宗教右翼的政治神学，都有某种深层的宗教冲动作为它的基础。细究新保守主义政治哲学的宗教之维，我们发现其中有弥赛亚主义的盼望和锡安主义的情怀。同样，我们也在新宗教右翼的神署时代论前千禧年主义思想中，发现了强烈的千禧年锡安主义的因素。我们甚至可以断定：正是弥赛亚主义的历史信仰以及由其引申出来的“锡安主义”，为这两股政治势力在美国共和党内的结盟提供了一个重要的思想契合点。

具体而言，新保守派与新宗教右翼在锡安主义立场上存在着如下两个层面的契合之处：

（1）在宗教或神学层面上，两者都同情或信奉弥赛亚主义的末世论，主张采取宗教锡安主义的立场（即相信大卫王国和第三圣殿将会得到重建）。施特劳斯派尤其是犹太裔的新保守派十分强调上帝与亚伯拉罕之约对于犹太信仰的重要意义，强调“盼望弥赛亚来重

建大卫君主国、重建第三圣殿”这一深层的宗教冲动对于塑造犹太民族的重要意义。施特劳斯本人明确坚持宗教锡安主义立场，认为犹太人要想获得内在的自由，就必须“复归于犹太信仰，复归于祖先的信仰”。施特劳斯甚至说，犹太教远非如海涅所言是一种“不幸”，而是一种“英雄的幻想”（heroic delusion），一个曾经梦到过的“再高贵不过的梦”，因为它一方面表明了，选民犹太人所遭遇的命运实则体现了人类的困境，同时它也表明了，犹太教所提供的镜像终究关乎“终极奥秘的真理”。[①] 与施特劳斯一样，基督教的新右翼也将弥赛亚主义的盼望置于其教义的核心。新右翼相信，在千禧年到来之前将有一场大灾难；基督将复临，并将重建以色列的大卫君主国，统治一千年。显然，在新右翼的神署时代论框架内也具有一种独特的教义——“新教锡安主义”（Protestant Zionism）或“基督教千禧年锡安主义”（Christian Millennial Zionism），因为在神署时代论前千禧年主义视域中，以色列民族已经被赋予了特殊的地位，它甚至盖过了新约中教会所占据的位置。由于新教锡安主义与犹太锡安主义植根于彼此有些近似的末世论思想，所以两者之间产生神学上的亲和力也就不足为奇了。

（2）在政治和外交层面上，两者都支持政治锡安主义，主张美国与以色列结盟。这正如美国学者安妮·诺顿在《列奥·施特劳斯与美帝国政治》一书中所指出的：新保守派主张雅典和耶路撒冷的结合就是美国和以色列的结盟，认为美国应该支持以色列立国。正是这种政治锡安主义的立场，为一些热衷于外交事务的施特劳斯派人士提供了融合因素和共同目标，使得他们与基督教基要派有了合作的基础。[②] 应该说，诺顿女士的基本判断是正确的，虽然她没有从

① Leo Strauss, *Why We Remain Jews: Can Jewish Faith and History Still Speak to Us?*, in: Leo Strauss: *Political Philosopher and Jewish Thinker*, pp. 52, 60—61.

② Anne Norton, *Leo Strauss and the Politics of American Empire*, Yale University Press 2004, pp. 206—208.

学理上对自己的断言进行论证。

事实上，施特劳斯派尤其是犹太裔的新保守派十分同情政治锡安主义，认为犹太人回归自己先祖的故土，可以帮助犹太人实现政治上的解放，可以帮助他们更好地掌握自己的政治命运。施特劳斯本人早年曾经是政治锡安主义的支持者，后来虽然立场有所转变（即批评政治锡安主义目标有限，并认为政治锡安主义的不足应由文化锡安主义来补充，文化锡安主义的不足则应由宗教锡安主义来补充），但却仍然肯定政治锡安主义是解决现代“犹太问题”的“非常值得尊敬的方法”，认为它可以为全体犹太人“造福”（blessing）和“洗净”（cleasing），并能够重塑犹太人的荣誉感和战斗精神。[①]

新教基要主义差不多与政治锡安主义同时兴起。在美国基要主义运动中广为传播的是神署时代论教义，该教义的核心内容之一就是预言以色列在上帝的末日计划中将扮演一个至关重要的角色。由于启示录系列小说《遗弃》（*Left Behind*）的广泛流行，致使“基督教千禧年锡安主义”的教义在美国变得相当深入人心。道德大多数派等新右翼所阐明的就是此种广受拥护的新教锡安主义观点。“基督复临、重建大卫王国”之事究竟何时发生？许多新右翼信徒在1948年以色列建国之事上发现了解释的关键。他们认为以色列建国实现了上帝关于让犹太人返回家园的预言。而圣经所主张的其余预言情节，也将在此后数年内上演。甚至绝大多数放弃了神署时代论之细节的新福音派，也依然坚定地相信上帝规定了以色列人的角色。为此，20世纪90年代美国学者马斯登曾经分析指出：福音派在过去的五十年间对于美国政策的最为巨大的政治影响，莫过于它在“为毫无保留地支持以色列国而扩大群众基础”的过程中所担当的角色。[②]

---

① 参见刘小枫主编：《施特劳斯与古典政治哲学》，117、121页，张新樟、游斌等译，上海，上海三联书店，2002。

② ［美］乔治·马斯登：《认识美国基要派与福音派》，63页，宋继杰译，中央编译出版社，2004。

（二）维护“公共的正统”，抵御“共同的敌人”

加拿大学者莎蒂亚·德鲁里曾经指出：以欧文·克里斯托为首的美国新保守派之所以能够与新宗教右翼结盟，乃是因为这些受施特劳斯思想熏陶的新保守派相信宗教是社会必不可少的黏合剂。[①]的确，莎蒂亚·德鲁里的判断没有错；美国新保守派与新宗教右翼结盟的思想基础就在于两者具有近似的政教关系立场。并且，两者立场的近似尤其体现在双方对于宗教这一“公共正统”的维护之上：

（1）新保守派对“公共正统”的维护。正如我们所知，施特劳斯批判美国自由主义的重点之一在于：美国自由主义导致了“公共正统”的缺失。施特劳斯认为，自由主义将宗教约束在私人领域之内，从而导致了宗教在公共领域内的阙如。由于施特劳斯相信，自由主义本身不可能行使公共正统的职能，而宗教又是正统的核心支柱，所以，宗教在公共领域内的阙如即意味着公共正统的缺失。与施特劳斯一样，新保守派的代表人物欧文·克里斯托也从公共正统缺失的角度出发，来批判自由主义的政教分离原则。他说，美国建国之父们所犯下的最令人扼腕的错误，莫过于“不立教”。建国之父们受世俗人本主义的反文化之误导，以为没有必要确立宗教，以为宗教可以作为私人之事得以保留。建国之父们错误地认为，仅凭理性即足以支撑犹太教-基督教之道德。将宗教赶下公共正统的位置，让理性行使它无力行使的社会职能，这正是现代社会“危机”的根源之所在。由于宗教的持续私域化，在公共领域内便最终丧失了任何可作为指路明灯的权威真理。没有了公共的正统，自由民主制显得十分脆弱，跌跌撞撞，难免会以失败而告终——比如，自由民主制使得我们在面临法西斯这样的威胁时不堪一击；这一点解释了为什么施特劳斯和克里斯托永远有危机感，因为在他们看来，只要自

① Shadia B. Drury, *Leo Strauss and the American Right*, p. 21.

由民主制占据主导地位，西方文明将继续处于危机之中。①

为此，施特劳斯主张，应该让宗教行使其公共职能，以此体现其价值之所在。欧文·克里斯托同样强调宗教在政治上的重要性，他说，宗教是正统的支柱之一，为了纠正美国反文化实验的错误，就应该向那些古老的、目前尚处于沉睡之中的宗教正统注入"复苏的活力"。② 与施特劳斯和克里斯托一样，新保守派的另一成员威尔默·肯德尔也在《西塞罗与公共正统的政治学》一书中指出：政治社会就其天性而言，必定是"封闭的"，因为政治社会的人们不愿接受异己的观点和价值，而对真理的自由崇拜则是反政治的。所以，在政治社会中，重要的不是"真理"，而是由公共正统所造就的情感一致或意见统一。显然，在肯德尔看来，基督宗教就是人们寻求统一的支撑力量，因为基督宗教已然成为西方的公共正统（"通过超越性真理而显示出来的正统"）。③

（2）新宗教右翼对"公共正统"的维护。正如我们曾经指出的：20 世纪 50 年代以来，随着美国新福音派的逐步崛起，宗教界的"政教融合"立场更是呈现出了强硬的姿态。新福音派在其去私密化的政治神学的指导下，先是提出了某种基督教化的共和主义，号召人们投身于一种福音派的社会规划。接着，以"道德大多数"、"基督教联盟"为代表的新宗教右翼组织，又力图在更大范围的领域内参与竞争。而 20 世纪 80 年代末发表的影响深远的"福音派声明"，则更是旗帜鲜明地呼吁信徒积极参与公共事务，以不懈的努力去体现公义和消除不义。因此，我们可以说，当代美国新宗教右翼的政教关系理念呈现了"重新政治化"的强硬立场，再度对自由派分离主义的去政治化立场构成了挑战之势。

---

① Shadia B. Drury, *Leo Strauss and the American Right*, pp. 37—38.

② Irving Kristol, *Neoconservatism: Autobiography of an Idea*, New York, Free Press 1994, pp. 99, 146.

③ Shadia B. Drury, *Leo Strauss and the American Right*, pp. 131, 208.

新宗教右翼的日益政治化和意识形态化，无疑表明了它重塑“公共正统”的信心和决心。具体地来看，这种重塑“公共正统”的努力主要表现在两个方面：一方面是所谓的“重构核心”运动，即要通过跨教派的努力，回归到纯粹的、基本的基督教正统信仰上去。另一方面则是所谓的“确立标准”。这集中体现于1989年发表的“福音派声明”（其实它就是福音派将其道德主张重新带入美国公共政治舞台的一项声明）。在声明磋商会上，600位福音派领袖一致认肯：“无论是在教会的还是在社会的人类事务上，上帝都要求我们寻求公义。按照《圣经》的公义呼召，上帝子民有义务在社会关系中体现公义，表达抗议和反对意见，并为消除不义而不懈努力……我们认肯：福音派置身于民主社会，应当积极参与公共事务。我们倡导一种能够促进公义政府、维护普世人权的公共哲学。”[①]就这样，美国福音派在经历20世纪上半叶的沉寂之后，重又返回到了美国政治舞台的中心。美国政治传统的一个重要成分已经复活了。而这种传统的一个最核心的关怀就是试图为美国确立福音派的道德标准。[②]

（3）抵御共同的敌人：世俗人本主义。美国新保守派与新宗教右翼之所以能够结盟，一个重要的思想前提是他们拥有共同的敌人。这个敌人笼统地说就是自由主义；因为，正如我们以上已经指出的，新保守派与新宗教右翼都认为自由主义是导致公共正统丧失的罪魁祸首。不过，就更具体、更明确的形态而言，两者共同抵御的敌人则是“世俗人本主义”。因为“世俗人本主义”就是自由主义侵蚀宗教所带来的结果。它具体表现在神学上，就是信靠人自身的力量，而不是信靠神圣的力量；就是用自然取代启示，用人本取代神本。因此，“世俗人本主义”作为一种无神论的意识形态，体现了真实的

---

① Kenneth Kantzer & Carl Henry (ed.), *Evangelical Affirmations*, p. 35.

② ［美］乔治·马斯登：《认识美国基要派与福音派》，52页，宋继杰译，中央编译出版社，2004。

世俗化趋势。它侵蚀基督新教的结果，就表现为后千禧年主义者的狂妄自大和自我称义；它侵蚀犹太教的结果，就表现为政治锡安主义的偏颇——犹太问题成了单纯人的问题，可以仅仅用人道手段解决。

新保守派与新宗教右翼之所以批判和抵御“世俗人本主义”，除了上述宗教方面的理由外，还有现实伦理方面的考量。事实上，他们批判“世俗人本主义”的目的，就是要赋予他们的核心关切以更为明确的道德焦点。新保守派的克里斯托批评说：自由主义多元文化论导致了道德上的无政府状态；一些世俗的概念僭越了“伦理-宗教”权威的地位。新宗教右翼同样警示美国的道德衰微，并且认为“世俗人本主义”渗透到了美国学校、政府、主流教会之中，从而导致了这种道德衰退。

总之，美国新保守派与新宗教右翼的结盟并非出于偶然。学者丕品曾用一种施特劳斯式的语言概括了其中的道理：施特劳斯攻击启蒙后文化的自满，怀疑任何避免公众对宗教之依赖的企图。正是由于美国这个国家的可能性和命运深深地与启蒙现代性的可能性和命运联系在一起，施特劳斯的思想注定会在美国找到相当多的同道或听众。①

---

① 参见刘小枫主编：《施特劳斯与古典政治哲学》，303—304 页，张新樟、游斌等译，上海，上海三联书店，2002。

从早期《圣经》汉译看《圣经》在中文语境内的经典化

滕　琪

一、经典的需要

中文“圣经”一词，顾名思义，意谓神圣的经典。称为“经”是因为书中所述是信仰、道德以及立身处世的大道，中国人一般把这种著作称为“经”（如“五经”、《道德经》）。称为“圣”是因为推动人写作的是神圣的天主，所记述的是神圣的启示。现存资料表明，“圣经”一词出现在书名上，最早出现于葡萄牙传教士阳玛诺（Emmanuel Diaz）所译的《天主降生圣经直解》。诚然，来华耶稣会士及信众以“圣经”一语特指新旧两约应远早于此。问题在于，作为基督教无上经典的《圣经》如何被中国人承认为“经典”乃至“神圣的经典”，并非仅仅将之径译为“圣经”就能达到的。下文拟探讨在对《圣经》的译介中，明清时耶稣会士如何为之争取其在中文语境中经典的认同。

初期来华耶稣会士的中文著作，大多为阐释教会的基本要理，如天主的三位一体、原罪、救恩等，这时期的圣经翻译的动机多在于圣经在教会礼仪上的应用，其中诸如主日福音宣讲，日课经中的圣咏吟唱，对经唱颂等。在1670—1680年期间，耶稣会利类斯神父(Rev. L. Buglio)翻译了数本礼仪用的经书，其中如《弥撒经典》(Missale Romanum，1670)、《司铎日课》(1674)、《圣母小日课》(1676)、《已亡日课》(1676)等，皆收入了一些圣经片段的译文。

在整个17世纪，从现存文献来看，严格意义上可以说没有任何正式的中文圣经全译①，除涉及基本教义的教义问答中有小部分圣经经句诠解外，如利玛窦(Matteo Ricci，S. J.)的《天主实义》(1595)中的“天主经”(即“主祷文”)，阳玛诺(Emmanuel Diaz，S. J.)的《十诫真诠》(1642)等外；书中可见篇幅较多的局部圣经译文只有：阳玛诺的《天主降生圣经直解》(1636，一般简称《圣经直解》)，及艾儒略(Julius Aleni，S. J.)的《天主降生言行纪略》(1635)。阳玛诺的《圣经直解》主要包括主日福音经文的中文翻译及注释，1636年首刻于北京。此书乃诠解一年中之主日圣经，而加以选译的经上箴言金句，文理古雅，诚此期间罕见之收录较新圣经译文之书。艾儒略的《天主降生言行纪略》介绍见后文。不应忽略的是，阳玛诺曾为在华耶稣会北区会长，艾儒略则在辞世前就任南区会长，可见天主教并非不重视圣经翻译。

圣经何以长期无中文全译本？个中主要原因较为复杂，其中至少有一点是，17世纪至19世纪初，天主教在亚洲蓬勃发展的时候，正值特兰托大公会议后的保守时期。传教士与当时普遍的见解一样，认为圣经只应被一小撮人小心谨慎地阅读；对于信仰而言，最重要

① 作为最早学会了用拉丁字母为汉字注音的士大夫，王征可能译过新约，陈垣先生在《泾阳王征传》中论及王征：“又有《经集全书》二十七卷，不知为何上，其卷与新约圣经同，疑征晚年家居所译新约也。”参见陈垣：《陈垣学术论文集》，230页，北京，中华书局，1980。

的一部书并非圣经，而是教理。人们翻开圣经，只是为教义寻找证据，或为丰富讲道的材料；平信徒并不能直接接触圣经，只是透过神职人员的传教工作或在圣礼中的转达了解。然而，对于中国人而言，宗教文学对一个宗教的传播所产生的影响，远比任何西方人所想象的重要。佛教通过佛经的翻译在中国的广传就是一个明证。

耶稣会士也深知这一点。宗教经典对信仰形成的影响力，在《耶稣会士中国书简集》中多有道及："一本宗教书就能够让人获得如此之多的基督徒的情感，而这类书籍的增多所能起的作用则更可想而知。"① "令我倍感欣慰的是，我在书中看到许多以一种准确和极为自然的方式解释了我曾在我们的典籍中上百次碰到的问题，如将所有事物与其目的联系在一起的必然性；我们内心深处是否正直；如何使我们明辨善恶等等。我曾多次重读此书，每次都更觉得书中的解释令人信服。可以说，阅读此书乃是我归信上帝的开始。"② 或许也是有鉴于此，同样，后来的新教也更多地是在文字上展开事工。"评价新教早期成就的真正标准，不在于它收到多少信徒，而在于它为今后的工作奠定了基础。最重要的基础是准备了初步的，但是大批的中文基督教书籍。"③

在这样的背景下，艾儒略（Julius Aleni，S. J.）的《天主降生言行纪略》（1635）可以说是一个典范。

自利玛窦起，耶稣会士的传教策略是将天主教儒学化，积极让教义获取儒家的认同。通过研读儒家经典，利玛窦了解到基督教与儒学的对立之处，因此他不急于翻译《圣经》，而是先写《天主实义》这样的著作有选择地介绍基督教的教义。徐光启在读了该书之

① ［法］杜赫德编：《耶稣会士中国书简集》第五卷，5页，吕一民等译，郑州，大象出版社，2005。

② 同上书，第3—4页。

③ ［美］费正清编：《剑桥中国晚清史》，604页，中国社会科学院历史研究所编译室译，北京，中国社会科学出版社，1985。

后，竟不觉得基督教教义与儒学有何抵触之处。在《二十五言》的跋中，他说，“百千万言中，求一语不合忠孝大旨，求一语无益于人心世道者，竟不可得”。

然而，在对教义有了较深入的了解后，信徒已不满足于教义问答，而产生了阅读完整的一部圣经的需要。《三山论学》在结束前载有叶向高向艾儒略索阅圣经的一段话：

> 相国曰：“天主之教，如日月中天，照人心目。第当人沉溺旧闻，学者竞好新异，无怪乎岐路而驰也。先生所论，如披重雾而睹青天，洞乎无疑矣。示我圣经，以便佩服。”
>
> 儒略曰：“此其大略也，师相见彻天人，已解未始有始之理矣。请绎经典，讲解数日，更有深益。向观察公已曾面谕，须撰数语，以便参同，请先以此质之何如？兹敬纪数端，授相国典载者已。”

敬纪数端而授予叶向高的是何书，艾儒略在此没有明确说明，其内容可能与艾氏《天主降生言行纪略》相似，值得注意的是，叶向高已称之为“圣经”，艾氏答语中也极力强调其作为“经典”，有待于绎解细读的一面。

艾儒略《天主降生言行纪略》以《万日略经说》为代序，始终强调福音书“经”的地位。序言开头说道：“造物主圣教，有古经，有新经。古经乃天主未降生启示先圣，令传溥世，即以将降生事旨豫详其中。新经乃天主降生后，宗徒与并时圣人纪录者。中云万日略（译言好报福音）经，即四圣纪吾主耶稣降生，在世三十三年，救世赎人，以至升天，行事垂训之实，诚开天路之宝信经也。此经出于天主，录于四圣，及后诸教宗，与圣教公会准定，明示普天下，尊信为天主真典者也。”

该书开篇即以四页的篇幅解释圣经福音的意义（《万日略经

说》）[1]。在这一部分里，作者解释了圣经有古经和新经。他简要介绍了福音书的内容，说明福音书有四种及每种福音书作者的特点，并说明了从希腊文翻译成拉丁文的情况。最后，作者指出：他的著述只包含了一些选自福音书的材料，“虽不至陨越经旨，然未敢云译经也”。

学者往往注意到艾氏自谦的“未敢云译经”，但却忽略了前半句的“不至陨越经旨”。且《天主降生言行纪略》题下注云：“即万日略圣经太[2]旨”，意即此系圣经福音书之旨要。此外，书末在“八卷终”后的一段结语值得重视：

> 遵教规，凡译经典诸书，必三次看详，方允付梓，兹并镌订阅姓名于后：
>
> 毕方济
>
> 耶稣会中同学阳玛诺 同订
>
> 伏如望

这段郑重其事的声明表明，在实质上，艾氏还是将此书视为译经，或有关圣经之经典的，那种仅仅将之视为“圣经史实描述”乃至圣经故事的观点多少是有点失之轻忽了。相对而言，或许还是将之视为“《圣经》最早的汉文节译本”[3] 较接近事实。又此书卷八末尾“圣教浡然兴，沛然行矣”一语下有注：“详见《宗徒行实》”（今译《使徒行传》），可见艾氏盖有进一步译《圣经》其余书卷的设想，或已译出而未刊行，其详待考。

---

① ［比］钟鸣旦：《圣经在十七世纪的中国》，见孙尚扬、钟鸣旦：《1840年前的中国基督教》，384页，北京，学苑出版社，2004。按该书此段引文原误印作“万日经略说”，而查艾儒略原书序题为“万日略经说”，当据改。

② 按此处“太”，通“大”。

③ 顾卫民：《中国天主教编年史》，140页，上海，上海书店，2003。

二、经文的趋同：以“天主经”为例

钟鸣旦指出来华的天主教不仅将“经”这一字限于对《圣经》的指称上，且扩展到祷文与信经：“事实上，耶稣会士们把经这个词用于整个著述：不仅指严格意义上的圣经，而且也指祈祷文（例如“天主经”）和信经。……如《口铎日钞》则提到“受经”，这可能是教义指导的开始仪式，在这种仪式中，初学者要接受一本信经，并接受圣父；在道教和佛教中，我们也可以看到类似的传承经典的仪式，并且以此进入一种新的经典传统。”①

下文即以“天主经”——新教称之为“主祷文”（马太福音6：9—13及路加福音6：9—13）为例，略析圣经部分经文翻译的趋于经典化。

按据梵蒂冈图书馆的《天主教要》藏本（Barb Oriente 132）②，其中天主经全文如下：

> 在天我父者，我等愿尔名见圣，尔国临格，尔旨承行于地，如于天焉，我等望尔，今日与我我日用粮，而免我债，如我亦免负我债者，又不我许陷于诱惑，乃救我于凶恶。亚孟！（马太福音6：9—13）

至今中国天主教会仍有些地方通行的此段文言祷词，除首句作

---

① 孙尚扬、［比］钟鸣旦：《1840年前的中国基督教》，393页，北京，学苑出版社，2004。

② 转引自张西平：《中国与欧洲早期宗教和哲学交流史》，168页，北京，东方出版社，2001，按所录文排印有误。“在天我父者，我等愿尔名见圣，尔国监（应作“临”）格，尔旨承行于地，如于天焉，我等望尔，今日与我，（按：“，”应删）我日用粮，而免我债，如我亦免负我债者，又久（应作“不”）我许陷于诱惑，乃救我于凶恶。恶（应作“亚”）孟！”

“在天我等父者”之外，其余文字全同。

艾儒略译本显然受通行天主经影响：

> 大父，我愿尔名见圣，尔国临格，愿今日与我我日用粮，而赦我罪如我亦赦凡负我者，又不我许，陷于诱惑也。（路加福音6：9—13，见《天主降生言行纪略》卷五“论祷主”章）

对比之下，《巴设译本》甚至更加接近《天主教要》的“天主经”：

> 我等父在天者，我等愿尔名致圣，尔国临格，尔旨致成于地，如于天也，今日与我养体之粮，而免我债，如我亦免负我债者，又不我引于诱惑，乃救我于凶恶。哑孟。（马太福音6：9—13）

巴设显然在很大程度上沿用了在他之前耶稣会士的通用译文，某些经文的译法尤其是与举行弥撒仪式有关者已趋于通用。这进一步表明，17世纪时，“天主经”、“十诫”等弥撒通用经文已经趋于确定，但其余圣经经文的译文则并未完全固定。

值得注意的是，新教的文理译本也大量借鉴天主教“天主经”的译法：

> 我等在父在天，愿尔名圣，尔国临格，尔旨得成，在地若在天也。我所需之粮，求今日赐我，免我之负，如我曾免负我者。勿使我被试，但救我出恶，因国、权、荣，皆尔所有，至于世世，亚门。（杨格非译本“浅文理”，1886年）
>
> 吾父在天，愿尔名圣，尔国临格，尔旨得成，在地若天，所需之粮，今日锡我，我免人负，求免我负，俾勿我试，拯我出恶，以国、权、荣，皆尔所有，爰及世世，固所愿也。（文理

和合译本《新约》“浅文理”，1899年）

我父在天，愿尔名圣，尔国临格，尔旨得成，在地若天，日需之粮，今日锡我，求免我负，如我免人。勿导入试，拯我出恶，以国权荣，皆尔所有，爰及世世，诚所愿也。（文理和合译本《新约》“深文理”，1906年）

在天吾父，愿尔名圣，尔国临格，尔旨得成，在地若在天焉，所需之粮，今日赐我，免我之债，如我亦免负我债者。勿使我遇试，惟拯我于恶，盖国与权与荣，皆尔所有，至于世世，阿门。（施约瑟主教译本《新约》“浅文理”，1927年）

不难看到，其文辞基本相近，尤其是“愿尔名圣，尔国临格，尔旨得成”全然一致。且大多句式整齐，多用四言句，饶有古意。可见在某些业已形成的经典传统意义上，中国的新教与天主教也并非不能达成一致。此外，深文理本与浅文理本差异之处甚微，可见深文理还是浅文理，只是相对而言，并无截然界限。

三、引经据典：《大秦景教流行中国碑》等的影响

《大秦景教流行中国碑》于1623年或1625年甫出土后，耶稣会士大多相当重视，景教碑的发现，证明了在中国古代就已经有过基督教，“这一方面是基督教信仰的真理性的有力证据，另一方面也有助于传教士论证基督教将再度传到中国。因为，在中国人的观念里，凡古代的就是正确的，凡新奇的都是异端，而且，中国人很不愿意赋予没有历史根据和历史渊源的东西以重要性。”①

《景教流行中国碑颂》的发现对于中西关系史和耶稣会士及其皈

① ［意］柯毅霖：《晚明基督论》，167页，王志成等译，成都，四川人民出版社，1999。

依者都有不容低估的价值。阳玛诺且著《唐景教碑颂正诠》（1644年杭州刻本）。艾儒略参加了对碑文的解释工作，还编校了阳玛诺此书，并在谈话中经常提到它，如：

> 东西方各有经典，各不相闻。若以西方经不可尽信，则中邦历代帝王史册，及“五经”、“四书”等书，亦勿之述矣。况此降生事迹及教之东来，不宁自今日始也。唐之贞观九年，有西士从天主降生之地赍主像，载真经诣于长安。太宗命宰臣房玄龄郊迎入内，爰行天下，建寺奉祀，世世递尊。迨建中二年，勒碑扬休题曰，“大秦景教流行中国碑”，大秦者，即天主降生国名也。①

或许引起耶稣会士重视的原因，也包括了景教碑为基督宗教的进入中文语境提供了某种经典范式，进一步也可作为圣经的翻译之借镜。

《天主降生言行纪略》正文的开篇首句即“粤稽古圣典。（原注：即万日略经）”，与《大秦景教流行中国碑》的开篇如出一辙：“粤若。常然真寂。先先而无元。窅然灵虚。后后而妙有。”皆语本《书经·尧典》：“粤若稽古”，指探求古圣先贤之道（按：“粤”系发语助词，通“曰”）。

无独有偶，其《天主降生出像经解》的“引言”开篇的“粤昔”亦明显有仿“粤若稽古”之迹：

> 粤昔　上主尝预示降生救世之旨于古先知之圣，故从古帝王大圣获聆真传者咸企望欲见而多未获满意也，逮其果降生于

---

① 郑安德编：《明末清初耶稣会思想文献汇编》，第一卷第九册，北京，北京大学宗教研究所，2000。[意] 艾儒略等：《口铎日钞》，606 页。

大秦，显无数灵迹，代人赎罪死复活而升天，普天下诸国得闻圣教好音，亦无不愿生同时以亲睹圣容光辉也。

值得注意的是，《天主降生出像经解》末有徐光启的《大赞诗》“维皇大哉，万汇原本。巍巍尊高，胚浑拷抗。拷刮众有，以资人灵……”① 种种这些序引赞辞，都隐含了承继古经体例之意味。是与景教碑的风格一脉相承的。

更有意思的是，艾儒略以“娑殚”来译魔鬼，即明显沿用了《大秦景教流行中国碑》中这一独特的译法：“洎乎娑殚施妄。钿饰纯精。间平大于此是之中。隙冥同于彼非之内。”

“娑殚去！尔无味于天主之事，惟识人情味耳。”（艾注：“娑殚，译言魔也，狂诞也，严责其相阻受难救世之旨也。”）②

事实上，将圣经纳入中文经典的努力还体现于另一方面，即以中国经典来佐证基督教教义。早期天主教传教士对汉语典籍的翻译和研究大都出于宗教的目的，所以与其说是融合中西，不如说是以“六经注我”，也可以称作“索隐派”。事实上这种比附有些是相当牵强的。但另一方面，虽系牵强附会，但却是向文化适应迈出的必要一步。

实际上，耶稣会士们努力尝试的，正是恢复天主教真正的理想，并以其影响整个世界；恢复天主教传教事业的真正特点；使“文化适应”这一在天主教早期发展阶段曾经发挥过显著作用的方式得到复活。③

① 按此《大赞诗》亦见于《天主降生引义》一书末的附录。全诗亦载于［意］柯毅霖：《晚明基督论》，335页。按其中第三句开头的“拷”字误印为“搏”。

② ［意］艾儒略：《天主降生言行纪略》，第四卷第九章，并参见《晚明基督论》第223页引。

③ ［美］邓恩：《从利玛窦到汤若望：晚明的耶稣会士》，11页，余三乐等译，上海，上海古籍出版社，2003。

这种态度与晚清来华的若干新教传教士的立场形成了对比。在1890年的传教大会上，一位发言人在评论王韬参与助译的《委办译本》时发表了许多见解："作为一部文学作品，它有一种全新的风格。它较好地摆脱了贫乏生硬的结构……是它的作者学识渊博的纪念碑……对它最经常的批语不是它的文字上的新颖，而是它不完全符合规则……严格遵循原意……太多地包容一些使人联想到圣者的条规而不是天国的神秘字眼……这使……见识不多、神性不够的读者为这熟悉的节律所欺，极易将基督误认为孔子，十分危险。"①

将基督误认为孔子的危险当真存在与否，不得而知，在此我们回想起马礼逊在谈到自己的译经原则时也曾说："在我的译本中，我力求忠实、明达和简易。我宁愿采用常用字而舍弃罕见的经典字。我努力避免使用异教哲理和异教经籍中的术语，我宁愿被人视为俚俗不雅而不愿令人难以理解。"②

从中可以看到新教传教士对中国传统文化作为"异教文化"的警惕心理。而相形之下，耶稣会士却多有用"异教"语翻译者：如艾儒略所译"于是耶稣大展好生之德"（《天主降生言行纪略》卷三第一），其中"好生之德"语出《尚书·大禹谟》："与其杀不辜，宁失不经，好生之德，洽于民心。"且后来"上天有好生之德"常为佛教徒所用。又如"斯教斯言，一字一画，必无空幻"（《天主降生言行纪略》，卷三第一），"空幻"则语出佛典。以及"发大光明"（同上书，卷一第九）"发生无量数"（同上书，卷一第两十五）"于意云何"等等，皆出自佛经。在马礼逊看来，其中儒教或佛教这些"异教"思想显然是应予清除的。但矛盾的是，马礼逊又不得不试图使用一些容易引起"异教徒"共鸣的语词。如"神"这一译名本身

---

① "在华新教大会记录"，第52页。转引自［美］柯文：《在传统与现代性之间：王韬与晚清改革》，15页，雷颐等译，南京，江苏人民出版社，2003。

② E. A. Morrison, *Memoirs of the Life and Labours of Robert Morrison*: Vol. Ⅱ, London, 1839, p. 122.

就来自于多神论而非一神论的背景。

钟鸣旦指出，“当耶稣会士于十七世纪到达中国时，他们所面对的是一个拥有强盛的文本与经典传统的社会，他们被迫使自己与这种环境相调适。他们以‘经’来与基督教的圣典相对应，这一选择最好不过地昭示了他们的调适性的传教策略。借助于‘经’这个字，他们一方面表明了西方也有经典之作的传统，他们力图以此使基督教的著述与中国儒家和佛教两教的‘经’处于同等水准。”①

这样，在这两种文化中，圣经和经典都属于精英文化的核心，为了与另一种文化进行对话，耶稣会士们主动地进入中国的经典传统，而中国的皈依者也得以可能接受西方的经典传统。

结 语

在圣经中所启示的信息之传递，每一时代及文化背景都有其适应及语境化的需要，同时又是或隐或显地承继着传统的。

此外，在不同的圣经译文里，我们能感受到原文与译文之间的难以全然对等的张力，原文的本义与自另一种文化传统带入的意义之间的紧张是难以避免的。无论是译为英文抑或汉语，无论是译为文言抑或白话，都必须直面一个新的语境，新的文化场景。这种对不同语言的不可通约性尝试进行沟通的努力，使得翻译总是处在语言的张力之间：

> 在耶柔米看来，翻译文学作品可拥有较大自由度，翻译宗教著作则以保守为宜，因为仅仅改变句法结构就可能损害原文的“玄义”。但这决不能理解为可以不顾目的习惯而硬译。在翻

① 孙尚扬、[比] 钟鸣旦：《1840年前的中国基督教》，392—393页，北京，学苑出版社，2004。

> 译实践中，译者总是试图既保证意义不走样，又体现原文的文体及审美价值，在原文的文体及审美价值，在原文主权与译文主权之间，在“异化”与“归化”之间，在注重表达、突出交际功能等值性的“前瞻式翻译”和紧扣原文、强调两种文本形式一致性的“后顾式翻译”之间保持合理的平衡。即使不像洪堡特那样悲观：“在我看来一切翻译都是在试图完成一个无法完成的任务，因为任何译者都会撞上两座暗礁中的一座而失败：或是以牺牲本民族语言魅力为代价过于偏向原著，或是以牺牲原著风采为代价过于偏向本民族的特性。不偏不倚不仅困难，而且简直不可能。”我们也得承认要在所有层面上（指示意义、引申意义、文本规范、语用、形式审美等）达到等值只是一种美好的理想。[①]

基督宗教的传统，并不只出现在圣经的经文上，亦可在其传承的过程中找到。从中文圣经翻译的历史来看，一个20世纪的基督徒所阅读的圣经，累积着许多世纪以来不断多方的解释。为了理解与阐释圣经，传统是一个必需的媒介，圣经赖以为生，并继续活在传统之中；失却了传统，经典便会失去生命力。传统与经文建立了一个互动的关系，规范了圣经的解释与传承。

---

① 魏育青：《以〈罗马书释义〉汉译看交际样式、语言特点和翻译问题》，载杨熙楠、雷保德主编：《翻译与吸纳：大公神学和汉语神学》，174页，香港，道风书社，2004。

论消费主义与“资本的逻辑”

卢　风

一

消费主义是消费社会的主流意识形态，其基本信条是，人生的根本意义就在于消费，就在于尽可能多地占有科技含量高且包装（或装潢）精美的物品（商品），或享受尽可能高档次、高品位的商业服务。如果说人都是努力实现自我价值的，那么消费主义者会说，你只能用你所拥有的物品的品牌、档次，或你享受的商业性服务的档次，去标识你自我价值实现的程度，如拥有“宝马”车者，其自我价值实现的程度就高于拥有“夏利”车者。旅游总住五星级宾馆者，其自我价值实现的程度就高于总住低级旅馆者。如果说人总是希望得到他人承认（或认同）的，那么消费主义者会说，你只能通过消费档次的提高而得到他人的承认。例如一个贫穷的打工仔在城市不大可能得到城市人的认同，然而他一旦坐着“宝马”，住上别墅，便一定能得到很多城市人的认同。如果说人总是追求幸福的，那么消费主义者会说，你只能通过消费档次的提高去感受幸福，如果你今天把“夏利”换成了“宝马”，那么你今天一定很幸福。

现代商业社会就用档次不同的商品或服务去标识人们的不同等级、阶层、身份、地位和自我价值实现程度。不同档次的商品和服务当然对应不同的价格，但同时也构成当代文化的价值符号体系。这个价值符号体系对应着一个金字塔形的社会结构。高踞于顶端的是一个社会的最富有者，如每年评比出的首富。人们各依其占有财富的多少而居于“金字塔”的不同层级。消费主义者告诫我们，人生的根本意义就在于攀登这个“金字塔”，你攀登得越高，你自我价值实现的程度就越高，你就越成功、幸福。

不同个人对消费主义价值观的信持程度是不同的。有的十分狂热，有的不那么狂热。但今天许多人皆受其影响。如高校的教授，本有体面的工作，不菲的报酬，但很多人仍去炒股或买基金。他们完全没有必要这样做。你若问：要那么多钱干什么？他们多半会说：这是很愚蠢的问题！谁不想多挣点钱？风尚对人的左右力量是很大的。在价值追求方面，知识分子按说最具有自主性，但他们中许多人也抵制不了消费主义风尚。

消费主义是从属于“资本的逻辑”的意识形态。消费主义的实质是物质主义，从哲学伦理学的角度很容易看出消费主义价值观的粗鄙。人是文化动物，人总是追求人生意义的。对人生意义的理解是多种多样的，如儒家的、道家的、基督教的、伊斯兰教的、佛教的、共产主义的，等等。消费主义只代表一种对人生意义的理解，它只在受“资本的逻辑”强烈约束的话语体系中才能得到辩护，脱离了这种话语体系，它的粗鄙和荒谬便昭然若揭。

二

让我们先剖析“资本的逻辑”。什么是资本？据秘鲁经济学家赫尔南多·德·索托（Hernando de Soto）[①] 考据，在中世纪的拉丁语中，“资本”指牛或其他家畜的头数。家畜是那时财富的主要来源，家畜不仅能提供肉食，还有种种其他用途，家畜的数量（即头数）也易于计算。最重要的是家畜有一种“价值特征”：它们可以繁殖后代。因此，“‘资本’这个词具有双重含义：它表示资产（家畜）的物质维度，同时也表示资产（家畜）能产生附加值的潜能。可见，从牲口棚到经济学创立者的书桌只有一步之遥，经济学创立者通常把‘资本’定义为能产生剩余价值和提高生产力的那部分国家资产。”[②] 亚当·斯密特别强调专业化和交换对财富增长的重要性，并认为使专业化和交换成为可能的条件正是资本。他把资本就定义为“为了生产的目的而积累的资产储备”。[③] 索托认为，由斯密关于资本的论述所能得到的重要启示就是：“资本不是积累下来的资产，而是蕴藏在资产中的潜能，它能推动新的生产。”[④] 即资本最重要的价值特征就是能增殖。

什么是“资本的逻辑”？从形式逻辑的角度看，“资本的逻辑”就是资本的定义，它只是个重言式，可简洁表述为：资本就是处于投资过程中的能增殖的资产。索托反对把资本简单地等同于货币，认为“货币只是资本演变过程中的多种表现形式之一”。[⑤] 但在资本全球流通的今天，处于投资过程中的能增殖的货币无疑是首要的资本形式。在经验世界中，资本是物（资产）。索托提醒我们不要只看

① 《时代》和《福布斯》杂志称赫尔南多·德·索托为世界上最具号召力的改革家之一。

② Hernando de Soto, *The Mystery of Capital*: *Why capitalism triumphs in the west and fails everywhere else*, A Member of the Perseus Books Group, New York, 2000, pp. 40—41.

③ 同上书，41 页。

④ 同上书，42 页。

⑤ 同上书，43 页。

资本的物质形态，他认为资本的本质是抽象的，即一种抽象的“能增殖的潜能”①。但在经验世界中，资本只能表现为物，它本身没有能动性。“资本的逻辑”必须通过资本的人格化才能在现实生活（或经验世界）中产生影响，或说资本的增殖必须通过人们的社会活动才能得以实现。货币、机器设备、厂房、技术、科学知识等，只有通过人们的社会活动（特别是经济活动），才能带来财富的增长。仅当具备如下两个社会条件时，“资本的逻辑”才会成为支配社会生活的逻辑②：

（1）逐渐建立明晰产权和保障货币信用的完备制度；

（2）逐渐把以赚钱为主要（甚至最高）生活旨趣的人们凸显为社会中坚。

说一个人群（阶级或阶层）是一个社会的中坚，大致有两层意思，首先，统治者是从这个人群中产生（或遴选）的，从而属于这个人群的人们被看作高贵的或有声望的人；另外，这个人群的生活方式被认为是最正当的，主流意识形态和社会制度一致为这个人群的生活方式辩护。

被索托说得颇为神秘的使资本的增殖潜能得以实现的秘密就是这两个社会条件。在人类历史上，这两个条件的形成经过了漫长的时间。所有的前资本主义社会都没能同时具备这两个条件。资本主义从产生到成熟，标志着这两个条件的最终形成。

制度经济学家倾向于把一部人类史描写为一部产权制度变迁史。著名制度经济学家诺思（North，Douglass C.）认为：“人类发展的合作与竞争形式以及组织人类活动的规则的执行体制是经济史的核

① Hernando de Soto, *The Mystery of Capital*: *Why capitalism triumphs in the west and fails everywhere else*, A Member of the Perseus Books Group, New York, 2000, p. 42.

② 当我们说“‘资本的逻辑’是个定义，是个重言式”时，当然是在逻辑学意义上使用“逻辑”一词的，但在其他语境中可能用“逻辑”一词的引申意义，如指制约人们行为的原则。如此处即指，“让你的货币不断地增殖”已成为许多人的行动指令。

心。这些规则不仅能说明引导和形成经济活动的激励与抑制机制，而且还决定了社会财富与收入分配的基础。理解制度结构的两个主要关键是国家理论和产权理论。"① 但"离开产权，人们不可能对国家作出有效的分析"②。可见，描述产权制度的结构与变迁才是理解历史的关键。诺思试图避免新古典经济学过分简化社会现实的错误，认为"对成本与收益的个人主义计较肯定将使欺诈、逃避义务、偷窃、袭击和谋杀到处泛滥。"③ 诺思曾批评新古典经济学说："新古典世界是个弱肉强食的丛林，社会无法存活于其中。"④ 诺思的意思是，在说明或描述人的行为时不能只看人的追求自我利益最大化倾向。他说："为了解释变迁与稳定，需要超越个人主义的成本－收益计算。当个人因根深蒂固的意识形态信念而认为一个制度是非正义的并试图改变它时，他们有可能忽略这种对个人利益的斤斤计较。当个人深信习俗、规则和法律是合法的时候，他们也会服从于它们。"⑤ 解释社会结构的稳定与变迁需要关注意识形态的作用。所以，在研究人类历史时，"政治和经济制度的结构（与变迁）理论一定要与意识形态理论相结合。"⑥

由马克思的历史唯物论和诺思（诺思对马克思的历史观有较多认同）的制度变迁理论，我们可看出人口增长、科学技术、产权制度和意识形态的变化对历史演变的极端重要性。马克思主义倾向于认为，生产力的发展是历史进步的根本动力。但生产力的发展既直接依赖于科技进步，又直接依赖于产权制度（决定劳动分工和组织

---

① Douglass C. North, *Structure and Change in Economic History*, W. W. Norton & Company, New York, 1981, p. 17.

② 同上书，21 页。

③ 同上书，11 页。

④ 同上书，11 页。

⑤ 同上书，12 页。

⑥ 同上书，19 页。

形式）的改变，而科技进步和产权制度的改变又都与意识形态的演变密切相关，因此，生产力的进步与意识形态的演变也有密切的关系。因此，不能把“生产力的发展”当作历史演变的终极原因，在特定历史情境中，生产力的发展也可根据产权制度和意识形态的改变而得到说明。诺思倾向于认为，制度变迁才是历史演变的根本原因，他虽然也注意人口、科技、意识形态变化对于历史变迁的重要影响，但认为理解制度变迁才是关键。他虽然反对新古典学派用成本-收益分析法去说明一切，但他在分析制度变迁时，仍坚持认为，“仅当私人收益大于私人成本时（结构）调整才会发生”[①]。他认为，“制度创新来自统治者，而不是臣民（constituents）”[②]，统治者推动制度创新的目的则在于“通过界定产权及强权控制的基本结构而使其效用最大化。”[③] 归根结底，历史上一切重大的制度变迁，都是为了实现统治者私人效用的最大化。可见，诺思的思路没有真正超越新古典学派。

实际上，在人类历史的演变过程中，人口增长、科学技术、产权制度和意识形态始终处于复杂的相互作用之中。把其中任何一项确定为历史演变的终极原因都是对历史演变之复杂性的过分简化。如美国历史学家罗伯特·B·马克斯在叙述现代世界的起源时所说的，“一元论的解释太简单化了，对于复杂的民族、社会和历史变迁来说并不合适。”例如，对于欧洲工业革命，你就找不到什么“惟一的原因”，“因为这种原因是不存在的”，历史学“应当寻找那些大大有助于理解工业革命的复杂原因。”[④] 重大历史变迁的原因总是复杂的。

---

① Douglass C. North, *Structure and Change in Economic History*, W. W. Norton & Company, New York, 1981, p. 31.

② 同上书，32 页。

③ 同上书，205 页。

④ ［美］罗伯特·B·马克斯：《现代世界的起源——全球的、生态的述说》，21—22 页，夏继果译，北京，商务印书馆，2006。

资本能充分展示其魔力，归根结底就是货币能充分展示其魔力。“货币的有用程度在很大程度上要取决于约束货币供给的制度。”①资本在资本主义社会展示了最大的魔力。“资本主义系统的基础在于保障受尊重的、安全的产权和自主运用财产的自由权的各种制度。”②“产权并非物质对象，而是一些在社会中受到广泛尊重的权利和义务。”③ 诺思说：“产权的本质是一种排他性的权利。”④ 如果私人产权得不到广泛的尊重，资本就不可能充分发挥其推动社会各项事业发展的作用。“在人类历史的多数时期，私有财产都没有受到严格的尊重。窃贼，以及能运用暴力的统治者和其他集团，普遍对拥有财产的公民进行任意的征收，或武断地没收他们能捞到的任何资产。”⑤在这样的社会，资本就没有它在现代社会所具有的魔力。

索托曾拿资本释放其增殖潜能与物质释放核能比较。根据爱因斯坦的理论，任何一块砖头都内蕴巨大的核能（潜在的能量），但只有经过一定的转化过程，核能才能释放出来，一块砖的核能一旦释放出来，就可以把若干个城市夷为平地，但未经转化，它就只是一块砖。资产的增殖潜能也一样，也必须经过一定的转化过程才能释放出来。缺乏适当的转化程序，资产就只是死资产。在西方，创造资本（即把资产转化为资本）的转化程序就是深藏在错综复杂的产权制度中的隐秘过程⑥。索托认为，许多第三世界国家不是没有资产，但因为缺乏

---

① ［德］柯武刚、史漫飞：《制度经济学——社会秩序与公共政策》，210 页，韩朝华译，北京，商务印书馆，2000。

② 同上书，211 页。

③ 同上书，212 页。

④ Douglass C. North, *Structure and Change in Economic History*, W. W. Norton & Company, New York, 1981, p. 21.

⑤ ［德］柯武刚、史漫飞：《制度经济学——社会秩序与公共政策》，248 页，韩朝华译，北京，商务印书馆，2000。

⑥ Hernando de Soto, *The Mystery of Capital: Why capitalism triumphs in the west and fails everywhere else*, A Member of the Perseus Books Group, New York, 2000, p. 46.

把资产变为资本的转化程序，所以那儿的财富就只是僵死之物。例如，埃及的开罗并非没有财富，但因为埃及没有西方的那种产权制度，所以，“几乎整个开罗就是一座僵死的城市（a city of the dead），在那儿，资本是僵死的，各种资产得不到充分的利用”。[①]

把资本主义社会描述为完全没有道德的社会是不对的，资本发挥其超强作用恰恰依赖于一整套制度，这一套制度既包括外在制度，又包括内在制度，而道德就是一种内在制度[②]。诺思说：“行为的道德伦理规范是构成制度约束的重要部分。”[③] 货币或资本能发挥超强作用的基本道德条件，就是交易者彼此之间的诚信。纸币的出现是人类文明进步的重要标志。纸币实质上就是信用货币，将来的货币可能就是电子货币，电子货币更加抽象化了，更是信用货币。信用货币的有效性完全依赖于制度，而制度的稳定和约束力依赖于人们对它的尊重和服从，人们对制度的自觉尊重和服从恰恰体现为人们的德性。说资本能施展其魔力依赖于私人产权得到广泛尊重的制度，就相当于说依赖于许多人能自觉地尊重他人的私人产权。一个人能自觉地、习惯性地尊重他人的产权，就具有了尊重他人产权的德性。资本主义制度的稳定性依赖于它可否培养足够多的有这种德性的人（公民）。一个社会如果很多人借债不还、肆意造假，甚至强买强卖、坑蒙拐骗，那就不可能是个有效率的、成熟的资本主义社会。

其实，在西方世界，私人产权制度趋于完备的过程，也正是以赚钱为主要生活旨趣的人们逐渐成为社会中坚的过程。或说私人产权制度趋于完备和以赚钱为主要生活旨趣的人们成为社会的中坚是

---

① Hernando de Soto, *The Mystery of Capital: Why capitalism triumphs in the west and fails everywhere else*, A Member of the Perseus Books Group, New York, 2000, p. 16.

② 关于“内在制度”与“外在制度”的区分，见［德］柯武刚、史漫飞：《制度经济学——社会秩序与公共政策》，119—139页，韩朝华译，北京，商务印书馆，2000。

③ Douglass C. North, *Structure and Change in Economic History*, W. W. Norton & Company, New York, 1981, pp. 204—205.

同一历史变迁过程的两个侧面。

虽历来就有“有钱能使鬼推磨”的说法，但惟有现代社会才使“资本的逻辑”成为支配社会生活的逻辑。在任何一个传统社会，商业对社会生活的覆盖面都没有现代社会的大，商人的社会地位和声望也没有在现代社会这么高。如在中国古代社会，最大的消费“群体”——皇族——的消费品中相当大的比例不是从市场购买的，而是由地方上贡的。皇族和各级官员的社会地位最高，他们仅凭其地位和身份就可享有各种消费特权。无论在西方还是东方，以赚钱为生活主旨的人们跃居上流社会，都经历了漫长的历史变迁。

在西方，“古代世界的明显特征是战争使胜利者获益。罗马凯旋仪式就是奴隶和黄金一类战利品的令人眼花缭乱的展示；征服者所掠夺的土地也在胜利者中分配。在罗马帝国晚期，野蛮人仅凭入侵威胁即可从罗马人那儿强取大量的黄金。”① 在这样的世界，商人（典型的以赚钱为主要生活旨趣的人）不可能是社会的中坚，也不可能出现激励商业发展的产权制度。那时也有经营有方的商人，他们也善于使资产增殖，但他们只是富有的人，而不是高贵的人。在整个西方中世纪，商人也未成为社会的中坚。耶稣基督说过，“让富人进神的国比让骆驼穿过针孔还要难”，这句话显然透露着对物质财富的轻视，甚至透露着对商人的鄙视。一种轻视物质财富的宗教不可能把商人看作高贵的人，以这种宗教为统一意识形态的社会也不可能把商人尊为高贵的人。在西方中世纪，“教会和神职人员同皇帝一起共同代表着政权：经济和社会发展的职能属于帝国，而通过教会学校、修道院、圣经和图书馆来传播古老文化的职能则属于教会和神职人员。”② 即神职人员和以皇帝为代表的世俗统治者掌控着主流

① Douglass C. North, *Structure and Change in Economic History*, W. W. Norton & Company, New York, 1981, p. 114.

② ［意］卢多维科·加托：《帝国时代：中世纪》，39页，夏方林译，成都，四川人民出版社，2000。

意识形态和法律的制定和修改。在这样的生活世界，不可能让“资本的逻辑”成为支配制度之制定和修改的逻辑。

西方的现代化肇始于14世纪的文艺复兴，但直至19世纪初，西方商人的社会地位仍然不高。例如，在19世纪初，欧洲的罗斯柴尔德家族已积累了巨额财富。詹姆斯·罗斯柴尔德是这个家族中的重要成员。“尽管詹姆斯在巴黎财大气粗，豪宅华服，但社会地位并不高”，“法国贵族们自恃出身显赫，血统高贵，觉得罗斯柴尔德家族不过是一群乡巴佬暴发户”[①]。在西方，以赚钱为生活主旨的人们历经了长期的奋斗才成为社会的中坚。到了20世纪，随着民主政治的趋于成熟和市场对社会生活无以复加的覆盖，才很少有人敢于蔑视财大气粗的金融家了。至此，“资本的逻辑”已是绝对的支配社会“发展”的逻辑。

中国的古代社会当然也不可能让“资本的逻辑”成为支配性的“逻辑”，因为以赚钱为人生主旨的人们一直受贬抑。我们不必上溯中国远古历史。汉武帝“罢黜百家，独尊儒术”以后，儒家思想一直是主流意识形态。唐代以降，佛学对中国政治和思想的影响很大，对民间的影响也很大，但佛学和儒学始终处于相互影响（既相互批判也相互渗透）之中。可以说，指导中国古代社会制度建设的主流意识形态就是儒学。在儒、释、道三家中，儒学最关注俗世生活，最关注政治，从而最重视财富和经济。即便这样，儒家与当代消费主义也大相径庭。

当代以赚钱为主要生活旨趣的消费主义者把赚钱当作头等大事，把消费当作生活方式。他们的生活乐趣就在赚钱和消费过程中，不富则不乐。儒家不然！孔子曾说：“饭疏食，饮水，曲肱而枕之，乐亦在其中矣。”[②] 子贡曾问孔子：“贫而无谄，富而无骄，何如?”孔子回答说：“可也；未若贫而乐，富而好礼者也。”[③] 孔子曾盛赞颜

---

① 宋鸿兵：《货币战争》，15页，北京，中信出版社，2007。

② 《论语·述而第七》。

③ 《论语·学而第一》。

回，说："贤哉，回也！一箪食，一瓢饮，在陋巷。人不堪其忧，回也不改其乐。贤哉，回也！"① 恪守做人原则，追求极高境界，即便贫穷，也很快乐，这便是"孔颜之乐"。此乐不同于今人感性欲望满足之乐。贫而能乐，必有非同寻常的理由。总的来说，人有所得才乐，儒者因何"贫而乐"？必因有非同寻常之得。

孔子说："朝闻道，夕死可矣！"可见，在孔子看来，道比个人生命更珍贵。凡俗的人都追求富贵，但儒家认为，道高于世俗的富贵，更值得追求。宋代的周敦颐极为看重"孔颜之乐"，他在评价颜子之安于贫贱时说："夫富贵，人所爱也。颜子不爱不求而乐乎贫者，独何心哉？天地间有至贵（至富）可爱可求而异于彼者，见其大而忘其小焉耳。见其大则心泰，心泰则无不足，无不足则富贵贫贱，处之一也。"又说："天地间至尊者道、至贵者德而已矣。"② 这便说得十分明白，道与德是至尊至贵的，是值得人（特别是君子）追求的最高价值。与对道与德的极端珍视对比，君子甚至蔑视权贵和财富，如周子所说的，"君子以道充为贵，身安为富，故常泰，无不足，而铢视轩冕，尘视金玉……"③

周子蔑视财富也许有违儒家主旨，因为儒家始终关注政治经济，故并不拒斥财富。《论语》中有如下一段：

> 子适卫，冉有仆。子曰："庶矣哉！"冉有曰："既庶矣，又何加焉？"曰："富之。"曰："既富矣，又何加焉？"曰："教之。"④

可见，孔子认为，对民众应先"富之"，后"教之"。没有一定的经济条件是无法教化民众的。财富不是坏东西，要看你如何取得

① 《论语·雍也第六》。
② 《周敦颐集》，42—43页，长沙，岳麓书社，2002。
③ 《周敦颐集》，52页，长沙，岳麓书社，2002。
④ 《论语·子路第十三》。

财富，如何利用财富，如何看待财富。富贵者若能尊道贵德，必然也“心泰而无不足”，即身居富贵而不贪得无厌（注意：许多人越富越贪）。人必须有一定的物质生活条件，才谈得上其他追求，如追求意义。但儒家显然只把财富看作生活的必要条件，而决不认为经济增长是社会的最高价值。正因为如此，儒家决不会容许“资本的逻辑”成为指导制度建设的逻辑，也决不能容忍以赚钱为主要生活旨趣的人们成为社会的中坚。

中国古代的“四民”即“士、农、工、商”。士居于首，是统治阶级。商居于末，是最贱的阶级，他们可能很富，但不贵，士阶级耻于言商。统治者大多出身于士阶级，他们直接操控着礼法制度。商人既然是最贱的一个阶层，对礼法制度的制定和改变就影响甚微。既然如此，中国的社会制度就不可能十分有利于以赚钱为主要旨趣的人们。

到了宋代，“商业已相当发达，士商之间的界限有时已不能划分得太严格。”[①] 但历代王朝“重本抑末”的制度没有根本改变，农为本，而商为末。徐光启《农政全书》卷三记：

> （洪武）十四年（一三八一）上加意重本抑末，下令农民之家许穿紬纱绢布，商贾之家只许穿布，农民之家但有一人为商贾者，亦不许穿紬纱。[②]

可见，明朝对商贾的歧视仍是制度性的歧视。

随着商业的发达人们不得不改变对商人的态度。明代大儒王阳明曾为商人方麟写墓表。这标志着中国士阶级对商人态度的显著改变。王阳明认为，“四民异名而同道。”商人如果行仁义，则“虽终

---

① 余英时：《士与中国文化》，514 页，上海，上海人民出版社，1987。
② 同上书，第 540 页。

日作买卖，不害其为圣贤。”[①] 即便这样，也千万不可认为明代儒家已把发展经济看作头等大事。王阳明为方麟写墓表，决不因为方麟是富有的商人，却因为他“类古之知道者”，即很像是行仁义的“知道者”。王阳明赞颂方麟这样的义商，与他痛感士阶级的堕落腐败也密切相关。他说：“自王道熄而学术乖，人失其心，交骛于利，以相趋轶，于是始有歆士而卑农，荣宦游而耻工贾。夷考其实，射时罔利有甚焉，特异其名耳。”[②] 即当时士之好利尤过于商贾，与追名逐利、虚伪清高的士相比，行仁义的商贾自然更值得赞颂。可以说，王阳明已明白社会分工的重要性，认为不应仅根据职业而定尊卑、论德行，但这决不意味着，王阳明主张赋予商人以最尊贵的社会地位。王阳明最看重的仍是德行。明清之际，“商贾大于农工，士大于商贾，圣贤大于士”[③] 当是较为流行的观念。由于社会的变迁，商贾的地位渐居于农工之上，但至明清，士仍大于商贾。这便决定了中国的礼法制度不可能由商人操控。正因为如此，在传统中国不可能让“资本的逻辑”成为支配礼法制度的逻辑。

西方世界经过文艺复兴、宗教改革和启蒙运动，人们的世界观、价值观和人生观逐渐发生了变化，个人主义、自由主义、科学主义、经济主义、物质主义逐渐深入人心。在这同一过程中，以赚钱为主要人生旨趣的人们逐渐成为社会的中坚。既然这一人群成为社会的中坚，社会制度的变迁便日益受“资本的逻辑”的制约。至今，西方的私人产权制度已十分完备，这便具有了索托所说的将一切资产的增殖潜能释放出来的转化程序。在这样的社会，“万物皆商品化”(华勒斯坦语)，商业几乎覆盖了社会生活的每一个领域，于是金钱具有了驱动一切的魔力。

---

① 转引自余英时：《士与中国文化》，第526页，上海，上海人民出版社，1987。

② 同上。

③ 同上书，531页。

诺思在分析产权制度的历史变迁时承认了意识形态的重要性。承认意识形态的重要性也便是承认人们价值观的重要性。人们的价值观不仅决定着他们忠于或服从什么样的制度，还决定着人们的人生追求和价值追求，制度的激励作用归根结底要通过人们的价值观而得以实现。当代人本主义经济学家说：“价值观与需要是紧密相关的，它们之间很容易相互转化。我们甚至可以说它们是同义词。如果某人需要某个物品或某种体验，我们就可以说，他认为该物品或该体验有价值。这样，他就进行了价值判断。”① “从最根本的意义上讲，历史的核心是个人价值观的斗争。”② 制度的改变与人们需要和价值观的改变密切相关，没有需要和价值观的改变，就提不出改变制度的问题。在现代民主社会尤其如此。制度显然不是主动的因素，制度是人（那些成为社会中坚的人们）制定和改变的，人们在特定价值观（或意识形态）的影响之下制定或改变特定的制度。

人们的价值观决定着他们的价值视野，即在他们意识范围中的各种价值之总和。如果制度激励的价值追求过分“超越”了多数人的价值视野，那么制度的激励作用就会大大降低。中国1949—1978年之间的计划经济制度时期造成的“大锅饭”现象就是这样的典型例子。由于制度激励人们生产、创新的功能，干多干少、干坏干好一个样，造成人们消极怠工，整个社会经济系统缺少活力和效率。中国自1949年直至今天的历史，能很好地说明，制度改革（变迁）与人们价值观的改变是密不可分的。自1978年改革开放以来，制度变革与价值观改变之间的关系，就是改革与“思想解放”之间的关系，这两方面始终处于相互促进的关系之中。在毛泽东时代，中国

---

① ［美］马克·A. 卢兹、肯尼思·勒克斯：《人本主义经济学的挑战》，16页，王立宇等译，重庆，西南财经大学出版社，2003。

② 同上书，43页。

共产党努力培养社会主义新人，即“毫不利己，专门利人”的人、“全心全意为人民服务”的人、“爱厂如家”或“爱社如家”的人，遏制人们追求自我利益最大化倾向。邓小平领导的制度改革面临着艰巨的“思想解放”任务。“思想解放”的实质就是促进人们价值观的改变，也就是由对支持计划经济的价值观的半信半疑到对支持市场经济的价值观的衷心拥戴。历史事实和当今现实都表明，邓小平倡导的“思想解放”比毛泽东发动的“文化大革命”更得人心。笔者认为，原因是支持市场经济的价值观远比支持计划经济的价值观更贴近绝大多数人的自然倾向。

显然，1978 年以来的中国改革历程既是产权制度改革的历程，又是人们价值观改变的历程。到 2008 年，中国的改革已走过 30 个年头。中国的这 30 年差不多浓缩了西方世界几个世纪的历史变迁。在“文化大革命”时代，我们把私欲看作绝对的恶，把所有追求私利的行为指斥为“走资本主义道路”。在耶稣基督看来，财富是灵魂拯救的累赘，以财富为最高价值的人不可能进入“神的国”。在“文化大革命”时代，舆论向人们灌输的是，不把自己改造成社会主义新人，就建不成人间天堂——共产主义社会，为成为社会主义新人，就必须时时“狠斗‘私’字一闪念”。如果你私欲膨胀，走资本主义道路，就会被划归“阶级敌人”行列。改革开放之初，最先走致富道路的人们，或者是最不受计划经济体制保护的人们，或者是发财致富欲望最强烈的人们，一句话，他们不是传说的计划经济社会主义建设的中坚力量。在“改革开放”过程中，他们的先行具有历史性的示范作用。但在 20 世纪 80 年代他们根本没有社会声望。20 世纪 90 年代初，邓小平南方讲话之后，社会情况有了较大的变化，以赚钱为生活主旨者的社会地位大有提高。那时高校毕业的研究生们，开始认为毕业后冲往商海才是最明智的选择，选择高校和研究单位则是愚昧之举。1991 年之后，既是中国产权制度深化改革的历史阶段，也是人们价值观迅速改变的历史阶段。进入 21 世纪后，中国走向市场经济的势头已不可逆转。

在21世纪的今天，分析“以赚钱为人生主旨的人们”不能简单地把他们界定为资本家、金融家。一个暂且身无分文的大学生完全可以是个以赚钱为人生主旨的人。我们不能根据实际拥有的资产数量或职业去判定一个人是否以赚钱为生活主旨，而只能根据一个人的价值观和生活方式去判定。如果一个人始终把赚钱看作最重要的事情，把消费当作主要的标识自我价值的方式，他就是个以赚钱为主要生活旨趣的人。这个人群中的最有影响力者当然是资本家。资本家可通过对政治家的直接影响而在一定程度上操控法律和公共政策的制定和修改，而许多不是资本家的以赚钱为人生主旨的人们则可以通过市场和民主制度而支持“资本的逻辑”。例如，通过大量消费而激励大量生产，通过参加投票、表决而支持一个信奉经济主义的总统，或支持通过一项能拉动经济增长但会造成严重污染的项目。自由主义者常常说，西方自由世界为每个人提供平等的发展机会，今天身无分文的人，明天也许就是亿万富翁。比尔·盖茨就是典范。

今日中国的情况十分复杂。中国的民主法治尚不健全，私人产权制度也不及西方社会完备。但中国人追求富强的心情极其迫切，从最高领导层至平民百姓有个基本共识：“发展是硬道理”，追求经济增长的决心不可动摇！自1978年改革开放以来，市场经济在促进经济增长方面的魔力已有目共睹，于是多数人对市场经济制度及其相应的价值观都衷心拥戴。在这种情况下，经济体制的改革是十分顺畅的。经济增长既然是中国的头等大事，为保障经济快速增长，最好的办法当然是建立让各种资产释放增殖潜能的产权制度[①]。改革以来的制度建设使中国的经济制度产生了巨大的激励作用。例如，金融市场的发展和国家规定的银行利率，就激励人人投资、理财，在有经济头脑的人们看来，只把钱存在银行里，是十足的愚昧。这

---

① 2007年颁布的《物权法》当是中国产权制度建设的里程碑。

样的制度，再加上当代媒体每时每刻的煽动，便激励着无比高涨的发财致富的热情。当然，就产权制度建设而言，中国与西方发达国家相比还有很大差距。中国在“外在制度”建设方面速度很快，但“内在制度”不是一朝一夕即可形成的。权力腐败和社会腐败的互动，导致了极其严重的诚信危机。诚信危机当然是资本施展神通的大碍。

不能设想资本主义社会的人们都绝对诚信，即所有人在进行任何交易时都恪守诚信原则。但资本展示魔力的基本前提是，多数人在通常情况下遵守诚信原则。商人大多不可能把诚信当作内在价值，而只把诚信当作经营策略。故在成熟的资本主义国家也不时地出现欺诈性交易。但“资本的逻辑”要求人们大致遵守诚信原则。西方的宗教和政治意识形态还会培养一批把诚信当作基本美德的人，于是诚信成为成熟资本主义国家的内在制度要求。与之相比，今日中国的问题是，诚信者占总人口的比例太小，虚浮风气太盛，这是资本施展魔力的严重障碍。但国人追求财富的欲望十分强烈，在国际市场的范导之下，中国社会随着“外在制度”之日趋完备，“内在制度”或可逐渐形成。

三

从生物学的角度看，人类自从进入文明状态，其生存能力就远远超过了其他物种。但从文化的角度看，前资本主义文明一直存在生产不足的问题。人口在波动地增长，对前资本主义文明来讲，保障每个个体的生命权一直是难以做到的事情，灾荒之年常常饿殍遍野。也就是说，当人口过快增长时，前资本主义社会一直存在物质生产不足的问题。西方资本主义到了20世纪初已基本解决了因物质生产不足而大量饿死、冻死人的问题。这是人类历史上了不起的成就。这一成就就是私人产权制度逐渐完备和以赚钱为生活主旨的人们逐渐成为社会中坚的成就。肯定这项了不起的成就决不等于断定资本主义是最合乎人性的制度。

当以赚钱为生活主旨的人们被凸显为社会中坚的时候，法律制度的建立和修改就会越来越服从于"资本的逻辑"，从而使"资本的逻辑"产生越来越大的规范力量和激励作用。在这样的社会，经济主义意识形态会成为主流意识形态。经济主义是直截了当地为"资本的逻辑"辩护的意识形态，它不再矫言，人们拼命赚钱是响应"神召"，它断言，经济可以无限增长，经济增长是个人幸福和社会福利的惟一源泉[①]。在经济主义和现代制度的激励之下，绝大多数人们都把自己的主要精力和大部分时间投放在经济活动中，于是物质财富越来越多。当一个社会中人们的基本需要都能得到满足时，为使资本不断增殖（即社会经济不断增长），为使不断大量生产出来的商品能卖得出去，就必须激励"大众消费"，鼓励奢侈消费和"符号消费"。人们购买消费品，不仅因为消费品具有使用价值，主要因为它们具有符号价值，即本文第一部分所说的标识自我的功能。有身份的人决不会等一件漂亮衣服穿破了以后才买新衣服，他穿的衣服必须能跟上时尚，且与其身份相配，才算得体。所以，他必须不断地更新服饰。一套衣服可能还有八成新，但仅因为已不再时髦便被丢弃。汽车消费也是如此。当一个社会多数成员重视商品的符号价值更胜于重视其使用价值时，这个社会便已进入消费社会。在这样的社会，消费主义就应运而生。易见，消费主义就是经济主义在消费社会的翻版。

消费社会激励人们大量消费，归根结底就是这个社会的资本持有者在激励人们大量消费。媒体每天都在用最煽情的语言和最诱人的画面刺激我们去购物，资本持有者向媒体付费，媒体竭诚为资本持有者效劳。我们大量消费时，得利最多者是资本持有者。我们买得多，他

---

① 关于经济主义可详见 Ian Davison, *Value*, *End and Society*, University of Queensland Press 1977, p. 174。

们就赚得多。资本持有者手中资本的积累当然标志着他们权力的扩大。他们掌控的资本越多就越能自由地实现其自我价值，这不仅意味着他们可买豪华游艇或豪宅，可追求、"占有"漂亮、年轻的女明星（或英俊潇洒的男人），而且意味着他们可购买社会声望，如向公益和慈善事业捐款！别忘了，当以赚钱为生活主旨的人们成为社会中坚时，资本持有者的生活方式是最正当的生活方式，是众人羡慕的生活方式。所以，我们买得越多，资本持有者们的自我价值实现感或成就感越强。

消费主义者传布的福音是：你赚得越多，消费得越有档次，你就越幸福！果真如此吗？显然不是！人当然必须获得一定量的生活资料才能活着，从而才谈得上追求人生意义（或幸福）。但现代消费主义掩饰了人的基本物质需要和意义追求之间的界限，激励人们以永不知足地追求物质财富的方式追求人生意义。鄙视消费主义而特立独行的典型人物是19世纪美国的大卫·梭罗，他一生都在进行着这样一种"人生试验"：用最少的物质财富，过最丰富的生活。他以简朴得不能再简朴的方式走完了自己的生命历程，他的著作却展示了一个真正特立独行者无比丰富的内心世界。不知就里的人可能会认为他的一生很不幸，但他宣称自己一生过得很幸福，他从不怨天尤人；他说，"我从未听到过什么坏消息"；他相信自己是世上少有的幸福的人，一生无怨无悔[①]。梭罗的"人生试验"雄辩地证明，消费主义不是正确的人生观和价值观。当代中国仍有梭罗这样的人。湖南师范大学艺术学院的一位教授就仍在进行梭罗式的人生实验。他住在离闹市很远的极为简陋的房屋里，衣食极为简朴，近似"一箪食，一瓢饮，在陋巷"的颜回。笔者曾多次拜访过他。他有丰富的思想，有执著的追求，也有强烈的社会责任感。与首富们相比，他没有权势，也没有香车豪宅，但他生活得充实、宁静、有意义。

---

① 参见 Introduction to *Walden and Other Writings* by Henery David Thoreau, Bantam Books, 1981。

我们不必都像大卫·梭罗那样生活，我们可以适度消费。那么该如何界定这个“度”呢？最低的限度似乎是足以保障身体健康的食品、御寒保暖且保持基本体面的服饰和遮风避雨且适度舒适的居所。但人是生活在文化之中的，文化有把人的本能需要无限扩大的功能。在此所列出的三项，只有食品一项可通过现代生物学和营养学而明确界定最低限度。其他两项都必然是历史地变化的。人类对服饰的追求决不可能满足于御寒保暖，一旦顾及体面，就可能向奢华方向发展。人类对居所的要求也决不可能满足于遮风避雨，一旦顾及舒适，就可能向奢华方向发展。但我们可定义一个绝对最低限度的消费，那便是只消费足以保障身体健康的食品，而不讲究口味，更不以食品消费方式标识自我；只消费足以御寒保暖的衣服，而不以服饰标识自我的地位和身份；只住足以遮风避雨的居所（梭罗在瓦尔登湖边造的小屋或可代表极限），而不以居所标识自我的身份地位。这个最低限度的消费是可以科学地界定的，尽管现实中只有颜回和梭罗那样的人才会真的依此消费。

对于真正能独立追求人生意义的人来说，明确意识到这个最低限度十分重要。一个身体、精神皆健康的人，通过学习、工作而挣得能满足绝对最低限度的消费品并不难。如亚当·斯密所言，“最普通劳动者的工资”即可提供“生活上的必需品”①。如果一个人把自己对物质财富的追求目标就定在略高于这个限度而不把它当作生活主旨，那么他就有足够多的精力和时间去追求自己真正看重的人生目标，于是，他就不必为赚尽可能多的钱而疲于奔命。这样，他完全可能更幸福地生活。当然，现代制度和职场竞争对个人具有巨大的胁迫力，它们逼迫着人们追求“资本的逻辑”所规定的卓越和成功（如尽快地推销产品，尽快地出研究成果等），失败者会被淘汰。

---

① Adam Smith, *The Theory of Moral Sentiments*, China Social Sciences Publishing House, Chengcheng Books LTD, 1999, p. 50.

但个人并非绝对没有选择自由。不说梭罗、颜回那样的特立独行者，当代社会也有一群人试图摆脱“资本的逻辑”的束缚。他们是受过很好教育且有较强工作能力的人，他们是这样生活的：选一个工作，好好赚几年钱，然后辞去工作，逍遥自在几年；钱快花光了，找份工作，再好好赚钱……这些人的生活质量一定不同于只知拼命赚钱、及时消费的人们。如果一个社会以赚钱为人生主旨的人不占多数，没有资本也可以开展很多有意义的活动，比如，许多人不要报酬地参加诗社、剧社，等等。

当代主流经济学家大多认为，消费主义、物质主义也许是粗鄙的，但却是合乎人性的。在他们看来，“资本的逻辑”支配一切的社会恰恰是最好的社会。迄今为止的主流经济学是为“资本的逻辑”辩护的经济学，其关于人性的基本预设是：人是追求自我利益最大化的理性存在者。追求尽可能多的物质财富，是个人的自然倾向，永无休止地追求经济增长则是人类社会的自然倾向。如果人的本质就是如此，那便意味着资本主义是不可改变的，“资本的逻辑”是不可限制的。

永无休止地追求财富是人的本质吗？经过马克思、尼采、萨特等思想家的洗礼，我们已没有理由按本质主义的方式理解人性。马克思说得对，人的本质不是什么不变的抽象物，而是各种社会关系的总和。用萨特的话说则是，“存在先于本质”，人是先被抛入这个世界，然后才创造了他自己的生活。没有什么永恒不变的人性或人的本质。“人不过就是他的计划；他只在他实现自己的那个限度内存在着；所以他不过就是他行动的总和，不过就是他生命的总和。”①人与其生活所在的社会环境和自然环境自始至终都处于相互作用、相互塑造的历史过程中。社会环境的基本要素就是社会制度，而社

---

① Jean - Paul Sartre, *Essays in Existentialism*, edited with a foreword by Wade Baskin, Citadel Press, Kensington Publishing Corp., 1993, p. 47.

会制度与主流意识形态又总处于相互作用和相互塑造的历史过程中。所以，人与社会制度、主流意识形态始终处于相互作用、相互塑造的历史过程中。一个人在出生时没有能力选择社会制度和他在成长过程中一定受其影响的主流意识形态。特定社会的制度和主流意识形态能强有力地塑造一代又一代的人。20 世纪 80 年代以后出生在中国城市中的人，自幼就浸润于商业气氛日浓的社会中，自然很容易成为消费主义者。当然，一个人思想成熟以后，可能会产生批判社会制度和主流意识形态的能力和倾向。他如果足够幸运而成为政治领袖，便可能强有力地影响力图改变社会制度和主流意识形态的社会运动。如今受“资本的逻辑”支配的社会正是 14 世纪以来，西方一批又一批思想家、革命家、政治家批判、改造西方中世纪制度和主流意识形态的结果。

当代人本主义经济学家借助马斯洛的人本主义心理学正对主流经济学进行有力的批判。他们对物质主义和自我中心主义的批判特别值得重视。主流经济学家常常标榜经济学是科学，而科学只研究（或描述）事实，不作价值判断。实际上这种打着价值中立旗号的科学有极强的价值导向作用，它的基本价值导向就是物质主义、经济主义和消费主义。人本主义经济学家认为，社会科学“离不开价值判断”，“在经济学中引入人本主义就是要重视价值观”①。

主流经济学混淆了需要和要求，而把人的所有需要都看作要求（或欲求）。“而要求只是被看作个人所选择或偏好的、使其效用或满足最大化的东西。”② 人本主义经济学家认为，需要不同于主流经济学所说的要求。根据马斯洛的心理学，需要是分为不同层次的。马斯洛把人的需要分为五个层次，即生理、安全、归属、尊

---

① ［美］马克·A. 卢兹、肯尼思·勒克斯：《人本主义经济学的挑战》，3 页，王立宇等译，重庆，西南财经大学出版社，2003。

② 同上。

重和自我实现。“需要的满足是一种定性的现象，而不是一种定量的现象。”即“某一层次需要的满足与另一层次需要的满足是不可比的”，即不同层次的需要是不可公度的。但以功利主义为其理论基础的主流经济学却“试图用同一把满足感尺子来衡量不同的需要”。这当然具有计算上的便利，主流经济学和“现代生活似乎都有把一切都转换成数字的倾向”，正因为如此，我们的时代就是个“数字统治的时代”。① “资本的逻辑”要求“数字的统治”，要求统一度量人们所追求的价值。货币的优点之一是便于计算。“资本的逻辑”要求把一切人类活动都归结为经济活动，从而货币可成为衡量一切的价值尺度。

根据马斯洛的理论，人在不同的成长阶段，满足需要的优先次序是不同的。主流经济学认为，人总是根据成本－收益计算去进行种种选择，机会成本是这种计算的重要指标。但人本主义经济学认为，人们“在满足优先的需要时，根本不存在像机会成本这样明确的、易于计算的东西。人们在满足优先需要的同时并未失去任何东西”。效用计算是主流经济学的根本方法，主流经济学设定，人的本质就是追求个人效用最大化，它用效用概念“把所有的选择都压扁成同一个层面上的要求”。② “根据效用理论，一定的满足是通过放弃另一种满足获得的——这就是所谓的机会成本。而人本主义经济学家则认为这并不一定发生。当优先需要被满足时，人并没有放弃更高层次的需要，因为这些需要仍处于蛰伏状态；而更低层次的需要也未被放弃，因为它们只是被定义为次优先的。”“的确，生活时时刻刻都要求我们做出抉择。但是这些抉择是对各种需要或价值的抉择，而不是对相对满足感的抉择。”③

---

① ［美］马克·A·卢兹、肯尼思·勒克斯：《人本主义经济学的挑战》，24页，王立宇等译，重庆，西南财经大学出版社，2003。

② 同上书，26页。

③ 同上书，25页。

在此，我们又一次遭遇了多元论与一元论的对立。主流经济学坚持价值一元论，认为人追求的价值可归结为个人欲望或偏好的满足，价值研究可归结为效用计算，于是，成本－收益分析可成为解释一切人类行为的方法。人本主义经济学坚持价值多元论，认为不同的价值是不可公度的，不能把人的一切追求都归结为可统一度量的偏好满足。

人是追求无限的有限存在者，人对无限的追求就是对意义的追求。人之超越生理需要层次的需要，都是追求意义的需要。我们可把马斯洛所说生理需要和安全需要界定为人的基本需要，而把归属、尊重和自我实现的需要界定为追求意义的需要。人的基本需要的满足当然依赖于物质，但人追求意义的需要并不依赖于物质。但在根据“资本的逻辑”建构的当代生活世界中，人们相信，追求意义就是追求金钱和物质财富。这是“资本的逻辑”和消费主义对人们意义追求的最严重的误导！

在前资本主义社会，由于物质生产不足，故许多人终生都在为满足基本需要而劳碌。这样，他们就顾不上追求更高层次需要的满足，或说他们只以最朴素的方式追求人生意义，如传统的中国农民把传宗接代当作最根本的人生意义。对于像梭罗和颜回那样的人，可以异乎寻常地超越低层次需要而追求自我实现，但多数人只能像马斯洛所说的那样，在低层次需要得到满足时才能产生高层次的需要。资本主义让多数人的基本需要都得到了满足，但它抑制人们以真正多样的、富有创造性的方式追求高层次的需要。一个社会若不能为人们不断满足高层次需要创造条件，而一味激励人们无止境地满足低层次的需要，就会导致人的畸形发展，从而导致社会的畸形发展。“当成长的道路被封堵，人的行为就会被限制在一维的层面上——也就是较低需要的层面。这样，从成长的意义上讲，人就不能长‘高’，而只能长‘胖’。不论从字面意义还是比喻意义上讲，所有的成长都只能长出‘一堆赘肉’”。[1]“资本的逻辑”所支配的社会正是这样的社会，它激励人们成为赚钱和消费的好手，但并不鼓励人们追求精神创造和多种文化创造，更不鼓励人们培养德性，追求极高境界。于是，今天被社会推举的优胜者、获奖者或名人往往不是真正卓越的人。从文明发展的角度看，“资本的逻辑”所支配的社会则是个极度畸形发展的社会，是个物质文明如肿瘤般膨胀，而精神文明极度萎缩的文明[2]。

在“资本的逻辑”的支配下，在主流经济学的价值导向之下，社会重视科技创新、制度创新、管理创新、欲望创新，但决不鼓励真正的价值观创新和生活方式创新。“资本的逻辑”和主流经济学隐含着强有力的价值观，这就是经济主义、消费主义和物质主义。当代社会鼓励的科技创新、制度创新和管理创新只是实现经济主义、消费主义和物质主义价值目标的创新，而不是真正的价值创新。如果说使每个人都能满足其基本需要是资本主义的巨大成就，那么激励人们仅以追求物质财富的方式追求人生意义则是资本主义的巨大错误。在根本解决了物质匮乏问题的前提下，健康的社会应激励自由的价值创新和精神创新，而价值创新和精神创新就是人生意义的创新。在号称自由世界的现代发达社会，人们并没有真正的自由。“自由是一种存在的状态，而非拥有的状态。也就是说自由取决于我们的生活方式，而不是我们的生活水平。”[3] 但在消费社会，人们认为钱越多越自由，购买得越多就越自由，人们只追求生活水平的提高，不看重生活方式的创新。

---

① ［美］马克·A. 卢兹、肯尼思·勒克斯：《人本主义经济学的挑战》，26 页，王立宇等译，重庆，西南财经大学出版社，2003。

② 详细论述见卢风：《启蒙之后》，347—387 页，长沙，湖南大学出版社，2003。

③ ［美］马克·A. 卢兹、肯尼思·勒克斯：《人本主义经济学的挑战》，168 页，王立宇等译，重庆，西南财经大学出版社，2003。

全球性的生态危机给我们的警示是，经济主义和消费主义激励的“大量生产—大量消费—大量废弃”的生产生活方式是不可持续的，必须改变这种生产生活方式，我们才能安全地生活在地球上。如果没有全球性的生态危机，我们真的很难“科学地”驳斥物质主义、消费主义和经济主义。你尽可以说物质主义、消费主义、经济主义是粗鄙的意识形态，尽可以说物质主义者和消费主义者是俗不可耐的①，但众多的物质主义者和消费主义者会回敬说：你们愿意追求精神丰富且乐于过物质简朴的生活，那就请便吧！别来干涉我们过“大量消费、大量废弃”的物质豪华生活，我们就喜欢这样！我们有过这种生活的权利！按照“资本的逻辑”建构的现代文化固然把“大量消费—大量废弃”当作人的权利，但大自然没有赋予人这样的权利！如果说哲学伦理学能说明消费主义是粗鄙的，那么生态学则表明，几十亿人按消费主义指引的方向生活是极度危险的。地球生态系统不能支持几十亿人的“大量生产—大量消费—大量废弃”，消费主义激励的集体生活方式是自杀式的集体生活方式。不弃绝这种生活方式，人类将走向毁灭！

四

自由主义是现当代的主流政治思想。自由主义者认为现代民主宪政和市场制度给信仰不同的人们提供了一个中立的制度框架（基本制度是受国家垄断的暴力维护的，即违背基本制度者是会受到强制的），至于个人持什么精神信仰，那是私人或特定族群的事情。但事实上，经济主义、消费主义和物质主义强有力地影响了现代制度

① 实际上，物质主义和消费主义文化也给出了生活高雅和艺术高雅的标准，浅薄的物质主义者和消费主义者看到梭罗式的人，一定会嗤之以鼻。今天中国之开高档轿车者大多看不起骑自行车者。

的制定。笔者并非一味反对基本制度保持中立性。能确立中立于不同宗教信仰的基本制度是政治文明的进步，在宗教、信仰多元化的今天架构一种中立的基本制度也是不同信仰者和平共处、彼此协作的基本条件。不可能有完全中立的政治、经济制度是一回事，努力使政治、经济制度对不同宗教和信仰保持中立则是另一回事。如果政治、经济制度公然偏袒某一宗教，压制其他宗教，那便必然导致思想专制。所以，政治、经济制度的中立性是制度建设的理想目标。本文以上已表明，现代西方社会的基本制度虽努力保持其对各种宗教的中立性，但它却受经济主义、消费主义的过强影响，归根结底，受“资本的逻辑”的有力约束。作为社会生活基本条件的制度应努力保障资源和财富的公平分配，以保障绝大多数人都能满足其基本需要，但它不必刺激、胁迫人们拼命赚钱、及时消费，它不应该特别偏袒经济主义者和消费主义者。笔者不主张放弃基本社会制度中立于不同宗教和信仰的理想，问题是现当代制度与经济主义、消费主义信仰处于相互支持的关系之中，这样，基本制度对知足常乐者就产生了巨大的压力。制度中立于各种宗教是可能的，但不可能中立于思想或价值观，因为任何“外在的制度”都是在某种思想或价值观的指导下确立的。现代制度就是在物质主义、消费主义和经济主义价值观的指导下确立的①。

有人倾向于把经济主义、消费主义和物质主义也看作中立于不同宗教和意识形态的观念，这是矛盾的糊涂看法。经济主义和消费主义既是已渗透进基本制度的意识形态，也是许多人的基本信仰，是主导生活时尚和社会潮流的价值观和生活观。古代人显然不信奉经济主义和消费主义。“物质主义”一直是个贬义词，在现当代它也

---

① 物质主义、消费主义和经济主义价值观以极为隐秘的方式型塑着现代制度，民主社会张扬自由、平等，成为社会中坚的以赚钱为人生主旨的人们，可通过民主程序而让制度体现自己的意志，更不用提商界巨子们能通过更隐秘的方式影响制度的制定和修改。

必须经过经济主义和消费主义的乔装打扮才能大化流行。把经济主义、消费主义和物质主义看作人人都必须遵循的真理，便自然会认定梭罗、颜回一类的人是“怪人”，是没有“人性”的人。因为根据这些“主义”，追求财富和物质享受就是不变的人性，梭罗、颜回等人轻视财富和物质享受，当然意味着他们失去了人性。实际上，梭罗、颜回等人总在创造人性，而消费主义者们只是因循度日。

如前所述，主流经济学的基本假设是：所有人都是追求自我利益最大化的。如果把“利益”理解为物质欲望的满足，那便只好承认，“资本的逻辑”是最合乎人性的逻辑，消费主义是最人性化的价值观和人生观。其实，“资本的逻辑”在现代社会的坚强表现，得益于经济主义、消费主义和物质主义价值导向的“成功”，但这决不表明“资本的逻辑”必须成为社会建制的指南，更不表明经济主义、消费主义和物质主义是符合人性的真理。

每个人诚然只会尽力追求自己内心认定的价值。我们可把一个人最看重的价值称作他所认定的最高价值。每个人都花最多的精力和最多的时间追求他所认定的最高价值，每个人对最高价值的追求都是死而后已的。一个人以什么为最高价值与他的信仰密不可分。虔诚的基督徒以信仰、希望和爱为最高价值（终极关怀），真正的儒者以天人合一境界为最高价值，真正的共产主义者以实现世界大同为最高价值，当代消费主义者以高收入和高消费为最高价值[①]。

“资本的逻辑”制约的社会似乎给人以理解最高价值的自由，即人们有信仰自由和思想自由。但由于民主过分受“资本的逻辑”的制约，信仰自由和思想自由便打了折扣。由于整个政治制度和经济制度与以赚钱为人生主旨的人们始终处于互相支持的关系，且政治制度和经济制度是受国家垄断的暴力机构维护的，于是制度和作为

① 如果一个消费主义者还宣称他信仰基督教，他便可能既追求财富，又向往天国。根据韦伯所阐述的新教伦理，追求财富与向往天国是并行不悖的。

社会中坚的以赚钱为人生主旨的人们对所有不以赚钱为人生主旨的人们构成巨大的胁迫作用。

反对“资本的逻辑”支配一切不意味着必须走向极端，如回归中国“文革”时期的计划经济。没有经济活力的社会是难以发展的。资本主义使所有人的基本需要都得以满足，这是一项伟大的成就。但是，取得这项伟大成就之后，在全球性生态危机日益明显的情况下，仍尽力激励物质财富的增长，就是十足的愚蠢了。走出生态危机的惟一出路是建设生态文明。建设生态文明必须限制“资本的逻辑”[1]。

如何限制“资本的逻辑”？谁来限制？只能靠一场“渐进的革命”！或许立即有人说，“渐进的革命”是个矛盾的概念。其实不然。由工业文明到生态文明的转变当然是一次革命。但这次革命将与历史上的革命截然不同，这将是发生在民主、人权观念十分深入人心的历史时期的革命。它不会再表现为一个阶级推翻一个阶级的暴烈的行动，而将表现为一场由价值观的逐渐改变所引发的社会制度和生产生活方式的逐渐改变，它将会经历一个相当长的历史时期。这次革命有望在民主法治的基本框架中逐步地得以实现[2]。在任何一个历史片断中或许都看不出什么革命，但经过长期的渐变后，就会发现文明经过了革命。

生态价值观的普及和广为接受将是革命的关键。生态价值观的普及和广为接受决不仅是少数思想精英宣传教育的结果，而且是环境污染和生态破坏对人们不断警示和惩罚的结果。随着全球变暖、物种灭绝和各种污染的日益严重，会有越来越多的人们明白，必须改变“大量生产—大量消费—大量废弃”的生产生活方式，进而会有越来越多的人们接受生态价值观。信持生态价值观的人们会去限制

---

① 注意：这里只说“限制‘资本的逻辑’”，没说“废除‘资本的逻辑’”。

② 民主固然不能与经济自由相剥离，但未必不能与资本主义相剥离。

“资本的逻辑”！

生态价值观与经济主义、消费主义和物质主义是针锋相对的。信奉生态价值观的人们的增多，意味着以赚钱为生活主旨的人们的减少。我们期待着这样的历史时刻的到来——以赚钱为主旨的人们不再是社会的中坚，信奉生态价值观的人们已成为社会的中坚。到那时，制度的修改和制定就不会过多地受“资本的逻辑”的支配。到那时，梭罗、颜回式的人们就不会被看作没有人性的怪人，而会被看作学习的榜样；拥有巨大豪宅、游艇和许多汽车的人们就不会像今天这样成为众人崇拜的对象，他们甚至会成为社会批评的对象，因为越来越多的人们明白，向这些人学习，人类将走向灭亡！到那时，会有较多的具有生态价值观的人们进入政治领导层，于是国家和政府就不会只是“资本的逻辑”的执行机构，而是推动文化健康发展的组织。那时国家和政府就会采用一些限制“资本的逻辑”的办法，如通过民主程序制定福利税制，使医疗和基础教育退出市场，激励慈善事业，激励各种非营利性事业，给生态产业以优惠政策（如在生态产业与旧产业竞争时期对生态产业免税、减税），大力投资生态学、生态技术、清洁生产、清洁能源研究，激励科技的生态学转向①。

当以赚钱为生活主旨的人们不再是社会的中坚，而信奉生态价值观的人们成为社会中坚时，国家和政府会保持更高水平的中立性，因为它们不仅对各种宗教保持中立，还对经济主义和消费主义意识形态保持中立（经济主义和消费主义意识形态被生态主义所取代）。社会的政治、经济制度也是如此。国家、政府和政治、经济制度都不再一味地激励拼命赚钱、及时消费。生态文明的制度和主流意识形态将激励人们更加自由地创新，不仅激励人们进行科技创新、制

---

① 关于科技的生态学转向可详见卢风：《论科技的生态学转向》，载《清华哲学年鉴2004》，421—449页，保定，河北大学出版社，2006。

度创新和管理创新，而且激励人们进行价值创新和生活方式创新。

建设生态文明，既需要越来越多的普通人看透“资本的诡计”，摆脱“资本的逻辑”的束缚，去独立地思考人生意义问题，去创造发明真正适合自我的生活方式，又需要国家制定鼓励适度消费的法律、法规和公共政策。如，根据一个地区的生态系统承载力，计算可允许使用的汽车数量和住房面积，进而规定每个公民可拥有（消费）的汽车数量和住房面积。如每个中国公民或许只能拥有十分之一辆汽车，只能拥有40平方米住房，这或许就是公民汽车消费和住房消费的生态极限。这种生态极限是可以科学测算的。用科学方法测算的生态极限就是大众消费不可突破的度！富有者想多消费，必须交重税。可见，我们可以根据生态学和经济学而规定一个适度消费的度！

人类中也许永远都会有一些物质主义者，他们的基本权利当然永远都应该受到尊重。人类文明也许永远都不能废除市场经济。在生态文明中，市场制度可与民主法治一起激励产业结构的转换，激励人们消费偏好的转变。当越来越多的人具有生态良知，具有对清洁环境和自然美的偏好时，就会有越来越大的对生态产业和清洁生产的呼声，有越来越大的对绿色产品的需要，从而逐渐发育出生态产品和绿色消费的市场。这样的市场会呼唤、支持并激励生态经济制度。

关于疾病的哲学叙事

肖 巍

人类自生命伊始便开始追求健康和对抗疾病，但在这一与疾病斗争的历史长河中，人类却屡屡败下阵来，即便在医学生物学飞速发展的今天，我们在攻克和摧毁一些疾病的同时又在面临着无数新疾病的威胁。面对人类无法改变与疾病共存的命运，哲学便在疾病的叙事中具有举足轻重的地位。作为一种心智的建构物，这种叙事不仅能使我们更为坦然、自然和平静地面对疾病，因势利导地缓解和治疗疾病，也可以把疾病带给我们的身心伤害和社会风险减少到最低限度，使人类的生命在亘古的绵延中永远充盈着盎然的生机。

本文拟从疾病的秩序、疾病的范畴、疾病的原因、疾病的话语、疾病的叙事、疾病带来的无序以及面对疾病我们还能做些什么七个方面对于疾病进行尝试性的哲学叙说，以期在哲学的世界中观察疾病的概貌，描述人类生命中健康与疾病的互动，以及它们对于个体及人类社会的意义。

一、疾病的秩序

疾病是一个物种。在福柯看来，上帝在制造疾病和培养致病的体液时，与他在培养其他动植物时遵循着同样的法则，因而我们有理由相信，疾病也是一个物种，它如同植物一样有其自身的方式：生长、开花与凋谢。[1] 疾病也是一种生命，尽管我们一直认为它是一种紊乱，但却没有意识到疾病是一系列相互依存的，并趋向于一个特定目标的现象：病理生命一直没有得到人们足够的重视。作为一个物种和一种生命，疾病也自然地具有其自身的秩序，这一秩序是对生命世界的复写，同生命一样有着同样的结构和布局。也许正因为如此，福柯才相信疾病具有一种本体秩序，即它先于一切现象而从自身内部组织起来的秩序，它与健康一样有其存在的合理性和本体论意义。当代医学科学家都知道，艾滋病病毒具有巧妙的伪装本能，它不断地制造假象迷惑人们，使人类在对付它时连连上当，不得不惊叹这一病毒与生俱来的狡猾和韧性。

然而，千百年来一直自诩为"自然之灵"的人类却并不相信这种疾病的秩序，不相信疾病出现与存在的必然性和合理性，总以为它的发生是偶然的，碰巧发生在某时、某地和某人身上，尤其是那些病人，在拼命抵抗疾病的同时，也似有一种不甘倒霉的自怨自艾。其实，"生命的合理性与威胁着它的东西的合理性完全同一。它们的关系不是自然与反自然的关系。相反，因为二者具有同样的自然秩序，因为二者相互契合，相互重叠。人们在疾病中辨认生命，因为对疾病的认识正是建立在生命的法则上。"[2] 这种对于疾病的理解可以带来对于健康和生命全新的诠释。或许以往在许多人看来，健康才是一种自然的和正常的状态，疾病是对于人类正常功能的偏离，因而让这些具有功能偏离的人们恢复健康本身便是社会制度的一种合理追求。然而，尽管这种观点具有良好的初衷，但却忽略了一个关键问题：从人类群体意义上说，疾病是不可消除的，因为它本身

① [法] 米歇尔·福柯：《临床医学的诞生》，171 页，刘北成译，南京，译林出版社，2001。

② 同上书，6—7 页。

具有自然的和本体论意义。疾病也是一种正常的状态，即使它是对于人体正常功能的偏离，这种偏离也是正常的生命多样性的一种表现，而且我们所设定的衡量这种“偏离”的尺度也是不断变化着的。

既然疾病本身具有一种本体论意义，人类对于疾病的认识和治疗就必须符合疾病的本质，不要让这一过程变为一种暴力的冲突。从某种意义上说，人类征服疾病和改造生命的动机与其改造环境、征服和改造自然的意愿如出一辙。当人类无视生命（疾病）之生命、自然之生命，以种种科技手段纠正这些生命中的“偏离”，发动反自然的暴力时，必然会遭遇到后者更大规模的反扑。因而，人类医学科学的发展和改造生命的方案应当建立在尊重生命（疾病）本体秩序的基础之上，在生命自身的健康与疾病的平衡与和谐中减少疾病对于人类的风险。

二、疾病的范畴

借助语言分析的视野，在定义某一对象时应当注意到三个方面：定义所呈现的问题的本质；所能获得的解决问题的方法；在解决这类问题中人们所能期待的结果。我们对于疾病的界定也与上述期待相关，例如对于精神疾病的界定便是如此。精神疾病一直是一个模糊的概念。从广义上说，它通常与人们心理上的痛苦和总体上的不幸福状态相关。从狭义上说，它意味着在各种生物学、心理学以及社会环境因素影响下，由于人类大脑功能失调所导致的认知、情感、意志和行为等精神活动方面不同程度的障碍。一旦我们接受了对于精神疾病的广义理解，便会把精神疾病等同于精神障碍（psychotic disorders），把更为宽泛的情感、行为和心理生理学障碍包括到精神疾病的范畴中来，并要求社会提供更为广泛的精神健康服务。

疾病的范畴是一种随着科学知识和社会发展进步不断变化的价值建构。西医发展史充分地证明了这一点：《希波克拉底文集》曾把健康和疾病解释成某种形式的平衡与不平衡，他认为人有四种体液：

胆汁、粘液、血液以及黑胆汁或抑郁质。人的躯体是这些体液的战场，而疾病则是某种平衡的打破，例如胆汁和粘液是夏季痢疾和冬季感冒的病因。这种对于疾病的理解反映出古朴的唯物主义哲学价值观。然而，伴随生物学的发展，人们对于疾病有了更进一步的认识。按照达尔文主义观点，疾病是自然界中人类与微生物之间相互争夺生存空间的一种生物力量。更引人注目的要属宗教与医学的关联，从某种意义上说，西医是在宗教价值体系基础上发展起来的。中世纪的宗教和医学有着共同的目的——创造生命的完美。从词源学上说，神圣（holiness）和治疗（healing）是从同一词根 wholeness 演化而来。拯救（salvation）和有益健康（salubrity）、治愈（cure）、保健（care）和仁慈（charity）也是从同一词根演变而来的。基督教也教导人们，让人类遭受疼痛和不适并不是上帝的本意。痛苦是随着原罪而降临人间的。因为原罪，男人们汗流浃背地劳动，女人们在撕心裂肺的疼痛中生育，得到收获以后，人们还不得不经受疾病和死亡的苦痛。因此圣经把疼痛解释为对不忠和背叛的惩罚。从词源学上讲，疼痛（pain）起源于拉丁语的惩罚（poena）。①

从上述对于疾病范畴的建构中，我们可以看到，疾病的范畴并不是像生物医学模式强调的那样是描述性的，而是规范性的：疾病是对于社会标准的偏离，而不只是对于物种典型的组织功能的偏离。这正如当代美国生命伦理学家恩格尔哈特所言：医学有四种语言：描述性的、评价性的、解释性的和社会标签性的，所有这些语言都充斥着价值判断，对于人体某种疾病症状的描述都“受到人们期待的感染”。② 这样一来，即使人类的一些身体条件和行为在历史上一

① 参见肖巍：《医学的价值维度》，载《博览群书》，2001（3）。该文为《剑桥医学史》一书的书评。［美］罗伊·波特等编著：《剑桥医学史》，张大庆等译，长春，吉林人民出版社，2000。

② H. Tristram Engelhardt, *The Foundations of Bioethics*, Oxford University Press 1986, p. 175.

直被看成是疾病，也并不意味着它们必然是疾病。

承认疾病是一种价值判断并不意味着要否认疾病本身的自然和本体秩序。每一种疾病都有自己独立的生命，有其生长、发展和消亡的过程，它有时与人们脑海中的疾病范畴并不完全吻合，不仅不吻合，甚至有可能南辕北辙，这是因为人类对于自身生命现象认识方面的局限性和许多疾病本身的无法把握性。医学上已有的疾病范畴无非是人类以自己现有能力对于生命“异常现象”的一种解释，当然这种解释离不开实验和经验的观察，但这并不意味着所有实验和观察结果都具有普遍性，因为疾病是由个体的人作为载体的，而每一个个体的人又都是那样的独特，疾病在他身上的体现肯定有所不同。或许医生们会反对这一说法，认为疾病具有普遍性，无论临床检测还是患者的主观体验都是如此，然而事实上，这种认识是现代性思维的产物，现代医学要求患者按照现代性的准则扮演医学“患者”，形成一种群体的声音，而人们，或者说病人则需要讲述后现代的疾病故事，以便能够置身于普遍统一的观点之外。

三、疾病的原因

我们无法相信疾病具有一种原始的性质，即便有，也无法发现它。福柯看到，在分类医学中，疾病具有与生俱来的，与社会空间无关的形式和时序。疾病有一种“原始”的性质，这既是其真实的性质，又是其最规矩的路线，它是孤立存在的，不受任何干扰，也没有经过医学的加工，它显示了自身本质如同植物叶脉一样的有序脉络。[1] 然而事实上，我们却无法脱离一个一个的具体病人去发现和研究这种疾病的原生态，因为疾病始终存在于具有充分社会属性，

① ［法］米歇尔·福柯：《临床医学的诞生》，17页，刘北成译，南京，译林出版社，2001。

生活在不同社会空间的人们身上。人类文明程度越复杂，人们社会空间越宽阔，人际网络越紧缩，疾病及其呈现也就越复杂、越不自然，越失去自身的原始性质。所以，我们宁愿不相信这种原始性质存在，因为那样会转移医学的研究视线，不去研究疾病如何作用在一个人身上，为何发生在这样的社会背景和时空中，而一味地把运思的焦点放在疾病的原生态上。

众所周知，无论多么超越的哲学都无法说明人“本真的”或者“纯自然”的特性，因为人无时无刻不生活在社会之中。疾病也是如此，既然我们无法说明它的原生态，就需要拓展研究视野，在探讨疾病的原因时，注意到社会与自然的互动。在这一点上，我们可以从流行病学对于疾病成因的探讨，以及对于流行病成因的道德分析中获得启示。

在流行病学领域，主要有两种有代表性的疾病成因理论：关于疾病的生活方式成因说和社会成因说。前者认为疾病来源于人的生活方式，认为人口疾病的决定因素在于一些人具有同样的行为方式和文化。这一观点强调个人选择的决定意义，认为一些人的生活方式会对性病，甚至艾滋病的传播有直接影响。而后者相信，社会结构所形成的经济和政治关系是疾病分布的决定性因素，因为由于这些关系所形成的社会群体会因为他们各自的社会地位而在健康方面受益或受损，这就要求我们把社会和生物因素联系起来考虑人口的疾病和健康问题，综合生物医学、生活方式、文化、行为和社会因素分析流行病的成因。

从道德角度分析流行病的成因，我们也可以得出三个结论：首先，社会对于流行病的产生和分布负有道德责任。为什么一些人容易患某种疾病？无疑地，正如关于疾病的社会成因理论所强调的那样，人们的健康依赖各种基本的物质生活条件——食物、住所、水和卫生设施、清洁的环境，可预防和治疗的医学干预等，而这些又取决于人们在就业、受教育等方面的机会，取决于人们的社会地位与社会关系，以及更具有根本性质的社会制度。流行病的出现不仅是一个医学问题，更是一个伦理问题和政治问题。也正因为如此，在一些学者看来，社会不平等与生物因素的相互作用才是导致流行病的决定因素。[①]其次，人们对于生活方式的选择也是一种道德选择。身体并不是一种孤立的自我存在，而是一种在宇宙的生物舞蹈中，在各个层面上处于与其他人、与环境能动关系中的存在。疾病和健康作为一种媒介不仅把人们紧密地联系起来，而且也使人们之间的伦理关系不断发生变化。当一种看起来属于私人性的生活方式选择影响到公共安全，危及他人健康时，这种生活方式的选择也就具有了道德意义。再次，环境对于疾病的产生也负有责任，而环境本身又作为一种媒介反映出人们在与环境交涉时是否作出合乎伦理道德的选择。由于人类的贪欲所导致的生态环境的破坏已经对于一些地区的人口健康构成致命的威胁，例如淮河流域一些地区的水污染已经使当地癌症患者不断增多。通过这些分析，我们可以得出一个结论：社会因素在疾病的成因中具有决定作用。

四、疾病的话语

当代哲学大师尤尔根·哈贝马斯曾经论述过话语在社会和科学认识中的意义。在他看来，社会是一个由交往行为构成的网络结构。任何一种理论，即便是客观主义的理论也必然根源于与社会的关联之中，我们必须通过“生活世界”来讨论科学、政治和伦理学，讨论理论与实践，以及现实与未来。“所谓的‘生活世界’是一个既包括了个人能力，又体现了社会文化遗产的背景信念的综合整体。”生活世界也是一个“此与彼、熟悉的和陌生的、被回忆的、在场的和

---

① Dan E. Beauchamp ed., *New Ethics for the Public Health*, Oxford University Press 1999, p. 45.

被期待的事物交织而成的多维度的关联系统：‘我发现自己处在生活历史的复合体中，处在同时代的人之中，处在我们从先辈那里继承下来的，并将遗传给我们后代的传统之中。’”这一生活世界是以语言或话语形式出现的，生活世界中的所有交往行为都需要语言，“生活世界据以结构的先验法则通过语言分析，可被理解为交往过程的规则。”[①] 还有，作为社会文化传统和信念整体的生活世界也是一个规范系统，通过生活世界的必经之地，以及构成我们行为边界的东西都是话语和语言。话语主要有两个来源，一是来源于生活世界，任何脱离生活世界的理论都无法成立，生活世界具有规范性的内涵。二是来源于人的理性。理性是一切思维、行动和言说着的主体在日常生活和科学活动中的基本联结点。

我们可以借用哈贝马斯的这些观点讨论福柯对于疾病话语的说明。福柯把疾病的话语分为两类：一类是它自身呈现出来的话语，一类是我们在描述它时使用的话语。前者有赖于观察获得，而观察便是读解自然，体验对于疾病本质的追问。“希波克拉底鄙视一切理论体系，而完全致力于观察。只有循着他的足迹，医学才能不断地完善。”这种意义上的观察也被福柯称为凝视，凝视也可以分为两种：一种是先于一切干预，忠实于直接事物的纯粹凝视，在捕捉直接事物时毫不加以修饰，另一种是用一整套逻辑武装起来，从一开始便祛除那种毫无准备的经验主义的纯真性。[②] 凝视可以在双重的沉默中最终听到疾病的话语。这种双重的沉默是：理论、想象以及其他构成感知直接事物障碍的事物的相对沉默；一切在可见事物语言之前的语言的绝对沉默。在这种双重沉默过程中，被观看的事物最终能被听到，而它们之所以能被听到，只

---

① ［德］得特勒夫·霍尔斯特：《哈贝马斯传》，3、30页，章国峰译，北京，东方出版社，2000。

② ［法］米歇尔·福柯：《临床医学的诞生》，118—119页，刘北成译，上海，译林出版社，2001。

是由于它们能被看到。

然而，尽管福柯在这里试图尊重疾病话语的“自然性”，对于观察者提出“沉默”的要求，要求他顺其对象，也就是疾病的本体和自然来观察对象，摆脱理论给理性设置的障碍，以及想象给感觉设置的障碍，但观察者所得到的仍旧是受到自身理性和感性控制的话语，即便人们从乐观的意义上相信这是一种由疾病自身呈现出来的话语也是如此。也就是说，观察与凝视永远都离不开哈贝马斯所强调的“生活世界”和“理性”，而这些被观察的领域和对象也永远不可能是纯而又纯的世界，它们永远混杂着诸多说不清和道不明的因素。从这一意义上说，福柯在讨论疾病的话语时所作出的两类区分只是在强调抛弃已有理论的束缚，每一次都能把疾病当成一种新的自然物来观察时才有意义，而一旦这种观察在观察者脑海中成型，它就再也不具备纯粹的意义，而势必融入属于观察者自身的世界，体现出他的“人之特性”，他的社会性、理性、感性和潜意识的冲动等等。

而且，当我们重新回到生活、理性和社会层面理解疾病的话语时，还可以发现一片新的探讨领地：即在现代性和后现代性话语中来理解疾病。疾病的话语首先是现代性的，其主要理由在于：医学科学是解释和建构疾病话语的原生地，而医学科学本身则是现代制度的原始模型，它把科学作为自己信任和社会地位的堡垒，相信理性和组织对付疾病的力量；疾病也需要现代性的依赖数据和监测作为观察的手段；作为一种知识领域，疾病也需要具有构成自身基础的某些关于真理的假定，而这些假定也是理性主义的；医学在描述疾病时，也需要使用一系列启蒙运动以来的二元对立的现代性哲学范畴：生/死、健康/疾病、自我/他人、得到控制/难以控制、利益/风险、干净/脏等；此外，人们在探讨疾病的原因时，也需要借助现代性的“权利”概念进行伦理思考，而且，如果把健康看成一种人权，那么“公共健康官员当前有两项基本职责——保护和促进公共健康及其人权。"[1]疾病的话语也是后现代性的，在后现代背景下，哲学中已经失去了一个"绝对者"，而今这种损失也体现在"精确的"自然科学中，成为其"基础性的危机"，这种状况迫使人们以多种多样的道德直觉和道德理解为特征来建构和描述疾病，因而疾病的话语也就呈现出多样性的特征，而这种话语的多样性势必带来话语之间的冲突，而且从某种意义上说，这种冲突也是现代性疾病话语与后现代性疾病话语之间的冲突。这种冲突并不能以现代性的理性方式一劳永逸地得到解决。面对这种局面，一方面我们应当保持和承认多样性疾病话语各自的合法地位，另一方面当我们被要求一致行动时，也必须以后现代方式在各种话语之间找到动态的相容性，以便在各种描述和对付疾病的方法上取得一致行动。

五、疾病的叙事

现代医学在把握疾病的叙事时主要存在着两种途径：一种为生物医学模式，重视病原体的作用，如"病毒和细菌"的作用，这种模式需要依赖客观病理学。另一种是病人生命的直接体验，依据他们当中普遍存在的失调体验进行叙事。美国生命哲学家图姆斯曾以现象学方法澄清这种体验的多重因素和复杂性，从而理解身体、自我和环境之间的相互作用。她主张借助精神现象学来解释疾病，首先阐述由不同层面（感性和理性）的意义所构成的疾病现象；揭示疾病的复杂性以及基于直接生活体验的意义与抽象意义之间的本质区别，将焦点放在疾病的现象上，阐述除了具体的症状之外，病人所体验到的疾病的一般性质。[2] 她看到，在描述病人对于生命和身体

---

① James F. Childress, Ruth R. Faden et al, *Public Health Ethics*, *Mapping the Terrain*, The Journal of Law, Medicine &Ethics, Summer 30, 2002, p. 177.

② [美] S. K. 图姆斯：《病患的意义》，4 页，邱鸿钟等译，青岛出版社，2000。

的体验时，要区分“自然的”和“自然主义”态度，前者与日常生活世界直接的前理论体验相关，后者涉及到对直接体验的一种抽象，这种抽象有利于对于这些体验的因果结构作出一种理论化的说明。前者可以看成是病人的自我叙事，对于生命和疾病的呢喃，后者则可以看成是医生的工作。病人和医生以不同的方式体验疾病，对于他们来说，与其说疾病代表着他们之间共同的现实，不如说实际上代表着两种截然不同的“实在”。现象学认为，客体被体验的方式与某人注意他的方式相关，不同人的意识活动赋予客体以不同的“突出点”，医生所受的训练让他把疾病理解成各种躯体症状的集合，以各种“客观的”、“可量化的”临床数据描述和概括疾病，诊断是“相对明确地为疾病命名，当某些指标与病人的病史、体验或化验及其他检查结果相吻合时，这些疾病便被确认存在。”① 而病人则不会把自己的疾病看成一个过程，而是根据疾病对于日常活动的影响来体验它。福柯也看到，医生在对付疾病时，脑海里要有一个空间来为疾病分类，凝视疾病：医学的凝视具有奇特的性质，它需要投射到疾病的可见对象上面，那就是病人，而病人在展现这些可见因素的同时，却也在掩盖着它们。②

面对医生与病人把握疾病的不同方式，人们更关心如何把这两种不同的实在整合成一种“共同的实在”，而且从诊断和治疗的意义上说，医生只有把握病人的体验，才能取得最佳疗效。“假如医生想要从患者的体验中学点什么的话，他或她必须引入与患者的对话——这种对话允许患者提供关于病情的第一人称叙述。”创造相互交流的共同环境，聆听病人的声音，关注两种实在之间的差异，形成新型的医患关系。

事实上，当我们把疾病看成一种价值建构，并承认疾病话语的

① ［美］S. K. 图姆斯：《病患的意义》，19—20 页，邱鸿钟等译，青岛，青岛出版社，2000。

② 同上书，9 页。

多样性时，当我们目睹现代性的理性大厦渐渐地倒塌，宏大的医学体系不再具有以往的威严，压抑许久的后现代感觉和身体浮出水面时，便也会乐于换一种角度去聆听疾病的叙事，这便是以“自然的”态度形成的体验——以病人，或者受伤者为主体的疾病的叙事，因为这里不仅有关于疼痛和痛苦的伦理呢喃，也有把躯体当成一个人形而上学尊严的、以第一人称讲出的故事。这种讲故事方式由来已久，可以被追溯到古代——当提瑞西阿斯（Tiresias）先知由于告知俄狄蒲斯关于他儿子是谁的真实故事而被众神弄瞎眼睛之后，他的伤便给了他叙事的权力，也成为其故事真实性的证明。[①] 所有受疾病折磨的人都可以被看成是受伤的讲故事者。于是，病人便从疾病的受害者和被照顾者转变成行动者，并且让命运变成了体验。

以病人为主体的疾病叙事具有一种以往人们意想不到的伦理价值：首先，它在后现代语境下突出了“声音”的伦理意义。在美国女性主义心理学家卡罗尔·吉利根看来，“声音是连接内外在世界的一种强有力的心理工具和通道。”“发出一种声音意味着是人类。有什么东西要说意味着是一个人。”[②] 无疑地，我们这个时代的伦理应当突出声音的意义，赋予每一个人以一种权利——让他以自己的语言来讲出自己的故事。每一个人都是自己生活的编导，讲出自己的生命体验便意味着对于这一生命负责。受伤者和病人躯体发出的是同女性和社会边缘人一样的弱者的声音，这种体验是惟一的，因为每一个个体对于生命的体验都围绕着自己所建构的世界，即便是他在描述可以用科学精确分析的客观事物，这些事物也不再是自然界中的自在之物，而是存在于体验者和被体验对象所形成的独特关系中的事物。这些事物的意义关乎体验者意识的意向性活动，他的直

---

① Arthur W. Frank, *The Wounded Storyteller: Body, Illness, and Ethics*, The University of Chicago Press 1995, p. xi.

② ［美］卡罗尔·吉利根：《不同的声音——心理学理论与妇女发展》，19—20 页，肖巍译，北京，中央编译出版社，1999。

接体验究竟是什么无人能知，只有当他试图呈现和描述这些体验时，他人才能对于这些体验有所认识。从这一意义上说，后现代语境下“声音”的伦理意义便在于突出了体验、感觉、差异和描述，使每一个人都能作为平等的人来说话，尊重每一个个体的意识和认同，不再以强大的社会机器去吞没人和压抑人。其次，它让人们意识到躯体的形而上学尊严。当人们健康时，会从许多身外之物，而不是躯体本身去找自己的形而上学尊严。而且按照这一思路，当一个人成为严重疾病的受害者时，他便失去了一切世俗的光环，被社会机器排斥在外，独自咀嚼“沉舟侧畔千帆过，病树前头万木春”的悲哀。然而，当以病人为主体的疾病叙事出现之后，这种局面大为改观。“我已经充分地领悟到在生命的一些境遇中，我们的身体是我们全部的自我和命运。我生活在我的躯体中，此外别无他物……我的躯体是我的灾难。我的躯体是我身体的和形而上学的尊严。”[①] 再次，这种疾病叙事也为改善医患关系开启新的大门。吉利根看到，“讲话者依赖于倾听和被倾听；它是一种强烈的关系行为。”[②] 当现代性话语面临重重困惑时，后现代思维却异常活跃。在医学和生命伦理学领域，疾病叙事也开始要求反思以元叙事、理性精神、启蒙思想和历史哲学为基础的现代性的知识总汇，倾向于体验和感性，以及私人的叙事，并在呼唤一种弱者的声音，审视医患关系和医疗实践中的传统结构，要求建立新型的医患对话关系，给予病人充分的空间，让其描述出自己的体验。最后，这种疾病叙事不仅使哲学能够联系身体对于人性进行前所未有的深入探讨，也使人们意识到这种探讨对于道德和政治进步的意义。例如一些国外学者试图把病人对于疼痛（pain）的叙事和医学对于疼痛的处置作为探讨新型医患关系的

① Lawrence Langer, *Holocaust Testimonies: The Ruins of Memory*, New Haven: Yale University Press 1991, p. 89.

② ［美］卡罗尔·吉利根：《不同的声音——心理学理论与妇女发展》，19页，肖巍译，北京，中央编译出版社，1999。

起点，并把疼痛与痛苦（suffering）区分开来。2004 年美国出版的《生命伦理学百科全书》认为，疼痛是感觉、解释和调节有疼痛反应的过程，说明原因和预料进程，并决定作出什么反应的全过程。而痛苦是一种特有的不幸状态，是由于一个人的完整性、内在统一性或者总体性的丧失所导致的，或者是由于一个人相信他将失去自身完整性的威胁所造成的。①对于疼痛的处置不仅仅是一个医学问题，更是一个道德和政治问题。在这一方面，人们不断地提出的问题是：为什么医学对于疼痛和临终病人的痛苦视而不见？为什么姑息治疗（palliative care）处于边缘化的地位？这一局面究竟反映出医患关系、医疗保健和社会保障体制，乃至整个社会政治体制中的什么问题？这些追问已经使身体成为一种政治，使减轻疼痛和避免痛苦成为与健康具有相同价值的一种权利，这无疑会使社会倾听到病人的声音，以促进社会关怀能力的培养来带动其道德和政治方面的进步。“我们所有人都会死去，但是我可以拯救他数日，使他免受痛苦的折磨，这使我感觉到自己具有巨大的甚至新的特权。对于人类来说，疼痛甚至是比死亡本身更为可怕的主宰者。”② 也正因为如此，疼痛才与人类遭遇的其他灾难一样具有道德和政治意义。

六、疾病带来的无序

疾病是人类存在的一种本体状态。疾病让我们感受到躯体已经不是自己的盟友，我们的手指、腿和其他器官已经不像往日那样按照我们的意愿行事，而且只有在这时我们才发现，自己的自我意识与躯体多么紧密地联系在一起。疾病或者残障不仅仅是一个生理事

---

① Stephen G. Post ed., *Encyclopedia of Bioethics*, 3rd edition, Macmillan Reference, 2004, pp. 1962—1963.

② A. Schweitzer, *On the edge of the primeval forest*, New York, AMS Press 1948, p. 95.

件，也是我们的本体存在，是我们在这个世界中存在的一种状况。①

毫无疑问，疾病能给个体生命带来无序的状态，这种无序首先表现在病人不得不以特殊的方式生活在失控的身体中。“当身体出毛病时，生命也发生了故障。”“患者并不是仅仅‘拥有’这个躯体。他或她就是这个躯体。结果，病人不仅仅‘患有’某种病症，而是生存于他们的病情之中，例如患有多发性硬化症、关节炎、心脏病之类疾病的患者，就是以一种非常特殊的方式生活在一个失控的躯体中，而不仅仅是‘患了’某种可以识别的疾病。”② 其次，当一个人生病时，他不仅仅在生物学躯体上具有某种特征，而且这些特征与他对自我的感受紧密关联。疾病给人们以独特的体验，使他们处于不协调、不平衡、失去能力和不舒适的状态，这种状态体现为病人对于自己所熟悉世界的一种丧失感，意味着生存状态的改变，一种个人在世界中存在本质的改变。再次，疾病也带来病人个体身份的丧失。疾病不仅能引起病人情绪和精神方面的波动，也使他们周围社会关系发生变化和不安。病人本人会对于生活和生命形成一种新的价值判断，他的周围世界也会把病人的身体紊乱加入到对于病人的价值评价中来，而这些价值评判都有可能导致病人的个体身份丧失感。

疾病也可以导致社会的无序。这种无序不仅可以从类似 SARS 和艾滋病的风险中看到，也可以从人们对于另一些致命疾病，例如癌症的恐慌中看到。自 20 世纪初期以来，人类的疾病谱系出现过几次大的转变，威胁人类健康的疾病历经了从 20 世纪初期的传染病到 20 世纪前半叶的各种紧急事故、创伤和传染病，以及从第二次世界大战结束到 20 世纪末的慢性病，如冠心病和癌症等的变化。而且据专家预计，21 世纪的人类疾病正在从以慢性的、生理性为基础的疾病

---

① ［美］S. K. 图姆斯：《病患的意义》，106 页，邱鸿钟等译，青岛，青岛出版社，2000。
② 同上书，94 页。

转变为以慢性的、情感性为基础的疾病。由于人类的疾病越发地走向精神和情感层面，它所导致的社会无序也变得更为内在、更为深刻和更为复杂。而且，在现代社会中，疾病的身份、疾病的隐喻、疾病的符号意义有时会比疾病本身更为可怕，所带来的个体和社会的无序状态也更为严重，例如现代人不仅可能有意地躲避，甚至歧视传染病患者或者病毒携带者，而如躲避或歧视艾滋病人和乙肝病毒携带者，而对于一些并不具有传染性的致命疾病，如癌症病人也可能持有一种特别的道德评判和政治态度，令这些病人产生一种与社会和他人疏离，甚至被抛弃的感觉，而这种态度势必也会加剧疾病所带来的无序的局面。

七、面对疾病，我们还能做些什么？

人类总是幻想生命的永久存在，不仅会随着时间的流逝惋惜生命的消耗，也会由于疾病加剧了对于生命的终点——死亡的恐惧。然而，倘若我们超越性地进行思考便会发现，时间原本是相对的，正如爱因斯坦所言，我们旅行的速度越快，时间就会越慢。宇航员若以光的速度来旅行，他就不会变老。虽然我们无法验证这一理论，但是它会提醒我们记住时间——绝对时间——只是我们心智的建构之物。[①] 意识到这一点之后，我们便有可能坦然地相信疾病的本体论意义，接受疾病加速人类生命进程的现状。面对疾病，我们亦无需悲观和绝望，因为疾病与健康一样是人类生命中的一种自然而不是反自然；我们也不要期待着消除所有疾病，因为那一天永远不会到来。疾病的消除也就意味着人类自然生命的毁灭，而这恰恰不是人类所期待的。面对疾病，人类需要的是以自己的心智来建构与宇宙

① ［美］理查德·加纳罗特尔玛·阿特休勒：《艺术让人成为人》，504页，舒予译，北京，北京大学出版社，2007。

不同的生命时间，在向死的人生中消除对于死亡的恐惧感，让生命的心智时间无限地延长下去。

疾病的范畴是具有规范性的价值建构，因而对于人体某种疾病症状的描述都“受到人们期待的感染”。作为一种价值建构，疾病的范畴中也不乏存在着社会歧视的成分。在社会生活中，当人们不喜欢某人时，便会以封他为“有病”来加以贬斥。相反，如果人们敞开胸襟，宽容地接纳周围的人与事，便会发现自己的疾病范畴变得越来越窄小，即便周围有人真的患有生理上不可克服的疾病，也不会在社会意义上歧视他们，因为在自己的疾病范畴中，已经完全摆脱了歧视因素。这一点类似于女性主义对于性别（Sex）社会性别（Gender）的区分，前者是生来为男为女的事实，后者则是社会对于男性或者女性的价值期待。女性主义奋斗的目标不是要摆脱作为前者的事实，而是社会性别期待中的歧视成分。疾病也是如此，患病从本体论上说是一种躯体的自然和事实，但对于疾病的描述中却充斥着社会的价值期待，人类社会应当追求的目标是在这些主观的价值期待中剔除不平等和歧视的成分，使疾病的范畴更为客观和中立，即便这种客观和中立的追求如同平等一样是人类社会的一种梦想。而且，倘若人们以宽容之心看待病人，便会发现后者在某种意义上说是自己的“恩人”，例如我们可以把基因学意义上的“疾病”看成人类基因多样性和差异性的表现，正是因为有了这些偏离正常“基因”的携带者，我们才知道“正常”的标准是什么以及来源于何处。正像精神分析学要研究“精神障碍者”一样，只有通过这样的研究，人类才知道如何让自己的精神保持“正常”或恢复到“正常的”轨道。

无论疾病有多少原因，不容否认的是社会和道德因素在疾病的成因中具有重要的作用。流行病学试图为理解和改变健康和疾病的社会形式提供基础，这种形式反映出复杂的人类社会与生物体验之间的相互关联，也通过病因学机制把人类生命的多样化与贫乏性联系起来，理解这种社会与生物因素之间的相互作用是流行病学面临的根本性挑战。“作为一种实践，流行病学的主要目的在于避免和控制人口疾病，指导健康和健康保健政策和规划，改进个人的健康保健。”[①] 流行病学首先是一种关于疾病的哲学，宗旨在于解释疾病的人口分布，研究疾病的本质、来源、传播途径和最终的控制。流行病学也是一种关于疾病的伦理学，通过理解和改变健康和疾病的社会形式，通过理解和说明人类生命中社会与生物因素之间的相互作用来为控制疾病和追求公共健康承担起伦理职责。因而，研究流行病伦理学或者对于流行病进行道德分析应当是当代生命伦理学的一个重要使命。

福柯在谈论疾病的话语时，曾把它分为两类：一类是它自身呈现出来的话语，一类是我们在描述它们时使用的话语。前者有赖于观察获得，观察便是读解自然，体验对于疾病本质的追问。然而，无论福柯如何试图尊重疾病话语的“自然性”，对于观察者提出“沉默”的要求，要求他顺其对象，也就是疾病的自然来观察对象，摆脱理论给理性设置的障碍和想象给感觉设置的障碍，观察者所得到的仍旧是受到自身理性和感性控制的话语。在后现代话语时代，我们应当重视现代与后现代疾病话语之间的冲突，尊重话语的多样性，赋予不同话语以平等的权利，并试图找到话语之间动态的相容性。

现代社会的疾病叙事为我们开启了新型医患关系的大门，因为它已经不是单方的由医生来进行的“客观”描述，而是采用现象学的方法让病人来描述自己的疾病体验。从某种意义上说，这也是追求疾病话语多样性和平等话语权的表现。这种现象学证明了在对于生活世界的解释和科学化的概念之间存在着一种清晰的、根本性的差异。这种现象学方法也使疾病的话语呈现出多元性和不可预测性。每一位病人都有自己的故事，由于他的疾病和身体上的伤害，他拥有了讲出这些故事的权利。以病人为主体的疾病叙事具有一种以往

---

① Raj Bhopal, *Concepts of Epidemiology*, Oxford University Press 2002, p. 1.

人们意想不到的伦理价值。它使得生命伦理学重新思考每一位病人的主体性和道德权利，也使得医生必须在关怀中学会倾听。而且，无论是作为病人还是医生，都在这种疾病叙事中重新找到自己的定位，例如对于一位慢性病患者来说，疾病已构成他个人生存方式的内在要素，成为他生活的一个永久性特征。面对这种永远无法恢复的身体，他必须学会把这种身体存在方式融入每天的生活中。被各种疼痛和痛苦过滤后的生命和生活与这位患者本该拥有的日常世界大不相同。面对这种局面，对于医生来说，应当意识到两点：一是应当相信："人类健康不能（也不应当是）用身体或精神健康的一些理想标准来惟一地界定——它是人类不可能企及的理想。"① 二是意识到医学的一个重要目标与其说是对付人类的身体和精神紊乱，不如说要发展一种把人类的患病体验置于核心地位的病患关系理论模式。② 人类的意识与心灵的空间是无限的，面对诸多的疾病叙事，我们将再次拥有培育心智和敏感的历史机遇。

疾病已经给个体生命和人类社会带来各种无序的状态。有史以来人类也从未摆脱过这种状态。如同消除战争一样，消灭疾病目前仍旧是一个人类力所不及的乌托邦式的幻想。既然如此，人类社会就必须懂得如何以自己的心智来理顺和管理疾病带来的无序状态。作为人类心智的建构物，哲学，尤其是生命伦理学在疾病蔓延的时代将更能凸显出独特的价值和意义。

---

① ［美］S. K. 图姆斯：《病患的意义》，4 页，邱鸿钟等译，青岛，青岛出版社，2000。

② 同上书，13 页。

柏拉图论婚姻、爱情与性的分离

韦正翔

导论：问题的提出

现代人通常认为最理想的婚姻是爱情与性爱的统一体。但是为什么在柏拉图的爱情观中却出现了两种分离：婚姻与爱情的分离；爱情与性爱的分离？他是怎么说明这种分离的呢？他认为现象世界是理念世界的外化。也就是说，万物都在上帝创造的和谐的理念世界里具有其模本。理念世界的特征就是纯理性。人的灵魂属于理念世界。因为理念世界是永恒的，所以灵魂也是不生不灭的。灵魂与肉体结合，产生了人。人的灵魂由理性、意志和欲望构成。理性代表着人的独特的高贵性，而欲望则是人与其他动物共同分享的特征。欲望是必要的，但是其必要性只是限制在能够让人生存下来的范围内，因此其美德是节制。而理性的地位则是至高无上的，其美德是智慧。具体到婚姻爱情领域，爱情属于纯理性领域，代表着人的高贵性，代表着人在智慧层次上的互相欣赏；而婚姻则属于欲望领域，其存在的合理性在于繁衍后代，性爱只有在繁衍后代的意义上是合理的。就这样，婚姻与爱情就分离了开来，因为它们处在灵魂的不同层次上，具有不同的功能。爱情也就与性爱分离开来，因为性爱的功能在于繁衍后代。这样婚姻就应该与性爱结合在一起，共同完成繁衍后代的任务；而爱情则与婚姻和性爱分离开来，成为一种纯精神性的享受。本文将分析的是柏拉图的爱情观在他的那个时代解决了什么样的历史问题、具有什么样的变种及其在现代社会中产生的问题。

一、解决的历史问题

柏拉图对其爱情观的解释未必有说明力，但是他的思想在历史和现实中仍然具有比较大的影响，其主要原因是他以一种比较恰当的方式解决了人们生活中普遍存在的问题。人们普遍向往的婚姻是爱情与婚姻的统一。然而在现实生活中，这二者真正统一起来的情况属于少数。在爱情与婚姻普遍不能统一起来的情况下，人应该怎么办？这就是柏拉图要解决的现实问题。从社会稳定的角度上看，社会需要稳定的婚姻来维持社会秩序。在柏拉图那个时代里，多数女性靠丈夫来解决家庭的经济问题，孩子需要家庭来抚养，社会对于繁衍后代的需求需要在家庭里完成。人到了结婚年龄就结婚，对繁衍后代和保证生育质量来说都是必要的。那么怎么能够使人在该结婚的时候就结婚并承担起家庭义务来呢？如果鼓励人追求爱情与婚姻的结合会是个什么样的结果呢？有一则故事可以说明这种追求的结果。据说苏格拉底曾让柏拉图到园子里去采一束最人最金黄的麦穗，他只能一直往前走，不能回头。而柏拉图最后空手而归，因为他总以为还有更大更金黄的麦穗在后面。苏格拉底解释说，这就是对爱情的追求。那么我们设想一下，如果人们都在追求爱情，而多数人都因为空手而归而没有进入婚姻，或者在该结婚的时候没有遇到自己爱的人，大家都不结婚，那社会将会是个什么样子？伟大的哲学家思考问题的角度与普通人思考问题的角度很大的一点不同，就在于这些哲学家不仅要考虑个人的需求，还要考虑社会的需求；不仅要考虑个别情况，更重要的是要考虑大多数情况。

要使人进入婚姻以便承担社会义务，必须使婚姻对人具有一定的吸引力。这种吸引力就是性爱。柏拉图把性爱给予婚姻，而把婚姻外的性爱看成是不合理的，这样就使人只有在婚姻之中才能心安理得地享有性爱带来的快乐。而且在私有制社会中，通过把性爱限定在婚姻内，也能保证继承财产的是夫妻双方的后代。他进一步把性爱的目的规定为繁衍后代，这样就能够从心理上制约性泛滥。如果把性爱的主要目的看成是获得快乐，就可能导致淫乱。如果性爱不以生育而是以快乐为目的，那么同性之间的性关系就会被合理化，婚姻外的性关系和一夜情也会被合理化。而性爱的混乱会导致社会的混乱。在柏拉图的时代，把性爱限制在婚姻之内，并且把性爱的目的限定为繁衍后代，这种方式只会导致对性爱的节制，而不会导致极端的禁欲主义。因为那个时候不实行计划生育，也只有需要繁衍后代才结婚，因此婚内的性爱不会因为限制在繁衍后代上而被限制。

除了把性爱指定给婚姻之外，还需要降低人们对于婚姻的要求才能使人到该结婚的时候进入婚姻状态。降低的方法就是把爱情与婚姻分离开来。爱情是追求完美的。当一个人用爱情的标准来要求结婚对象时，就可能产生这样一些后果：第一，到该结婚的时候因为要求比较高而找不到对象；第二，找到的爱的对象不一定适合在一起过日子；第三，爱的激情因为零距离接触而失去神秘感，从而使人失去对于爱情对象的迷幻性的幻想，使婚姻成为爱情的坟墓。能够持续的爱的激情通常是由对于爱的对象的多种想象来产生魔力的。当一个人对自己的爱情对象完全熟悉，就会失去新鲜感，同时失去幻想的可能。把爱情与婚姻分离开来，就能够使人降低对于结婚对象的要求，其优点在于：第一，到该结婚的时候就能够凑合找个对象结婚；第二，不会按爱情的标准来要求对方，这样就能够更加宽容对方，如果苏格拉底以爱情的标准来要求他的夫人，估计他的婚姻是无法维持下来的；第三，因为结婚的时候就明确了义务当先，因此不会因为对婚姻不满就离婚。有的人离婚的真正原因并不是因为找到了爱情，而是找到了比自己的丈夫或妻子功利条件更好的人，并以找到了真爱的原因来博得他人的同情，为自己的不负责任的行为做辩护。有则故事说，苏格拉底让柏拉图到森林里去砍一棵最大最茂盛的树回来，柏拉图却带了一棵普通但不太差的树回来。苏格拉底问他是什么原因，他说有了上次摘麦穗的经验，他不想空手而归。苏格拉底说这就是对婚姻应该采用的态度。也就是说，婚姻就是凑合在一起服务于更好地繁衍后代。

那么把爱情置于何地呢？柏拉图已经把性爱给予了婚姻，在与婚姻分离的爱情里就不能再给予性爱，否则就会冲击到婚姻的稳定性。而让人完全没有对于爱情的追求，又会使人感觉对生活失望。柏拉图就采用了让爱情升华的方式来既把性爱留给婚姻，又让人能够继续追求爱情。这种爱情就只能是纯粹的即没有性爱的爱情。他说在上帝那里，开始时存在着男人、女人和两性人，因为这三种人都很傲慢，都以为自己是最完美的，因此不能在一起开会，否则他们就会争论不休。有一天上帝开会时来晚了，这三种人就要合伙惩治上帝。上帝一怒之下，把这三种人都撕成了两半。到世间来的人就都为了感觉到完整而需要找到其另一半。被撕成两半的女人，要找到作为自己的另一半的女人，这就是女同性恋人；被撕成两半的男人要找到作为自己的另一半的男人，这就是男同性恋人；而被撕成两半的两性人，就要找到作为自己另一半的男人或女人，这就是异性恋人。因此，在柏拉图的爱情观里，同性恋与异性恋都是合理的。而这两种恋情都是以纯粹的理性和没有性爱为基础的。柏拉图对待现实的方法就是既然消灭不了它，就承认它，并使之升华。经过柏拉图升华过的爱情，就是在另一半那里找到自己欣赏的品性，使自己像欣赏自己一样欣赏自己的另一半，从而得到一种超功利的、不求回报、不求相交的爱恋。两个人就像走在两条平行线上的人，他们互相为伴，互相欣赏，而永远不能相交。

这种爱情观主要可以产生如下的功用：第一，它激励人永远去追求一个完美的另一半，这就需要自己不断地使自身完善。一个完善的人才能找到一个完善的另一半。找寻本身就能够使人有所追求。这看上去是在外求，而实际上是在内求。自己筹划一个另一半，并以另一半的完美来要求自己完美。这能够使人在努力中不断提高自己的精神境界。第二，它可以使人终生有所追求，即便是在生命的最后一刻仍然可以期盼另一半的出现，因为这种追求与性爱是无关的，因此即便自己在生理上已经失去了对于性爱的要求，仍然可以保持对爱情的渴望。第三，如果一生在追求爱情的路上空手而归，这正是柏拉图期盼的，因为这样从客观上就不可能冲击到婚姻的稳定性。而且在柏拉图那里，人的灵魂是不死的，因此人还可以一直无穷尽地追求下去，因此不至于让人在面临今生的死亡时还仍然没有找到自己的爱情而感觉失望。第四，如果真的找到了自己的另一半，因为在这种爱中是无性的，因此也就没有离婚的必要，只是出现了一个自己的崇拜对象，并不会冲击到婚姻的稳定性。而且在这种爱情中，双方都只想为对方付出，没有功利性，就没有必要在经济上进行重新整合，也就没有结婚的必要性了。就这样，柏拉图给予了所有人终身追求爱情的权利，从而使人能够在希望中生存；同时他把性爱从爱情中分离出去，从而使人能够保持一种惟美的爱情，因此不至于冲击到婚姻的稳定性。

二、出现的变种及产生的现实问题

柏拉图的爱情观是在婚姻与爱情无法完全统一，而社会需要稳定的家庭，个人需要具有对于爱情的追求的情况下，在兼顾社会与个人的情况下提出的妥协方案。如果人们能够完全按照他所设计的方式去行为，确实能够既保持了社会所需要的婚姻的稳定，同时又能满足个人对于纯洁的爱情的追求，并能够使人的精神净化。而正如不少其他理论一样，当人们对这种原始版本加以扭曲以后，就会出现与其原始意图不相吻合的变种。

意淫就是柏拉图式的爱情的一种变种。如果两个人相爱了，并互相都感觉找到了自己的另一半，而因为婚姻的义务、社会舆论压力或客观条件，使两个人无法结合。再有双方都能固守道德，在客观上不越雷池一步，因此两个人也能终生没有性爱方面的真实接触。从这个角度上看，他们满足了柏拉图所说的平行线式的爱恋，两个人像火球一样在各自的平行线上燃烧着，直到把自己烧成灰烬而依然固守着两个人的孤独。如果在这种爱恋中，双方都只是欣赏对方，并没有把对方想象成自己的性爱对象，并不做性爱方面的幻想，这就是柏拉图式的爱情。有个笑话说，有位男子在一幅裸体的女性艺术画那里站了许久，这位画中的女性的私处有片绿叶遮挡着。他的妻子过来问他：你是否在等那片绿叶掉下来。等叶掉的想法就是有性爱幻想的想法。一张裸体的照片，当以纯净的理性审美去欣赏时，看到的就是艺术品；而以性幻想的方式去看就是淫秽作品。

柏拉图是在艺术审美的层次上来建构他的爱情观的，因此在其中不存在意淫，不存在同床异梦和精神背叛。相爱的双方根本就没有结合的想法，因此两个在平行线上相互欣赏的爱恋者并不感觉他们的处境是种悲剧。而意淫则指的是两个人虽然在客观上没有在一起，但一直在把对方作为性爱的幻想对象。这就像你守候着一只梨。你很想知道那只梨子的味道，你也很想永远拥有那只梨。为了永远拥有那只梨，你只能把那只梨留在那里，每天只能想象着吃那只梨的味道，每天都是一个滋味。当这两个人之间的关系是不符合伦理道德的时候，这种幻想就是我们常说的邪念。而当这种关系是符合伦理道德观念的，这种想法就会被认同，被看成是爱情的思念。宝玉和黛玉在结婚前，互相之间的性爱幻想属于思念，而结婚后如果宝玉仍然具有着对于黛玉的性爱幻想则属于邪念了。他们之间的结局之所以是悲剧，就因为他们要把爱情与婚姻和性爱结合起来。梁山伯与祝英台之所以化成了蝴蝶，情况也是类似的。如果他们只是在理性层次上欣赏对方，其中没有结合的需求，没有性爱的需求，那么他们就能够相安无事了。

那么这里就出现了一个问题：爱情中可以没有性爱和性幻想吗?柏拉图认为爱情中是不应该有性爱的，因为性爱会影响人的高贵性。人最高贵的是理性，所以高贵的爱情就只是与理性相关的。而现代人通常认为柏拉图的爱情是超现实的，就是因为他们很难想象两个相爱的人会没有性爱的想法或实际的性爱。而事实上，现代人的性爱已经不是像人们想象的那么神圣了。一个女性以为自己把性爱给予了一个男性，那个男性就会爱自己或对自己负责，这种想法在很多情况下是会让她失望的。一个男性以为自己拥有了一个女性的性爱就拥有了这个女性的想法在很多情况下同样是要失望的，因为不少现代女性在性爱上已经可以被多个人拥有了。无心之性爱并不少见。有的女性会以诈称爱上对方来谋求男性的金钱或权力带来的好处。

就是那些专门从事性工作的人，有那么高超的技巧，仍然留不住男性的心。非专业的人又怎么能够只靠性留住男子的心呢?而且从纯自然的角度上看，性爱对于男性和女性来说都是喜新厌旧的，这种生理机制有利于生命的繁衍。在纯自然的意义上，找不到天长地久的性爱的根据。那些有了性爱，并在性爱消失后还能够一直保持住爱情或亲情的人，都与他们的理性有关。与一个女性开始有性爱关系，在性爱关系消失后，因为感觉温馨和安全而产生了亲近感而一直不分离，这就是种亲情。而与一个女性有了性爱关系，在性爱关系消失后，因互相一直欣赏对方拥有的才华与美德相融合的人格，从而一直相爱，这就是爱情。在这种爱情中把前半截的性爱去掉，把后半截留下，就是柏拉图式的爱情。这种爱情中的迷狂来自互相之间的一种最高层次的肯定。人的精神愉悦主要是来自他人的肯定。而被一个自己最看得起的人肯定是最令人愉悦的。也正因为如此，在失恋时最令人郁闷，因为他被自己最看得起的人否定了。这也就是在亲情中缺少的东西。自己最亲近的感觉最可靠的人并不一定是自己最欣赏的人。在亲情中有安全感，但产生不了那种让人佩服得五体投地或被对方佩服得五体投地的感觉。人在性爱方面的差别不会太大，而精神气质上则可以是有天壤之别的。

这种互相欣赏而没有性爱的感情是不是就是种纯洁的友情而不是爱情呢？亚里士多德曾经将友谊分为三种：一种是出自利益或用处而考虑的友谊；一种是出自快乐的友谊；一种是最完善的友谊，即有相似美德的好人之间的友谊。其中的第三种友谊就类似于柏拉图式的爱情，当这种友情具有惟一性和能够为对方无偿付出而感觉由衷的喜悦，就变成了柏拉图式的爱情。在柏拉图式的爱情中，并不排斥同性之间的爱情，但是在这种同性的爱情中也是不能包括性爱的。他们之间不是为了性的愉悦而结合在一起的，只是互相欣赏而默默相守。其实在中国的传统文化中，这种感情就是种知音的感情。俞伯牙与钟子期之间的纯洁的友谊用西方的文本来理解就是典型的柏拉图式的爱情。目前中国社会中流行的红颜或蓝颜知己，如果其中没有存在任何的性爱成分，并能把对方看成是自己的另一半，这也可以说就是柏拉图式的爱情。

柏拉图式的爱情更是排斥婚外性爱的。从理论上看，这种安排能够把人从道德困境中解脱出来。即便婚外性爱可以以一种隐秘的方式存在着，即便一辈子不会被人发现，但是自己会因为犯了道德错误而产生精神上的痛苦。当然对于爱情至上的崇尚者来说，“死了都要爱，不淋漓尽致不痛快”，那就什么也挡不住了。婚外性爱也可能是一种柏拉图式的爱情的变种。当两人互相之间有了纯洁无瑕的爱情时，在感情失控的情况下会产生婚外性爱。理性之爱与性爱之间只隔着一层薄纸。任何一方稍微产生点意念就会把平行线变成相交线。从这个角度上看，柏拉图式的爱情在很多情况下是会因为走火入魔而变成了婚外性爱的。在爱情中的人的智商为负数，所以很容易冲破原来固守的道德观念。虽然这种状况是在理性不纯粹的情况下发生的，但是在现实中从开始就很理性的人毕竟还是少数。有着爱情在其中的婚外性爱，通常不是自觉追求的结果。事实上，也是无法求得的。有一天，偶然遇到一个人，突然就会很思念他。当思念积累到一定时候，就开始进入狂热阶段，同时伴随着强烈的内疚，从而有种痛不欲生的崩溃的感觉。然后会想让自己在这个世界上消失，想永远不再有对方的消息。而事实上又非常害怕失去对方，不知道失去对方的日子将如何继续。此时，有的人便离婚了，在获得二婚的喜悦的同时，承受着一种深深的内疚。有的人便离开了，虽然逃脱了内疚的折磨，却承受着思念的孤寂。有的人则被理性拯救了，他成功地把爱情转化为一种愿意为对方付出一切的纯洁的感情，这就是柏拉图式的爱情了。

而柏拉图式的爱情带来的痛苦也是人难以承受的。性爱还有自然的间隙，而理性之火则是一直在燃烧，使人要么分分钟只想看着对方，要么分分钟只想与对方说话，全世界都消失了，时间和空间都消失了。在他们注意到的世界里，只是两个互相观望着的或交谈着的人，没有疲倦，没有饮食与睡觉的需求，没有工作的需求。他们都能体会到一种永恒，而这种永恒注定是无法维持的，因为人实在是无法不吃不睡地活很久，而且多数人还必须工作才能生存。最后只能承受无法分分钟都呆在一起的痛苦的煎熬。更为悲惨的是如果这种感觉只是在一个人身上发生，而另一个人是悠然自得的，那么对于那位单相思的人来说则很可能是痛不欲生的。他可能会产生一种无法得到回应的爱的狂热，最后可能在这种狂热中丧身。这也就是爱之深，痛之切的道理吧。只是这种爱对于对方是无伤害的，因为他为对方死也是愿意的。而狂热的产生主要在于自己在想象中把对方神化了，所以控制这种狂热的方法是把对方从神还原为人。在一个自己想象中的完美的人身上找到一点瑕疵，把它无限放大，并且把注意力只放在这个点上，就会使狂热的感觉顿时消失，人就能够回到正常状态。如果少年维特能够找到这种方法，他也许就不会那么痛苦了。总之，尽管柏拉图提出的理论的初衷是好的，但是由于很容易产生变种，从而导致社会的不稳定，因此柏拉图式的爱情是不应该提倡的。

参考文献

［古希腊］柏拉图:《柏拉图全集》，王晓朝译，北京，人民出版社，2002—2003。

［古希腊］柏拉图:《柏拉图对话集》，王太庆译，北京，商务印书馆，2004。

［古希腊］柏拉图:《柏拉图的〈会饮〉》，刘小枫等译，北京，华夏出版社，2003。

［古希腊］柏拉图:《柏拉图〈对话〉七篇》，戴子钦译，沈阳，辽宁教育出版社，1998。

［英］泰勒:《柏拉图：生平及其著作》，谢随知等译，济南，山东人民出版社，1991。

［美］约翰·E·彼得曼:《柏拉图》，胡自信译，北京，中华书局，2002。

Mary Margaret McCabe, *Plato and his predecessors: the dramatisation of reason*, New York: Cambridge University Press 2000.

Angela Hobbs, *Plato and the hero: courage, manliness, and the impersonal good*, New York: Cambridge University Press 2000.

Thomas C. Brickhouse and Nicholas D. Smith, *Routledge philosophy guidebook to Plato and the trial of Socrates*, New York: Routledge, 2004.

Nicholas D. Smith, ed., *Plato: critical assessments*, New York: Routledge, 1998.

Adam Fox, *Plato for pleasure*, London: Westhouse, 1945.

John H. Muirhead, *The Platonic tradition in Anglo-Saxon philosophy: studies in the history of idealism in England and America*, New York: The Macmillan Co., 1931.

George Santayana, *Platonism and the spiritual life*, New York: Charles Scribner's Sons, 1927.

R. C. Lodge, *Plato's theory of ethics: the moral criterion and the highest good*, London: Kegan Paul, Trench, Trubner & Co., Ltd., 1928.

现代性的历史生成与中国特色现代性

赵甲明

自1840年鸦片战争，西方列强叩开国门，中国始遇现代性。从此，外患与内忧相交织，启蒙与救亡相纠缠，灾难深重的中华民族在朝向现代的道路上艰难地抗争和探索。现代性问题成了中国的一个大问题。

近代中国是被动地被西方资本主义裹挟进世界历史的，而当代中国开始改革开放和社会主义现代化的历史实践以来，已不是被动地被裹挟进世界历史，不是单向地遭遇现代性问题；而是积极主动地进入世界历史，积极主动地参与创造世界历史，积极主动地解决现代性问题，从而形成了波澜壮阔的面对与应对、挑战与应战的社会主义现代化运动的历史实践。而中国特色现代性和现代人也正在社会主义现代化运动的伟大历史实践中生成着。

而要理解和把握中国特色现代性和现代人的生成路径，首先，需要搞清楚以下几个问题：（1）该怎样理解现代性及其形成？（2）怎样理解现代性的存在形式和基本特征？（3）当代现代性的全面危机及其各种解决方案的局限性？（4）当代中国该怎样面对现代性及其构建中国特色现代性的复杂性和艰难性？

该怎样理解现代性？现代性作为现代社会发展过程的基本特征和基本精神，它表现和渗透在社会生活和人的活动的各个方面，因此是涉及经济、政治、文化、社会、精神、心理等方方面面的总体性概念。从西方现代性的形成和演变来看，它既是指启蒙运动以来形成的以自由、理性、民主、平等、科学、主体性为表征的价值取向、时代精神；也是指以市场经济、民主政治、法治社会、科学管理等社会组织方式和制度安排为基本构成要素的社会发展模式、它既是现代人的生活态度和精神气质，又是现代人的行为方式。而从精神和价值观念层面上看，现代性的核心要素则是理性、自由精神和对自由、平等的追求。

那作为现代性的核心要素的理性、自由精神和对自由、平等的追求，又是如何形成的呢？马克思以前的现代性思想家看不到现代性的历史生成，看不到理性精神的现实实践基础，看不到现实经济、社会生活的矛盾性对理性、自由、平等的发展的决定作用，而把理性看作是人的先验本质，把自由、平等看作是人的天赋权利；他们把理性和自由抽象化、神圣化、绝对化，以理性为世界立法，试图建立理性的千年王国，即建立所谓自由、平等、博爱的永恒正义的资产阶级理性国家，遮蔽了理性和自由产生的现实实践基础，遮蔽了资本主义社会存在的利益矛盾和冲突，把资本主义制度理想化、永恒化。黑格尔在反思启蒙现代性的过程中，“首先提出了现代性的自我批判和自我确证的问题”①，形成了对现代性进行辩证解释话语，把现代性理解为充满矛盾和内在张力的历史演变过程。在他看来，现代性本质上是自我分裂（diremptions），市民社会是受物质欲望驱使的“需要体系”，存在着特殊利益之间、特殊利益和普遍利益之间

① ［德］哈贝马斯：《现代性哲学话语》，59页，南京，译林出版社，2004。

的矛盾和冲突。但他同时又强调，政治国家是“绝对自在自为的理性东西”[①]。是扬弃了特殊利益矛盾的普遍利益的代表，是人人自由平等的伦理观念的最终实现。因此，黑格尔最终还是没有跳出启蒙理性为资本主义制度作永恒合理性辩护的泥沼。

由于现代性是西方文明长期发展的产物，西方不少著名学者还从观念、心理和传统文化等精神层面来理解现代性及其产生的根源。韦伯从希伯来文化传统中寻找现代性诞生的根源，他强调在基督教内部一直存在着“使世界理性化”的思想力量，而加尔文教派的新教伦理则是其最突出的表现:“宗教发展中的这种伟大历史过程把魔力（magic）从世界中排除出去，在这里达到了它的逻辑结局；这个过程从古希伯来预言家开始，而后与希腊人的科学思想相融合，把所有以魔法的手段来追求拯救的做法，都当作迷信和罪恶加以摒弃。”[②]这种由希伯来精神与古希腊精神的相融合而产生的新教伦理，开启了理性主义的“祛魅”运动，推动着资本主义精神的形成。因此，“资本主义精神的发展完全可以理解为理性主义整体发展的一部分，而且可以从理性主义对于生活基本问题的根本立场中演绎出来。”[③]

而海德格尔则把现代性归源于古希腊理性主义传统，认为古希腊主客二元对立的理性主义，从源的意义上推动了“对于现代之本质具有决定意义的两大进程——亦即世界成为图像和人成为主体的相互交叉，同时也照亮了初看起来近乎荒谬的现代历史的基本进程”。[④]

源于古希腊和希伯来的理性传统，确实是西方现代性形成的重要文化资源。在西方，是在理性精神导引下开始了“使世界理性

① ［德］黑格尔:《法哲学原理》，253页，北京，商务印书馆，1961。

② ［德］马克思·韦伯:《新教伦理与资本主义精神》，89、79页，于晓、陈维纲译，北京，三联书店，1997。

③ 同上书，55—56页。

④ 《海德格尔选集》下卷，902页，孙国选编，上海，上海三联书店，1996。

化”——对自然界的理性化产生了现代科学技术，对物质生产的理性化产生了现代生产体系和管理体系，对经济、政治和社会关系活动的理性化则产生了现代市场规则、法治社会、科层制和官僚体系。然而，古希腊和希伯来理性传统并非西方现代性的最终根源。西方理性精神数千年前就已存在，而现代性直至“现代社会”才发生。西方理性传统资源，只提供了西方现代性建构的精神工具，而近现代社会物质生活实践的客观需要才是西方现代性产生和演变的最终根源。因此，虽然以前的经济学家都谈论一般社会，马克思却把“现代（modem）”社会作为自己的研究对象，在他看来，现代性说到底是在现代生产基础上的资本运动的产物。因为，资本逻辑就是自由地追求最大限度的利润，资本的运动和发展必然要求摆脱封建专制、等级制度和宗教统治，而以自由、平等、博爱的启蒙理性为武器冲破思想禁锢和发展的政治障碍就成为历史必然。随着思想、政治的障碍被扫除，确定适应资本发展的市场原则，即实现市场交换的自由、平等便势在必行。而市场经济上自由、平等的实现，又要求政治上、法律上的自由、平等，即与市场交换的自由、平等相适应的新的政治关系和社会关系。而“作为在法律的、政治的、社会的关系发展了的东西，平等和自由不过是另一次方的这种基础而已”。[①] 随着资本生产发展所带来的经济、政治、法律和社会变革，又进一步影响到人们思想意识和精神生活的变化，影响到现代人气质和人格的生成。

马克思彻底超越了启蒙以来思想家用抽象理性解释现代社会的误区，实现了现代性由抽象理性向现实生活实践的转变。马克思是对现代性彻底历史化把握的思想家，他不仅透彻分析了现代性是怎样在现代生产基础上的资本运动中形成的，使现代性理论获得了深厚的历史基础；而且深刻把握住了随着资本主义生产方式内在矛盾

① 《马克思恩格斯全集》第46卷（上），197页，北京，人民出版社，1979。

的展开，现代性矛盾和危机不断产生和演变的路径，揭示出了现代性的矛盾性和历史性特征。

马克思对现代性的存在形式和基本特征的分析，始终贯串着深邃的历史辩证法。首先，马克思揭示了现代性本身就是一种矛盾的存在。马克思深刻透视了自由、平等、博爱的启蒙理性所内含的不可克服的矛盾：一方面它具有适应资本主义商品生产和交换的发展需要，冲破宗教统治、封建专制和等级制度的牢笼的历史功绩；另一方面自由、平等这种市场交换领域的形式上的人人自由、平等，却掩盖着市场交换前提和结果的不平等，即掩盖着人们在财产占有和利益分配上的不自由、不平等和矛盾冲突。也正是由于存在着实质上的不自由和不平等，也才更需要建立形式上自由、平等的资本主义民主政治和法律制度。而作为现代性发展演变基础的资本主义生产方式的深层矛盾，则是“生产条件自身具有与劳动对立的异化形式，表现为他人的所有权而与劳动相对立，并作为这样的所有权对劳动进行统治”。[①] 因此，异化劳动既是资本主义社会赖以存在的基础，又是它不能根本克服的内在矛盾。

马克思还从总体上透视和描述了现代社会和现代性存在本身的矛盾性：现代社会“一方面产生了以往人类历史上任何一个时代都不能想象的‘工业和科学的力量’，而另一方面却显露出‘衰颓的征象’，这种衰颓远远超出罗马帝国末期那一切载诸史册的可怕情景”；“在我们这个时代，每一种事物都包含着自己的反面。……机器具有使人类劳动更具成效的神奇的力量，然而却引起了饥饿和过度疲劳。新发现的财富和源泉，由于某种奇怪的、不可思议的魔力而变成了贫困的根源。技术的胜利，却是以首先的败坏为代价换来的。随着人类愈益控制自然，个人却似乎愈益成为别人的奴隶和自身的卑劣行为的奴隶。甚至科学的纯洁光辉仿佛也只能在愚昧无知的背景上

① 《马克思恩格斯全集》第26卷Ⅲ，546页，北京，人民出版社，1974。

闪耀。我们的一切发现和进步，似乎结果是使物质力量具有理智生命，而人的生命则化为愚钝的物质力量。”① 资本主义现代性自身的这种矛盾性，使马克思对其持既肯定又否定的历史辩证态度。马克思所肯定的是资本主义生产所创造的现代文明成果，所否定的是现代文明的制度形式和所付出的历史代价。

其次，马克思强调现代性是一种历史性存在。在马克思看来，既然现代性是资本主义现代社会形成和发展的产物，它就不是抽象的先定的存在，不是启蒙学者所幻想的神圣的绝对价值；而是具有一定历史形式的存在，是处于历史演变中的存在。现代性的历史演变阶段，粗线条地看，起码有文艺复兴和启蒙运动时期的现代性、资产阶级革命时期的现代性、资本主义大工业时期的现代性、资本主义后工业社会时期的现代性。马克思在《共产党宣言》中精辟分析了与资产阶级形成和发展相伴的资本主义现代性的历史演变：

第一，新的市民社会的产生是形成资本主义现代性的根本前提，而新市民社会只有在旧市民社会的解体中才能形成。旧市民社会的解体和新市民社会的诞生，是随着“从中世纪的农奴中产生了初期城市的城关市民，从这个市民等级中发展出最初的资产阶级分子”②开始的。这些即将成为未来资本主义社会主体的资产阶级分子的不可遏制的各种形式和手段的谋利、赚钱、扩张的活动，使“正在崩溃的封建社会内部的革命因素迅速发展”；“以前那种封建的或行会的工业经营方式已经不能满足随着新市场的出现而增加的需求了。工场手工业代替了这种经营方式。行会师傅被工业的中间等级排挤掉了；各种行业组织之间的分工随着各个作坊内部的分工的出现而消失了”③；从而使“‘旧市民社会直接具有政治性质’的因素解体，

① 《马克思恩格斯选集》第2卷，78、78、79页，北京，人民出版社，1972。

② 《马克思恩格斯选集》第1卷，273页，北京，人民出版社，1995。

③ 同上书，273页。

即市民生活的因素，如财产、家庭和劳动方式，已经以领主权，等级和同业公会的形式上升为国家生活的因素"① 解体。市民社会脱离封建社会的政治母体成为独立的领域，国家成为相对独立于市民社会的政治上层建筑；"国家的唯心主义的完成，也就是市民社会的唯物主义的完成"②。这标志着旧市民社会的封建性被新市民社会的现代性所取代。

第二，资产阶级市民社会是个人独立性形成、个人权利和私人利益支配的世界。这是资产阶级市民社会不同于旧市民社会的重要特征，是资本主义现代性不同于封建宗法性的重要特征。因为"资产阶级在它已经取得了统治的地方把一切封建的、宗法的和田园诗般的关系都破坏了。它无情地斩断了把人束缚于天然尊长的形形色色的封建羁绊，它使人和人之间除了赤裸裸的利害关系，除了冷酷无情的'现金交易'，就再没有别的联系了。它把宗教虔诚、骑士热忱、小市民伤感这些情感的神圣发作，淹没在利己主义打算的冰水之中。它把人的尊严变成了交换价值，用一种没有良心的贸易自由代替了无数特许的和自力挣得的自由"。③ 而且，资产阶级市民社会个人独立自主外观和所谓自然不可剥夺的人权，以及资产者对私利的疯狂追逐等，还被提升到哲学层次的现代性，形成个人主义的价值观，把个人理解为单个的原子，宣扬个人追求私有财产的自由权利的绝对优先性。与之相匹配的"是自由竞争以及与自由竞争相适应的社会制度和政治制度，资产阶级的经济统治和政治统治"。④

第三，"资产阶级在历史上曾经起过非常革命的作用"，它使人的主体性和科学技术力量得到前所未有的高扬，真正建构起作为现代性重要内核的人的主体性和科技理性。"它第一个证明了，人的活

① 《马克思恩格斯全集》第1卷，441页，北京，人民出版社，1965。

② 同上书，442页。

③ 《马克思恩格斯选集》第1卷，274—275页，北京，人民出版社，1995。

④ 同上书，277页。

动能够取得什么样的成就。它创造了完全不同于埃及金字塔、罗马水道和哥特式教堂的奇迹；它完成了不同于民族大迁徙和十字军征讨的远征。”“资产阶级在它的不到一百年的阶级统治中所创造的生产力，比过去一切世代创造的全部生产力还要多，还要大。自然力的征服，机器的采用，化学在工业和农业中的应用，轮船的行驶，铁路的通行，电报的使用，整个整个大陆的开垦，河川的通航，仿佛用法术从地下呼唤出来的大量人口——过去哪个世纪料想到在社会劳动里藏有这样的生产力呢?”[①]

在人类文明发展的历史上，随着资产阶级登上历史舞台，才开始真正构建起人的主体性和科技理性，使主体性和科技理性成为现代性的重要内核，这是资产阶级重要的历史功绩。然而，由于资本主义生产方式的生产目的是财富、利润和交换价值，而不是人和人的发展；资产者在剩余价值的疯狂追逐中，在对自然的掠夺性开发中，使人的主体性无限膨胀，人与自然的矛盾和冲突加剧，自然生态失衡，环境不断恶化，人类生存的根基遭到破坏。在这个过程中，人的科技理性也就不可避免地异化为工具理性，成为资本获取剩余价值的手段，成为资产者向自然界疯狂掠夺的工具。

第四，资产阶级开拓了世界市场，使现代性具有了世界性和人类性的因素。资产阶级是天生的国际派，“不断扩大产品销路的需要，驱使资产阶级奔走于全球各地。它必须到处落户，到处建立联系”。[②]“资产阶级，由于开拓了世界市场，一切国家的生产和消费都成为世界性的了……过去那种地方的和民族的自给自足和闭关自守状态，被各民族的各方面的互相往来和各方面的互相依赖所代替了。物质的生产是如此，精神的生产也是如此。各民族的精神产品成了公共的财产。民族的片面和局限性日益成为不可能，于是由许

---

① 《马克思恩格斯选集》第1卷，275、277页，北京，人民出版社，1995。

② 同上书，276页。

多种民族的和地方的文学形成了一种世界的文学。”① 这时，马克思已经把现代社会与世界性、人类性联系在一起。由于世界历史的形成，不仅一切国家的物质生产和消费都成为世界性的了，而且各民族的精神生产和消费也成为世界性的了，各民族的精神产品成了公共的财产。这表明，资产阶级开拓世界市场、世界历史后，现代社会和现代性的发展到了一个新的历史阶段，具有了新的时代内涵，即现代性不仅具有了世界性，而且生长出人类性的因素，特别是由于“各民族的精神产品成了公共的财产”而形成的各民族精神产品的人类性。这正如柏曼所说的，现代性造成了人类的统一：“现代环境贯穿了所有的地理疆界、所有的民族、所有的阶级与民族，贯穿了所有的宗教与意识形态：就此而言，现代可以说造成了人类的统一。”②

第五，随着资产阶级所开创的世界市场和世界历史的发展，也形成了资本主义的世界文明模式。这是资本主义现代性演变的一个新的质点。马克思深刻地分析到：“资产阶级，由于一切生产工具的迅速改进，由于交通的极其便利，把一切民族甚至最野蛮的民族都卷到文明中来了。它的商品的低廉的价格，是它用来摧毁一切万里长城、征服野蛮人最顽强的仇外心理的重炮。它迫使一切民族——如果它们不想灭亡的话——采用资产阶级的生产方式；它迫使它们在自己那里推行所谓的文明，即变成资产者。一句话，它按照自己的面貌为自己创造出一个世界。”③ 也就是说，资产阶级按照自己的面貌为自己创造出一个资本主义世界文明模式。这个资本主义世界文明模式的本质表现是“四个从属”：“正像它使农村从属于城市一样，它使未开化和半开化的国家从属于文明的国家，使农民的民族

① 《马克思恩格斯选集》第1卷，276页，北京，人民出版社，1995。
② ［英］汤林森：《文化帝国主义》，276—277页，上海，上海人民出版社，1999。
③ 同上书，276页。

从属于资产阶级的民族，使东方从属于西方。”① 而资本主义世界文明模式的本质和核心，则是资本和资本主义生产方式向世界的扩张以及资产阶级对世界的侵略、干涉、渗透和征服。资本主义世界文明模式的扩张，既是通过资本主义生产方式内在矛盾的世界化和资本主义现代性内在矛盾的世界化来实现的，又是将资本主义生产方式内在矛盾的危机和资本主义现代性内在矛盾的危机转嫁广大发展中国家的过程。正因为此，在世界历史上，资本主义世界文明模式的发展和扩张，一方面推动了世界生产力的发展，为世界上落后民族和国家的社会制度变革提供了客观物质前提；另一方面也给“农村”、“未开化半开化的国家”、“农民的民族”、“东方”造成了数不清的灾难、流血、贫穷和呻吟。直到第二次世界大战后，在世界范围，特别是在亚、非、拉殖民地、半殖民地国家兴起的民族民主解放运动，才遏制了资本主义世界文明模式扩张的势头。但资本和资本主义生产方式向整个世界扩张的本性并没有变，所谓“历史终结论”还在呼唤着资本主义世界文明模式的一统天下，所谓“美国式自由民主人权代表着人类的未来论”正在伊拉克制造着“血祭民主”的灾难。因此，在日益全球化的今天，既要坚定不移地实行开放战略，主动进入世界历史，积极参与全球化的经济活动和文化、政治交往，又要警惕和防范资本主义世界文明模式以各种新的形式和手段向世界广大发展中国家的渗透和扩张。

第六，资本主义现代社会和现代性不同于传统社会的根本点是“不断变革”。马克思和恩格斯在《共产党宣言》中是这样分析描述的：“资产阶级除非对生产工具，从而对生产关系，从而对全部社会关系不断地进行革命，否则就不能生存下去。反之，原封不动地保持旧的生产方式，却是过去的一切工业阶级生存的首要条件。生产的不断变革，一切社会状况不停的动荡，永远的不安定和变动，这

① ［英］汤林森：《文化帝国主义》，277 页，上海，上海人民出版社，1999。

就是资产阶级时代不同于过去一切时代的地方。”[①] 马克思和恩格斯不仅揭示出了资本主义现代社会和现代性演变的动力，而且揭示出了现代社会和现代性自身内在的活力、内在的革命因素：“不断地进行革命”、“不断变革”、“不停的动荡”、“永远的不安定和变动”。这种现代社会和现代性内在的活力和革命因素，是现代社会和现代性自身的否定力量。在它面前，“一切固定的僵化的关系以及与之相适应的素被尊崇的观念和见解都被消除了，一切新形成的关系等不到固定下来就陈旧了。一切等级的和固定的东西都烟消云散了，一切神圣的东西都被亵渎了。人们终于不得不用冷静的眼光来看他们的生活地位，他们的相互关系。”[②] 这种现代社会和现代性自身的否定力量已把启蒙现代性的理念和思维方式解构掉了。启蒙现代性奉行先验的本质主义和先验的理性主义。它预设一种思维必须与之相符合的本质、一种终极的本源，而认识的目的和功能只是对其加以表象和再现；在社会现实上，则把它设定的自由、平等、博爱的永恒理性王国奉为绝对价值和普遍真理，并要求充满矛盾和冲突的资本主义社会现实与之相符合。结果是启蒙现代性的自由、平等、博爱的绝对价值和普遍真理在残酷社会现实面前的必然流产。耐人寻味的是现代社会和现代性自身的否定力量所解构掉的先验本质主义和先验理性主义，也正是后现代思想家所竭力批判和解构的。可以说，所谓后现代性就内含在现代性矛盾的展开和演变之中，当代的后现代性只不过是现代性矛盾的演变和发展达到了一个新的阶段和质点。

马克思和恩格斯对现代性的矛盾性和历史性的分析透视，深刻揭示了现代性为什么始终处于历史演变之中，并在历史演变之中不断获得新的历史形式，产生新的矛盾和问题。而当代现代性已经演

① 《马克思恩格斯选集》第1卷，275页，北京，人民出版社，1995。

② 同上书，275页。

变到一个“槛”，表现为：（1）现代性价值的多维性凸现，与世界上不同的国家、民族、利益集团形成了不同的价值关系，给它们带来了不同的经济、政治、文化利益和影响；（2）主体性与客观性之间以及主体性之间的矛盾，形式合理性与实质合理性的矛盾，个体理性与公共理性的矛盾，科技理性与人文精神的矛盾愈演愈烈，并使人与物、人与自然、人与人、人与社会、人与自身的矛盾日趋紧张；（3）当代西方一些思想家，特别是后现代思想家已经对现代性大举批判、兴师问罪、竭力对现代性进行解构。

随着现代性矛盾的愈演愈烈，当代西方社会面临日益严重的危机，为了摆脱困境，一些西方思想家重新反思和批判现代性，提出了各种拯救现代性的方案。哈贝马斯为了克服晚期资本主义社会的合法性危机，拯救现代性事业，提出了用主体间的语言交往理性取代以主体为中心的理性，即以交往理性作为现代性重构的理论基础。吉登斯则把“自反性”作为克服现代性危机的药方，用所谓“自反的现代性”和“自反的现代化”超越“早期的现代性”和“简单的现代化”。罗尔斯为了克服传统的个人理性的局限，为了在人们的多元价值取向下达成“重叠共识”，提出用“公共理性”作为摆脱现代性困境的出路。后现代主义思想家为了消解掉传统理性主义的弊端，提出了“重构理性”、“重写现代性”的方案。这些思想家的共同特点，都是局限在精神文化层面对现代性进行反思和批判，还都是围绕着理性和合理性问题打转转；他们的拯救现代性方案，都是试图从理性和文化观念上的重建、重写、重整、重构或解构来寻求挽救现代社会和现代性危机的出路，而在经济、政治、文化问题丛生、各种利益矛盾和冲突交织的现实社会中都显得苍白无力。正如马克思所揭示的，现代性危机的根源并不在现代性自身，作为现代性核心要素的理性的矛盾，虽然对社会生活产生重大影响，但文化观念从来不是自足的，理性的矛盾归根结底还是现实社会生活的映照，是社会制度和社会关系矛盾的反映。在当代，正是随着市场经济的全球化，资本主义生产方式的内在矛盾、资本逻辑、市场逻辑已向整个世界扩展；资本逻辑和市场经济活动的利益原则向政治、文化、社会领域和生活世界全面渗透，国际矛盾复杂化、贫富分化加剧、不公平现象愈加突出、民主政治形式化愈加明显、人们生存的无意义感愈加难以忍受。

当代中国正是在这样的大背景下应对现代性问题，来建构现代性的。或许有的同志会有这样的疑问：既然西方现代性已经发生全面危机，我们为什么还要提建构中国特色的现代性呢？其实，正如马克思对现代性的历史化分析所揭示的，西方现代性并不是现代性的终结，它只是现代性演变的一个特定历史形式，它必然会随着资本主义经济、政治制度的根本变革，而演变到一个新的更高的阶段，获得新的历史形式。而且在现代性演变的每个历史形式中都蕴涵着人类文明发展的肯定成果，具有代表人类社会发展进步的一般价值和普遍意义的因素，如自由、理性、主体性、民主、科学、人权、平等、法治等现代性的基本要素。当然，现代性的这些基本要素在现代性演变的不同历史阶段和不同历史形式中都有其具体的历史内涵。因此，现代性演变到今天，尽管问题丛生、矛盾交织、危机四伏，它所具有的代表人类社会发展进步的一般价值和普遍意义的因素，仍然是当今人类社会发展的路标，仍然是当今人类社会的重要规范和前进的动力。正如哈贝马斯所提出的：现代性是“一个未完成的方案”，而它之所以是“一个未完成的方案”，根本原因在于资本主义社会结构无法完全释放现代性的理性潜能。他并由此引出了改变社会结构的必要性。哈贝马斯已经接近对现代性历史化的理解和把握。

因此，只要一个民族和国家被卷入全球化和现代化的世界历史进程，现代性问题就不是一个抽象的问题，不是一个可以随意取舍的问题。而是一个现代社会历史的生成和发展的问题，是一个从民族历史转变为世界历史的问题。法国诗人韩波曾以诗人的感悟呼吁这种对待现代性的立场和态度：“必须绝对的现代!”“绝对的现代”，韩波是说，世界上任何男女个人、任何民族、国家和社会，都不能不进入现代。于是现代性问题便成为现代社会任何民族、国家和社会都不能不面对、不能不解决的问题。

这样看来，正处于向现代社会转变和现代化进程中的当代中国，要应对现代性，要解决现代性问题，就成为历史的必然。而当代中国该怎样解决现代性问题，该怎样建构和生成中国特色现代性，就成为更加复杂和艰难的问题。

第一，在当代中国解决现代性问题，既要克服西方现代性的弊端，又要吸取西方现代性中体现人类文明发展进步的因素和肯定成果，找到立足中国，扬弃西方现代性的路径。要克服西方现代性的病症，就不能在中国大地重演西方现代性的历史，不能照抄照搬西方现代化模式和西方现代性理念；只能走中国特色现代化道路，建构中国特色现代性。而要建构中国特色现代性，必须着眼于中国的特殊国情、中国的制度形态、中国的传统文化，必须有清醒的中国现代性问题意识。明确只有中国社会主义现代化建设和构建社会主义和谐社会的实践才是中国特色现代性生成的基础和源泉；只有中国社会主义现代化建设和构建社会主义和谐社会的实践及其人的发展的客观需求，才是建构中国特色现代性的标准和尺度。同时又要有宽广的跨文化的世界视野，对西方现代性有分析、有选择，有批判、有扬弃，有借鉴、有超越。西方现代性并不是抽象的一般现代性，并不是普遍的现代性模式，而仍然是一种具体的历史的特殊的现代性模式。只是由于它发展得成熟和历史久远，而蕴涵着更多的普遍因素，即具有更多的代表着人类文明发展进步的一般价值和普遍意义的因素。问题的关键是要把西方现代性中体现人类文明发展进步的普遍价值和意义的因素，如自由、理性、主体性、民主、科学、人权、平等、法治等现代性的基本因素特殊化、民族化、中国化，赋予它们以中国特色的具体的历史的内涵。

第二，在当代中国解决现代性问题，建构中国特色现代性的复杂性、艰难性，还表现在，当中国还没有完成从传统社会向现代社会的转变之时，后现代性又粉墨登场，致使现实中国大地弥漫着传统社会、现代社会、后现代社会的混合气息。在时间的历史链条上，传统性、现代性、后现代性的历史生成在西方发达国家是相对有序的存在，而在当代中国却是交错、交织、无序的共在。怎样正确处理传统性、现代性、后现代性的关系就成为建构中国特色现代性必须要回答和解决的问题。当然在西方国家也存在着怎样回答和处理传统性、现代性、后现代性的关系问题，只是没有像在当代中国这样突出和迫切。要正确回答和处理传统性、现代性、后现代性之间的关系，需要摒弃传统与现代、现代与后现代的二元对立思维。因为“现代性”在历史链条中，它并不具有完全、绝对的独立性，它必须在与过去传统社会和未来社会的相互关联和映照中才能呈现它的真实的完整的意义。历史演变的长河中，“现代”并不是对“传统”的决绝断裂，现代社会的发展更注重、更需要从传统智慧中寻找到新的生机，而传统文化资源也会在解决现代社会问题的视角下不断被发掘出新的生命和价值。至于现代性与后现代性的关系。由于中国正处于从传统向现代的转型，现代性是尚未完成的目标，现代性的许多规范，我们还未建立或完善，而规范是需要理性和科学来建立和完善的。无论是社会主义市场经济的发展、法治社会的建立，还是国家行政体制和社会公共管理的规范化和理性化、科学技术的发明和利用，都呼唤着理性精神和科学精神。尽管如此，我们也不能无视反理性的后现代性在中国的存在，不能简单地指认后现代性对中国是个伪问题。因为，后现代主义虽然是舶来品，但它对现代性的批判却为我们提供了反思现代性的多重视角，它在警醒我们要关注中国现代化进程中的一系列重大问题，如我们建构中国特色现代性，究竟需要什么样的理性，究竟需要什么样的主体性，究竟需要什么样的市场，究竟应当怎样发展和利用科学技术，究竟应当怎样处理制度与人的关系等等。而且随着中国的飞速发展，中国人已经实实在在地感触到有后现代社会气息的世界：时空压缩的信息世界，物欲膨胀、追求官能享受和时尚的消费世界，光怪陆离、花样翻新的影像世界，已成为个体性、个体自由天堂的网络虚拟世界等等。后现代性问题已经在向中国人逼近，已经在走进中国人的生活。尤其是中国的飞速发展已付出巨大的代价，既有生态环境和资源方面的，也有社会公正、社会风气和道德方面的，还有人们的精神和心理世界方面的。这些都在拷问我们，中国应建构什么样的现代性？应怎样建构现代性？因此，参照后现代思想家对现代性的批判维度，无疑会有利于避免重蹈西方现代性的覆辙，有利于中国特色现代性的生成。

总之，在当代中国，既不能用传统性与现代性的二元对立思维，也不能用现代性与后现代性的二元对立思维来解决中国现代性问题。如何科学地把握传统性、现代性、后现代性三者之间的关系，我们可以借鉴加拿大学者大卫·莱昂的一句话："认可后现代、重估现代、回收利用前现代。"[①] 莱昂是针对西方发达国家讲的，若针对当代中国，可以改成："参照借鉴后现代，反思建构现代，回收利用前现代。"

第三，在当代中国解决现代性问题，建构中国特色现代性的复杂性、艰难性，尤其表现在，虽然中国已经跨越了资本主义根本制度的"卡夫丁峡谷"，建立了社会主义制度，但西方现代性的一些突出问题在中国却亦然出现。

按照马克思的分析，西方现代性矛盾和分裂的根源是资本主义生产方式的内在矛盾和资本逻辑；西方现代性的危机，实质上是资本主义制度和社会关系的危机，而且资本主义生产方式内在矛盾的深化和扩展，不仅是西方现代性全面危机的根源，同时也是资本进

---

① ［加］大卫·莱昂：《后现代性》，134 页，郭为桂译，长春，吉林人民出版社，2004。

一步增殖的障碍。尽管它能够在一定发展阶段内通过调整资本和劳动的关系，特别是通过把资本主义生产方式的矛盾世界化，来缓和资本主义生产方式的内在矛盾，但却有一个它无论怎样调整都不能超越的极限——“消灭私有制”。因此，资本主义生产方式内在矛盾的根本解决，只能通过社会变革的实践消灭资本主义私有制，这同时也就是西方现代性危机的根本克服和现代性凤凰涅槃，获得新生的起点。既然如此，那为什么在我国已经跨越了资本主义根本制度的“卡夫丁峡谷”，建立了社会主义制度的条件下，西方现代性的一些病症在现阶段的中国社会又发生了呢？这只有在我国社会主义初级阶段的历史定位中才能找到答案。而要科学确定我国社会主义初级阶段的历史定位，就需要追溯我国社会主义制度的诞生史。

中国等国家现实实践着的社会主义，并非是马克思在《哥达纲领批判》中设想的从资本主义社会“脱胎出来的”、建立在资本主义肯定成果基础之上的共产主义社会第一阶段——社会主义社会。这个未来社会主义是建立在资本主义生产关系所容纳不下的社会生产力水平上，即：“在资本主义生产方式内部所造成的、它自己不再能驾驭的、大量的生产力，正在等待着为了有计划地合作而组织起来的社会去占有，并且在越来越大的程度上保证全体社会成员享有生存和自由发展其才能的资料。”① 也就是说，这个未来社会主义是在资本主义社会生产力高度发达的顶点诞生的。她已经具有了社会生产的商品化、社会化和现代化的物质前提，是建立在“资本主义的一切肯定成果”基础上的并在生产力水平上高于资本主义的社会主义；而俄国、中国等落后国家跨越资本主义根本制度的“卡夫丁峡谷”所建立的社会主义，并不是由于社会生产力的性质发生了根本上的转变；而是 20 世纪初到 20 世纪中叶资本主义世界历史时代，出现了发生局部性质变的社会历史条件，使资本主义世界体系能够

① 《马克思恩格斯选集》第 3 卷，493 页，北京，人民出版社，1995。

从其最薄弱、矛盾最尖锐的环节上开始解体。处在资本主义世界体系的薄弱环节和矛盾焦点上的俄国、中国等落后国家正是利用了“历史所能提供给一个民族的最好机会”，跨越了资本主义“卡夫丁峡谷”。所以，只要客观地历史地辩证地看待现实社会主义的诞生史，就要看到她并不是建立在资本主义生产力高度发达的基础上的，而是建立在只有一定程度资本主义因素的农业社会基础上；她并不具有社会生产的商品化、社会化和现代化的物质前提，而是要必须取得这个物质前提。因此，我国社会主义在现阶段的生产力水平还处在与资本主义相比尚未达到发达阶段的生产力水平相对应的阶段。这就从根本上决定了现实社会主义不可能不经过商品经济的充分发展，而从自然经济直接进入产品经济；决定了商品经济是现实社会主义经济的内在属性，现实社会主义经济还处于商品经济发展阶段；也就决定了现实社会主义即社会主义初级阶段与资本主义一起同处于人类社会发展三大形态的第二大形态上——商品经济形态上。这正是社会主义初级阶段必然要求以商品经济作为社会生产的基本经济形式，以市场经济体制作为社会资源配置的基础方式，即必然建立社会主义市场经济体制的世界历史根据。

既然我国社会还处于人类社会发展三大形态的第二大形态上——商品经济形态上，就使商品和货币、市场交换和市场法则、以物的依赖性为基础的人的独立性和社会关系物化等因素，通过各种形式和渠道对中国现代性的生成发生作用，对中国人的生存和发展产生影响。因此，可以说，市场经济是使西方现代性的一些突出问题在当代中国亦然出现的根本原因。

所以，我们既要肯定市场经济在社会主义初级阶段存在的历史合理性，又要研究它对当代中国的社会发展和人的生存的负面作用，并努力在实践中探索减少其负面作用的途径和做法。这也正是我们构建中国特色现代性在市场经济维度上应有的历史辩证法态度。

市场经济是迄今为止最有效率的经济体制，它为人的主体性和能力的形成，为个性自由和个体独立性的张扬，提供了条件和空间，同时也呼唤着人的平等、民主观念，特别是市场经济为最终形成现代人的普遍的社会联系、全面的关系、多方面的需求以及全面的能力体系提供了可能和前提条件；但是由于现代社会和市场经济所塑造的人是“以物的依赖性为基础的人的独立性”的人，即现代人的独立性是以物的依赖性为基础的，致使普遍的社会联系、全面的关系、多方面需求以及全面的能力体系的形成，只能在现实、具体的矛盾中历史地曲折地形成和实现。这就造成现代人的现实需求体系还不是多方面的需求体系，而主要是追求物质享受、官能满足、时尚消费的需求体系；现实的能力体系还不是全面的能力体系，而主要是服务于市场交换价值的实用化的能力体系；现实的人的社会联系体系还不是全面的关系、普遍的社会联系体系，而是趋于功利化、工具化的社会联系体系。这也就造成在现代人的生存方式、交往方式、消费方式中人的生命价值和生存意义可能被消解的问题。而不论在理论上还是在现实实践上，中国特色现代性建构和现代人的培育，都必须正视和解决这些问题。

圣经视角下的政教关系

翁开心

宪法上的教会与政府（state①）分离②原则（简称政教分离原则）是当代政治文明和政治正当性的一个重要徽指。在宗教是个麻烦的“问题”这种观点的影响下，人们或许未曾想到或者淡忘了，

---

① 本文特意将通常所说的“Separation of Church and State”中的“State”翻译为政府而不是国家。潘霍华的《伦理学》里指出：国家包含统治者和被统治者，政府只指统治者；而且，在新约中，构成国家概念的 polis 是一个末世论概念，指上帝未来的圣城，新耶路撒冷，上帝统治下的天上社会。“government”这个术语不必定指地上的“polis”，可以超越它，例如，即使在最小形式的共同体中，在父亲与孩子或者主人和仆人的关系中，它也适用。因此，“government”这个术语意味着社会的任何特定形式或者国家的任何特定形式。政府是通过神圣权利进行世界治理的神授权威。政府是上帝在地上的代理人。只能从上头来理解。只有政府的概念而不是国家的概念能够有一个神学基础。见 Dietrich Bonhoeffer, *Ethics*, Simon & Schuster Inc., 1955, p. 327.

② 在谈及政教关系时，学界通常把“separation”、“separate”翻译成“分离”，事实上，“分别”应当是更合适的一个对应词汇，特别在结合圣经的语境时，下文许多地方都会涉及到这个词，笔者都觉得“分别”更能表达原意，但是，为了遵循习惯、避免歧义，所以，还是使用了“分离”，并在一些特别体现了“分别”比“分离”更恰当的地方，用括弧加标了“别”字。

它本身是圣经的古训而非现代政治哲学和美国的发明①。无论是从促成理论反思还是实现公共对话的角度考虑，由一度从政府、政治入手的研究路径，转向从教会一方的视角来探讨政教关系和政治正当性是一个必要的、不可忽略的研究路径；也是在制度和思想史层面，客观全面地认识政教分离原则的奠基所不可或缺的。因此，本文试图从圣经的内在视角出发，对政府与教会关系的原则与定位进行梳理和阐释，尽管对于这个问题，不同的神学派别、教会传统会存在一些具体差别，但是，政府与教会同在造物、保护与救赎之主的权柄之下，却分别承担不同职分，为一个坚实的共同点。这个径路带来的亮光和启示可以借用新教神学家卡尔·巴特（Karl Barth）的一段话来概括："教会自由这项权利（right of the Church to Liberty）意蕴着万有的根基、延续与复兴，当然也包括所有人类法律。在该项权利被认识的地方，在真正的教会恰当运用该项权利的地方，我们将会找到正当的人类权威和同样正当的人类独立。"②

一、问题的文本背景

在神学上，存在着对"教会"一词甄细的诠释。当我们谈及政教关系时，若是指政府和教会在日常社会生活中的具体问题，也许仅仅从教会是人们因着圣经信仰而在上帝里组成的团契意义上理解就可以了；然而，如果是在政府政治的正当性这个政治哲学、政治神学层面探讨政教关系，那么，还要面对圣经关于上帝的创造、人类犯罪堕落、基督的救赎、天国等等这些根本性的启示，在这些背景下，政教关系的归正、教会自由是政治正当性的起点。

① John Witte, Jr., *Fats and Fictions About the History of Separation of Church and State*, Journal of Church and State, Vo. 48, Winter 2006, No1., pp. 15—45.

② Karl Barth, *Church and State*, Greenville, South Carolina: smyth & helwys Publishing, Inc. 1991, pp. 83—84.

（一）凯撒与上帝："地上之城"与"上帝之城"

耶稣说，"凯撒的物当归给凯撒，神的物当归给神"，[①] 此为圣经对于世俗政府与教会关系原则的一个基本启示，政府与教会的背后是"地上之城"与"上帝之城"的分别。这个根本区分的背景是圣经关于上帝创造与人类犯罪堕落的启示。人类始祖因撒旦（Satan）——敌基督者[②]——的引诱，背离了创造他和宇宙万有的神而使罪进入人类历史，罪使人与神隔绝——即灵性上的死亡，也带来了堕落后不公义世界——"地上之城"，从而，必须通过政府强制力和法律来统治人类社会才可能维护一定的和平与秩序，与上帝用爱和福音统治的国度——"上帝之城"形成鲜明对比，罪造成了两个世界之间一堵隔断的墙（the wall of separation），这就是为什么耶稣说"我的国不属这世界"[③]。

在圣经的旧约里，上帝所拣选、敬拜他的以色列民与外邦人、圣城耶路撒冷与其外世界的分别，以及专门敬拜、侍奉上帝的圣殿和祭司制度等等方面，都预表着一种分离主义。[④] 生活在"地上之城"的人们因为认罪悔改、接受耶稣基督在十字架上成就的救恩，从而蒙恩得救、获得重生，成为"上帝之城"的子民，他们全体组成了作为基督身体的教会——属灵的、无形的教会。应当提及的是，在上帝藉着独生爱子——耶稣基督——道成肉身来到世界上、成就了救赎的道路的新约时代，使徒们建立了初期教会，即地方性、有形的教会之后，代理世俗统治权力的政府与在人类历史中体现着上帝国度的教会呈现

---

① 《新约·马太福音》22：21，《新约·马可福音》12：17，《新约·路加福音》20：25。

② 即堕落的天使，他们背叛上帝成为撒旦，并引诱人同样地犯罪堕落，使人类卧在他们的手下，并且，竭力拦阻人们接受基督的救恩、回到上帝的怀抱。

③ 《新约·约翰福音》18：36。

④ 见 Witte, *Fats and Fictions About the History of Separation of Church and State.*

出更具象的冲突和张力。然而，并不是出现有形的教会之后，才出现政教关系问题，因为凯撒与上帝、地城与天城的二元性在人类犯罪堕落以后就现实存在；而且，与上帝在人类堕落后一直努力找回失丧的人一样，地上的人们也一直在寻找回到天国的路、等候救主基督，也就是说，已经存在耶稣基督及他的身体——无形的教会。

（二）问题的时间性

根据圣经，当未来基督二次再来的时候，这个堕落后的世界将被废去，罪恶的势力（敌基督者）将被彻底打败，新天、新地、新耶路撒冷降临，信徒藉着基督联络而成的教会将像新妇一样被羔羊（基督）迎娶，从古到今因信基督而得救[①]的人们或者复活，或者直接被提，一同生活在上帝公义、圣洁与良善的永恒国度。在人类犯罪堕落后到基督二次再来之间，是人类的历史时期，也是上帝等候人们悔改归向他的时期，这个时期是从圣经的内在视角阐明政教关系原则时，文本所包含的该问题的时间背景。圣经表明，一方面，这段时期是超越时空维度的上帝以慈爱吸引、用永远的爱来寻找失丧的人，等候人们回转的时间；另一方面，这是一段人类背道、卧在撒旦手下的时期，罪恶和不公义蔓延盛行。因此，作为万有的主宰，上帝授权或者说保留地上的政府来统治人们，竭力维持和平与秩序。

二、政府之于教会

虽然，“地上之城”与“上帝之城”存在两元分立性，但是，地上的政治秩序并不是一个与上帝无关的行动领域。[②] 圣经启示，上

---

① 旧约时代的人是相信基督——弥赛亚——将会来到世上成就救恩。

② *The Churches Survey Their Task: The Report of the Oxford Conference on Church Community and State*, London: George Allen & Unwin Ltd, 1937, pp. 256ff.

帝是万有的主宰，一切的权柄都是从上头来的，应当说，地上的统治权柄是上帝在地上的代理人。“箴言”书中说，“帝王藉我坐国位，君王藉我定公平。王子和首领，世上一切的审判官，都是藉我掌权”。① 另一方面，不能脱离基督的救赎来认识上帝作为这个世界的创造者和保护者的旨意，上帝只在基督里启示自己为创造者、保护者和救赎者，他在基督里并且为了基督保留这个世界；② 所以，在权柄的最终来源意义上，又可以说，教会和国家都在一个上帝的统治之下，基督既是公民政府也是教会权威的头，但是，它们分离（别）以在这个世界上实施不同的作用。

对于“当将凯撒的物归给凯撒，将上帝的归给上帝”，弥尔顿有一个著名的解释：“我从上帝那里拥有的良心，所以我不能将它归给凯撒。”若将关怀人们的心灵世界和终极问题——灵魂与永生——的教会称为“属灵职事（spiritual office）”，以显扬天国或者基督的国度和因信称义（justification）为责；那么，政府是管辖人们在地上的外在行为和共同生活的“属世职事（secular office）”，以地上之城的社会正义（justice）为责。

（一）剑与外在正义

在人类犯罪堕落以后，政府是遏制恶的扩张所必不可少的，上帝藉着政府来保护人们免予堕入混乱、使社会生活成为可能。上帝

---

① 《旧约箴言》8：15，16。加尔文解释道，从这句经文看来，似乎并不是由于人的悖逆，君王臣宰才被赋予在世统治万事的权柄；乃是由于神的护佑及神圣的旨意，因为他乐意如此管理人事，与人同在，并且，引领人制定法律，施行公平的判断。John Calvin, Institute, IV, Ch. XX, 4.

② 可以说，整本圣经都是为了启示上帝的永恒计划——即在基督里得着万民，基督不单单是救主，还是作为主宰万有的主。相关启示可见《新约·希伯来书》第一章第1至3节：“神既在古时借着重先知多次多方晓谕列祖，就在这末世，借着他儿子晓谕我们；又早已立他为承受万有的，也曾借着他创造诸世界。他是神荣耀所发的光辉，是神本体的真象，常用他权能的命令托住万有；他洗净了人的罪，就坐在至大者得右边。”

授予政府的权力功能首先是“剑”——赏善罚恶，转化为用现代术语，即是维护社会正义，实施保护生命与财产、看顾穷人、惩罚恶人等等外在事务，维续人类社会生活。潘霍华论到，政府对基督的服侍在于：它通过剑的权力保障外在正义之使命。[①] 这些原则包含在《新约·罗马书》的如下启示中：

“在上有权柄的[②]，人人当顺服他；因为没有权柄不是出于神的，凡掌权的都是神所命的。所以抗拒掌权的，就是抗拒神的命；抗拒的必自取刑罚。做官的远不是叫行善的惧怕，乃是叫作恶的惧怕。你愿意不惧怕掌权的吗？你只要行善，就可得他的称赞，因为他是神的用人，是与你有益的。你若作恶，却当惧怕，因为他不是空空地佩剑，他是神的用人，是申冤的，刑罚那作恶的。所以你们必须顺服，不但是因为刑罚也是因为良心……”[③]

政府用“剑”教训和控制人有罪的性情，从而创立可能的和平与秩序，蕴含着政府权力的正当性和目的：为人们创造和维持一种符合上帝旨意的正义基础上的秩序，使人们在社会中共同生活。[④] 圣经中有许多类似的劝告，告诫君王要施行公平和公义，拯救被抢夺的脱离欺压人的手，不可亏负寄居和孤儿寡妇，而是要为贫寒的人和孤儿申冤，不可以强暴待他们，也不可流无辜人的血，“当为困苦和穷乏的人施行公义。当保护贫寒和穷乏的人，救他们脱离恶人的手”。[⑤] 圣经还特别告诫审判官，要按公义审判，“你们听讼，无论是弟兄彼此争讼，是与同居的外人争讼，都要按公义判断。审判的时候，不可看人的外貌，听讼不可分贵贱，不可惧怕人，因为审

---

① Bonhoeffer, *Ethics*, p. 341.

② 如本文脚注1提到的，“有权柄的”不单单指政府，还可以是家庭、教会等等。

③ 《新约·罗马书》13：1—5。

④ Nils Ehrenstrom, *Christian Faith and The Modern State*, transl. Denzil Patrick and Olive Wyon, London: Student Christian Movement Press 1937, p. 76.

⑤ 《旧约·耶利米书》22：3；《旧约·诗篇》82：3，4。

判是属乎神的”。[1]

尽管这个世界背叛与敌视他，上帝不是任它堕落为朽坏，而是恒久忍耐与怜悯犯罪堕落后的人类，利剑在“爱的烈怒”下运行。然而，秩序与和平不是最根本的目的，最终的目的是：为了他的救恩而保留它。因此，政府与教会分别承担属世与属灵的使命为政府应当维持的外在正义的一个根本原则与起点，如果政府充分尊重和维护了教会完成属灵使命的自由，就维护了外在正义。

（二）分离（别）与独立意义的保护

进一步说，政府构成了上帝救赎计划中的一个神圣制度。然而，这绝不是说，政府可以担当属灵方面的职分，相反，是将自己的管辖范围仅仅限制在俗事的分内，尊重彼此的独立。[2] 当政府遵循“凯撒的物当归给凯撒，神的物当归给神”时，政府事实上就保护了教会，它对教会的保护就在于给与教会当有的自由。并且，当教会向政府请求保障时，比如，保证她宣讲信息的自由，政府通过教会的保障也就最终获得实现。因为当教会以自由为权利而存在时，政府保持了自己与上帝、“地上之城”与“上帝之城”的疆界，为天国的计划存留了空间，在上帝面前成为一个正义的政府，“从神圣正义的立场，对人类法问题所能言说的总归在这一句话里：教会必须有宣讲神的称义（justification）的自由。”[3]

即使某些教会或者神学传统可能对政府之于教会采取更积极的阐释，也不会忽略上述分离（别）与独立的二元性，如中世纪天主教时期也不例外[4]；拜占庭时期也主张保持教会与政府的自治，原则

---

① 《旧约·申命记》1：16，17。

② 希特勒的国家社会主义为这种错位的典型例子，使本来应该是属世职事的政府成为宗教发起人。

③ Barth，*Church and State*，p. 83.

④ Witte，*Fats and Fictions About the History of Separation of Church and State*.

上彼此独立，同时，又彼此和谐合作。[①] 再如，加尔文主张，公民政府是为了保有和支持对上帝的外在敬拜，地方官与统治者具有维护对上帝的敬重和保护公共敬拜的义务；但是，他也强调，二者虽然均源于上帝，政府与教会截然相别，政府不同于基督的属灵和内在国度，只是应当知道，它们不是彼此对立，而应当通过彼此服侍来相互联络。[②]

三、教会之于政府

上文已经阐明了教会与政府的相分离（别），教会的异象和使命指向天国而不在地上之城，教会在地上的职分是“祭司”。一方面，在地上的公共生活中，教会要遵循政府颁布的法律；另一方面，出于其属灵职分，教会在上帝恩典的领域内，要将法律转化为对恩典的认识与敬重：在政府面前为共同的主人作见证，向世界证明上帝是主，（透过基督启示自己）是创造者、审判者和救赎者，努力宣扬天国的福音——基督的国度和因信称义，彰显上帝的公义与慈爱、见证基督的道。因此，相对于承担属世职分的政府，教会对政治总是消极的：对于许多当今世界上的问题，教会能够、可以而且甚至必须对其正误保持沉默。[③]在此，应当注意两个区分：第一，教会尊重和持守政府的法律，这不代表属灵职事附属于政府；但是，对于教会的成员而言，政府对其拥有服从的完全主张，不过，政府并非与基督权威相提并论的又一个权威，只是基督权

---

① Ehrenstrom, *Christian Faith and The Modern State*, Chapter V *An Eastern Orthodox View*.

② John Calvin, *Institute*, IV, Ch XX, 1, 2.

③ Karl Barth, *The Church and The Political Problem of Our Day*, New York: Charles Scribner's Sons, 1939, p. 18.

威的一种形式，基督徒服从政府就是服从基督。[①] 第二，如果公共责任限于从政府责任这个意义上理解，那么，这个责任显然只交托给政府；但是，如果这个术语一般地指“polis”里面的生活，那么，就可以也有必要说，在地上之城中，教会具有的公共或者政治责任。[②]

作为基督在地上的身体，教会就像基督“在但不属于”这个世界，她被召以影响地上之城，努力向这个世界述说、彰显那个完全的本体应当是怎样的，同时，又必定要忍受和映衬这个世界的价值是何等不完全，启示人们转向上帝完全的国度。因此，教会不但是“祭司”，而且，天生就处在“先知”的鉴察、批评地位。奥古斯丁指出，若没有敬虔的、向教会的忠告开放的统治者，地上之城不能赢得甚至是有限的正义。[③]

（一）教会自由与社会正义——公义的呼喊者

如果宣告救恩和天国的属灵职事变成一个公共运行的属世职事，政府有权修正这一点；[④] 反之，如果政府僭越职分，事实上侵占了属灵职事或者剥夺了教会自由呢？政治上的不抵抗是再洗礼派（Anabaptist）的重要特征之一，然而，即使在他们当中，也不排除对这种情况下的反抗之认可。[⑤] 与再洗礼派相对，加尔文的归正神学传统对这个问题的回答相对积极，主张当政府违背了上帝的信赖或者旨意时，教会应当反抗。[⑥] 应当看到，首先，当教会自由这个根本正义原

---

① Bonhoeffer, *Ethics*, p. 342.

② Ibid, p. 344.

③ Henry Paulucci, *The Political Writings of St. Augustine*, ed. Chicago: Regnery Gateway, 1962.

④ Bonhoeffer, *Ethics*, p. 341.

⑤ 笔者曾经遇到一个再洗礼派团体，与几个敬虔的信徒谈论这个问题，他们认为：不应当卷入政治的斗争，但是，支持对逼迫的反抗和争取信仰自由的努力。

⑥ John Calvin, *Institute*, IV, Ch. XX, 32.

则受到破坏时，已经不是纯粹的政治问题，而是一个抵牾上帝主权的问题，因此，教会在这个情势中的态度不是政治的，不是将天国的盼望不恰当地转移到了地上，而是对上帝主权和基督国度的宣信(confessing)。正如宣信会（Confessing Church）在德国纳粹政府时期的反应，她所提出的与当代政教分离原则紧密相关的《巴门宣言》，向着世界是一个神学宣言，而不是政治宣言。[①] 其次，从使政府恢复其正当性，为了挽救、保护和维持政府角度看，当政府危及教会的自由时，作为祭司的教会如果毫不反抗或者掩饰抵制，那么，事实上就成为了政府的敌人。[②]

应当提及的是，在圣经里，没有革命的权利（right to revolution)[③]。即使最终，教会及其自由的真理告诫不被接受，她也能以忍辱负重、默受苦难的方式提醒人们这个世界的罪恶与黑暗，宣告着悔改与重生的道，为基督舍己的爱和恩典做见证。在这个意义上，当政府背叛了它的神圣召令时，也不能摆脱其保证教会自由的功用，政府亏负教会失去的“荣耀”就转移到了受苦的基督追随者身上，如彼得前书中描述的：行恶者受的惩罚在于这个苦难的荣耀就不归

① 《巴门宣言》的主要撰笔人——巴特——在《教会与我们当今的政治问题》一书中论道，教会的使命是为基督作见证，然而，面对德国国家社会主义这个政治问题，“今天的教会不再有中立，不能再耽延她的是与否。今天继续闭上眼睛，否认国家社会主义的采纳和特征是毫无意义的，作为一个政治经验，它是极权主义与原教旨的独裁政府，不仅仅用彻底的极权在身体上和灵魂上包围和决定人类，不仅仅限制人类的自由，而且要消灭它。……国家社会主义正是一个教会，一个非常世俗的教会，一个真正和热情洋溢的肯定只有以信仰、神秘主义和狂热形式才可能的教会。国家社会主义根本上是反教会、敌基督的。……弃绝和迫害犹太人就是弃绝和迫害为犹太人的罪也是为我们的罪而死的基督。……反犹太主义（anti－semitism）就是反对圣灵的罪。……根据圣经，国家的功能是，作为上帝的仆人，不是空空佩剑，而是要赏善罚恶，为救助贫穷的和受逼迫的，为福音的自由传扬外在地留出空间。”Barth，*The Church and The Political Problem of Our Day*，pp. 37—52.

② Barth，*Church and State*，p. 69.

③ Bonhoeffer，*Ethics*，p. 346.

与他们了①。因此，无论在哪一种情形下，政府都将不得不成为神圣正义的仆人。②

另一方面，教会应当如何面对政府可能实际上显扬恶、惩罚善，及其他有负于社会正义的情形？一种消极的阐释将政治秩序中的非正义归于专制牺牲者的罪、盼望上天的拯救；另一种现实主义的态度主张，教会不应该在社会正义方面失去见证，对于在一个罪恶的世界中维持可容忍的（tolerable）和谐与正义，应当从福音里汲取清晰的观点。笔者相信，如果在这个目的和意义上，即教会的社会责任、介入社会正义并不是为各种经济和社会罪恶的解决倡导某种妙策，而是将一个审判与恩典的福音的全面见证带向人类生活的各个方面、人类良知的最深处和人类共同体，难以在圣经里找到任何推卸这个责任的理由。正是基于这一点，尼布尔提出，基督信仰的表达离不开激励人们在他们的时代赢得最大可能程度的社会正义的记号。③ 这个记号体现在像《旧约·阿摩司书》中阿摩司先知对当时的时代和社会发出的那种训责与呼喊中，“惟愿公平如大水滚滚，使公义如江河滔滔”。④

（二）道德训诲——爱的见证人

相对于教会应当如何面对自由与社会正义可能存在的争议性而

---

① 《新约·彼得前书》4 章 12—16 节中说：“亲爱的弟兄啊，有火炼的试验临到你们，不要以为奇怪，倒要欢喜。因为你们是与基督一同受苦，使你们在他荣耀显现的时候，也可以欢喜快乐。你们若为基督的名受辱骂，便是有福的，因为神荣耀的灵常住在你们身上。你们中间却不可有人因为杀人、偷窃、作恶、好管闲事而受苦；若为作基督徒受苦，却不要羞耻，倒要因这名归荣耀给神。”

② Barth, *Church and State*, p. 54.

③ Reinhold Niebuhr, *Faith and Politics*, edited by Ronald H. Stone, New York: George Braziller, 1968, pp. 131, 137, 173.

④ Reinhold Niebuhr, *Do the State and Nation Belong to God or the Devil*? London: Student Christian Movement Press 1937, p. 34.

言，教会在道德训悔方面的责任和地位是毋庸置疑的。“在道德上和首要地，它是政府的同伴；但是，在法律上和其次，它才是政府的对象。”[①]政府赏善罚恶的职责与道德教育不可分离，善是什么不能通过剑知道，而是要通过教导终极道德真理的教会了解什么是善。因此，教会负有在道德真理和道德行为方面教导政府的责任。[②]

耶稣在圣经中指示，最大的诫命是尽心、尽性、尽力、尽意，爱主你的神；其次，是爱人如己，这两条为律法和一切先知之道的总纲。[③] 人的犯罪堕落是从背离造他的主开始，违背最大的诫命为一切不义不道德的端始。[④] 教会首先在信仰上归正，怀着对上主敬畏、顺服的心，将他创世之初放在人心里的道德和价值观显扬和践行出来，从而，抵制和减缓堕落后的人类社会道德的败坏与腐化。所以，圣经上说，“你们是世上的盐”，“你们是世上的光”。[⑤] 盐不但用于调味，而且可以防腐、洁净；有光的地方与黑暗的地方形成鲜明对比，如果黑暗不拒绝光，它就能驱走黑暗。教会及其成员不单单在信心和行为上是爱神爱人的榜样，而且，是光，使世人看到良心的

---

① Peter Taylor Forsyth, *Theology in Church and State*, New York and London: Hodder & Stoughton, 1915, p. 250.

② Bonhoeffer, *Ethics*, pp. 335—337.

③ 《新约·马可福音》12：28—31；《新约·马太福音》22：37—40。

④ 《新约·罗马书》1：19—24 道：“神的事情，人所能知道的，原显明在人心里。因为神已经给他们显明。自从造天地以来，神的永能和神性是明明可知的，虽是眼不能见，但藉着所造之物，就可以晓得，叫人无可推诿。因为他们虽然知道神，却不当作神荣耀他，也不感谢他。他们的思念变为虚妄，无知的心就昏暗了。自称为聪明，反成了愚拙，将不能朽坏之神的荣耀变为偶像，仿佛必朽坏的人，和飞禽走兽昆虫的样式。所以神任凭他们，逞着心里的情欲行污秽的事，以致彼此玷辱自己的身体。”

⑤ 《新约·马太福音》5：13—16：“你们是世上的盐。盐若失了味，怎能叫他再咸呢。以后无用，不过丢在外面，被人践踏了。你们是世上的光。城造在山上，是不能隐藏的。人点灯，不放在斗底下，是放在灯台上，就照亮一家的人。你们的光也当这样照在人前，叫他们看见你们的好行为，便将荣耀归给你们在天上的父。”

亏缺，[①] 因为罪使人的“良心既然丧尽，就放纵私欲，贪行种种的污秽”[②]。

总之，初衷与最终目的不是外在地推行道德律法，也不是为了审判和定罪这个世界和人类，而是为上主之爱作见证，将从爱而来的恩典之光带进人们心灵深处、启示耶稣基督的救恩这条真正称义的道路，因为“凡有血气的没有一个，因行律法，能在神面前称义。因为律法本是叫人知罪”；[③] 只有基督藉着永远的灵，出于对罪人舍己的爱，将自己无瑕无疵献给神作为挽回祭，他的血就洗净我们的心，敬拜他的人，良心就被洁净，不再觉得有罪；[④] 并且，凡接受基督救恩的人，因着他的信，上帝就透过基督看他为义。[⑤] 如此，并非因信废了律法，而是更加坚固律法，[⑥] 因为得救重生的人，在圣灵的帮助和鉴察下，愈加敬重和谨守道德法则，这是新生命自然的流露。

（三）社会与文化批评——天国的守望者

整个人类社会和文化都难逃罪和堕落的影子，教会作为盐和光的作用还体现在对社会文化的净化、更新批评使命。将地上之城带入与天城尽可能的一致，以创造最大程度的“巴比伦的和平”，这是教会及其成员的义务，一直到末世两城之间的最终分离发生；也就是说，教会运用圣经的原则进行更新批评的使命，无法最终使地上之城转变其暂时性与不完善性。因此，确切地，社会与文化批评是教会在地上之城对天国的守望。

进一步，无论教会可以对世界说什么，必定既关乎律法又关乎

---

① 《新约·提摩太前书》1：19：有人丢弃良心，就在真道上如同船破了一般。
② 《新约·以弗所书》4：19。
③ 《新约·罗马书》3：20。
④ 参见《新约·希伯来书》9：14。
⑤ 参见《新约·罗马书》3：22—26。
⑥ 《新约·罗马书》3：31。

福音，与它们是不可分的；这既肯定了教会与政府、与这个世界的分别，又肯定了道德的一元性。[1] 在诞生了以政教分离为要旨的《巴门宣言》的巴门之会上，神学家们通过了两个核心认定，即认为不存在基督不是主的人类生活领域，独一的真道不能通过文化自我肯定；其次，在所有生活领域承认基督的主权意味着，根据福音，我们具有对内住上帝之于人类之道的那一位（即基督）的无条件服从。因此，他们反对“文化新教主义”和公民宗教，强调文化不可以决定福音的范围，或者相对化它的义务，然而，他们也肯定了相反的一面，即文化和社会需要根据福音来认知、解释和批评评价。[2]

四、余　论

前面的论述表明，对于政教关系及其归属的政治正当性问题，从圣经的内在视角可以得出与当代世俗政治哲学和法学相当的结论：以教会自由、政教分离（别）原则与维护社会正义为政治正当性的圭臬。所不同的是论证前提和背景：首先，圣经的内在视角不但揭示了政府与教会的分离（别）性，而且，还启示了二者同为上帝的仆人、有一个共同的权柄源头，政府和教会都是上帝（基督）实现他主权和国度的器皿；而世俗的政治哲学与法学当然只停留在分离（别）性的论域内。第二，前者从造物主的权柄与启示出发，后者以人类为论证的中心和起点。第三，前者怀着对道德价值真理的绝对信仰，后者以相对主义和多元主义的现实为基础。第四，用主流政治哲学的术语区分，前者的背景是整全论（comprehensive doctrine），后者则是以交叠共识或者商谈理论为要旨的纯粹政治的哲学。固然，

① Bonhoeffer, *Ethics*, p. 353.

② Jungel, Eberhard, Christ, *Justice and Peace*: *Toward a Theology of the State in Dialogue with the Barmen Declaration*, transl. D. Bruce Hamill and Alan J. Torrance, Edinburgh: T&T Clark, 1992, Xii.

某种程度上“殊途同归”的结论或者部分实现了本文促成公共对话的初衷，不过，更有价值的、还应当关注的是那些不同之处：一方面，它们隐射出政治秩序完全以自己的术语合法化这个世俗原则[①]，印证了“两城”的最终之别；另一方面，如果没有一种认真对待差异之处的认知态度，我们就可能常常与更深层的真理和启示失之交臂，也必定会失去达致真正的沟通与对话的坚固基础。

引用潘霍华的话说，“教会之于这个世界的关系不能从自然法、理性法或者普遍人权中，而只能从耶稣基督的福音中推导出来。”[②]该断语可谓圣经的内在视角及其“整全论”的起点也是结论，暂且作为本文的结束语，也作为本文主题日后进一步展开之序语。

① Rosemary Radford Ruether, *Augustine and Christian Political Theology*, Interpretation, 29 (1975), 261; R. A. Markus, Saeculum: *History and Society in the Theology of St. Augustine*, Cambridge: Cambridge University Press 1970, pp. 172ff.

② Bonhoeffer, *Ethics*, p. 352.

个体的人权：基于主体存在的公民权复苏

周国文

一、个人：作为主体的命名

作为集体命名的人寻求权利的证明是一种属人的确认，因此在普遍性的意义上，作为类属的人权是群体意义的人之权利。但人权也是作为个体之人的基本权利，特别是为了显现人权的具体性，人权也将作为主体的个人凸显出来。这就是作为个体的人权。

个体的人权将权利性的政治建立在纯粹的个体性之上，而在这种纯粹的个体性中找寻内在的目的或善的代价，必将是单独的人在社会中平等地获得尊重与认可。个体的人权，其存在与否、实现与否，关键在于个人能否做到以主体而存在。

主体一般上指一个个体的存在或精神。作为主体的个人，意味着它不是依附的客体，也不是被动的他者，而是能够体现自主意志与义务承担的行为人。他在自主选择的过程中作出合乎自我利益与社会利益的决定。这种决定是体现个人主体地位的一种权利，并且能够意识到个人自主行为的责任担当。自我是一个自主的主体，他能有意识地从群己的界限以及个体与社会的角度分别进行思考，并能够自动地意识到自己的存在。

对于个人这个主体来说，要在塑造其身份轮廓的过程中体现其完整的意志，不仅必须有某种反思能力。还要求他具有对个人确证的有效方式。“对于主体来说，它的身份是根据在它之前已有的目的而构成的，行为主体更多的是在寻求自我理解，而不是在召唤意志。与选择能力可以使自我脱出自我之外不同，反思能力使得自我将其光芒投向自己，照亮自己以探求它的构成本质，纵览各种不同的依附，承认它们各自不同的要求，在自我与他人之间划出界限——此界限时而宽泛，时而狭小——以达到一种自我理解。”①

作为主体的个人，仅有反思能力是不够的，还必须拥有完备的自我认识的能力，而且体现出充分的行为选择能力，即对于我们称之为认知意义上的行为主体的能力。与此相应的人的义务感，也在于人放弃以自律代替狭隘的自由主义式的自由的要求，而这将意味着唤起人潜在的道德意识。

由此主体又不得不在对自然的实现和个性的节制之间将自身建立在新的人格基础之上。它将人被冷落的统一性重新加在人的身上，同时通过改变自身的自然属性回归聚居的社会群体。然而主体始终对应着人性自身的悖论，即在动物性和社会性之间寻求平衡。

弗雷德·詹姆逊在《后现代主义，或晚期资本主义的文化逻辑》认为：“如果‘主体的死亡’的后结构主义主旨有社会意义的话，那就是它标志着野心勃勃的个人主义的终结，不随波逐流的个人主义的终结，个人主义的‘超凡魅力’的终结，包裹着个人主义的一整

① ［美］迈克尔·J·桑德尔：《自由主义与正义的局限》，185 页，万俊人等译，南京，译林出版社，2001。

套古雅的浪漫主义价值观（比如天才）的终结。”[①] 由作为主体的个人所构建的新秩序并不意味着个人都具有超凡的未卜先知的魔力，而是肯定个体对一体化社会的悖离与反抗。只有告别统一化制式的个体制造，才有可能使主体的个性得以绽放，而来自个性的任何魅力将给作为主体的个人无限光彩，既然如此，主体的存在也就是作为个人的个性存在。

当然主体的存在，还有一个个人经验获得的问题。勒内·笛卡儿（1596—1650）的最有名的格言——“我思，故我在”，在传统的认识论范围内研究人的本质和获得；它也表明人的主体性是对“我”的思考，个体的经验在我思的范畴内应证了自身有效的存在。既然承认个体是一个客观的存在，就应该正视它的存在并不是一种知识体系，也不是一种话语结构，而是表现为人之所以为人的那种本质所构成的自由的意识。

作为主体的个人，也正是自由的完整的个人，是一种在有限性中不断超越的个人。“首先，人是能够作为一个完整的人、作为一个完整的存在中的自我而行动的，只有当他能够这样做的时候，他才能经历一切语言都用‘自由’或类似的词汇表达的一种现象……当我们发现自身具有分离的趋势时，我们觉得我们是不自由的，而当我们作为完整的人而行动时，我们又是自由的……其第二层含义是‘具有可能性’……人并不是拥有做某种确定的事情的可能性，与其他一切创造物截然不同，他具有‘可能性’，它是能够超越被给定者、无限地超越被给定者的那种存在物。原则上没有任何被给定的事物是人不能超越的。事实上他不能这样做，这就是有限的问题。但是他具有这样做的可能性。”[②]

---

① F. Jameson, *Postmodernism or The Cultural Logic of Late Capitalism*, Durham, N. c.: Duke University Press 1991, p. 306.

② ［美］保罗·蒂里希：《政治期望》，164—165页，徐钧尧译，成都，四川人民出版社，1989。

正是一个足够理性的人，才有可能对有限做出超越的理解，并且突破局部的片面化的认识，在碎片的整合中形成整体的自由观念。人在其生成之初，就已形成对自由的本能热爱。这一原则可能不同于世界的起源；它是人的生成原则而非物的起源规律。随着人类的产生繁衍、生生不息，这种人的生成原则便进入世界本身。当然，这种人之自由原则，是始终与作为主体的个人如影随行的。因此在给予自由、期望与尊严的过程中，人若具有一种赋有完整而朴实的尊严感，也就能依循自由的人格而成就人之主体地位，并证实人权的可能。

在主体的范畴内，选择自由就是由自身的主观意愿出发，体现个人生活中的每一个行为来自自身的选择；并且割绝对理性的各种冷漠态度和强烈厌恶，排除虚伪与不真实的行为号令对个人的强制，身心得到解脱。“由于主体相互间只能是当作对象，因此，即便是在相互限制中，他们也彼此相互影响，他们的个性并没有超越策略性的选择自由的客观主义决定性，选择自由是根据私人自律的权利主体的自由意志模式确定的。一旦对主观自由的限制被推断为权利的限制，权利主体的个性就将丧失其所有的意义。”①

主体作为自我解释的基本视界，是建构世界功能的理性出发点，它是把认知放在主体的自我关系与自我理解的范畴中。主体能否表现为先验之自我与经验之自我的融合呢？可能上，作为创造世界的主体更多地强调先验之自我；作为具有自主行为能力的主体，更多地强调经验之自我。而一种完整的主体性观念，个体化的自我与作为世界中之一员的体验是叠合的。

在历史时空中穿梭的经验之自我凭借主体意识，通过对自身正确性标准的寻觅，来为它的存在进行实质性的确认。“后结构主义强调，主体不是一种自由的意识或某种稳定的人的本质，而是一种语

---

①［德］哈贝马斯：《后形而上学思想》，181—182页，曹卫东等译，南京，译林出版社，2001。

言、政治和文化的建构。只有通过对人和事物的联系方式的考察才能理解主体性：在这一叙述中刻画最深的就是文化不断地把时尚编织进自身之中。"① 而先验之自我的可能性，不需要外在的历时性证明，从本体的内在价值中就能找到自我的存在，使人在天然的意义上不再对自我的主体感到陌生。

作为主体的个人，当然必须遵循个人的自主性和自由的原则。并且作为人的主体性是不可削减的，是不可让渡的；但不管我们具有何种不同的意愿，一种人的普遍样态都是同一的，但每个人又都是群体中的一员，都有权利做出基于平等的共同选择。"如果认知主体反观自身，那么也是面对整个世界的一个主体。他的存在具有双重意义，既在芸芸众生之中，又面对芸芸众生；他既是由单个事物有序构成的世界中的一个经验存在，同时又是一个能够建立同一性的主体性，世界以及世界中所出现的一切作为总体性和他保持着联系。"② 毕竟一个体现主体之自主的人，源自主体的反思之平衡与返观客体的整体性理解是并行不悖的，是基于单独个体与复合之群体的有效结合之上。

二、人权：体现人之主体性存在的权利基础

如果说主体奠定了个人权利可能的基本条件，那么人权就是这种基本条件的成效。人权是一系列由属人的存在而来的或多或少可以转移的人们应得的权利的基础。在法国政治思想家班杰明·康斯坦（Bejamin Constant）看来，"英法两国的人民，以及美利坚合众国的公民所了解的'自由人权'，乃是个人遵从法律的权利，任何个人

① ［英］丹尼·卡瓦拉罗：《文化理论关键词》，93页，张卫东等译，南京，江苏人民出版社，2006。

② ［德］哈贝马斯：《后形而上学思想》，271页，曹卫东等译，南京，译林出版社，2001。

不能被其他人或团体任意拘捕、监禁、处死或虐待。任何人均享有意见之表达、选择与从事任何行业、使用（甚至是滥用）财产，以及不论动机，也不必有任何担保，而得以自由迁徙等等权利。任何人亦享有权利相互结社，不论是共同讨论他们的利益，或是宣扬他们之团体所尊崇的宗教信仰，甚至‘群居终日，无所事事，言不及义’都被允许。最后，任何个人均享有权利，透过选举全部或部分官员，或者循经代表、请愿、要求等这些迫使权威者不得不重视的方式，影响政府的行政治理。”① 这种权利的基础是得到大多数人广泛承认并且行之有效的。它的有效性在于它独立于人的复杂多元性之上，个体的存在与这种权利基础紧密相关。

在亚当·弗格森看来，人权存在于人格之中，是其自然的组成部分。而作为单个人的自然人的权利存在于身体各部分肢体的活动中，存在于心灵的精神官能的运转中。② 这种人权匹配于心灵精神官能的运转，很大程度上依照“犹太-基督教”的宗教传统，在人性的基础上承认人的基本权利——特别是人的尊严与个体的平等——乃奠基于上帝之创造，是基于神学传统对人权根源的解释。在阿伦特看来，“依照‘犹太-基督教’传统……人皆有一共同的根源，此根源是超越人的历史、人的本性与人的目的，因而是在上帝所创造的神秘性的、无可界说的‘人’之上。神性根源乃是形而上的概念，但由于奠基于此概念，政治上的平等目标——以及在这个地球上稳固地建立人类共同体——才有立脚之处。”③

---

① Bejamin Constant, *Bejamin Constant*: *Politics Writings*, ed. Biancamaria Fontana, Cambridge: Cambridge University Press 1988, P. 18.

② ［英］亚当·弗格森：《道德哲学原理》，94 页，孙飞宇等译，上海，上海世纪出版集团，2005。

③ Hannah Arendt, *The origins of Totalitarianism*, New York: Harcourt Brace Jovanovich, 1950；中译本见［美］汉娜·阿伦特：《帝国主义》，165 页，蔡英文译，台北，联经出版公司，1982。

而当文艺复兴运动兴起之后，人脱离神权的禁锢，返归世俗生活的日常状态，尊重人性与人格的社会习俗蔚然兴起，使人权成为人之主体性的权利证明，并赋予每个普通人平等而无差别的人性尊严。“人权并没有使人摆脱宗教，而只是使人有信仰宗教的自由；人权并没有使人摆脱财产，而是使人有占有财产的自由；人权并没有使人放弃追求财富的龌龊行为，而只是使人有经营的自由。”①

之后18世纪启蒙主义运动风潮席卷世界，在回复人之理性认知能力的同时，人性愈加成为人权内在的理论预设。在此，人性被阐释为抽离独特性的人类之共同生活的普遍脉络，它不是个别人的人性，而是所有人的人性，是为人类共同秉承的恒定一致的性质。在此基础上所形成的人权也不是排他的，即便有些人的政治权利被共同体所排斥，而丧失部分权利，其人权依旧真实有效。

可见，人权与人的本质紧密相关。“人的本质不仅限于作为世界上的一种生物而可以由人类学加以研究的那种东西，也不仅限于他的实存、他的意识、他的精神。他是这一切样式，而如果缺少了他这些存在样式中的任何一个，他就归于消灭或趋于枯萎。”② 人是自己规定自己的自然力量的一种表现。人毕竟处于宇宙之中，其表现冥冥中由宇宙这个整全式的大系统所规定。

作为自然人之权利的人权是人的原生权利，是每个人自然普遍从属的权利，是与生俱有的权利，也是被广泛承认的权利。例如生命权、生存权、安全权与自由权。而作为社会人之权利的人权是基于对人类幸福生活的追求。例如发展权、人格权、言论权、公民权与参政权。这种自尊与自我实现的权利保障是基于人的切身需要，是来自每个人内在价值的必然。它不仅仅是人的内在素养的积累，

---

① 马克思、恩格斯：《神圣家族》，《马克思恩格斯全集》第2卷，145页，北京，人民出版社，1957。

② ［德］卡尔·雅斯贝斯：《生存哲学》，15页，王玖兴译，上海，上海译文出版社，2005。

也是人的外在能力的展现，而且是属人的行动方式的证明。作为自然人之权利的人权，是对自我持存的法则的尊重，产生于保护自我及同类的性情。它自然遵从良心的命令，但它并不无限制地增长个人的自由。

作为社会人之权利的人权构成人格或属人的状态。这种人权并不是排他性的，而是包容性的。在积极权利的意义上，作为社会人之权利的人权与在社会生活中产生的合理人类欲望紧密相关；它很大程度上与社会人的身份相匹配，它是在结为社群的共同体生活中凭借人权的名义得以伸张。但我们又需要注意人之欲望的两个方面。在合理的人类欲望的反面，存在着一种不合理的人类欲望。这种不合理体现在其意念的离心离德，体现在这种本能式的个人欲望有可能违背了人类社会的道德规范。尽管每个人置身于社会生活中的需要是真实的。但并不是所有人的所有个人需要都是能够得到道义支持的。特别是作为社会人之权利的人权，也必须经历道德检验。

而无论是自然人的人权，还是社会人的人权之所以是有说服力的人类个体的普遍需要，就不仅在于它满足了人之为人的生命本能，而且体现了人作为共同体之一员的基本需要。如若人能够自为地存在，也在于人权的相随。人权不仅仅意味着权利的要求，而且象征着一种源自人性的觉悟。确保人权的完整，应是每个人在合理的状态下安全地享有他们的权利。

人权归结为人的本质。它是人作为类存在的共同需要，也是人在社会生活中的表现与确证。当人的主体意识萌发到一定程度时，对人权的宣示便成为人性尊严的所在。它是对人之解放性的独立的确证，是对过去社会阶层之特权的反抗。在阿伦特看来，“人权之确立不必诉求任何权威，人自身即是人权的根源，也是人权指涉的终极目标。另外，人权不必诉求任何特殊法律以资保护，因为所有法律皆以人权作为根基。就法律而言，人是最高之主权，就如同从政府的观点而论，人民是最高主权一样。”① 为人权辩护，实则就是为人自身的整体性辩护，为人的道义式存在而辩护，为人的内在价值而辩护。

人的内在价值也正体现为人权的基本价值。它是人们行动所追求的并且所恪守的东西。人权的基本价值预设了对一个问题的回答，即是对人的价值假定为一种不可否认的实在；人在面临选择时，通过行动达到这种作为目标的实在。这种目标的实在可以理解为人的道义式存在。

人的道义式存在，体现的是人在社会生活中的道德存在。这种道德存在是人适合于人之命名的道德要求，体察自身之外他者的存在。它既认同人自身的人格尊严，又把握人之正义对社会共同体的重要性。自我在与他人合作共处的社会生活过程中，一种道德上的安排与出自内心的对道德的遵从，更加体现出人遵从道义的高贵。

人权是超越不同的人种，属于全人类的。“在人类的一般体型与外貌之下，人种具有相当多的类别。人类散布于地球表面，受到气候、地理位置和土壤的影响。充满欲望而又不乏理智的性情，在寒冷的气候中，相对来说是冷淡的和迟钝的，在温暖的气候中则会更加热情和迅捷，但在温带中却总能体现出无可比拟的优越性。在这些区别之外，人种的多样性还体现于不同的身材、相貌和肤色。人类可以被归类为六个不同的人种：欧罗巴人，萨摩亚人，鞑靼人，印度人，黑人以及美洲人。”② 人种的差异性，可能会构成普遍性人权的一个障碍。但不同人种却在共同人性的意义上拥有理念上一致

---

① Hannah Arendt, *The origins of Totalitarianism*, New York: Harcourt Brace Jovanovich, 1950；中译本见［美］汉娜·阿伦特：《帝国主义》，244 页，蔡英文译，台北，联经出版公司，1982。

② ［英］亚当·弗格森：《道德哲学原理》，11 页，孙飞宇等译，上海，上海世纪出版集团，2005。

的人权。只不过在现实享有不同阶段不同属性的人权[①]上存在着地域与国情的区别。

毕竟由不同人种所组成的不同社会正是文化多样性的表现，它在经济基础、社会观念与制度环境上存在着基本条件上的差异。但从实现人权完整享有的终极意义上来看，人种并不是构成不同人群享有不同人权的借口所在。存在外在形态区别的人种，作为一种标准可能把社会划分为不同倾向、不同类别，但这种不同倾向、不同类别并不天然地构成在享有权利上的差异。在本尼迪克特看来，每一个带有各种不同倾向的社会，其偏好代代相传，愈来愈完整地将自身整合在它选择的基础上，并去除那些与其不相符合的类型。

确实人权作为政治与道德的普遍原则，乃依据人性的论证。普遍化的人权原则所凭借的是抽象化的人（abstract human being），它可能与具体的、现实的人存在落差，如同非洲土著所享有的人权与美国纽约中产阶级所享有的人权是不能等量齐观的。它提醒我们需要不断改进实现完整人权的基本条件，并不断审视达成具体人权的国情基础。

但作为指导人类现实生活的基本原则，人权原则作为递进式的社会进步标准其意义又是不可抹煞的。因此不同人种所共同追求的人权，在一种共生共融的层面又必须是统一的。人权原则承载着人类的使命，它把由不同人种所组成的人类联成一个完整的整体。组成这个整体的每一部分都在紧密联系中对彼此有着深入的了解，并且形成对人之为人与人权的共同认识。

---

① 政治学家把基于个人主义原则之上的公民政治权利，称为第一代人权，其特点是争取个人的自由、限制政府的干预；把第二次世界大战以后由于政府的积极努力，公民所得到的经济、社会和文化权利，称为第二代人权，其特点是通过政府的适当干预，而使个人得到利益；第三代人权则是指 20 世纪 70 年代后兴起的“和平权”、“发展权”和“资源共享权”等集体地享受的权利，其特点是这些权利必须建立在社群关系之上，由一定的社群集体地共享。参见俞可平：《社群主义》，158 页，北京，中国社会科学出版社，2005。

当人权原则成为社会生活的指导原则，不仅是凸显了每个人在社会生活中的平等地位，而且是强化了人在社会关系中的权利要求。难以设想，一个人能够放弃自我的权利而安然地生活在这个世界上，甚至是否认自我的权利而处于一种不自知的状态。谈及权利，它往往是在两个人以上的社会生活关系中提出的，它是一个人生存于共同体生活的最佳证明。或者说履行权利是一种人格存在的应证。

人权原则，如果在先验的意义上以尊重人性的名义而被奉为一种律令式的原则。那么在经验生活中的人权，作为体现人之主体性与权利要求的存在，在社会共同体成员相互交往的意义上，演化为一种社会生活规范的基本原则，它又如何被证明是行之有效的呢?

在这里，必须先梳理清楚人权原则的内在蕴涵，再探讨其内涵价值的可能性。

首先，出于尊重人之生命、自由与尊严的人权原则其内在的和平价值如何可能? 基于人与人、人群与人群之间的和睦相处、友好相待的和平状态，是人类所普遍认可的一种非暴力状态，也是人类社会所珍视的基本价值。和平状态，是人权价值存在的基本前提。而背叛和平价值，将直接伤害到人自身的生命与安全，也是对人权原则的间接违背。人类相互之间的敌视与争斗，只能使人类无辜地付出鲜血与生命。基于人权的和平价值，其所包涵的体恤生命、关爱生命，在道义上使战争成为一种最不人道的选择。战争不仅使人流离失所，在物质层面经历血与火的蹂躏，而且使人在心理效应上也遭遇着恐慌与折磨。人权原则的和平价值，是具有实质性意义的道德准则。它力求以和平共处的价值共识，促成矛盾的对抗转化为理性的对话，形成心理认同。

其次，出于理解、宽恕与包容的人权原则的宽容价值如何可能? 宽容的模式，往往是解决宗教和种族多元化以及文化多样性问题的最佳方式。宽容是基于不同历史、文化和认同的群体之间的和谐共处，这不仅是理念的宽容，也是实践准则上的宽容。它不仅允诺别人生存的可能，承认别人生存的权利，也在于正视他者的生命价值。宽容作为一种价值，不仅是人权原则的内在必然，而且是导向人类之共处共生的基本准则。最普遍的意义上，人与人之间、人群与人群之间相互面对，需要的是在宽容这种价值指导下的彼此谅解与相互协作。“宽容被理解为一种态度或一种心境，它描述了某些潜在的价值。首先是一种反映 16 世纪和 17 世纪宗教宽容起源的潜在价值，它纯粹是为了和平而顺从地接受差异性。”[①] 宽容是对差异性的默认，差异性以一种文化的样式表现自然界与人类社会的广泛性与多样性，它所提供的各种选择权是在兼收并蓄的原则下对不同观点与理念的接纳。

再者，出于尊重人之自主意志与个体选择的人权原则的自由价值如何可能？人的自主意志体现了人权原则的自由价值。自由不仅在于个人的身心自由，而且着重在个人意愿的表达上发挥出自主意志。这种自主意志关联工作和职业选择，也关联个人生活方式的选择。而自主性的自由来自个体选择，也体现个体的切身利益，并且关乎每个人的自我意志。自由意志反映了人权原则的自由价值，折射了人的直接的自我意识。自我不仅是独立的，而且是自主的。“自我是主体与客体的统一，是能意识者与所意识者、能直观者与所直观者、能思维者与所思维者的永恒统一。”[②] 自我由其自身成为自我所是的对象，自我的实在性塑造了自我这个概念。尽管自我之内有一种向外活动的倾向，时时拉扯着自我。基于“人是目的而非手段”的考量，人权原则的自由价值，体现出尊重每个人的意志，也正是尊重每个自我的权利。

还有，出于捍卫人格健全与社会公平的人权原则的平等价值如

① ［美］迈克尔·沃尔泽:《论宽容》，10 页，袁建华译，上海，上海人民出版社，2000。

② ［德］费希特：《人的使命》，79 页，梁志学、沈真译，北京，商务印书馆，1982。

何可能？平等，是在人与人的社会关系以及不同族群关系上的一致相待，不仅是否弃奴役之人格的可能性，拒绝源于各种差异的歧视状况，去除政治压迫、经济剥削与文化隔绝的社会格局的存在；而且是在多元的社会格局中努力创造权利分享、资源分配与成功机会的平等。人权原则的平等价值，交涉对普通他者之人格、意见与观点的尊重。当然，它并不意味着自我与他者的完全相同，而是在理念上所要给予的平等考虑。另外，基于弱势优先的原则，它还关乎对弱势群体的救助与爱护。平等价值的正当性，更加强化了人权原则的正当性。

最后，出于体现个人之善与共同体之善结合的人权原则的正义价值如何可能？人权原则的正义价值，实际上意味着人的善性与作为共同体成员的善性。“善总是比较软弱的，因为它很单纯，只能为其自身而讨人喜欢；恶则以最诱人的许诺吸引着每个人；作恶的人们彼此之间始终战争不断，一旦有善出现，他们就签订休战协定，以便用他们那联合起来的为恶的力量来对抗善。”① 正义是善的外在表现，也体现着一种人在社会生活中的价值标准。当然，作为善之反面的恶的诱人许诺在于以肮脏之手段实现名利的占有。“没有一个人喜欢恶，是因为恶不好；他在恶中喜欢的仅仅是好处与享受，恶向他预示这类东西，并且在人类现在的状况下也往往确实给他提供这类东西。只要这种状况继续存在，只要恶行有利可图，整个人类的根本改善就几乎没有希望。”② 人权原则的正义价值，既出于个人之善的关切，也出于共同体之善的健全。它基于社会整体利益优先原则与个人幸福原则，保障社会成员有着与其共同体生活相匹配的民主法治体制，并能在此之中完善个人的责任与权利。

---

① ［德］费希特：《人的使命》，97 页，梁志学、沈真译，北京，商务印书馆，1982。

② 同上书，102 页。

三、公民权：依循人权的基本政治规范

如果说人的范畴大于公民的范畴，一个好人大于好公民。那么，人权的存在则为政治生活中的公民权的实现创造了基础。公民是一个在社会公共生活中拥有自主意识的责任与权利相兼备的人。在公民具有自主意识的生活中，源自主体的自我沉思的理解与对世界客体的理解是并行不悖的。这对公民之权利的达成来说是必要的。公民权的规范是建立在对人作为公民价值的确认与遵守上。

公民所对应的政治生活，和人所对应的社会整体生活，在人权的意义上能够达到存在方式的有效连接。"从亚里士多德的古典政治学说到中世纪基督教自然法，人基本上都被看作是一种能够结成共同体的存在物，也就是说，被看作是一种'政治动物'（zoon politikon），为了实现其内在本质而必须依存于政治共同体的社会构架。只有在古希腊城邦（polis）或古罗马公民社会（civitas）这样的伦理共同体中（主体间共享的美德明确地把共同体与经济活动所形成的纯粹功能联系区别开来），人类本质的社会性质才真正得以确立。"[①] 公民是在一个缘于共同目标与共同德性的政治共同体的社会形态中存在，它是人的社会属性所决定的。

但一个远离城邦时代、现实生活过于个体化的社会，不仅将消蚀公民的参政热情，而且将使得原子式的个人只是投入于私人领域的个体事务之中。它所引出的问题是公民身份的可能性丧失。在齐格蒙特·鲍曼看来，当代社会的公民拱手让出他们的政治权利，从其珍视的公共空间中退出，回归到他们熟悉的私人家庭生活中去。但显而易见，私人空间与公共空间、家庭生活与公共生活之间的复

① ［德］阿克塞尔·霍耐特：《为承认而斗争》，11页，胡继华译，上海，上海人民出版社年版，2005。

杂关系，被个体化的公民轻易抹杀。在此，致力于公权利的公民共和主义的消蚀，是与强调私权利的公民自由主义思潮的弥漫密切相关的。

齐格蒙特·鲍曼认为，在当代社会，公共空间成为一个公开承认个人秘密和个人隐私的地方。公共空间日益缺乏的是公共问题，它无法扮演过去那种作为私人问题和公共问题聚会与对话的地点的角色。“公共空间”被“私人”占领着，“公共关注”被贬低为对公众人物私生活的好奇心，公共生活的艺术也被局限于私人事务以及公众对私人感情承认的公开展示。① 公民在涉及到公共生活议题时容易产生退却心理，而以一种自然式的本能回归于私人领域，产生来自个人私生活所形成的基本满足，使之对公共空间与公共权力部门越发失去兴趣与信任。

个体之人所具有的公民能力如何从鲍曼所言的公共空间中产生，这实际上延伸到托尔维尔所提出的“个体是公民最坏的敌人”之命题。出自个体的关注如若全然充斥公共空间，社会共识与政治责任将实质性的缺位。个体化将使人不断碎片化，并有可能解构以社会契约形式所凝聚的公民共同体的存在。如同查尔斯·泰勒的认识，个体化是现代性无可逃避的一个隐忧。一旦个体的参与行为衰减了，一旦曾作为媒介的横向联合团体萎缩了，个体公民就会独自面对巨大的官僚国家。他们就会感到无能为力。这使得公民变得更加消极，并形成了“温和的专制主义”的恶性循环。②

鲍曼认为，源属于公共空间的权力应属于成熟公民深思熟虑的事务，公民一旦丧失发言权，就不能将任何选择加于他们身上。③ 个体将不能成为真正的公民，个体的政治冷漠退却于选举与政治事务

① Zygmunt Bauman, *Liquid Modernity*, Cambridge: Polity Press 2000, p. 61.

② ［加］查尔斯·泰勒：《现代性之隐忧》，12 页，程炼译，北京，中央编译出版社，2001。

③ Zygmunt Bauman, *In Search of Politics*, Cambridge: Polity Press 1999, p. 200.

之外，形成对社会公共参与机制的怀疑，加剧了随之而来的公民身份的丧失。它将使得公共利益、公共善、普遍价值与公正的社会成为无从实现的宏大概念。诚如鲍曼所言：正是个体间的冷漠、怀疑和对公共事务、共同利益的漠视妨碍了个体自由的实现。这集中体现在法律意义上取得的自由在实际行使过程中的无能。①

一般意义上，公民权是指人拥有与其公民资格相匹配的政治参与权利。在科恩看来，“政治社会中的成员资格是公民权。我们可以把公民权这个词用于学校与家庭，但这种用法是隐喻的、派生的。严格地说，公民是指政治社会中按照法律与习惯而被接受的正式成员……但最主要的政治社会是国家社会。在大多情况下，公民权指的是国家社会的成员资格。”② 它在积极的层面强调公民参政议政的责任，负起与其他公民相一致的义务。公民权的含义能否清晰，关键在于法律意义的个体成为实际意义的个体，这也是公民共和主义得以确立的基本条件。以美国社会的政治生活为例，“作为身份的公民权，其涵义仅仅限于美国历史中的公民权的概念。恰恰相反，公民权这个词汇，至少有四个相互关联但界限相当清晰的涵义，前面我称之为身份的涵义仅为其中的一个。其他三个意义同样重要的涵义分别是国籍意义上的公民资格（citizenship as nationality），积极参与国事意义上的或称‘好’公民的品德（active participation or ‘good’ citizenship），以及理想的共和国公民（ideal republican citizenship）。”③

但在一个彼此冲突、利益矛盾的价值观体系中，公民权也往往成为是非争议的焦点。诚如茱迪·史珂拉的看法：“再也没有哪一个词汇比‘公民权’（citizenship）这个概念在政治上更为核心，在历

① Zygmunt Bauman, *Liquid Modernity*, Cambridge: Polity Press 2000, p77.

② ［美］科恩：《论民主》，46 页，聂崇信等译，北京，商务印书馆，2004。

③ ［美］茱迪·史珂拉：《美国公民权：寻求接纳》导言，4—5 页，上海，上海人民出版社，2006。

史上更加多变，在理论上更具争议了。在美国，在原则上一直讲究民主，但也仅仅是原则上的事情。对自由、政治平等的最基本主张，在奴役制度（chattel slavery）——其后果至今仍在困扰我们的最极端的奴役形式——的衬托下，从一开始就显得不合时宜了。政治权利平等是美国公民权的首要标志，但它却是在公认的已被绝对否定的现实面前备受标榜的。美国公民权的第二个标志是公开否定世袭特权，但出于同样的原因，它实践起来也并不比实现政治权利平等更为容易。"① 理念规范上的公民权与实践运行中的公民权，确实存在着极大的反差。因为公民对自己社会身份的关注与公认的民主理念的外在实行并非完全一致。

公民希图借助他所拥有的公民权，应证其所相应的社会身份，分享其所在国家的政治经济生活的目标；而不是由家庭、地域、族群、收入、职业和教育程度所决定。"然而，身份作为社会阶层中一个较高或较低的位置，很难和要求得到'尊重'的平等主义一致起来。在一个民主国家，公民有权受到尊重，除非他们由于自己的令人不可接受的违法行为而丧失了这种权利，这种权利的要求不是琐碎之事。恰恰相反，这是一种值得深深珍惜的信念。"② 特别是定期的选举活动所赋予公民的尊严，使公民自身的价值得到完备的体现。

但实际上阻碍公民权实现的社会樊篱从来就没有消失过。世袭官僚阶层与既得利益集团对公民权的肆意操弄，使公民权则往往成为遮盖社会政治经济生活不平等的象征符号。从平等的意味理解公民权的存在，它不仅来自于一种人与人相处的直接的自我经验，更来自于社会生活中相互给定的一种权利意识。对于真正负责的公民权来说，如果形成在等级社会中奴役与被奴役的格局，那便是恶劣

① ［美］茱迪·史珂拉：《美国公民权：寻求接纳》导言，3页，上海，上海人民出版社，2006。

② 同上书，导言，4页。

的倒行逆施。

创造平等协商、多数裁决的民主机制之外，公民基于自愿的自制是至关重要的。就如同自立不仅是一项重要的公民品德，而且还是一个完整的公民资格的前提。仅依赖于市场、家庭或公民社会的社团去培养统一的公民品德，而无关乎公民自身的努力践行，无关乎公民对自身义务的勇敢承诺。这样的公民权是不完整的，它也可能会助长在政治领域中表现为对公共理性的违背和对公共权威的质疑这样的忤逆之举。

因此，理念规范之公民权的复苏就成为一些私权利极度膨胀，而公权利急度萎缩之国家的当务之急。公民权在民主法治国家尤为重要。公民权是公民行使其自身权利的标志。特别是作为公民言论自由权一部分的公民意见在一个国家内部的社会公共生活中虽系许多意见中的一项，但政策的达成是由于公民的意见参与及辩论而产生的。如果说争取公民权的斗争，在民主法治国中一向是一种公民深度参与政治活动的途径，那么在非民主法治国它则往往成为政治动员的基本手段。

理念规范之公民权的复苏，一方面欣喜于个体从公共权力控制下的解放，另一方面关注出于自身利益的个体是否往往由于在公共空间的无所作为而丧失公民权。因此着眼于公民权的复苏，不仅在于唤起普通公民参政议政的热情，形成公民私权利与政府公权力良性互动的关系；而且关键在于更多地捍卫和保护公共空间的公正性，以及能形成对公共权益其有效性的塑造。每个公民平等拥有的公共领域不能被侵蚀，而应立足于公民选择权的扩大而非裁减，应考虑到公民自由度的提升而非限制，在外在环境上为公民权之复苏努力创造良好氛围。

女性争取公民资格的三部曲

——从性别平等、性别差异到性别公正

肖　巍　宋建丽

不论是在公民资格的历史传统中，还是在公民资格的当代理论形态中，女性都是缺席的，这种缺席不仅是一种理论逻辑，也是一种社会历史现实，那么如何在理论与历史现实的互动中解放女性，赋予其应有的公民身份，以期纠正以往关于公民资格理论的偏颇，促进社会现实中的性别公正呢？本文试图以女性主义视角分析女性争取公民资格的三部曲——从性别平等到性别差异，以至性别公正。

一、女性的公民资格：性别平等的悖论

从关于公民资格的传统理论来看，贯穿整个公民共和主义、基督教理论和父权制理论的主张就是：由于女性的本性是不能进行理性思考的，因而她们并不具有成为政治公民的资格。“自然权利”理论在 18 世纪末论述的公民资格权利理论具有进步的意义，然而在自然权利理论中，男女被截然地分开，尽管女性有其自己的品质，却

仍然被视为次等的男人而被排除在公民资格权利之外。她们仅仅在做母亲的能力方面被视为是有价值的，正如男性在他们作为公民的能力方面被视为有价值的一样。在这里，女性仅仅由于性别而被剥夺了具有公民资格的权利。

毫无疑问，这种观点受到当时正在兴起的女性主义运动及自由主义女性主义理论的批评与冲击。一些女性主义者指出，所有人都是生而平等的，并具有相同的自然权利。既然女性具有同男性一样的理性思考能力，她们也理应获得与男性一样的公民资格。即便男女之间存在某些差异，这些差异与公民资格无关而且不应该构成剥夺女性权利的理由。因而在这一时期，女性公民资格理论的主要基础是对于性别平等的诉诸。然而，尽管作为这场运动的成就，女性获得了法律上的公民资格，但在自由主义法律条文中，公民资格是一个普遍性的概念，它要求抹去人们所有的个性化特征从而保证其平等的公民身份和地位。“公民”被去除了性别、种族和阶级，成为一种抽象的个体和一种非历史化的存在。正如玛格丽特·桑顿所指出的那样，“实际上，病态的法律目光根本不会看到多元的和异质的利益”。[①] 这种对于公民的抽象理解无疑忽视了女性性别的独特性，这实际上是以一种形式上的性别平等掩盖了事实上的性别不平等，从而使得女性主义在争取女性公民资格过程中面临着自由主义关于性别平等的理论悖论：一方面，自由主义已经在西方社会占据支配地位并设置了正义和公平的理想，这一理想为女性的性别平等要求提供了一个必要的前提。女性需要这种“性别中立”的公民资格理念来要求自己的公民资格。另一方面，由于男女性别差异，这种所谓“性别中立”的公民资格实际上并不是中立的，女性在这里仍旧是“次等”公民，或者更确切地说是“第二性的”公民：她们作为

① ［澳］玛格丽特·桑顿：《公民概念的性别化分析》，王卫平、魏鸣译，载《外国法译评》，1997（1）。

女性的独特地位和能力并没有得到承认，因而这种公民资格在本质上也是不平等的。那么，女性究竟是否应该被提供和男性完全一样的公民资格标准呢？如果是，女性主义就难免直接和间接地将“男性的”生活方式和行为类型视为女性的典范；如果不是，又如何看待女性平等的理想呢？自由主义女性主义公民资格理论陷入一种二难的境地。

二、女性的公民资格：性别差异的困境

面对自由主义女性主义理论争取女性公民资格的理论二难境地，20 世纪 60 年代以来出现的差异女性主义试图以强调性别差异问题来寻找走出这一局面的途径。一些女性主义学者认为，女性的性别差异与公民资格相关，性别差异是一种潜在的公民资格来源，应该被给予足够的关怀和重视。女性的性别差异将会导致一种更好的社会或更好的政治。例如卡罗尔·吉利根（Carol Gilligan）的关怀伦理强调女性具有一种特殊的视角；萨拉·拉迪克（Sara Ruddick）寻求将“母性思考”发扬为一种男性统治文化的解毒剂；爱尔希坦（Jean Bethke Elshtain）则通过揭示母性思考的政治意涵以及重新构造政治意识的努力，把女性的道德提升为一种建构更好的政治和公民资格的基础。①

与这种关怀伦理的路径相一致，在政治领域，女性主义要求在当前的自由主义民主体制之上加上一种基于女性身份的政治。例如在杨（Iris Marion Young）看来，女性的被压迫并不在于被阻止参与完整人性的实现当中，而在于特殊的女性价值和行动被一种过度工具主义和极权主义的男性文化所否定、所贬低。因此，女性的身体

---

① Mary G. Dietz, *Citizenship with a Feminist Face: The Problem with Maternal Thinking*, Political Theory, 1985, Vol. 13, No. 1, p. 20.

和传统的女性行为应该被视为社会和政治所需的积极价值的源泉。[①] 从这个角度来看，身份政治可以被理解为是一种女性主义关怀伦理立场在政治领域的发展和运用。

然而，这种关怀伦理和身份政治的联合也意味着一种性别本质主义的可能。一些女性主义者对于吉利根的理论提出批评，认为她把女性视为一个同质的群体，用一种单一的“不同声音”讲话，从而忽视了她们特殊的历史境遇或文化境遇。尽管在反对性别压迫的意义上，这种本质主义策略有利于建立良好的政治制度，但人们仍旧可以对它提出质疑：第一，是否存在一种统一的基于女性身份基础之上的性别经验？第二，这种对于女性的特殊道德的强调是否会走向它的反面，重蹈为它所批评的“父权制”道德压迫的覆辙？第三，按其自身逻辑发展，这种差异女性主义立场不可避免地会形成对于所谓统一的女性立场的解构，从而表明某种统一的、基于女性身份基础之上的性别经验之不可能。因为女性之间也存在着种种差异，如种族划分、性倾向不同、社会地位和年龄不同等等。从这一意义上说，“所有女性”的普遍化立论是站不住脚的。

因而，当女性主义用性别差异理论争取女性公民资格时，也会遇到一种理论困境。而这种困境最终表现为如何避免本质主义的错误，如何在强调性别差异的同时寻找到一种统一的、能够普遍化的女性身份，以对于一种身份政治的强调争取女性的公民资格。

三、女性的公民资格：性别公正的追求

面对差异女性主义理论争取女性公民资格的理论困境，当代女性主义有必要以性别公正为目标争取女性的公民资格。在批评吉利

① Iris Marion Young, *Throwing like a Girl and Other Essays in Feminist Philosophy and Social Theory*, Bloomington and Indianapolis: Indiana University Press 1990, p. 79.

根等人的关怀伦理过程中，女性主义政治学家琼·特朗托（Joan Tronto）反对一种建立在科学和策略基础之上的简单的性别等式，她指出性别关怀反映的不是先天的心理上的特征，而是劳动的性别划分，在这种后天的分工中，女性承担了更多的照顾和关怀任务。她明确地将关怀伦理和“女性的道德”观念相分离，坚持将关怀伦理置于政治的背景中加以考虑。①

与此同时，一些女性主义学者也以性别公正为目标追求建设女性公民资格的理论。这种理论首先以公正伦理所蕴涵的个体权利、自治、物质福利、平等尊重为底线，要求女性首先成为自治的公民，免于绝对的贫困、受到国家的平等保护并免于国家干涉，但仅有这些尚不足以充分反映女性政治参与的特殊性，因此还必须重新引入一种关怀伦理视角来建构女性的公民资格，废除女性次等公民资格的社会地位并增进社会对于女性的尊重。

在当代社会对于公正的讨论中，人们应当关注到两个词汇：equality 与 equity，因为它们的伦理价值承载并不相同。equality 意味着平等，这种平等如同自由主义女性主义坚持的把男性作为标准的等同。而事实上，由于男女的性别差异，以及女性在历史上被压迫的社会地位，这种所谓的“性别中立”的平等不仅没有可能实现，而且本身也意味着男女的不平等。当让“女性变得像男性那样，以便成为完全的公民”的要求事实上根本无法实现时，女性只能永远是次要的男性；或者是“继续保持女性的那些对于公民资格而言并无价值的特征”②。在这种局面下，我们有必要来考察 equity，它意味着“公平”和“公正”，因为男女之间的确存在着性别差异，并且女性之间的确也存在种族、社会地位、年龄和职业等差异，所以当代社会更应当以性别公正来构建女性的公民资格。在这里，equity

---

① Joan Tronto，*Moral Boundaries*，New York：Routledge，1993，p. x，p. 178.

② Carole Pateman，*The Disorder of Woman*，Cambridge，Polity，1989. p. 197.

相当于罗尔斯的第二个公正原则——差异原则，当我们实行这一原则时，可能意味着对于社会中处于有利地位的、有财富群体的某种不平等，但在罗尔斯看来，这种不平等是可以接受的。毫无疑问，这一原则的实现需要社会制度与政策的调节。应当看到，尽管许多国家在法律上已经明确确立具有普遍性的“女性的公民资格”，但由于男女和女性之间的差异，这种普遍化的公民资格并不能公正地落实到每一个女性身上。因而，与其说在目前的历史时期，女性主义的使命是追求性别平等，不如说追求性别公正，这种追求包括了性别差异和女性之间的差异，同时也试图扬弃这些差异，最后达到差异中的平等。

当代女性主义公民资格理论从六个方面强调女性的地位和需求：自由，权利，社会平等，政治自主性，政治表现，政治判断。[①] 在这里，公民资格与其说意味着一种承载权利的静态身份，不如说更是一种动态的实践，包括广泛的政治参与。这种理论的目标是建立一种兼顾“差异的普遍主义”的制度，以赋予两性平等的、多样的地位，并在此基础上建构一种包容不同身份差异（包括性别差异）的公民制度。以性别公正为目标建构女性公民资格的理论既以刚性的、以普遍平等为特征的公正伦理为底线，也不排斥柔性的伦理关怀，并辅之以一种积极的创造公共性的行动，性别公正渴望在普遍性的公正和差异性的平等要求之间、在公共领域和私人领域之间寻求一种开放式的、动态的平衡。

---

① Rian Voet , *Feminism and Citizenship*, London: Sage Publications, 1998, p. 44.

清华大学“形而上学论坛”系列讲座综述

演讲题目：谢林论哲学与宗教的永恒同盟
演讲人：先刚（北京大学哲学系）
演讲时间：2007 年 3 月 23 日

2007 年 3 月 23 日，北京大学哲学系先刚博士为我系研究生做了题为《谢林论哲学与宗教的永恒同盟》的讲座，试图通过对谢林哲学的本原研究来表明谢林对于哲学与宗教之间关系的深刻思考。

在德国古典哲学的几位大师里面，谢林对于哲学与宗教之间的关系的思考最为特别。他认为哲学与宗教具有共同的起源和归宿：对于绝对者的认识以及无限与有限、有限与有限之间的对立和统一关系，这些都在一个过程中，通过历史的概念被理解把握。两者之间的同盟关系在于，哲学不是通过自身而是通过宗教才达到最终的完成，另一方面，宗教通过哲学而获得自己所有的本质规定性。这些思想贯穿谢林从早期到后期的整个哲学思辨。

在谢林早期的哲学论文《一种所有哲学的形式的可能性》（1794）和《自我作为哲学的本原或论人类知识中的无条件者》

（1795）中，他着重讨论了作为“绝对自我”或“自由的”的本原问题，其哲学蓝图已经展现出明确的对于“统一”、“体系”等的追求，表达了个体与个体之间、个体与整体之间和谐一致的理想。随着谢林哲学思考益发深入，“和谐”更多地被“冲突”这个问题所取代。他发展出一套系统的历史哲学，将自由理解为一种否定或限制，自我对于自由的概念是通过一个“他者”而实现。法律的实现就是个体自由的保证，而衡量历史是否进步的惟一正确标准就是看人类是否向着“法律体系的逐渐实现”这一目标逐渐靠近。法律体系、个体与个体之间、个体与整体之间和谐一致也同样是宗教的内容和理想，谢林在这里的深刻性在于将“历史”与宗教理想联系在一起，进而把历史作为把握宗教特别是基督教的基本原则，更多的考虑“无限—有限”、“上帝—人”等范畴之间的关系，完成从“法哲学”向真正意义上的宗教哲学转型。

在1802年发表的《学术研究方法讲授录》中，谢林第一次提出了“基督教的历史建构”这一“同源分流、万法归宗”的历史哲学思想，成为他的宗教哲学乃至整个后期哲学的基本信念。

谢林的后期哲学思辨完全陷入了宗教问题中，但其基督教最终目的与其“大历史哲学”并无任何不同。谢林认为“哲学宗教”这个概念不是一个单独的、特殊的东西，而是过去一切宗教的完成和实现，是大历史哲学的理想。一方面它不能被称作哲学，另一方面也很难说是一种宗教，因此最适合的概念也许正是“哲学与宗教的永恒同盟”。

演讲题目：古印度哲学中的“智慧”与“解脱”
演讲人：姚卫群教授（北京大学哲学系）
演讲时间：2007年4月20日

2007年4月20日，北京大学哲学系姚卫群教授为我系研究生做了题为《古印度哲学中的“智慧”与“解脱”》的讲座。

姚卫群教授首先介绍了印度哲学的基本分类：古印度的宗教派别数量很多，基本上可分为两大系统，婆罗门教系统与非婆罗门教系统。最主要的哲学或思想派别来源于以下九派：吠檀多派(Vedqnta)、弥曼差派（Miimq/msq)、数论派（Sq/khya)、瑜伽派(Yoga)、胜论派（Vai1e2ika)、正理派（Nyqya)，它们通常被称为正统六派哲学；佛教、耆那教（Jaina)、顺世论（Lokqyata)，它们通常被称为异流三派。古代印度的哲学，基本上是属于宗教体系中的哲学。哲学与宗教的关系极为紧密。

历史上的这些派别提出了大量的哲学概念或思想，这些概念和思想被有关派别视为本派的最高智慧。在各派看来，有了这种智慧，就能消除无知，引导人们不再继续错误的或无意义的行为，不再产生相应的业力，进而使轮回状态终止，使人脱离痛苦，获得解脱。而各派中除顺世论之外，都把跳出轮回，达到解脱，作为最高的宗教目标。各派在追求其解脱目标的过程中，又都赋予他们的智慧以极高的地位，将掌握智慧看作是达到解脱的根本途径或方法。智慧和解脱之间有着密不可分的联系。

姚卫群教授通过对印度哲学九大派别的详细解读，对比了各派别中智慧的基本表现形态，并对解脱的含义及达至解脱的根本途径进行阐释：

印度较早的解脱观念出现在吠陀奥义书中。奥义书中的这种解脱观念以及达至解脱的主要途径思想，对印度后世形成的各种思想派别有重要影响。最深层含义的解脱观念与婆罗门教哲人所讨论的“梵”与“我”的观念直接相关。奥义书中的主流思想认为，梵与作为无数生命主体的我或现象世界在本质上是同一的，独立于梵之外的事物不存在。但无知的人却去追求具体事物的实在性或永恒性，认为事物间的差别是实在的。在这种追求的过程中，人不可避免地陷入痛苦，在轮回的世界中不能自拔。而所谓解脱就是要摆脱这种状态。摆脱它的关键是依赖关于“梵我同一”的智慧消除无知。这种智慧认识到一切事物在本质上不过是梵，人们去追求梵之外的不实之物是不可能成功的，只有放弃这种追求才能避免痛苦，使人达至真正解脱。

同时，姚卫群教授还指出，与欧洲哲学传统所不同的是：欧洲哲学史上著名的哲学流派持一种纵向的或动态的发展，即在历史上不断出现新派别，研究新问题；而印度哲学的各主要流派一般持一种横向或静态的发展。这些派别产生得很早，各派的发展在很大程度上是以注释本派最早经典的形式出现，各派在历史上的重要思想家通常就是本派根本经典的注释者，或是对注释的注释者。在两千年左右的漫长时间内，各派别长期共存，同时发展。

演讲题目：海德格尔、舍勒与康德的道德情感理论
演讲人：宋继杰副教授（清华大学哲学系）
演讲时间：2007 年 5 月 25 日

2007 年 5 月 25 日，清华大学哲学系宋继杰教授为我系研究生做了题为《海德格尔、舍勒与康德的道德情感理论》的讲座，勾勒出海德格尔“基本存在论”、舍勒的“人类学”建构与康德哲学之间微妙的联系。

海德格尔与舍勒同是胡塞尔的学生和现象学的拓展者。尽管海德格尔对舍勒推崇备至，但对其“哲学人类学”建构持完全否定的态度。海德格尔对康德伦理学“敬重的情感”的存在论的诠释，显示出与康德思想的呼应。

海德格尔在《存在与时间》第一部第一篇第一章从存在论意义上严格界划了“此在分析”或“此在的生存论分析”与各种人类学、心理学、生物学的界限，并以舍勒作为“反例”批评了人类学的哲学局限。在海德格尔看来，所有这些学科以及晚近的“生命哲学”或“现象学的人格阐释”都因为缺乏“存在论追问”的动力而错失了真正的哲学问题。舍勒深刻地揭示了人格的本质就在于它只生存于意向性行为的施行过程之中，人格本质上不是“物”或“实体”或“对象”，但他并没有追问“人格的存在”。海德格尔认为，哲学的首要任务是重提“存在的意义”的问题，探究的起点就在于揭示这种“领会着存在”的“存在者”的存在论构成机制，而核心是谈论人的有限性及其根源。

无论是舍勒的“人类学”建构还是海德格尔的“基本存在论”理论都可以追溯到康德，康德对于形而上学本质的探讨就是对人的心灵诸基本能力的统一性的探讨。舍勒由于固执于现象学的路径，根本不讨论人的有限性的根源，完全低估了康德对于人的有限性的重要洞见，究其原因无非是他的“类”模式的“人”的概念使他根本触及不到存在论的问题。而海德格尔首先达到了较之现象学的根基“意向性”概念更为基本的“超越性”概念——人的“存在领会”，彻底突破了现象学的视阈。

海德格尔十分看重康德对于“敬重”的分析，认为康德关于“自我的存在如何在敬重的情感中变得透明”的洞见乃是他“对道德现象的现象学分析中最精彩的”。海德格尔认为“敬重”是对于实际实存的自我的存在者层次上的通达，这就有可能在“敬重”之显示活动中规定如是而显明的这个东西的存在的构成机制本身，亦即“道德人格性”或在“敬重”中如是被显示的的道德的人的存在论概念。因此，海德格尔认为敬重的情感乃是人的生存在其中显明的真正模式，康德的“道德的形而上学”其实意指“人的生存的存在论”，而舍勒完全低估了敬重的基本结构及其在康德的道德解释中的意义在现象学中的意义。

基于康德主体性理论的局限，海德格尔揭示了康德对“有限性”理解之有限性。康德在对人或主体的有限性之解释中所显示的基本的存在论取向是基于古代和中世纪“制作活动”的存在论解释，因而不能明确提出人格的存在模式的问题。在海德格尔看来，依然紧迫的问题是，我们应该如何规定我们自身所是的存在者的存在、将它与所有非此在类型的存在者的存在划清界限，同时却借助于存在的原始概念的统一性来领会它。对此，康德无论如何仍然是未来探究的起点。

在提问环节中，宋继杰教授与哲学系王路教授、唐文明副教授就“存在”与“是”概念的不同阐释展开了热烈的争论，将本次讲座推向高潮。

（刘 隽）

演讲题目：属灵的劬劳：奥古斯丁和他的母亲莫尼卡
演讲人：吴飞博士（北京大学哲学系）
演讲时间：2007 年 9 月 20 日

2007 年 9 月 20 日，北京大学哲学系吴飞博士为我系研究生做了名为《属灵的劬劳》的讲座。吴飞博士通过讲述奥古斯丁情感上的一段变化历程，生动地展现出奥古斯丁在面对哲学与信仰时产生的精神冲撞。

讲座以奥古斯丁在《忏悔录》第九卷记叙的奥古斯丁在其母莫尼卡死亡时感受到的悲哀和痛苦开始。新柏拉图主义和斯多亚主义都认为人应保持不动心，不应为死亡而流泪悲哀，奥古斯丁面对母亲的死亡，由努力抑制悲哀转变为表达悲哀，这个转变是如何发生的？

奥古斯丁另外一个朋友的死亡则使他开始思考“自我”和寻找“自我”，他发现浅层的“自我”是支离放矢（distention），寻找“自我”就是将之收束（collection），这个收束过程使人抛弃浅层的“自我”而在深层的“自我”内部找到了真正的“自我”——上帝。朋友的死亡也使奥古斯丁发现友谊这种人与人之间的爱由于具有短暂性和有限性而不能成为人追求的对象，永恒的上帝才是人追求的对象，作为上帝的被造物的人不应该成为爱的对象，但《圣经》又要求人要爱其邻人。奥古斯丁为此区分了“安享（enjoy）”和“使用（use）”这两个概念，上帝是人安享的惟一对象和目的，被造物只能是人使用的对象和手段，但作为被造物的人是目的还是手段？如何把人当作目的而又不把人当作安享的对象？

奥古斯丁在《论音乐》第六卷中提供了一条解决这些问题的进路。他从对声音和音乐的分析入手，推导出宇宙的和谐结构。作为庞大交响乐的音符的人不仅要保持在这个和谐秩序的内部，还要理解和模仿这个秩序，通过爱邻人来爱上帝，对上帝的爱和对邻人的爱并行不悖，但显然又分属不同的层次。人只有在现在的时间之中模仿上帝的永恒现在，才能收束支离而成为和谐交响乐中的一个旋律，人生就是一首音乐。奥古斯丁又认为人生是一场试探，在逆境中有困厄，在顺境中担心困厄。

人和人之间的关系既是旋律之间的关系，又是试探的组成部分。奥古斯丁认为人的痛哭是人的弱点，但是时间中的人无法处于无情状态，人通过对他人的感情和爱才能够在时间中模仿永恒，才能在时间中接受生活的试探，谱出自己的旋律。

（李树琴）

演讲题目：历史终结了吗？或后现代主义的终结
演讲人：丰通教授 Prof. Dr. Klaus Vondung（德国齐根大学）
演讲时间：2007 年 10 月 17 日

2007 年 10 月 17 日，德国齐根大学丰通教授（Prof. Dr. Klaus Vondung）在新斋 104 以“历史的终结了吗？或后现代主义的终结”为题开办讲座。丰通教授是著名政治哲学家和神学家沃格林（Eric Voegelin）的弟子，其研究兴趣涉及文学、历史、哲学、教育、心理学、宗教等多个领域，在政治哲学、政治的宗教、政治神学方面多有建树。

丰通教授首先从介绍后现代主义（postmodernism）一词的起源开始。它最初主要是指一种文学和艺术理论。德国作家和文学批评家 Leslie Fiedler 在 1969 年第一次使用“后现代主义”一词，他用这个词来描述这样一种状况：即高雅艺术和大众文化之间界限的消失。艺术作品中“深度”和“真理”的消失。艺术作品所呈现的特征为：叙事统一性的消失，时间的混合，碎片化和特殊化等。其后德国哲学家利奥塔在哲学上诠释了“后现代主义”一词的含义，他意指这样一种境况，即“宏大叙事的结束”，而所谓“宏大叙事”是指启蒙运动以来的哲学，也是黑格尔和马克思以来的哲学，即，将历史投射为一段带着终极目标的历程，这段历程给与历史以“意义”，而“后现代主义”则破坏并清算了这种宏大叙事。利奥塔对这个词的诠释和 1951 年 Hendrik de Man 所使用的“后历史”一词近似，均指建构意义的历史体系已经结束，文化进入了一个“无意义的时代”，“观念的历史已经结束”。

在 1989 年的东欧及前苏政治变动之后，世界政治格局发生巨大变化，“历史的终结”言论开始具有了明显的政治意涵。对于鲍德里亚而言，伟大的政治历史和意识形态事件已完全退却，像法国大革命那样的革命在他看来已经不再可能。其后，福山发表了著名的“历史的终结?”一文，认为东欧的变化不仅标志着意识形态的结束，更是标志着历史从此结束，即西方政治经济体制的全面胜利。在此，丰通教授强调了福山的文章在 1989 年初问世时使用的是问号，而在 1992 年结集出书的时候，问号便消失了。福山的疑问随着苏联的解体而变成了确认。

这样一种历史终结的观点同时为新保守主义者和后现代主义者所持有，尽管二者结论相同，但其内涵却有着极大的差异。与后现代主义的历史终结命题相伴随的是认为历史失去了意义以及它或许从未有过意义的确信。“意义”意味着什么？历史作为一个整体，只有在被设想为一种趋向终极目标的建构起来的有意义的过程时才是有含义的。而之前的孔多塞、黑格尔、马克思等均认为他们发现了历史的结构和法则，并建立了历史的目标。他们允诺了一个自由和正义的领域，一个福利和平等的领域，而过去几十年间，随着各种条件的变化，这样一个目标越发模糊，导致了意义和方向的迷失，而这样一种意义的丢失就变成了新的意义。

与此相反，新保守主义者却是一种乐观的态度。新保守主义者是西方体制的捍卫者，对他们而言，历史的终结其实指的便是西方的民主体制和市场经济制度的全面胜利，除了这个方向，历史不再具有其他可能。因此，在这个意义上，历史同样结束了。二者均坚持一个历史（one history）的观念。只是一方是消沉和失望，另一方则是欢呼和庆祝。

但是丰通教授指出，这样一种历史观念实际是典型的欧洲中心论的，对于福山和鲍德里亚而言，所谓历史就是西方的历史，甚至就是美国和法国的历史，至于其他国家，比如中国，比如第三世界国家等，仿佛是无关紧要的。

在这样一种所谓历史的终结观念之后，无论是曾经激进的左翼知识分子还是新保守主义者对世界上存在的实际问题，如贫困、失业等，均存在不同层次的冷漠。对他们而言，历史失去的不仅是意义，而且也失去了其真实性，人只是尼采意义上的“最后的人”了，只顾着自己的世俗物质利益，到处泛滥着一种虚无主义的气息。丰通教授认为，对于任何一方而言，现在均需要放弃这种冷漠，来直面所有存在的问题，真实的事件在发生，而历史依然有着有意义的发展，我们必须有一个界定的历史目标，这让我们去不断更新什么是充分的、正确的、正义的观点，而不仅仅是一种胜利的欢愉或者失败的绝望。

（弭　维）

“性别与哲学对话平台”首届论坛会议综述

宋建丽　范伟伟　郝志伟

由清华大学哲学系主办的“性别与哲学对话平台”首届论坛于2007年7月14日在清华大学举行。来自北京、石家庄、南京、武汉、广州、吉林等国内18所著名大学和学术机构、《学习时报》等学术刊物的专家学者共30余位代表出席了会议。

清华大学哲学系教授肖巍主持会议，清华大学哲学系主任万俊人教授致开幕词。万俊人教授指出，目前为止，性别问题仍没有一个确定的可以形成共识的观念，也正因如此，性别研究是当代非常有潜力的一个领域，差异的视角是思想的源泉，因此，两性之间带着性别视角去进行对话，就性别和哲学的关系问题进行学术上的探讨和交流，无疑具有重大的理论和实践意义。

与会学者一致认为，在当今世界全球化和多元化的文化背景下，在当代中国建设社会主义和谐社会的历史进程中，唤醒性别意识，促进两性之间、性别与哲学之间的对话，发展性别与哲学方面的研究，对于促进全球正义秩序的建构及和谐社会的建设都是至关重要的。学者们就此展开了广泛的研讨和交流。

（1）本届论坛探讨的基本理论问题是性别哲学是否可能、如何可能以及性别哲学的定位。学者们对女性主义理论研究的正当性或合理性给予充分肯定，指出性别哲学的可能性之所以遭受怀疑，根源仍在于价值判断和知识判断、主观和客观截然二分的传统哲学思维模式。我们现在要建构一个性别和谐的社会，建构一个平等公正的社会，从性别差异的角度出发思考这些全球背景下的问题，方可能获得一种哲学方法论的启迪。有学者指出我们不应该放弃女性概念，因为性别、差异在哲学上是主体存在的前提，没有人能够在两性区分之外成为一个主体。性别不是偶然的现象，而是社会现实被组织、被标明、被体验的方式，是随着社会生活不断发展变化的历史、经济、政治、文化范畴。从这个意义而言，“女性”概念可以在一个开放的、异质的和多元的社会气氛中得到定义：“女性”不是女性主义运动中一个固定的范畴或共同的前提，而是一个需要女性主义经过批判性的思考来不断解构和建构、冲突和融合的问题。与此相关，性别哲学研究的目标不是用女性主义哲学取代原有的传统哲学，而是旨在主张妇女进行平等探讨、发出她们独特的哲学话语声音的权利，只有如此，哲学研究才会更加多元，更具差异性，更加丰富。关于性别哲学的定位问题，学者们认为，女性主义哲学是有其明确批判性和政治诉求的，它的批判不是站在狭隘的女性主义的立场上与男性相对立，而是站在人类文明发展的高度，通过对男权主义的狭隘性的批判，根除在男权主义文明中培育出来的人性中的偏见，构建新的人类文明。也正因如此，性别哲学不可能是一个封闭的形而上学体系，它总是立足于妇女运动的经验，因此，鲜明的批判性、政治诉求以及经验基础将是女性主义哲学的重要特征。对于性别哲学建构中的困难，有学者认为女性主义哲学研究由于其性别立场的独特性，必然要从最基础的形而上学一直到最实践、最现实的形而下层面进行全方位的整体建构，这个任务无疑将是任重而道远的。

（2）学者们关注较多的一个问题是：女性主义哲学如何对待传统哲学的二元论。学者们普遍认为这个问题是女性主义哲学必须面对和思考的一个具有根本意义的问题。后现代的女性主义提出要以多元性、多重性和差异性的思维模式来解构性别的二元对立，然而问题是：这样做的同时是否又在重复旧式的二元论？是否又把女性放到了优势地位和等级上？抛弃传统的二元论思维模式，女性似乎就无话可说，但建构一种新的女性的哲学话语，似乎又很难。因此，在哲学话语中，女性究竟应该怎样去发言，仍是一个有待思考的问题。在整个后现代主义哲学思潮的大背景下，不仅女性主义，而且很多其他学科都在对传统二元论提出质疑，但问题是：我们用什么来取代二元论？是否能够真正有效的取代？如何用一套已有的、既成的语言体系去描述新的现象和事实？对此，有学者指出，我们是否应该转换一个视角来看待二元论，即二元分立并不等于二元对立和二元冲突，而只代表一种差异的视角，旨在差异的意义揭示。如此，差异是可以和二元论、多元论并存的，因为导致不平等问题的核心不在于差异，而在于为差异各方或差异双方所赋予的不同的价值判断。

（3）与以上形而上学的问题探讨相关，学者们最为关心的仍然是性别哲学的研究如何与中国现实相结合的问题。与会学者一致赞同，我们在用哲学的概念和理论框架来思考现实问题的时候，应自觉倾注一种女性的意识和关怀，倡导一种“以结果为导向的研究”。在当今中国，专门建立起一个单独的女性主义哲学体系是不可能的，我们必须在充分理解、挖掘马克思主义唯物主义和辩证法的经典论述的前提下，带进一些女性的视角、立场和经验，以推进女性主义性别平等的政治诉求。在当今中国，女性主义问题不是一个可以单独开列和解决的问题，它无法脱离整个社会问题而单独地、超前地得到解决。毋宁说，女性主义的问题必须放到中国社会经济建设和民主建设以及社会结构转型的大背景下来进行研究。中共中央提出的“以人为本”、“构建平安家庭、和谐社会”等理念都有待于我们从性别问题的角度进行更加充分和深入的阐释。有学者进一步指出，20世纪80年代以来，中国社会发生了巨大的变化，性别群体不再只是以阶级来划分，这就要求我们在哲学方法上要实现一种转向，即从原来单一的阶级分析观点深入到对更加复杂的性别群体关系的分析。就此而言，女性主义的性别视角无疑增加了人类对社会的认识和理解，开启了一种新的学术研究视野。会上较有分歧的问题集中在：如果用性别视角来分析中国社会结构的转型，那么，公共领域和私人领域之间究竟如何划界？家庭领域的公共化或社会化是否会把传统的家庭观念带入到公共领域当中？这种带入是否在事实上把女性原来的依附地位从家庭进一步扩大到了社会领域？是否原来的公共领域中就没有性别问题？

（4）一些学者对性别哲学未来的发展和基本特征进行了展望和探讨。有学者从对性别哲学和传统哲学的关系分析入手，指出思维方式的变革是性别哲学构建的关键所在，并指出传统文化哲学中道家的思想是中国性别哲学构建的根基和核心力量，因为道家回归人性的自然、阴阳辩证的和谐、重个体价值实现的性别解放思想等等都揭示了回归事物本身的一种“生活之道”。这种“生活之道”是人类“安身立命”的根本，也是哲学对男人世界和女人世界的终极关怀，即：使个体的男人和女人有一个开放的自由的思维视角和生活环境，在各知其性中创造一个开放的、真实合理的、舒心的世界，从而各尽其能，各得其所，各得其乐。另有学者则从对当代西方政治哲学发展前沿问题的梳理和分析出发，指出建构一种基于宽容、对话、理解、友爱、团结基础之上的包容不同身份差异（包括性别差异）的公民身份和公民制度是继身份政治之后当代女性主义进一步考虑的重点。一种对妇女友好的公民资格模式要求跳脱性别和身份的束缚，将正义伦理和关怀伦理合并起来。如此考虑的性别正义目标在于：于多元纷纭的争论中辨明差异和独特性应得到的理解和尊重，于严整统一的正义体系中寻找作为女性自我存在的独特的社会政治意义。

会议内容还涉及到对美女崇拜现象的哲学反思以及对美女经济双重意味的揭示，与会学者一致认为，既然人类还需要把美丽当成一种公共符号，在此的公共符号就不能只以男性中心标准为尺度，求得美丽符号的认同作为个人权利之一，应该在社会价值层面和个体价值层面取得思考和把握，为此人类应该打开更多通道，接纳更多存在的符号，实现从美女崇拜到对美的崇尚的跨越，处理好内在美和外在美、自然美和人造美、美的多元化和标准化、美的工具价值和目的价值的辩证统一。此外，还有学者对科学领域中女性主义对传统科学理论的冲击进行了简要的分析，并对一种强建构论的新的女性主义科学哲学的发展趋势进行了简要的介绍。

会议最后，肖巍教授对会议做了精辟的点评和总结。她指出本次会议上学者们提出的很多问题都值得我们进一步深入思考，而这恰恰也表明性别哲学的研究尚有很大的发展空间。就此而言，这次论坛虽然人数少，规模小，但无疑是中国女性主义发展历程中具有历史意义的一次会议。

王联章先生清华讲座综述

王 瑛

2007年11、12月，香港慈氏学会王联章先生应哲学系邀请，在清华连续做了四次题为《惟识佛学与智慧人生》的讲座。王联章先生现任香港慈氏学会（Hong Kong Institute of Maitreya Studies）导师、《民国佛教期刊文献集成》编委、清华大学（香港特别行政区）教育基金会董事、香港恒基集团董事。

王联章先生的讲座主要分为四个部分：

第一部分：王先生首先介绍了个人研究佛学的缘起、研究历程以及慈氏学会成立的目的，并进而谈到了五乘佛法的判摄问题。在演讲过程中，王先生熟练地援引梵语、英语，分别从词源学角度解释了“佛”、“佛法”、“乘”等佛学术语的基本内涵，然后提出了五乘佛法（即：人乘、天乘、声闻乘、缘觉乘、菩萨乘）的判摄方法。为了便于大家理解教理与佛教中的修行次第，王先生还阐述了西藏黄教宗师宗喀巴大师的“三士道”的说法与太虚大师有关五乘佛法的判摄方法。

第二部分：王先生主要阐述了佛教的世界观。在讲这一部分时，王先生主要将基督教与佛教关于世界起源的不同说法做了对比，指出佛教主张世界的存在是本然而有的，不谈第一因的问题。在此基础上，王先生还进一步介绍了佛教的“三界”、“六趣”、“四生”等概念。

第三部分：王先生主要讲了佛教的“无我论”。“无我”思想是佛家的根本要义，原始佛教的“三法印”、大乘佛教的“一实相印”都是以“无我”观念为主体的。王先生在演讲中指出：“我”是一个实体，因而具备“常”、“一”、“主宰”的特性；而“无我”正是佛教在破除“恒常”观念的基础上建立起来的。在这一点上，王先生完全赞同梁启超先生的做法，也将中国佛教义理归纳为“无我我所”。此外，王先生还援引“阿赖耶识”学说解答了有关轮回主体的问题。

第四部分：王先生在评点中国佛教净土宗与禅宗的基础上，指出了“三法印”（“诸行无常”、“诸法无我”、“涅槃寂静”）或“一实相印”乃是鉴定佛法的标准。“一实相印”的建立，是依据“三法印”发展起来的，即指以佛陀宣说所证诸法实相的妙理作为大乘惟一的法印。王先生认为，佛教对真理的探知是以“三量”（“现量”、“比量”、“圣言量”）为依据的。虽然从印度陈那论师到近人欧阳竟无，对“三量”的抉择不同，但在判别佛教真理时，“现量”、“比量”、“圣言量”三者应当相互融通，才不失偏颇。

王联章先生的讲座以惟识佛学为基础，融摄贯通了不同佛学派别的思想，展示了他深厚的佛学根基以及在不同知见上的抉择力。正如香港惟识学一代宗师罗时宪先生在为王著《佛学讲话》所做序言中所称赞的：王者“能贯摄融会，与饾饤獭祭、全无抉择者大不相同”，故而“足以登那烂、慈恩之堂奥”。王先生的讲座可谓信手拈来、深入浅出，将深邃的义理发而为浅白生动的话语，解人心结，启人心智，沁人心脾。来自清华人文学院、清华禅学会、北大哲学系的师生百余人先后聆听了王先生的演讲。

清华大学哲学系2007年大事记

1月5日	韩国汉城大学哲学系与清华大学哲学系“中韩博士研究生学术交流会”在清华大学近春园召开，双方各有5位博士生、硕士生发表学术论文，两系各有5位教授相互点评了对方博、硕士研究生的发表论文。
1月12日	上午，系主任万俊人教授会见美国Loyala Marrymount大学中国研究中心主任Robin Wang一行，协商该校代表团访问清华大学、洽谈合作事宜。
1月12日	下午，系主任万俊人教授、王中江教授、王路教授、肖鹰教授、彭国翔副教授、唐文明副教授等会见韩国成均馆大学来访团，并签订清华大学哲学系与成均馆大学儒学部的正式学术合作文本。
1月19—21日	我系万俊人、艾四林教授参加北京市社会科学联合会第五届代表大会，并当选为常务理事。
1月23—31日	我系王晓朝、万俊人教授、朱东华、圣凯、李虎群博士后同北京大学哲学系姚为群教授一起

组团赴印度新德里大学、瓦拉拉斯大学等高校和城市访问考察，王晓朝教授任团长。

2月4日　我系王中江、万俊人教授等参加北京大学哲学系召开的“汤一介先生80周年寿辰暨执教56周年纪念会”。

2月23日　在日本东京工业大学召开的“清华大学与东京工业大学教学研讨会”上，肖巍教授作题为“Gender Courses at Tsinghua University”发言。

3月30日　邹广文教授应邀参加中国人民大学在北京举办的全国“管理哲学”学术研讨会，并作大会主题发言《文化管理的理念与实践》。

5月10—14日　国家哲学社会科学基金（2007年度）评审，万俊人教授参加专家评审，我系两项申报获准立项。

5月19日　哈佛大学知名政治哲学教授Michael Sandel抵达清华大学，20日在我系做专场演讲。这是Sandel教授首次访问中国，他是应我系万俊人教授的特别邀请来清华、北大、复旦、陕西师范大学等高校做巡回学术演讲的。此次巡回演讲共6场，历经一周，期间，Sandel教授还应邀参加了上海论坛并作为特别嘉宾作大会主题演讲，在复旦大学演讲期间，Sandel还同他的哈佛同事杜维明教授举行了一场开放的学术对话。中国凯风公益基金会、首都旅游集团特别赞助了此次学术活动，上海的“Shanghai Daily”，哈佛大学的“Gazate”等多家英文媒体专文报道了此次学术活动并对Sandel教授做了专题访谈。

5 月 23 日	王中江教授应邀在辅仁大学哲学系演讲，演讲题目为“理解和解释如何可能”，主持人为辅仁大学哲学系教授、主任潘小慧。
5 月 25—27 日	我系万俊人教授应邀参加上海论坛并主持分会。
5 月 26—27 日	邹广文教授应邀参加在西安交通大学举办的全国文化哲学学术研讨会，大会主题“当代文化哲学的问题与出路”，并作大会主题发言。
5—6 月	王中江教授在台湾政治大学就“新出土文献与先秦哲学”专题进行系列讲学活动。
6 月 4 日	王中江教授在台湾大学哲学系演讲，演讲主题为“黄老学的法哲学原理”，主持人为台湾大学哲学系教授、主任曾汉塘。
6 月 4 日	邹广文教授为中国传媒大学作题为“全球化背景下的文化景观”学术讲座。
6 月 11 日	王中江教授在台湾师范大学中文系演讲，演讲主题为“先秦儒家‘慎独’观念与‘为己之学’及‘公共关怀’”，主持人为林安梧教授。
7 月 4—7 日	邹广文教授在河南鹤壁市主持召开了全国哲学教学学术研讨会，并作大会主题发言。
7 月 13 日	邹广文教授应邀参加中央宣传部召集的当代文化建设研讨会，并作大会主题发言。
7 月 14 日	清华大学哲学系举办全国“性别与哲学对话平台首届论坛”，论坛分别由肖巍教授等人主持。
7 月 23 日—8 月 1 日	我系教师暨部分家属一行 30 余人赴俄罗斯进行为期 10 天的学术考察。
8 月 14—16 日	万俊人教授赴江西南昌参加全国政治哲学研讨会并作大会主题报告。
8 月 18 日	在武汉华中科技大学召开的“中国第一届生命

	伦理学”大会上，肖巍教授以“医疗保健权利还是健康权利——我国医疗保健制度改革公正性”为题作大会发言，并被选为“中国生命伦理学研究会”筹备委员会成员。
8月25—26日	韦正翔副教授应邀作为发言人参加北京大学中国与世界研究中心在北京友谊宾馆举办的“三十年来我国社会价值观的变迁”学术研讨会。
9月3日	哲学系迎新大会。
9月5—8日	我系万俊人、王晓朝、王路教授赴韩国首尔（汉城）大学哲学系参加两系学术交流会。
9月19—20日	我系万俊人教授、博士生周谨平赴南京师范大学参加全国“企业伦理与和谐社会”学术研讨会并做论文发表。
9月30日	邹广文教授应邀参加在北京外国语大学举办的全国文化哲学学术研讨会，大会主题“文化与相对主义”，并作大会主题发言。
10月2—11日	我系万俊人、肖巍教授应邀赴比利时布鲁塞尔参加中欧论坛。期间，万俊人教授专程赴荷兰阿姆斯特丹大学访问该校的哲学系和“逻辑与计算机科学研究所”，商谈两系（所）学术合作事宜，取得重要成果。
10月15—17日	韦正翔应邀作为主持人、发言人和评议人参加主题为：“幸福：跨学科、跨文化的对话”的“中美哲学论坛”国际研讨会。
10月15—17日	哲学系与美国加尔文学院合办“中美哲学论坛2007”（主题为“幸福：跨文化对话”），王晓朝教授主持。
10月23日	教育部评估组成员原香港大学校长郑耀宗院士

和清华国际处的陈红老师光临韦正翔用英文为清华留学博士生和硕士生开设的“中国哲学”课，当时正在讲授董仲舒的哲学思想，在英文、讲授内容和 PPT 制作上得到了好评。

10 月 24 日　教育部评议组评议期间，清华督导金教授光临韦正翔讲授的马克思主义基本原理课堂评估，正值学生在进行马哲杯辩论赛，得到好评。

10 月 25—28 日　由我系组织主办的“公共理性与和谐社会——多元化视野中的中国政治哲学之未来”国际学术研讨会在清华紫光国际交流中心成功举行。来自欧美、中东、港澳台地区和国内多所高校的知名学者 40 多人参加了此次会议，美国普林斯顿高等研究所的资深教授 Michael Walzer 先生作大会主题报告，美国哈佛大学著名教授杜维明、清华大学公共管理学院教授崔之元作主题报告评论。我校主管文科的副校长谢维和出席大会闭幕晚宴并讲话。《光明日报》、《哲学动态》、《世界哲学》等报刊对本次会议做了专题报道，上海《社会科学报》辟专版重点介绍了本次会议的主要发言。

10 月 30 日　邹广文教授应邀在山东省委党校为全省党校系统理论教员、县处级干部 1700 余人做了《推进文化大发展大繁荣》的十七大报告专题辅导，受到广泛好评。

11 月 4 日　在东南大学举办的“南京生命伦理学暨老龄生命伦理国际会议”上，肖巍教授以题为“公共健康伦理：确定的与未确定的”发言。

11 月 4 日　我系万俊人教授、韩立新副教授等教师参加北

	京市哲学学会报告会暨换届选举，万俊人教授当选为北京市哲学学会的副会长，邹广文、韩立新当选为常务理事。
11 月 4—6 日	王中江教授出席“京都论坛”国际会议，发表论文《中国“和”的原理和智慧》。
11 月 9—11 日	我系万俊人教授前往重庆西南大学参加教育部高校教学指导委员会年度大会，期间在西南政法大学作学术演讲，并接受了该校聘请任兼职教授。
11 月 16 日	王中江教授参加中央电视台主办的“我心目中的孔子”电视节目。
11 月 17—18 日	王中江教授参加中华孔子学会主办的“当代儒学与社会发展”学术研讨会，发表《孟子的天赋权利思想》。
11 月 18—25 日	我系万俊人、王路教授作为清华大学代表团成员，随顾秉林校长等赴比利时鲁汶大学参加“鲁汶—清华周”活动。期间，万俊人、王路教授专程访问了鲁汶大学人文学院和哲学所，参观了鲁汶大学胡塞尔档案馆，王路教授应邀在该校哲学所和人文学院作了“维特根斯坦的思维方法”之学术演讲，受到热烈欢迎。
11 月 19 日	邹广文教授参加了中国社会科学院主办的“艾思奇与马克思主义哲学中国化”学术研讨会，并作大会发言。
11 月 20 日	邹广文教授参加了中国社会科学院哲学研究所主办的“《哲学动态》与《中国哲学年鉴》第二次编委会会议”。
11 月 23—25 日	王中江教授参加了南开大学哲学系主办的“综

	合创新与中国哲学的现代走向”学术研讨会，发表《〈三德〉的自然理性与神意论》。
11 月 25 日	在印度德里大学召开的“公正概念：亚洲视角”国际会议上，肖巍教授以“Feminist Caring in Chinese Culture Context”为题作大会发言。
12 月 4 日	邹广文教授应邀为国家广电总局机关干部做了《努力推进文化大发展大繁荣》的十七大报告专题辅导。
12 月 7—9 日	我系万俊人教授应邀赴广州中山大学参加“吉登斯与现代社会理论”学术研讨会并做大会主持。8 日晚，万俊人教授应广东省委宣传部的特邀，于华南农业大学作“岭南大讲堂”学术演讲“制度伦理与政治文明”。
12 月 16 日	在“北京医学伦理学第四届年会”上，肖巍教授再度当选“北京医学伦理学会”理事。
12 月 18—21 日	我系万俊人教授应邀赴福建省参加福建省 2007 年东南论坛，并作主题报告，期间，应邀顺访福州大学、华侨大学并作学术演讲。
12 月 19 日	邹广文教授应邀为中央电视台机关干部作了《关于和谐文化建设的几个问题》的专题文化讲座。
12 月 22—23 日	我系万俊人教授应邀参加北京市精神文明办同中国伦理学会共同主办的“公共文明论坛”并作大会发言。
12 月 27 日	邹广文教授在北京参加了全国“创意产业：审美文化与创意设计”学术研讨会，并作会议专题发言。
12 月 28 日晚	我系在清华园宾馆举行哲学系迎新年联欢大会，

我系全体本科生、研究生、博士生、留学生、博士后、海内外访问学者和全体教师一起联欢，回忆即将过去的 2007 年，展望即将来临的 2008 年，师生们欢聚一堂，其乐融融。同学们和部分教师为联欢会准备了许多精彩的文艺节目。

清华大学哲学系 2007 年研究成果分类汇总

成果构成 / 作者姓名	专著	译著	编著、教材	工具书	论文	研究或咨询报告	译文	获奖	备注
艾四林					3				
贝淡宁 (Daniel Bell)			2		3				
韩立新		1			10	1	3		
胡伟希					18				含会议论文4篇
卢　风					5				
彭国翔	1				9				
宋继杰					2				
唐少杰		1			6				
唐文明					6		1		含会议论文5篇
田　薇		1			6				含会议论文4篇
万俊人		1			6				含会议论文1篇
王　路	1	1			5				
王晓朝	1	8			12				含会议论文2篇

续 表

成果构成／作者姓名	专著	译著	编著、教材	工具书	论文	研究或咨询报告	译文	获奖	备注
王中江					5				
韦正翔	1				3				
肖　巍	2				12				含会议论文5篇
肖　鹰					3			1	
邹广文			1		11				
朱东华	2				4				含会议论文1篇
周萍萍	1				4				含会议论文2篇
王瑞芹			1		6				含会议论文5篇
李海燕					5				
张薇薇					1				
吴　俊					2				含会议论文1篇
宋建丽					6				含会议论文1篇
翁开心					2				
周国文					18				含会议论文1篇
战　颖					3				
合　计	9	13	4		176	1	4	1	

清华大学哲学系2007年度人文、社会科学研究成果（论文、专著）及获奖统计表

所有研究成果均由第一署名者（以成果的版权页为准）填报，
所在单位为清华大学，时间为：2007年1月1日—2007年12月31日

作　者	成果名称	成果形式	1. 出版、发表、使用单位 2. 出版、发表、使用时间 3. 专著发行代码 ISBN	附　录
彭国翔	儒家传统——宗教与人文主义之间	专著	北京大学出版社,2007年1月初版, 978－7－301－11551－0	
王　路	逻辑与哲学	专著	人民出版社,2007年	
王晓朝	希腊哲学简史——从荷马到奥古斯丁	专著	上海三联出版社,2007年6月	
韦正翔	现代化进程中的伦理秩序研究(第三著者)	专著	人民出版社,2007年11月 978－7－01－006453－6	
肖　巍	在太阳照不到的地方行走	专著	九州出版社,2007年7月 978－7－80195－701－6	

续 表

作 者	成 果 名 称	成果形式	1. 出版、发表、使用单位 2. 出版、发表、使用时间 3. 专著发行代码 ISBN	附 录
肖 巍	女性主义教育观及其实践	专著	中国人民大学出版社，2007年10月 978-7-300-08637-8	
朱东华	从“神圣”到“努秘”	专著	宗教文化出版社，2007年 978-7-80123-911-2	
朱东华	20世纪宗教观研究	专著	北京大学出版社，2007年 978-7-301-12580-9	
周萍萍	十七、十八世纪天主教在江南的传播	专著	社科文献出版社， 2007年10月	博士后
韩立新	岩佐茂《环境的思想——环境保护与马克思主义的结合处》（修订版）	译著	中央编译出版社，2007年	
田 薇	人是什么——从神学看当代人类学	译著	台湾商周出版社，2006年	2006年漏报
唐少杰	游戏规则	译著	天津人民出版社，2007年	
万俊人	詹姆斯文选	译著	社会科学文献出版社，2007年	与陈亚军合译，第一译者

续 表

作 者	成 果 名 称	成果形式	1. 出版、发表、使用单位 2. 出版、发表、使用时间 3. 专著发行代码 ISBN	附 录
王 路	真与谓述	译著	上海译文出版社,2007 年	
王晓朝	柏拉图读本	译著	新世界出版社,2007 年 4 月	
王晓朝	奥古斯丁:《上帝之城》(简体字本)上、下卷	译著	人民出版社,2006 年 12 月	
王晓朝	西塞罗:《西塞罗全集》第三卷	译著	左岸出版社,2007 年 7 月	
王晓朝	柏拉图:《国家篇》	译著	左岸出版社,2007 年 2 月	
王晓朝	柏拉图:《会饮篇》	译著	左岸出版社,2007 年 3 月	
王晓朝	柏拉图:《斐多篇》	译著	左岸出版社,2007 年 5 月	
王晓朝	柏拉图:《法篇》	译著	左岸出版社,2007 年 7 月	
王晓朝	西塞罗:《西塞罗全集》(简体字本)第一卷	译著	人民出版社,2007 年	

续　表

作　者	成 果 名 称	成果形式	1. 出版、发表、使用单位 2. 出版、发表、使用时间 3. 专著发行代码 ISBN	附　录
贝淡宁	儒家政治伦理学	教材	普林斯顿大学出版社	
贝淡宁	行动中的伦理学：国际人权非政府组织的伦理学挑战	教材	剑桥大学出版社	
王瑞芹	马克思主义经典原著选编导读	教材	中央国家机关分校	博士后
肖　鹰	中西艺术导论	教材		北京市教委“2006 年北京市高等教育精品教材奖”
邹广文	当代文化哲学	教材	人民出版社，2007 年 11 月	35 万字
艾四林	法律与道德：法律合法性的三种论证路径	论文	《清华大学学报》（哲社版），2007 年 3 月	
艾四林	增强思想政治理论课和哲学社会科学教育教学的实效性	论文	《高校理论战线》，2007 年 12 月	

续 表

作　者	成 果 名 称	成果形式	1. 出版、发表、使用单位 2. 出版、发表、使用时间 3. 专著发行代码 ISBN	附　录
艾四林	世界历史的发展与马克思主义中国化	论文	《民族复兴之路与马克思主义的中国化》,清华大学出版社,2007 年 9 月	副主编
贝淡宁	从马克思到孔子:关于中国政治未来的话语变更	论文	《异议》	
贝淡宁	论语去政治化:于丹的《论语心得》	论文	《读书》	
贝淡宁	为不利者而设计的礼:从荀子到现代世界	论文	《求是学刊》	
韩立新	《巴黎手稿》的文献学研究及其意义	论文	《马克思主义与现实》,2007 年第 1 期	
韩立新	《德意志意识形态》研究的四个问题	论文	《学术月刊》,2007 年第 3 期	
韩立新	环境伦理学的发展趋势与研究对象	论文	《思想战线》,2007 年第 6 期	
韩立新	《资本论》编辑中的"马克思恩格斯问题"	论文	《光明日报》,2007 年 4 月 10 日	

续 表

作　者	成 果 名 称	成果形式	1. 出版、发表、使用单位 2. 出版、发表、使用时间 3. 专著发行代码 ISBN	附　录
韩立新	对经典著作研究的意义及其进路的一点思考	论文	《马克思主义与现实》,2007年第3期	
韩立新	《穆勒评注》中的交往异化:马克思的转折点——马克思《詹姆斯·穆勒〈政治经济学原理〉一书摘要》研究	论文	《现代哲学》,2007年第5期	
韩立新	《德意志意识形态》的编辑问题	论文	《光明日报》,2007年10月12日	被译成日文,将发表于日本『マルクス? エンゲルス? マルクス主義』49号
韩立新	《德意志意识形态》中的市民社会概念	论文	赵剑英、陈晏清主编:《马克思主义政治哲学:阐释与创新》,社会科学文献出版社,2007年10月	
韩立新	《德意志意识形态》编辑问题的新进展	论文	《马克思主义与现实》,2007年第6期	

续 表

作 者	成 果 名 称	成果形式	1. 出版、发表、使用单位 2. 出版、发表、使用时间 3. 专著发行代码 ISBN	附 录
韩立新	『ドイツ? イデオロギー』の文献学と日本の学界による廣松版への評価——廣松編訳『新編集版ドイツ? イデオロギー』の中国語訳出版を記念して	论文	《情况》,2007 年 5 月号别册	由中野英夫翻译成日文
韩立新	环境正义是构建和谐社会的关键	研究报告	海峡两岸环境教育研讨会,2007 年 6 月于北京师范大学	
韩立新	涩谷正:“《德意志意识形态》的编辑问题”	译文	《马克思主义与现实》,2007 年第 6 期	以笔名“田文”发表
韩立新	平子友长:“MEGA2 第 I 部门第 5 卷附录《德意志意识形态》CD - ROM 版的编辑问题”	译文	《马克思主义与现实》,2007 年第 6 期	以笔名“田文”发表
韩立新	丸山正次:“环境政治学在日本:理论与流派”	译文	郇庆治主编《环境政治学:理论与实践》,山东大学出版社,2007 年 7 月	

续 表

作　者	成 果 名 称	成果形式	1. 出版、发表、使用单位 2. 出版、发表、使用时间 3. 专著发行代码 ISBN	附　录
胡伟希	从"应然"到"实然":李朝后期实学社群主义方法论的转换	论文	《清华哲学年鉴2005》,当代中国出版社,2007年5月	
胡伟希	20世纪上半叶中国的保守政治与知识分子运动	论文	《近代文化研究》(第一辑),商务印书馆,2007年6月	
胡伟希	"内圣"如何通向"外王"——未完成的反省与批判	论文	《中华读书报》,2007年2月14日	
胡伟希	王国维与《人间词话》	论文	《光明日报·国学》,2007年3月22日	
胡伟希	辜鸿铭与《中国人的精神》	论文	《光明日报》,2007年4月2日	
胡伟希	金岳霖与《论道》	论文	《光明日报》,2007年5月31日	
胡伟希	作为政治哲学的儒家社会乌托邦	论文	《哲学研究》,2007年第7期	

续 表

作　者	成 果 名 称	成果形式	1. 出版、发表、使用单位 2. 出版、发表、使用时间 3. 专著发行代码 ISBN	附　录
胡伟希	钟声悠扬话剑桥	论文	《中华读书报》,2007 年 7 月 18 日	
胡伟希	On Confucian Communitarianism	论文	Frontiers of Philosophy in China, Volume 2;高等教育出版社,2007 年 10 月	译为英文发表
胡伟希	从孔子看人文性伦理	论文	《年度国学 2006》,首都师范大学出版社,2007 年 5 月	
胡伟希	罗素:有深刻人文关怀的思想家	论文	《中华读书报》,2007 年 9 月 12 日	
胡伟希	中国近现代知识分子心态与社会思潮	论文	《教学与研究》,2007 年第 10 期	
胡伟希	理性与乌托邦——20 世纪中国的自由主义思潮	论文	《中国近代社会思潮》,上海人民出版社,2007 年	
胡伟希	“外王内圣”何以可能?——对儒家传统政治哲学的反思	论文	《新视野》,2007 年第 3 期	

续 表

作 者	成 果 名 称	成果形式	1. 出版、发表、使用单位 2. 出版、发表、使用时间 3. 专著发行代码 ISBN	附 录
卢 风	应用伦理学、伦理知识与生活之道	论文	《道德与文明》,2007 年第 4 期	
卢 风	价值论个体主义与整体主义	论文	《华中科技大学学报》,社会科学版,2007 年第 2 期	
卢 风	逻辑主义与后现代学术态度	论文	《杭州师范学院学报》,社会科学版,2007 年第 3 期	
卢 风	论仁慈主义与自然主义	论文	《清华哲学年鉴 2005》,当代中国出版社,2007 年 5 月	
卢 风	浅谈儒学对当代环境思想的启示	论文	《中南林业科技大学学报》,社会科学版,2007 年第 2 期	
彭国翔	杨时《三经义辨》考论	论文	《九州学林》,香港城市大学、复旦大学共同出版,2007 年春季号	
彭国翔	朱子读书法与基督教圣言诵读法的比较——儒家经典诠释的宗教学意义	论文	《清华哲学年鉴 2005》,当代中国出版社,2007 年 5 月	

续表

作者	成果名称	成果形式	1. 出版、发表、使用单位 2. 出版、发表、使用时间 3. 专著发行代码 ISBN	附录
彭国翔	从出土文献看宋明理学与先秦儒学的连贯——郭店与上博儒家文献的启示	论文	《中国社会科学》,2007 年第 4 期	
彭国翔	中国哲学研究方法论的再反思——“援西入中”及其两种模式	论文	《南京大学学报》,2007 年第 4 期	
彭国翔	唐君毅的哲学观——以《哲学概论》为中心	论文	《中国哲学史》,2007 年第 4 期	
彭国翔	牟宗三的“自由”与“自由主义”观	论文	华东师范大学现代思想文化研究所,《思想与文化》,2007 年第 9 辑	
彭国翔	儒家的文化立场与价值关怀——陈来《传统与现代——人文主义的视界》读后	论文	《中国文化研究》,2007 年第 1 期,春之卷	
彭国翔	人文诺贝尔奖的启示	论文	《读书》,2007 年 1 月	

续　表

作　者	成果名称	成果形式	1. 出版、发表、使用单位 2. 出版、发表、使用时间 3. 专著发行代码 ISBN	附　录
彭国翔	人文主义与宗教之间的儒家传统	论文	《读书》,2007 年 2 月	
宋继杰	康德的存在论题、知觉现象学和存在论差异	论文	《清华哲学年鉴 2005》,当代中国出版社,2007 年 5 月	
宋继杰	本质、实存与制作:海德格尔对源于古希腊的中世纪存在论题的现象学解析	论文	《哲学门》第 15 辑,北京大学出版社,2007 年 12 月	
唐少杰	从文化记忆到记忆文化	论文	《河北学刊》,2007 年第 2 期	
唐少杰	从革命文化到文化革命	论文	《求是学刊》,2007 年第 6 期	
唐少杰	马克思主义哲学形成和发展的“前奏曲”	论文	《清华哲学年鉴 2004》	
唐少杰	哪一位马克思主义者理解马克思?	论文	《清华哲学年鉴 2005》,当代中国出版社,2007 年 5 月	

续 表

作 者	成果名称	成果形式	1. 出版、发表、使用单位 2. 出版、发表、使用时间 3. 专著发行代码 ISBN	附 录
唐少杰	见微知著集腋成裘——评《中国文化大革命文库》	论文	《动向》,2007 年 4 月号	
唐少杰	中国知识分子的蜕变	论文	《二十一世纪》,2007 年 10 月号	
唐文明	雅典、耶路撒冷与中国	论文	《读书》,2007 年第 10 期	
唐文明	悲剧与正义	译文	《世界哲学》,2007 年第 4 期	
田 薇	宗教伦理的神圣原则论纲	论文	《清华哲学年鉴 2005》,当代中国出版社,2007 年	
田 薇	从宗教伦理的两个视角看儒家伦理的宗教性	论文	《清华哲学年鉴 2006》,当代中国出版社,2007 年	
万俊人	罗尔斯问题	论文	《求是学刊》,2007 年第 1 期	
万俊人	公民美德与政治文明	论文	《光明日报》,2007 年 6 月 19 日	《新华文摘》2007 年第 16 期全文转载
万俊人	现代性语境中的伦理学与伦理学家	论文	《道德与文明》,2007 年第 4 期	

续 表

作 者	成 果 名 称	成果形式	1. 出版、发表、使用单位 2. 出版、发表、使用时间 3. 专著发行代码 ISBN	附 录
万俊人	王义之所谓者	论文	《文景》,2007 年第 8 期	
万俊人	我们为何需要政治哲学?	论文	《文景》,2007 年第 11 期	
王 路	分析哲学与哲学分析	论文	《清华大学学报》,2007 年第 1 期	
王 路 张立娜	逻辑的观念与理论——中国逻辑史研究的两个重要因素	论文	《求是学刊》,2007 年第 3 期	
王 路 张立娜	中国逻辑史的研究为什么需要比较?	论文	《哲学动态》,2007 年第 5 期	
王 路	“是”与逻辑——一个平凡的故事	论文	《学术研究》,2007 年第 6 期	
王 路	金岳霖的逻辑观	论文	《新哲学》,大象出版社,2007 年第 7 辑	
王晓朝	在民族文化传统中理解西方哲学基因的跨文化移植	论文	《原创文化研究论丛》第三辑,社会科学文献出版社,2007 年 1 月	

续 表

作 者	成果名称	成果形式	1. 出版、发表、使用单位 2. 出版、发表、使用时间 3. 专著发行代码 ISBN	附 录
王晓朝	Theory and Practice: Cultural Interaction and Transformation as well as Christian Mission in the Late Ming Dynasty	论文	ed. by Yang Huilin and Daniel Yeung, Sino – Christian Studies in China, Cambridge Scholars Press 2006, pp. 17 – 26.	
王晓朝	哲学的跨学科本性与哲学的创新之路	论文	《江西社会科学》,2007 年第 1 期	
王晓朝	全球和谐共治——读《建构世界共同体》	论文	《博览群书》,2007 年第 3 期	
王晓朝	伊壁鸠鲁学派新探——一种学派史的研究	论文	《清华哲学年鉴 2004》,2006 年 11 月	
王晓朝	西学经典翻译与中国传统语言和思维方式的转变	论文	《新华文摘》,2007 年第 5 期	
王晓朝	列维纳斯对海德格尔哲学的批判	论文	《中国图书商报书评周刊》,2007 年 3 月 13 日,第七版	
王晓朝	哲学翻译泛论	论文	江怡选编《追求与探索——涂纪亮先生八十华诞纪念文集》,中国大百科全书出版社,2007 年 3 月	

续 表

作 者	成 果 名 称	成果形式	1. 出版、发表、使用单位 2. 出版、发表、使用时间 3. 专著发行代码 ISBN	附 录
王晓朝	让柏拉图说现代汉语	论文	《清华哲学年鉴 2005》,当代中国出版社,2007 年	
王晓朝	Marxist Interpretations of Jesus in China (1949—1999), Roman Malek ed., The Chinese Face of Jesus Christ, vol. 3b	论文	10., Institut, Monumenta Serica and China – Zentrum Sankt Augustin, Germany, 2007	
王中江	孟子的“天赋权利”思想——以“天爵”、“良贵”和“民意”为视点	论文	台湾《哲学与文化》,2007 年第 7 期,第 34 卷	
王中江	黄老学的法哲学原理、公共性和法律共同体理想——为什么是“道”和“法”的统治	论文	《天津社会科学》,2007 年第 4 期	
王中江	《三德》的自然理法和神意论——以“天常”、“天礼”和“天神”为中心的考察	论文	《中国哲学史》,2007 第 3 期	

续 表

作　者	成果名称	成果形式	1. 出版、发表、使用单位 2. 出版、发表、使用时间 3. 专著发行代码 ISBN	附　录
王中江	早期儒家的“慎独”新论	论文	《中国儒学》第二辑，商务印书馆，2007 年	
王中江	郭象哲学的内在困境及其解体——从“性分论”和“惑者说”来看	论文	《中国哲学与文化》第一辑，广西师范大学出版社，2007 年	
韦正翔	中国的宏观经济伦理研究	论文	《经济与管理研究》第 2 期	
韦正翔	论投机领域中的伦理风险	论文	《九江学院学报》第 1 期	
韦正翔	精神痛苦的诞生	论文	《西安外事学院学报》第 2 期	
肖　巍	女性主义对于生命伦理学的介入	论文	《生命伦理学——女性主义视角》，中国社会科学出版社，2007 年 1 月	
肖　巍	领导干部的伦理素养	论文	《学习时报》，2007 年 2 月 5 日；《支部生活》第 3 期摘要	

续 表

作 者	成 果 名 称	成果形式	1. 出版、发表、使用单位 2. 出版、发表、使用时间 3. 专著发行代码 ISBN	附 录
肖 巍	道德:在冲突中作出正确的选择	论文	《学习时报》,2007年3月5日	
肖 巍	性别差异:弗洛伊德与拉康的研究	论文	《清华大学哲学年鉴2005》,当代中国出版社,2007年	
肖 巍	关于"性别差异"哲学争论	论文	《道德与文明》第2期,人大报刊复印资料《妇女研究》第5期全文转载	
肖 巍	弗莱雷的教育思想	论文	《学习时报》,2007年8月6日	
肖 巍	关于医疗保健制度改革公正性的思考	论文	《中国医学伦理学》第5期	
肖 鹰	入选教育部"新世纪优秀人才支持计划"(2007)	2007	教育部	
肖 鹰	被世纪误解的"境界"说	论文	《文艺研究》,2007年11月	
肖 鹰	文学本质"四因说"	论文	《学术月刊》,2007年2月	

续 表

作　者	成果名称	成果形式	1. 出版、发表、使用单位 2. 出版、发表、使用时间 3. 专著发行代码 ISBN	附　录
肖　鹰	媒介扩张与文学批评	论文	《天津社会科学》,2007 年 1 月	
邹广文	和谐社会的文化基础	论文	《理论学刊》,2007 年第 3 期	
邹广文	什么催生了娱乐化热潮	论文	人民日报社《人民论坛》,2007 年第 4 期	
邹广文	关注整体性:文化哲学的重要问题	论文	《河北学刊》,2007 年第 2 期	
邹广文	全球化背景下的中国文化产业发展	论文	《文化创意产业参考》,2007 年第 7 期	
邹广文	文化管理的理论诉求与实践向度	论文	中央党校《理论视野》,2007 年第 6 期	
邹广文	文化前行:在传统与现代之间	论文	《求是学刊》,2007 年第 6 期	
邹广文	我国企业文化建设的问题与创新	论文	《思想政治工作研究》,2007 年第 9 期	
邹广文	"上下求索"的文化哲学	论文	《光明日报》,2007 年 10 月 30 日	

续　表

作　者	成果名称	成果形式	1. 出版、发表、使用单位 2. 出版、发表、使用时间 3. 专著发行代码 ISBN	附　录
邹广文	为何把文化建设摆上如此重要位置?	论文	《人民论坛》,2007 年第 20 期	
邹广文	中性智慧创生文化	论文	《社会科学报》,2007 年 11 月 8 日	
邹广文	注重文化软实力,提高文化竞争力	论文	中央党校《理论视野》,2007 年第 11 期	
朱东华	“领悟”与“理想型”	论文	《清华大学学报》(哲社版),2007 年 4 月	
朱东华	鲁道夫·奥托的努秘要素论探析	论文	《清华哲学年鉴 2005》,当代中国出版社,2007 年 5 月	
朱东华	宗教学学术史问题研究	研究报告	中国博士后科学基金课题,2007 年 5 月提交	
李海燕	肩音始肇:王勃对初唐七言歌行发展的贡献	论文	《学术月刊》,2007 年 9 月	博士后
李海燕	王绩对三教思想的包容与超越	论文	《山东社会科学》,2007 年 9 月	博士后

续 表

作 者	成果名称	成果形式	1. 出版、发表、使用单位 2. 出版、发表、使用时间 3. 专著发行代码 ISBN	附 录
李海燕	芝兰玉树耀初唐——王勃兄弟考	论文	《运城学院学报》,2007 年第 6 期	博士后
李海燕（第二作者）	西方现代管理思想的理性主义传统反思	论文	《理论导刊》,2007 年 6 月	博士后
李海燕（第二作者）	阮籍五言《咏怀诗》诠释史上的历史合理性及误区	论文	《淮北煤炭师范学院学报》,2007 年 6 月	博士后
周萍萍	清初天主教政策及其对江南传教的影响	论文	《南京晓庄学院学报》,2007 年第 1 期	博士后
周萍萍	康熙朝天主教政策对江南传教的影响	论文	《清史论丛》,2007 年 12 月	博士后
张薇薇	中世纪商人法初探:其范畴、渊源与法律特征	论文	《浙江社会科学》(中文核心期刊),2007 年第 3 期	博士后
吴 俊	对道德学习内涵的一种解读	论文	《现代大学教育》,2007 年 6 月	博士后
宋建丽	多元文化境遇中的正义伦理	论文	《理论探讨》,2007 年第 4 期	博士后

续 表

作 者	成果名称	成果形式	1. 出版、发表、使用单位 2. 出版、发表、使用时间 3. 专著发行代码 ISBN	附 录
宋建丽	正义秩序之追寻	论文	《湖南师范大学学报》,2007 年第 4 期	博士后
宋建丽	公共理性的公民资格与多元社会的正义秩序	论文	《华中科技大学学报》,2007 年第 4 期	博士后
宋建丽	差异公民资格与正义:艾利斯·马瑞恩·杨政治哲学探微	论文	《妇女研究论丛》,2007 年第 5 期	博士后
宋建丽	公民资格理论辨析及对构建和谐社会的启示	论文	《中国德育》,2007 年第 12 期	博士后
宋建丽	公民资格·正义伦理·社会和谐	其他	中国应用伦理学网,2007 年 7 月 9 日	博士后
王瑞芹	性别文化的历史考察	论文	《中华女子学院学报》,2007 年第 4 期	博士后
王瑞芹	领导者的能动性	论文	《西京论坛》,2007 年第 4 期	博士后
王瑞芹	妇女参政内涵解析	论文	《理论导刊》,2007 年第 12 期	博士后

续　表

作　者	成 果 名 称	成果形式	1. 出版、发表、使用单位 2. 出版、发表、使用时间 3. 专著发行代码 ISBN	附　录
王瑞芹	关于家庭教育中的几个问题	论文	《咸阳日报》,2007 年 6 月 27 日	博士后
王瑞芹	话说幸福	论文	《咸阳日报》,2007 年 6 月 27 日	博士后
翁开心	反思美国建立条款的严格分离解释	论文	《太平洋学报》,2007 年第 5 期	博士后
翁开心	他们为何争辩——良心自由与公共理性之间	论文	《哲学动态》,2007 年第 10 期	博士后
周国文	人之解蔽:超越工具化的技术宰制之可能	论文	《社会科学辑刊》,2007 年第 12 期	博士后
周国文	儒家伦理中"仁"的模式与现代公民意识	论文	《陕西师范大学学报》(哲学社会科学版),2007 年第 5 期	博士后
周国文	当代中国农村青年的生存状态与价值选择——城市化进程中的角色转型	论文	《"十一五"与青少年发展研究报告》,天津社会科学院出版社,2007 年 5 月	2007 年 1 月,在中国青少年研究会 2006 年度优秀论文评选中获得二等奖

续 表

作 者	成果名称	成果形式	1. 出版、发表、使用单位 2. 出版、发表、使用时间 3. 专著发行代码 ISBN	附 录
周国文	公共理性下的公民伦理	论文	《人文杂志》,2007年第3期	博士后
周国文	和谐农村与村务公开民主管理	论文	全国村务公开协调小组办公室、民政部基层政权和社区建设司,2007年6月	2007年6月,获全国村务公开协调小组办公室联合举办的全国村务公开民主管理理论创新成果优秀奖
周国文	现代性与民族性:中国特色社会主义文化的基本维度	论文	《唯实》,2007年第5期	博士后
周国文	公共服务与中国社会现代化	论文	《理论导刊》,2007年第8期	博士后
周国文	公民概念的历史性维度及审视	论文	《天府新论》,2007年第2期	博士后
周国文	青年参与构建和谐社会的三个基本维度	论文	《中国青年研究》,2007年第5期	博士后
周国文	公众、传媒与公民权利	论文	《理论与现代化》,2007年第2期	博士后

续 表

作 者	成 果 名 称	成果形式	1. 出版、发表、使用单位 2. 出版、发表、使用时间 3. 专著发行代码 ISBN	附 录
周国文	论洛克的《政府论》	论文	《历史上最具影响力的伦理学名著27种》,陕西人民出版社,2007年4月	博士后
周国文	论黑格尔的《法哲学原理》	论文	《历史上最具影响力的伦理学名著27种》,陕西人民出版社,2007年4月	博士后
周国文	立言、立功与立德	论文	《中国青年研究》,2007年第2期	博士后
周国文	儒家伦理与现代公民意识	论文	中国伦理学会、陕西师范大学主办的《第15中韩伦理学讨论会论文集》,2007年4月	博士后
周国文	公民伦理与人文奥运	论文	中国博士后科学基金会等主办的《2007中国博士后奥运论坛暨第一届中国博士后体育论坛论文集》,2008年12月21日	博士后

续　表

作　者	成 果 名 称	成果形式	1. 出版、发表、使用单位 2. 出版、发表、使用时间 3. 专著发行代码 ISBN	附　录
周国文	“人文奥运”与中国文化传统	论文	《2006北京奥运经济报告》,北京出版社,2007年6月	博士后
周国文	绿色国饮的健康魅力	论文	第二届“人文中国,茶香世界”征文论文集	2007年11月,论文《绿色国饮的健康魅力》获由北京奥运经济研究会、福建省文化厅等主办的第二届“人文中国,茶香世界”征文大赛一等奖
战　颖	中国证券市场股权分置改革初期市场抵触的伦理分析	论文	《社会科学战线》,2007年第4期	博士后
战　颖	道德指数带给中国上市公司的伦理启示	论文	《马克思主义与现实》,2007年第4期,总第89期	博士后
战　颖	家族控股公众公司的行为伦理分析	论文	会议:企业伦理与和谐社会	博士后
胡伟希	中国近代知识分子心态类型	论文	“近代中国与近代文化学术讨论会”(北京),2007年6月29日—7月2日	

续 表

作　者	成果名称	成果形式	1. 出版、发表、使用单位 2. 出版、发表、使用时间 3. 专著发行代码 ISBN	附　录
胡伟希	老子的中观哲学能给社会的和谐发展贡献些什么	论文	“老子学说与和谐社会建设”学术讨论会,(惠州)2007 月 12 月 5—7 日	
胡伟希	老子的中观哲学与人类社会价值的重建	论文	“马克思主义哲学与中国传统哲学的关系”学术讨论会,2007 年 10 月 12—15 日	
胡伟希	中国自由主义与激进主义之比较——以清末民初到五四时期为个案的心理类型学分析	论文	“自由主义与近代中国(1840—1949)”学术讨论会,2007 年 11 月 2—5 日	
唐文明	治统与教统	论文	“当代语境下的儒耶对谈”国际学术研讨会(香港),2007 年 6 月	
唐文明	自律的挪用	论文	第三届中国文化论坛“孔子与当代中国”(北京),2007 年 8 月	
唐文明	近源而居	论文	“事件与自觉:现代中国与美术现代性”课题研讨会(成都),2007 年 9 月	

续　表

作　者	成果名称	成果形式	1. 出版、发表、使用单位 2. 出版、发表、使用时间 3. 专著发行代码 ISBN	附　录
唐文明	五伦观念的再检讨	论文	"当代社会与儒学发展"学术研讨会(北京),2007年11月	
唐文明	The Knowable and the Unknowable: Fung Yu - lan on Negative Method in Metaphysics	论文	Indian and Chinese Perspectives on Knowledge, Wisdom and Spirituality 国际学术研讨会,印度新德里,2007年12月	
田　薇	仁爱与圣爱的精神品质和价值内涵	论文	犹太教、基督教与儒教国际学术研讨会(济南),2007年10月	
田　薇	关于文化神学、教会神学的一点想法	论文	"神学与当代汉语学术语境"国际学术研讨会(香港),2007年7月	
田　薇	关于神学作为一种"志业"和"生活方式"诌议	论文	香港年轻学人神学工作坊国际学术会议(香港),2007年7月	
田　薇	解析现代宗教的变化与现代伦理的意义困境	论文	"基督教与中西文化交流"国际学术研讨会(广州),2007年12月	

续 表

作　者	成 果 名 称	成果形式	1. 出版、发表、使用单位 2. 出版、发表、使用时间 3. 专著发行代码 ISBN	附　录
万俊人	Why Politics Needs Morality?	论文	“公共理性与和谐社会——多元文化视野中的政治哲学之未来国际学术研讨会”(北京)	英文
王晓朝	论西方古今启蒙思想之偏差与纠偏	论文	参加北京大学、复旦大学举办“南北哲学对话会议”(北京),2007 年 4 月 28—29 日	
王晓朝	不同语境下的宗教公共性及其对当代中国宗教之意义	论文	参加陕西师范大学原创文化第四届研讨会,“世界视野下的中国原创文化”(西安),2007 年 8 月 20—22 日	
肖　巍	Gender Courses in Tsinghua University	论文	清华大学与东京工业大学教学研讨会(东京),2007 年 2 月 23 日	
肖　巍	医疗保健权利还是健康权利	论文	中国第一届生命伦理学会议大会发言(武汉),2007 年 7 月	

续 表

作 者	成 果 名 称	成果形式	1. 出版、发表、使用单位 2. 出版、发表、使用时间 3. 专著发行代码 ISBN	附 录
肖 巍	公共健康伦理:确定的与未确定的	论文	南京生命伦理学暨老龄生命伦理国际会议发言并收入论文集(南京),2007年11月	
肖 巍	Caring: Confucianism, Feminism and Christian Ethics	论文	Contemporary Chinese Thought, vol. 39, no. 2, Winter 2007 – 8, USA	
肖 巍	Feminist Care in Chinese Culture Context	论文	Concept of Justice in Asia, International Congress Delhi, India, 22 – 25, Nov. 2007	
朱东华	当代美国新宗教右翼的政治神学探析	论文	"基督宗教与公共价值"国际学术研讨会,2007年12月14—16日	
周萍萍	网络在中国基督徒(protestant)读经研经中的作用	论文	英国牛津大学"中国人与圣经"国际学术研讨会,2007年1月	博士后
周萍萍	大陆公共档案馆中所藏中国天主教资料简介	论文	意大利玛切拉塔大学"沿着利玛窦的足迹"国际学术研讨会,2007年3月	博士后

续 表

作 者	成 果 名 称	成果形式	1. 出版、发表、使用单位 2. 出版、发表、使用时间 3. 专著发行代码 ISBN	附 录
吴 俊	Religious Experience and Religious Belief in Contemporary China	论文	在爱丁堡参加英国宗教协会2007年度年会(爱丁堡),2007年9月6—8日	博士后
宋建丽	以公民资格为视角的性别课程建设的哲学思考	其他	妇女/社会性别学跨界合作研讨会,2007年12月13日	博士后
王瑞芹	妇女在构建和谐社会中的重要作用	论文	北京大学2007年博士后论坛录用	博士后
周国文	善治、公共性与协商民主——一个发育的和谐社会的政治合法性	论文	西南政法大学主办的《"经济全球化进程中的和谐社会建设与危机管理国际学术研讨会"论文集》,2008年12月13—15日	博士后